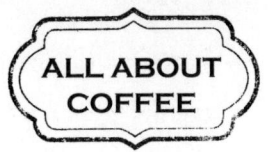

ALL ABOUT
COFFEE

전 세계 100만 바리스타의 필독서

올 어바웃 커피

윌리엄 H. 우커스 | 박보경 옮김

세상의 아침

Evolution of a Cup of Coffee

Showing the various steps through which the bean passes from plantaion to cup

1. Planting the seed in nursery
2. Transplanting into rows
3. Cultivating and pruning
4. Picking the cherries
5. Pulping
6. Fermenting
7. Drying in the parehment
9. Hulling
10. Pulsing
11. Grading
12. Transporting to the seaport
13. Buying and selling for export
14. Transhipment overseas
15. Buying and selling at wholesale
16. Shipment to the point of manufacture
17. Separating
18. Milling
19. Mixing or blending
20. Roasting
21. Cooling and stoning
22. Buying and selling at retail
23. Grinding
24. Making the beverage

악마처럼 검고, 지옥처럼 뜨거우며,
천사처럼 순수하고, 사랑처럼 달콤하다.

Noir comme le diable, chaud comme l' enfer,
pur comme un ange, doux comme l' amour.

오늘날 커피가 세계적으로 널리 소비되는 필수적인 음료로 확고한 위치를 얻기까지는 수백 년에 걸친 과정이 필요했다. 16세기 초 메카에서는 커피가 건강에 해로우며 사람들의 분별력을 떨어뜨린다는 모함과 반대에 부딪쳤다. 논란이 분분한 가운데 어떤 이는 와인과 비교하여 커피 역시 취하게 하는 음료라는 의견을 내놓았다. 그는 와인을 입에 댔다는 죄로 태형을 당해야 했다. 와인은 이슬람교에서 절대적으로 금지하는 음료였기 때문이다.

마찬가지로 16세기에 커피가 전래된 이탈리아에서는 커피가 '사탄의 음료'라며 탄압을 받았다. 커피 반대론자들은 기독교 세계에서 커피를 추방해야 한다고 난리를 피웠지만, 커피의 향과 맛에 반한 교황 클레멘트 8세는 '진정한 기독교의 음료'라며 커피에 세례를 내릴 수밖에 없었다.

커피하우스가 막 확산되기 시작한 런던에서는 커피에 관한 무분별한 음해와 각종 예찬으로 한동안 시끄러웠다. 당시 인기 있는 사교 모임이었던 한 커피 클럽에서는 지식인과 상류층의 심기를 거스르지 않도록 손님들에게 주의를 주는 '카페 이용 수칙'을 만들어 걸기도 했다.

또 성차별이 아직 남아 있던 당시 여성들의 커피하우스 출입이 어려웠는데, 일단의 여성들은 커피가 남성을 '부실한 열매를 맺는 불모지'처럼 만든다고 고발하면서 남편들의 커피하우스 출입을 막아야 한다고 촉구했다.

커피를 둘러싸고 나타난 이러한 일화들은 당대의 정치, 사회, 문화적 특성과 풍속을 고스란히 보여준다.

이 책은 커피의 기원과 전래 과정, 대중화되던 초기부터 오늘날 발달된 커피 도구 세트, 추출 기술이 등장하기까지 커피를 끓이는 방법과 도구가 변화해 온 모습을 한눈에 살필 수 있도록 씌어졌다. 또한 커피와 커피하우스를 묘사한 문학작품, 커피를 주제로 한 다양한 음악, 미술, 연극, 뮤지컬 작품 들을 소개하고 있다.

바리스타의 진정한 임무는 커피를 파는 일을 넘어서 교양을 파는 것이다. 전 세계 바리스타들과 커피 애호가들의 필독서로 각광받아 온 이 책『올 어바웃 커피』의 저자 윌리엄 우커스는 이전에『올 어바웃 티』를 펴낸 바 있다. 그는 17년 동안 각국의 자료 수집과 조사, 연구 작업에 몰두했고, 커피의 기원과 전파, 전 세계의 커피 산업, 커피 문화의 형성과 발전을 담은 종합적 교양서를 내놓게 되었다.

각 장마다 커피와 커피 기구에 관한 역사적 사항들을 시기 순으로 정리한 커피 연대기를 실었으며, 권말에는 커피 관련 용어 사전을 수록하였다.

1
커피의 탄생

커피의 역사는 고전적 아라비아 의학이 융성했던 시기에 시작된 것으로 보인다. 이는 갈레노스와 히포크라테스의 정신을 이어받은 의학자 라제스Rhazes(864?~925?, 본명은 아부 바크르 모하마드 이븐 자카리야 엘 라지)에게서 그 유래가 되는 근거를 찾을 수 있기 때문이다.

라제스는 체계적으로 의학을 공부한 최초의 의학자일 뿐만 아니라 믿을 만한 몇 가지 자료를 보면 처음으로 커피에 관한 기록을 남긴 인물임을 알 수 있다. 그는 당대의 위대한 철학자이자 천문학자였으며 바그다드 병원의 원장이기도 했다. 의학과 수술에 관한 학술 서적을 여러 권 집필하기도 했다. 그중에서 갈레노스 시대부터 전래된 모든 의술을 총망라한 『의학 보고Al-Hāwi』, 또는 『콘티넨트』가 대표 저작으로 꼽힌다.

프랑스의 커피 상인이자, 철학자, 작가로서 커피에 관한 엄밀하고도 세련된 논문을 집필한 필리프 실베스트르 뒤푸르(1622~1687)는 자신의 논문(라틴어본을 번역한 논문 초판 참조)에서 커피 원두의 특성을 처음으로 기록한 이는 라제스이며, '분춤bunchum' 이라는 이름으로 커피 원두를 소개했다고 설명한다.[1] 당시는 '그리스도 탄생 9세기 후' 였다고 한다. 뒤푸르의 설명이 옳다면, 커피의 역사는 지금으로부터 천년 전으로 거슬러 올라간다.

그러나 로빈슨Robinson은 분춤이 커피와는 무관한 용어라고 설명한다.[2] 뒤푸르 역시 이후의 논문 「커피에 관한 새롭고 흥미로운 논문Traitez Nouveaux et Curieux du Café(헤이그, 1693)」에서 분춤은 커피가 아니라 뿌리를 지칭하는 용어일 수 있다고 인정했다. 그러면서도 아랍인들이 800년경에 커피를 알았던 것만은 분명하다고 조심스럽게 덧붙였다. 이밖에도, 이후의 몇몇 권위지에서는 커피의 기원을 6세기경으로 간주하고 있다.

자바Javan(Kavi) 섬의 한 비문(856년경)에는 '위찌 카위Wiji Kawih' 란 말이 언급되어 있다. 또한 데이비드 타페리가 자바 섬의 음료라며 소개한 '묽은 원두 수프bean broth' 는 커피일 가능성이 높다고 한다.[3]

커피를 마시기 시작한 정확한 기원은 어쩌면 몽환적인 중동의 신기루 속으로 영원히 사라져 전설로만 떠돌지도 모른다. 그러나 학자들은 커피가 에티오피아에서 "기억할 수 없을 만큼 오래전부터 알려져 있었다"며, 뒤푸르의 주장을 입증

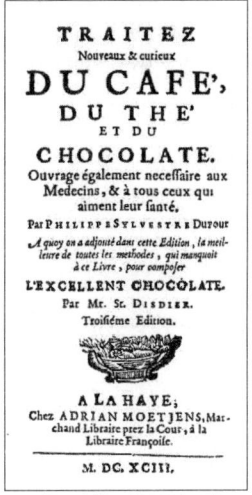

뒤푸르의 책 표지 (1693년도 판)

할 만한 충분한 사료를 제시하고 있다(제1대 커피 교역의 왕이자 외국어 실력과 교양을 두루 갖춘 뒤푸르는 교역상으로서 자신의 정체성과 작가로서의 정체성이 다르다고 생각했고, 특정 주제에 관해서는, 예컨대 커피에 관해서는 철학자보다 상인들이 더 많이 알고 있다고 얘기했다).

라제스가 언급한 분춤이 커피를 일컫는 것이라면 커피나무와 커피에 관한 지식을 제자들에게 분명히 전수했을 것이다.

최상품 원두는 레몬 빛을 띠고 가벼우며 좋은 향이 난다. 반면에 희멀겋고 무거운 것은 최하품에 속한다. 원두 자체의 성질에 관해서는, 한쪽에서는 뜨겁고 건조하다고 주장하고 다른 한쪽에서는 차가운 성질을 띤다고 주장한다. 원두는 사지를 튼튼하게 하고 피부를 정화시키며 습한 기운을 없앤다. 뿐만 아니라 커피를 마시면 온몸에서 굉장히 좋은 체취가 난다.

그런데 이슬람의 의학자이자 철학자인 아비센나Avicenna(980~1037, 또는 이븐 시나Ibn Sina)가 남긴 기록을 살펴보면 분춤과 비슷한 용어가 실제로 등장한다. 고어체의 멋이 느껴지는 뒤푸르의 논문에 따르면, 라제스는 "분춤(커피)의 성질이 뜨겁고 건조하며 위장에 좋다"고 설명한 바 있다. 아비센나 역시 커피 원두(분bun 또는 bunn)의 효능과 용법을 설명하면서 분춤이라는 용어를 어느 정도 혼용하고 있다.

고대 아라비아인들은 콩과 나무를 '분bun'이라 불렀고, 그 콩으로 만든 음료를 분춤이라고 했다. 커피의 기원에 관한 현존 최고最古의 기록물인 압달 카디르Abd-al-Kadir의 필사본[4]을 최초로 분석,

번역한 프랑스의 동양학자 앙투안 갈랑(1646~1715)⁵⁾은 아비센나가 '분' 또는 커피를 설명한 내용이 맞다고 주장했다. 프로스페로 알피니Prospero Alpini(또는 Alpinus, 1553~1617, 식물학자)와 베슬링기우스 역시 갈랑과 같은 의견이었다. 한편 아비센나와 동시대를 살았던 또 한 명의 위대한 의학자 벤지아즐라Bengiazlah 역시 커피에 관한 기록을 남겼다. 이런 이유로, 갈랑은 설탕, 차, 초콜릿과 마찬가지로 커피의 발견에도 의학자들의 공이 컸다고 설명한다.

독일의 의학자이자 식물학자로, 1573년 알레포Aleppo(시리아 북부의 도시, 현지명은 할라브Halab) 여행 중에 커피를 처음 접한 라우볼프⁶⁾는 유럽인으로서는 가장 먼저 커피에 관한 기록을 남겼다. 오스만투르크인들의 커피 제조 과정을 그는 이렇게 기록했다.

아까 그 물에 분누bunnu라는 열매를 담근다. 분누는 크기, 형태, 빛깔이 두 층의 얇은 껍질에 싸여 있는 월계수 열매와 흡사했다. 현지인들은 이 열매가 인도 제국(인도, 인도차이나, 동인도 제도를 총칭하는 옛 지명)에서 전래됐다고 했다. 그런데 분누의 속을 보면 황색 빛을 띤 낟알이 두 부분으로 갈라져 있고, 효능과 형태, 명칭이 아비센나가 설명한 분춤이나 라시스 아드 알만즈가 설명한 분카와 일치하기 때문에 분누와 분춤이 동일한 열매라고 봐야 할 것이다.

에드워드 포코크Edward Pocoke 박사의 역서 『아라비아 의학자가 밝힌 카우히Kauhi 음료 혹은 커피와 그 열매의 특성(1659, 옥스퍼드)』을 보면 다음과 같은 대목이 나온다.

'분'은 예멘에서 자라는 식물로, 유대력으로 12월(태양력 2~3월)경에 씨를 뿌리고 5월(7~8월)경에 수확한다. 키는 1cubit(45~56센티미터) 정도 되고, 줄기의 두께는 엄지손가락만 하다. 흰색 꽃이 지면 작은 땅 콩처럼 생긴 열매가 달리는데, 간혹 그 크기가 여느 콩처럼 클 때도 있다. 껍질을 벗기고 열매의 속을 보면 두 부분으로 갈라져 있다. 무게감이 있고 황색을 띠는 것이 최상품에 속하고 반면에 검은 빛을 띠는 것이 최하품에 속한다. 1급 열매는 성질이 뜨겁고 2급은 건조하다고 알려져 있다. 세간에는 '분'이 차갑고 건조하다고 알려져 있지만 사실은 그렇지 않다. '분'은 쓴맛을 지니고 있는데, 쓴맛이 나는 것은 무엇이든 뜨겁기 때문이다. 어쩌면 가공을 거친 뒤 시장에서 거래되는 분은 뜨겁지만, '분' 그 자체는 차가울 수도 혹은 뜨거울 수도 있겠다.

'분'의 차가운 성질은 '분'의 다른 특성, 즉 수렴성에 의해 한층 강화된다. 여름철에 콧물과 가래 섞인 기침을 진정시키고 증류를 건조시키는 데 '분'이 도움이 된다는 것은 경험적으로 입증됐다. 또한 폐색증 치료와 이뇨 작용에도 도움이 된다. 이 열매는 현재 '코와kohwah'로 불리는데, 말린 열매를 완전히 끓인 것은 지혈에 효과적이고, 염증과 홍역, 피고름 완화에 좋다. 그러나 어지러운 두통을 일으키고, 체중을 감소시키며, 각성 효과를 일으키는 등의 부작용도 있다. 또한 욕구를 감소시키거나 우울증을 유발하기도 한다.

사람들은 원기를 회복하고 게으름을 쫓기 위해, 또한 앞서 설명한 여러 가지 이유에서 코와를 마신다. 코와를 마실 때는 육즙이 풍부한 고기나 피스타치오 열매, 버터를 함께 먹는 것이 좋다. 우

유를 타 마시는 경우도 간혹 있는데 이는 잘못된 방식이다. '코와'
가 부패할 수 있기 때문이다.

뒤푸르는 아비센나가 언급한 '분춤(분)'과 라제스가 언급한 '분
카(분춤)'가 모두 커피 원두를 일컫는 것이라는 결론을 내렸다. 라우
볼프의 의견에 전적으로 동의한 셈이다. 이렇게 본다면 이를 둘러
싼 학계의 입장은 100년 전이나 당시나 다르지 않았던 듯하다.

한편 크리스토퍼 캠펀은 의학의 아버지 히포크라테스도 커피에
관해 알고 있었고 커피를 음용했을 가능성이 있다고 주장했다. 로
빈슨은 커피가 일찍이 본초학 분야에서 다뤄진 데는 아라비아 의
학자들의 실수가 한몫 했다고 지적하며, 이 때문에 기운을 북돋우
는 음료인 커피가 효능 있는 약물로서 인식되고 있다고 했다.

1 성경 그리고 커피

고대 그리스 · 로마의 문헌에서는 커피나무나 그 열매로 만든 음
료에 관한 기록을 찾아볼 수 없다. 그러나 그리스 신화 속에 등장
하는 네펜테nepenthe는, 호메로스의 설명에 따르면 헬렌이 이집트를
떠날 때 갖고 왔다는 슬픔을 잊게 하는 음료인데, 이는 다름 아닌
커피와 혼합한 와인[7]이었다고 피에르 델라 발레(1586~1652)[8]는 주장
한다. 그러나 파리의 유명한 의사인 프티M. Petit(1687년 사망)는 이 주장
이 사실과 다르다고 반박했다. 이로부터 몇 년 후에 영국의 문필가

인 샌디즈와 버튼, 헨리 블런트 경은 스파르타의 '검고 묽은 수프' 가 커피일 가능성이 있다고 주장했다.

조지 파스쿠치우스George Pascuchious는 1700년에 라이프치히에서 출 간한 라틴어 논문 「고대 이후의 새로운 발견」에서, 성경 「사무엘 상」 25장 18절에 기록된, 다윗의 노여움을 풀기 위해 아비가일이 선물한 다섯 되의 볶은 곡물이 커피였다고 주장했다. 불가타 성경 에서는 히브리어 'sein kali'를 'sata polentea'로 번역하고 있는데, 불에 볶거나 말린 곡물을 의미한다.

스위스의 청교도 목사이자 작가인 피에르 에티엔 루이 뒤망Pierre Etienne Louis Dumant은 에서가 자신의 상속권을 동생에게 넘겨준 대신 얻 어먹은 붉은 수프가 커피였다고 주장한다. 또한 보아즈가 룻에게 전하라고 한 볶은 곡물은 다름 아닌 볶은 커피 원두였다고 주장한 다.

뒤푸르는 '피타고라스가 음용을 금했던 콩'이 커피였을지도 모 른다고 주장하면서도 당시의 아라비아 커피 원두는 지금의 원두와 는 달랐을 거라고 조심스럽게 덧붙였다.

한편 쇠제Scheuzer[9]는 『의학의 신성함』에서 "오스만투르크와 아라 비아에서는 커피 원두로 음료를 만들어 마시는데, 두 지역의 음료 이름이 같다. 볶은 보릿물을 그 대용으로 마시는 사람들도 많다"고 했다. 그렇다면 커피 대용물의 역사는 커피의 역사만큼이나 길다 고 할 수 있다.

2 커피에 관한 몇 가지 전설

　이슬람 문화권에서는 커피 문화의 시작이 이슬람교도에 의해서였다는 영광스러운 역사를 기리기 위해 시작된 몇 가지 종교적 전통이 수세기에 걸쳐 전해 내려오고 있다. 그 가운데는 서기 1258년경 오마르Omar 장로가 아라비아의 쿠사브Qusab에서 커피를 발견한 과정과 관련 있는 전통도 있다. 모카 지역의 수호성인이자 전설적 창건자인 아불 하산 샤델리 장로의 제자였던 오마르는 도덕적인 문제를 일으켰다는 이유로 한동안 쿠사브에서 유배 생활을 하는데, 그러던 중 우연히 커피를 발견하게 된다.

　오마르와 그 추종자들은 굶주림에 시달리다가 근처의 열매를 따 먹게 된다. 파리국립도서관에 소장돼 있는, 믿을 만한 아랍 연대기에 따르면 "커피 외에는 먹을 것이 없던 이들이 커피 열매를 따다 스튜 냄비에 끓여 그 즙을 먹었다"고 전한다. 그러던 차에 모카에서 그들이 돌보던 환자 몇 명이 치료약을 얻기 위해 유배지로 찾아오고 오마르 일행은 달인 열매즙을 준다. 그런데 이 즙이 효과가 있었던 것이다. 열매의 놀라운 효능이 전해지면서 오마르 장로와 일행은 모카로 금의환향했고, 모카 국왕은 오마르 일행을 위해 수도원을 건립했다고 한다.

　커피 발견 일화 중 가장 유명한 이 일화를 자세히 소개하면 다음과 같다. 압달 카디르의 필사본을 토대로 한 내용이다.

　헤지라(이슬람력) 656년, 율법학자 샤델리는 제자인 오마르와 함께 메카로 성지 순례를 떠난다. 에머럴드 지역(쿠사브)의 산에 도착하자, 샤델리는 오마르에게 이렇게 말했다.

"내 생명은 이곳에서 끝날 것 같구나. 내 영혼이 사라지면 베일을 쓴 누군가가 나타날 것이다. 그러고는 네게 무언가를 명령할 것이다. 실패 없이 그 명령을 실행토록 하여라."

존경하는 스승은 그렇게 숨을 거두었다. 흰 베일을 쓴 거대한 유령이 나타난 때는 한밤중이었다.

"누구시오?" 오마르는 물었다. 유령이 베일을 벗자 오마르는 소스라치게 놀랐다. 그 유령은 다름 아닌 키가 5m는 자란 듯한 샤델리였다. 샤델리는 땅을 파기 시작했다. 그러자 기적처럼 지하수가 솟았다. 샤델리의 영혼은 오마르에게 그 물을 그릇에 담아 길을 떠날 것을 명했다. 그릇의 물이 더 이상 찰랑거리지 않을 때까지 계속 여행해야 한다고 했다.

"그릇의 물이 잠잠해지는 그곳에서 너는 거역할 수 없는 운명을 만나게 될 게다."

오마르는 길을 나섰다. 그릇의 물이 잠잠해진 때는 예멘에 도착해서였다. 목적지였다. 그런데 당시의 아름다운 모카 마을은 역병으로 난리를 겪고 있었다. 오마르는 마호메트를 섬기는 충실한 수도자로서, 환자들을 위해 기도를 올렸다. 그러자 많은 이들이 치유되기 시작했다. 그러나 역병은 계속 확산됐고 모카 왕국의 공주마저 역병에 걸렸다. 모카 왕은 회교 금욕파 수도사인 오마르에게 공주를 데려갔고 병을 고쳐 줄 것을 부탁했다. 그런데 너무도 아름다운 공주에게 반한 오마르는 병을 치료하고는 공주를 납치하기로 맘먹었다. 국왕이 이를 허락할 리 없었다. 이 때문에 모카에서 쫓겨난 오마르는 에머럴드 산에 유배됐다. 약초와 동굴이 그가 가진 전부였다.

커피의 발견에 관한 전설 : 오마르와 신비로운 커피 새(위), 칼디와 춤추는 염소(아래). 프랑스 근대 화가의 작품

"존경하는 샤델리 스승님, 모카에서 벌어진 일이 모두 저의 운명이라 한다면, 결국은 여기에 버려지고 말 것을……, 그때 왜 제게 그릇을 주셨나이까?"

가엾은 오마르는 울부짖었다. 그때였다. 이 울부짖음에 대답이라도 하듯 형언할 수 없이 아름다운 화음이 들려왔다. 역시 형언할 수 없이 아름다운 깃털을 가진 새 한 마리가 나무 위로 날아드는 것이 보였다. 오마르는 새가 있는 곳으로 재빨리 뛰어갔다. 하지만 나뭇가지 위에 있던 것은 꽃과 열매뿐이었다. 오마르는 그 열매에 손을 뻗어 맛을 보았다. 맛이 있었다. 오마르는 큰 주머니에 열매를 가득 담아 동굴로 돌아갔다. 그리고 약초를 데치며 저녁을 만들다가 초라하기 그지없는 약초즙 대신 아까 따 온 열매를 달여 먹기로 했다. 이것이 바로 맛 좋고 향기로운 음료, 커피의 기원이다.

1760년도 이탈리아의 학술지(Journal of the Savants)에서는 커피의 특성을 처음으로 발견한 이들은 수도사 스치알디와 아이뒤스로, 이런 이유로 이들을 기리는 특별 기도문이 생겼다고 전한다. 이에 자르댕[10]은 "스치알디와 샤델리가 동일 인물은 아닌가?"라는 가능성을 제기한다.

커피 음료의 기원에 관한 또 하나의 유명한 전설은 이집트 북부 또는 아비시니아 지방의 염소치기에게서 시작된다. 한 염소치기가 아라비아에서 온 수도원 원장에게, 평소에 얌전하던 염소들이 목장 근처에서 처음 보는 열매를 먹은 뒤부터는 이상할 정도로 날뛴다고 푸념을 늘어놓았다. 염소치기의 말이 사실임을 확인한 원장은 몸소 그 열매의 효능을 시험해 보았다. 그 역시 새로운 활력을 느낄 수 있었다. 이에 원장은 수도사들에게 이 열매를 달인 즙을 마실 것을 명했다. 덕분에 수도사들은 이제 야간 예배 도중 쏟아지는 졸음 때문에 힘들어 하지 않아도 됐다.

전설에 따르면, 이 '불면의 수도원' 이야기는 순식간에 퍼져 "각지에서 열매를 구해 줄 것을 요청했고, 그후에는 다른 나라와 동양으로까지 이야기가 확산되어 그곳에서도 열매를 음용하게 됐다"고 한다.

초기에는 두 가지 방식으로 커피 음료를 만들었다. 커피 원두를 싸고 있는 외피와 과육을 달여서 마시거나 또는 커피 원두만을 달여 마셨다. 로스팅 방식은 이후에 등장했는데 페르시아인들이 고안했다고 전해진다. 한 문헌에 따르면 초창기 이슬람 성직자들이 코란에서 금기시하는 와인을 대신할 음료를 찾던 중에 커피를 발견했다고 한다. 커피는 아랍어로 카와qahwah인데, 이는 와인을 가리키는 단어이기도 하다. 그런데 이후 커피가 이슬람교인들의 종교

생활을 위협할 정도로 대중화되자 이슬람교 지도자들은 이를 경계해야 한다는 이유로 와인을 금하는 것처럼 커피 역시 금해야 한다고 주장했다.

1715년에 출간된 장 라 로크(1661~1745, 프랑스 여행가이자 언론인이며 마르세유에 커피를 전래했다고 알려진 피에르 라 로크의 아들)[11]의 저서를 보면, 아랍어 카호우와cahouah가 처음에는 와인만을 의미했으나 이후에는 음료 일반을 총칭하는 말이 됐다고 한다. 그에 의하면 당시에는 커피라 불리는 음료가 세 종류가 있었다고 하겠다. 한 가지는 와인을 포함한 각종 술이고, 또 한 가지는 커피 원두의 껍질을 달인 즙이며, 나머지 하나가 커피 원두를 달인 즙이다.

그렇다면 그 기원을 따져볼 때 커피는 커피 열매로 만든 와인의 일종이었을 수도 있다. 오늘날에도 커피 생산국 국민들은 커피 씨(원두)를 뺀, 잘 익은 커피 열매를 상당히 즐겨 먹는다. 커피 씨를 싸고 있는 과육은 향미가 뛰어나고 달콤하며 또한 그대로 방치할 경우 빠르게 발효된다.

요컨대 커피 음료의 기원을 밝히고 있는 연구를 보면 가장 방대한 연구에서도 라제스가 살았던 시기, 즉 마호메트 사후 200년경(832년 경) 이전의 사료는 찾아볼 수 없다. 따라서 그보다 더 일찍이, 예컨대 성서에 등장하는 시대나 마호메트 생전에도 사람들이 커피를 알고 있었다는 주장은 추측에 불과하다고 하겠다.

3 커피 최초의 기록

아덴(예멘 남부의 항구도시)의 율법학자 게마레딘 아부 무하마드 벤사이드 교주(알다바니로 불림)는 1454년경 아비시니아[12] 여행길에서 처음으로 커피를 접한다. 여행길에서 아덴으로 돌아온 직후 기력이 떨어진 게마레딘은 아비시니아에서의 커피를 떠올리며 원기 회복에 도움이 되지 않을까 싶어 커피를 구해 왔다. 커피를 마시자 효과가 있었다. 뿐만 아니라 잠을 쫓는 커피의 특성을 체감한 게마레딘은 이슬람교 금욕파 수도사들에게 커피를 마시도록 허락했다. 덕분에 "수도사들은 집중력과 평정심이 고취된 상태로 야간 기도를 드리고 종교 의식을 수행할 수 있었다."[13]

어쩌면 게마레딘 교주가 커피 음용을 허락하기 전부터 아덴 사람들은 커피에 대해 알고 있었을지도 모른다. 그리고 과학과 종교에 해박한 지도자가 커피 음용을 허락한 것이 계기가 되어 예멘 전역으로 음용이 확산됐을 것이고, 세계 각지로 커피가 퍼져나갔다고 볼 수 있다. 파리국립도서관에 소장돼 있는 압달 카디르의 필사본을 보면, 법률가, 학생, 야간 여행객, 예술가와 낮의 열기를 피해 야간에 작업하는 사람들이 커피를 많이 마셨다고 한다. 특히 카트 khat(혹은 cat, 학명은 catha edulis, 화살나무과의 상록관목, 환각제로 이용—옮긴이) 잎으로 만든 음료를 대체할 정도로 커피는 점차 대중화됐다. 게마레딘 교주의 커피 복음은 이처럼 널리 전파되었는데, 그렇게 되기까지는 아라비아 반도 하드라마우트 출신의 명의 무하메드 알하드라미라는 숨은 공신이 있었다.

한편 그동안 거의 회자되지 않은 또 다른 커피 기원설을 보면, 서양 학자들이 어떻게 오마르 장로의 전설과 게마레딘 교주의 이야기를 하나의 이야기로 통합시켜 놓았는지를 알 수 있다.

15세기 중반 무렵의 일이다. 가난한 한 아랍인이 아비시니아를 여행 중이었다. 체력의 고갈을 느낀 여행자는 작은 덤불 근처에서 휴식을 취했다. 식사 준비를 위해 모닥불용 나뭇가지를 꺾던 중 마른 열매가 가지에 매달려 있는 것을 보았다. 요리를 하고 음식을 얼마간 먹던 중이었다. 그는 반쯤 탄 열매에서 좋은 향이 난다는 것을 알아차렸다. 열매를 돌멩이로 빻자 향이 한층 진해졌다. 신기한 걸 발견했다고 생각한 그는 소량의 물이 담긴 토기 잔에 열매를 빻아 넣었다.

그런데 말 그대로 기적이 일어났다. 거의 썩어 있던 물이 정화되기 시작했다. 맛을 살짝 보니 신선하고 기분이 좋았다. 그뿐만이 아니었다. 잠깐 동안 휴식을 취했을 뿐인데 나머지 여정을 활기차게 마칠 수 있을 만큼 기력이 회복되었다. 운이 좋았던 이 아랍인은 그 열매를 최대한 많이 따서 아덴으로 돌아갔다. 그러고는 율법학자에게 이를 알렸다. 아편 중독자로, 수년 동안 부작용에 시달리던 율법학자에게 꼭 필요한 것이었다. 열매를 볶아 달인 즙을 마시자 그는 이전의 기력을 회복할 수 있었다. 이에 율법학자는 보은의 의미로 이 나무에 카후하cahuha란 이름을 붙였다. 아랍어로 '힘'을 뜻하는 말이다.[14]

커피의 기원을 다룬 사료 중 가장 신뢰할 만한 압달 카디르의 아랍어 필사본을 분석한 글을 보면, 갈랑은 안토니 파우스투스 나이론Antoine Faustus Nairon이 제기한 주장을 반박했다. 마론파(동방 의식을 채용하고 있는 로마 가톨릭 교회의 분파)교도이자 로마의 동양어 학자인 나이론은 역사상 최초로 오직 커피만을 분석한 논문[15]을 집필한 사람으로 유명하다. 이 논문에서 나이론은 오마르 장로와 아비시니아 염소치기의 전설을 인정하였고 갈랑은 바로 이 점을 비판했다. 두 전설 모두를 역사적 사실로 인정하기에는 근거가 부족하다는 것이 갈랑의 주장이었다. 그러면서도 커피 열매를 발견한 염소치기와 수도사들에게 열매를 달여 먹게 한 수도원장의 이야기에서 진실의 일부는 엿볼 수 있다고 덧붙였다. "이 대수도원장과 소수도원장은 그저 게마레딘 교주와 무하메드 알하드라미를 대신해 커피를 발견한 동방의 성직자로 존경받고 있을 뿐이다. 마찬가지로 이 전설에 등장하는 수도사들은 사실 게마레딘을 따르던 이슬람교 금욕파 수도사였다고 봐야 할 것이다."

이처럼 커피의 기원에 관한 다양한 설이 존재하는 가운데 자르뎅Édelestan Jardin은 가능성을 근거로 판단할 수밖에 없다는 결론을 내리면서, 커피나무가 원산지에서 처음으로 예멘으로 전래된 후 사우디아라비아의 메카로 전해졌고, 그 후 페르시아를 거쳐 이집트로 전해졌을 것이라고 정리했다.

한편 아덴 지역에서는 커피를 거부감 없이 받아들였고 그 이후에도 별 문제 없이 사람들의 사랑을 받았다. 이런 가운데 커피나무와 커피 음료는 인접 도시로 전래됐다. 메카와 메디나에 커피가 알려진 것은 15세기 후반 무렵(1470~1500)이었다. 아덴에서와 마찬가지로 이슬람교 금욕파 수도사들이 종교적 목적으로 전파했다. 1510년경에는 이집트의 카이로에도 전래되는데, 예멘 출신의 수도사들이 카이로의 한 구역에 모여 살면서 야간 종교 의식을 위해 밤마다 커피를 마셨다. "유일무이한 신이시여, 참된 왕이시여, 당신의 힘을 감히 의심하지 못합니다"라고 기도를 드리는 동안, 수도원장은 붉은색의 큰 토기 주전자에 담겨 있는 커피를 작은 잔에 담아 수도사들에게 차례대로 건네 주었다. 수도사들의 차례가 끝나면 의식에 참여한 평신도들에게도 커피 잔을 돌렸다. 이런 식으로 커피는 종교적 의식과 밀접한 관련을 맺으며 보급됐다. 따라서 대중적인 종교 의례나 엄숙한 행사에 커피가 빠지는 법이 없었다고 한다.

그런 가운데 메카 사람들은 이제 종교적 의식과 상관없이 커피를 즐기기 시작했고, 최초의 대중적 커피하우스라 할 수 있는 카베 카네스kaveh kanes(터키어로 커피하우스)에서 커피를 마시게 되면서 커피는 점차 일상 음료로 자리 잡아갔다. 커피하우스에서 함께 커피를 마시고, 체스 등의 게임을 하며, 그날의 뉴스에 대해 토론하고 가무를 즐기는 한가로운 무리들도 생겨났다. 메카와 아덴뿐만 아니라 메디나와 카이로에서도 커피는 일상 음료로 자리 잡기 시작했다. 하지만 엄격한 이슬람교도들은 이를 절대 용납하지 못했다.

4 커피 박해가 시작되다

결국 강경파 이슬람교도를 주축으로 커피 반대론이 제기되기 시작했다. 이들은 커피 때문에 종교가 제공하는 최상의 심리적 위안이 의미를 잃었다고 주장했다. 또한 커피하우스에서 일부 사람들이 즐기는 일상적 유희는 사회적, 정치적, 종교적 논쟁을 불러일으키고 있으며 이는 종종 큰 분란으로 이어진다고 주장했다. 논쟁으로 인한 불화는 성직자들 사이에서도 일어났다. 커피 음용을 둘러싼 갑론을박이 벌어졌고, 와인을 금기시하는 마호메트Mahomet(아랍어는 무함마드Muhammad)의 법이 커피에도 적용된다는 다양한 해석이 나오기 시작했다.

이 당시(1511) 메카는 이집트 군주 체제 하에서 카이르 베이가 위임 통치하고 있었다. 카이르 베이는 엄격한 통치자였지만 안타깝게도 백성들의 실생활에 대해서는 아는 바가 없었다. 어느 날 밤이었다. 카이르 베이가 예배를 마치고 사원을 나설 때였다. 저 구석에서 한 무리의 사람들이 커피를 마시며 사원에서 밤을 새울 준비를 하는 모습이 보였다. 눈에 거슬리는 광경이었다. 와인을 마시는 줄로 알았던 카이르 베이는 이들이 마시는 음료가 커피이며, 커피라는 음료가 메카 내에서 대중화되었다는 이야기를 듣고 크게 놀랐다. 커피에 관한 이야기를 좀 더 경청한 후 그는 기분을 돋우는 이 음료를 허용할 경우 사람들이 방종에 빠질 우려가 있다고 판단했고, 이러한 이유로 커피를 금하려 했다. 우선 밤을 새울 준비를 하던 사람들부터 사원에서 추방했다.

다음날에는 법관, 변호사, 의사, 성직자, 시민 대표로 구성된 자문단을 소집해 이슬람 사원에서 목격한 장면을 언급하면서 "커피하우스의 폐해를 막기 위한 해결책이 필요하니 이에 대한 자문을 구한다"고 공표했다. 커피하우스를 반대하는 주요한 근거는 다음과 같았다. "커피하우스에서 남녀가 만나 탬버린, 바이올린을 연주하며 어울리고 있다. 또한 돈을 걸고 체스나 만칼라와 같은 게임을 하고 있다. 뿐만 아니라 이곳에서는 우리의 신성한 법이 금하고 있는, 즉 우리가 신 앞에 설 그날을 위해 신께서 우리가 타락하지 않도록 금기시한 여러 가지를 즐기고 있다."[16]

변호사단은 커피하우스 금지론에 동의했다. 그러나 커피 자체가 심신에 유해한지에 대해서는 조사가 이루어져야 한다고 주장했다. 만일 커피가 심신에 유해하다면 커피하우스를 금지하는 것만으로 충분하지 않기 때문이다. 이에 의학계의 소견이 필요하다는 의견이 제기됐다.

당시 메카 최고의 명의로 인정받던 페르시아인 의사인 하키마니가의 두 형제가 소집됐다. 그런데 형제 중 한 명은 편견으로 가득 찬 사람이었다. 커피를 비난하는 책을 이미 집필한 바 있고, 이 새로운 음료의 대중화를 막지 못한다면 의사라는 직업을 유지하기란 상당히 힘들어질 것이라는 불안감에 휩싸여 있었다. 나머지 한 사람 역시 다르지 않았다. 커피 음료의 원료가 되는 분이 '차갑고 건조'하기 때문에 건강에 해롭다는 점을 자문단에 확실히 전달했다. 이에 자문단의 한 의사가 아비센나와 동시대를 살았던 명의인 벤지아즐라가 분이 '뜨겁고 건조'하다고 설명했음을 상기시켰다. 하지만 그 형제는 벤지아즐라가 아마도 동명의 다른 식물을 두고 그런 설명을 한 것 같다는 자의적인 답변만을 늘어놓았다. 그러나 어느 쪽이든 의학계의 이러한 논쟁은 중요하지 않았다. 커피 때문에 사람들이 종교적 금기를 어긴다면, 종교를 수호하기 위해 커피를 불법적인 음료로 간주하는 것이 가장 확실했다.

커피 애호가들은 혼란스러웠다. 자문단 가운데 이슬람교 법률 고문만이 커피 찬성론을 펼쳤다. 그를 제외하고는 모두가 편견과 그릇된 열정에 휩싸여 커피가 사람들의 분별력을 흩뜨린다고 확신했다. 그중 한 명은 커피가 와인과 마찬가지로 사람을 취하게 만드는 음료라고 주장했다. 그런데 이 주장에 모두가 냉소적일 수밖에 없었다. 와인을 마셔 본 사람만이 할 수 있는 주장이었기 때문이다. 와인은 이슬람교에서 절대적으로 금하고 있는 음료이다. 이에 그 발언자는 와인을 마신 경험이 있는지 추궁당했고, 결국 과거의 실수를 인정해야 했다. 한 마디의 말실수로 그는 태형에 처해졌다.

궁정 관리이자 성직자였던 아덴의 이슬람교 법률 고문은 꽤 열정적으로 커피를 옹호했다. 그러나 누구도 귀 기울이지 않는 소수의 의견일 뿐이었다. 그에게 돌아온 건 광신도들의 비난과 모욕이었다.

상황이 이렇다 보니 메카의 통치자는 자신의 계획대로 일을 밀어붙였다. 커피 음용은 법적으로 금지됐다. 판결문이 작성됐고, 자문위원 대다수가 이에 서명했다. 판결문은 이집트 카이로의 군주에게 급행으로 전달됐다. 일사천리로 메카의 통치자는 공공장소와 비공식적인 경로를 통한 커피 판매를 금한다는 포고문을 발표했다. 법관들은 메카 시내의 모든 커피하우스에 폐업 명령을 내렸고,

커피를 발견하는 족족 소각할 것을 명했다.

그러나 당연하게도 포고문은 효력을 발휘하지 못했다. 어떻게든 법망을 피해 가는 사람들이 많았고, 문을 닫고 커피를 마시는 이들도 상당수 있었다. 일부 커피 옹호자들은 자문단이 사실에 의거하지 않은 채 판결을 내렸고, 무엇보다 아랍 전역에서 이슬람법의 해설자로서 존경을 받는 법률 고문의 의사에 반하는 판결을 내렸다는 점을 들어 이 명령에 분명하게 반대했다. 한편 불복종 죄로 붙잡힌 사람은 모진 고문을 받고는 나귀에 실려 메카 중심지 여기저기로 끌려다녔다.

그러나 커피 반대론자들의 승리는 오래가지 못했다. 메카 통치자의 이 '분별없는 열정'을 이집트의 군주가 승인하지 않았다. 이집트 군주는 포고문 철회를 명했을 뿐만 아니라 커피 금지론에 대해 다음과 같이 일침을 놓았다.

"왕국의 수도 카이로에서 허용한 커피를 감히 메카에서 거부하겠단 말이냐? 또한 메카의 의학자보다 더 뛰어난 카이로의 의학자들이 커피 음용은 법적으로 전혀 문제 될 것이 없음을 주장했거늘!"

이집트의 군주는 여기서 더 나아가, 제아무리 훌륭한 것일지라도 사람들에 의해 남용될 수 있고, 그렇기 때문에 심지어는 잠잠 성수聖水마저 남용될 수 있지만, 그 때문에 금지령을 내리는 것은 옳지 않다고 훈계했다. 참고로 잠잠 우물 또는 잠잠 샘은 아브라함이 하갈과 이스마엘을 추방했을 때 신께서 이들을 어여삐 여겨 사막에 내린 물이라고 이슬람교도들은 믿고 있다. 이 우물은 현재 메카의 한 사원에 있고 이슬람교도들은 경건한 마음으로 이 성수를 마시고 있다.

　이집트 군주의 이같은 신성 모독적 발언에 메카의 분별없던 통치자가 충격을 받았는지, 아닌지에 대한 기록은 없다. 하지만 군주의 명령에 단번에 복종했다고 전해진다. 커피 금지령은 이렇게 철회됐다. 그러나 커피하우스에서만이라도 커피 금지령을 부활시키고자 카이르 베이는 또 한 번 권력을 휘두른다. 결과는 커피 옹호자와 권선징악 신봉자들이 안도의 한숨을 내쉬는 쪽으로 마무리된다. 이 일로 인해 카이르 베이는 결국 '공공의 강탈자'로 낙인 찍혀 '고문당해 죽는다.' 그의 동생은 형과 같은 운명을 피하기 위해 자살을 택했다. 커피 박해에 일조한 페르시아인 의사 형제 역시 불행한 결말을 맞이하는데, 메카에서 설 자리를 잃은 이들은 카이로로 달아났지만 당시 이집트를 정복한 셀림 1세를 모독한 죄로 황제의 명령에 의해 처형당한다.

　커피는 이러한 시련 끝에 메카에서 부활했고 그 이후로는 별다른 박해가 없었다. 그러다 1524년 사회적 무질서의 온상이라는 이유로 메카의 카디(이슬람법에 기초해 판결을 내리는 재판관—옮긴이)가 커피하우스를 금했다. 단, 가정에서나 사적으로 커피를 마시는 것은 허용했다. 그러나 카디의 후계자가 커피하우스의 운영을 재허용하고, 또한 커피하우스가 건전한 장소로 자리 잡으면서 메카에서는 더 이상 박해의 역사가 되풀이되지 않았다.

　한편 1542년에는 오스만투르크의 술레이만 황제가 커피 음용을 금하는 어명을 내림에 따라 잠깐 동안 파문이 일기도 했다. 그러나 그 누구도 이를 개의치 않았다. 더구나 '커피가 입에 맞지 않던' 한 궁녀의 꼬임에 빠져 느닷없이 내린 어명이라는 사실이 알려지면 서부터는 아무도 신경 쓰지 않았다.

커피 음료의 역사에서 가장 흥미로운 점은 커피가 전래되는 곳마다 혁명이 불붙었다는 점이다. 사람들을 사고하게 만든다는 점에서 커피는 가장 급진적인 음료다. 민중이 사고하기 시작하면 사상과 행동의 자유를 억압하는 자나 독재자들은 위협을 느낀다. 그러나 민중은 때로는 새로운 사고에 도취되어 자유와 방종을 착각하고 적정선을 넘기도 한다. 그럴 때면 이들의 사고를 억압하려는 누군가가 등장하고, 이들에게 갖가지 과민반응을 보이는 사람들이 생겨난다. 그런 까닭에 카이로에서 다시 한 번 커피 박해의 역사가 시작된다. 메카에서 최초의 커피 박해가 있은 지 23년 후의 일이다.

5 종교계의 커피 탄압

이집트를 정복한 오스만투르크의 셀림 1세가 콘스탄티노플(이스탄불의 옛 지명— 옮긴이)에 처음 커피를 들여온 이후 1530년경에는 시리아의 다마스쿠스로, 1532년경에는 알레포로 전해졌다. 이 과정에서 별다른 반대론은 없었다. 다마스쿠스에서는 몇몇 커피하우스가 명성을 얻기 시작했는데, '장미' 카페나 '구원의 문' 카페가 유명했다.

커피가 점차 대중화되자, 1523년 카이로의 한 의사는 커피가 계

속 확산된다면 의사를 찾는 환자가 줄어들지도 모른다는 생각에
동료 의사들에게 다음과 같이 물었다.

삼삼오오 무리를 지어 마시는 커피라는 음료에 대해 어떻게 생각
하십니까? 안심하고 마시도록 우리 의사들이 허용하는 분위기이지
만 이 음료는 적지않은 문제를 일으킬 수 있습니다. 우리의 판단
력에 영향을 주고, 건강에도 매우 유해합니다. 이를 허용해야 합니
까? 아니면 금해야 합니까?

그러고는 글의 말미에 편견을 배제한(?) 자신의 소견이라며 커
피는 불법이라는 점을 조심스럽게 덧붙였다. 그러나 대다수의 의
사들은 일부 의사들의 이러한 문제 제기에 동조하지 않았다. 본초
학에서 이미 중요하게 다루고 있는 커피를 두고 소모적인 논쟁을
일으킨다고 생각했기 때문이다. 이에 카이로 의사의 문제 제기는
수그러들었다.

커피의 대중화를 막기 위해 의사들이 별다른 제스처를 취하지
않았던 데 반해 성직자들은 달랐다. 카페는 예배당보다 더 큰 안식
을 주는 공간으로 점점 자리 잡고 있었다. 강경파 성직자들은 이러
한 현실을 받아들일 수 없었다. 커피에 대한 반감이 일시적으로 끓
어올랐다가 1534년에 다시 한 번 표출됐다. 카이로의 한 사원에서,
격노한 설교자가 예배 참석자들에게 커피는 불법적인 음료이고 커
피를 마시는 이들은 진정한 이슬람교도가 아니라고 감정적으로 선
동했다. 이에 대규모의 예배 참석자들이 격노하여 사원에서 몰려

나와 제일 먼저 눈에 띈 카페로 쳐들어갔다. 그들은 커피 주전자와 접시를 불태우고 카페 손님들을 닥치는 대로 괴롭혔다.

이 사건을 계기로 커피를 둘러싼 논쟁이 촉발됐다. 커피는 마호메트의 법에 위배된다는 측과 아니라는 측으로 도시 전체가 양분됐다. 이런 가운데 솔로몬이라는 대법관이 나서 박학다식한 의사들을 소집해 자문을 구했다. 다시 한 번 의사들이 칼자루를 쥐게 됐다. 의사들은 "커피 문제에 관해서는 이미 선배 의사들이 답을 제시했고, 지금은 '그럼에도 불구하고' 고집을 부리는 사람들의 분별없는 열정과 설교자들의 경솔함을 따져봐야 할 때"라고 답했다. 이 대답을 들은 현명한 대법관은 그 자리에서 사람들에게 커피를 대접했고, 자신도 몇 모금 맛을 보았다. 이 대법관이 있었기에 대립하던 사람들은 다시 하나가 됐고, 커피는 이전보다 더욱 인정받게 됐다고 한다.

6 커피하우스가 유행하다

커피가 콘스탄티노플에 들어온 과정 역시 메카와 카이로에 들어왔던 과정과 상당히 비슷하다. 커피를 둘러싼 비슷한 분란이 있었고, 비이성적인 종교적 미신이 있었으며, 정치적인 혐오와 권력자들의 어리석은 훼방이 있었다. 하지만 이 모든 시련을 뛰어넘은 커피는 콘스탄티노플에서도 새로운 음료로서 인정받고 인기를 얻는다. 또한 아랍의 커피하우스는 이곳 콘스탄티노플에서 가장 발달하게 된다.

커피가 콘스탄티노플에 알려진 때는 1517년이다. 그러나 초기 아랍의 민주주의 정착에 큰 역할을 했던 커피하우스가 이곳 사람들에게 알려진 때는 1554년이 되어서이다. 그 해 셀림 1세의 아들인 술레이만 황제 통치 시절 다마스쿠스 출신의 셈시와 알레포 출신의 헤켐이 타크타칼라 지역에 콘스탄티노플 최초의 커피하우스를 각각 개점했다. 두 곳 모두 당시로서는 신세계와 같은 곳이었는데, 가구 배치나 분위기가 안락한 점이 매우 유사했다. 또한 사교와 자유 토론의 장을 제공한다는 점 역시 매우 비슷했다. 이들 가게에서는 '아주 깔끔한 소파'를 손님들에게 제공했고, 커피 한 잔 가격인 약 1센트를 내면 누구나 출입 가능했다.

오스만투르크에서는 상하 귀천을 막론하고 커피하우스라는 새로운 장소를 빠르게 받아들였다. 이에 따라 커피하우스가 하나둘 늘어나기 시작했는데, 그럼에도 불구하고 커피하우스에 대한 수요를 따라잡기는 힘들었다. 궁전에서는 술탄의 커피를 준비하는 특수 관리kahvedjibachi('커피 따르는 자'를 의미)가 임명될 정도로 커피는 계급을 막론하고 모두에게 사랑받았다.

오스만투르크인들은 커피하우스를 카베카네스kahveh kanes라 불렀다. 위트레흐트 법대 교수로 1598~1599년 크레타 섬을 거쳐 키프로스, 시리아 등지를 여행한 코토비쿠스는 이를 선술집 또는 여인숙diversoria이라 부르기도 했다. 커피하우스의 인기는 날로 높아졌고 그 외관은 갈수록 화려해졌다. 라운지를 갖추고 고급 카펫으로 장식했으며 다양한 오락거리를 제공하는 커피하우스가 등장하기 시작했다. '지혜의 학교'로 불렸던 커피하우스를 찾는 이들은 다양했다. 교역상과 세계 각지에서 온 여행자들은 물론이고, 젊은 신임 법관, 복직과 임명을 기다리는 지방 하급법관, 전문가, 궁정 관리, 오만한 관리, 콘스탄티노플의 유명 귀족 들이 이곳을 찾았다.

7 커피 논란의 소용돌이

1570년 무렵에는 커피를 마시는 일이 콘스탄티노플의 사회적 관습으로 확실히 자리를 잡은 듯했다. 이슬람교 지도자와 금욕파 수도사들이 커피 반대론을 제기하며 통탄의 목소리를 드높인 때는 바로 그즈음이었다. 이들은 커피하우스는 늘 사람들로 붐비는 반면, 사원은 텅 비었다고 탄식했다. 설교자들도 여기에 동참해 선술집에 가는 것보다 커피하우스에 가는 것이 더 큰 죄악이라고 설파했다.

이에 지배자들은 커피에 관한 조사에 착수했고, 여기서 다시 한번 케케묵은 논쟁이 촉발됐다. 이번에는 커피에 비호의적인 이슬람교 법률 고문이 등장한다는 점이 예전과 다를 뿐이었다. 광신도들은 마호메트가 커피를 마시기는커녕 존재조차 알지 못했기 때문에 마호메트의 추종자들이 커피를 마신다는 것은 있을 수 없는 일이라고 주장했다. 게다가 커피를 마시기 위해서는 원두를 숯불로 볶은 다음 가루로 빻아야 하는데, 코란에서는 숯불을 불결한 식재료로 여겨 엄격히 금하고 있다는 주장도 반대론에 한몫 했다. 법률 고문은 광신도들의 손을 들어 주었고, 커피는 법적으로 금지됐다.

그러나 현실은 금지령을 준수하기보다 어기는 쪽이 더 큰 존경을 받는 상황이었다. 사람들은 공공장소가 아닌 사적인 장소에서 변함없이 커피를 마셨다. 그러다 1580년경, 종교계에서 문제제기가 이어지자, 아무라드 3세가 커피를 와인과 같은 부류로 분류하여 마호메트의 법에 따라 커피를 금한다는 칙령을 선포한다. 하지만 사람들은 그저 조용히 웃으며 비밀스런 불복종을 이어나갔다. 커피 금지령이 종교적일 뿐만 아니라 정치적인 사안임을 이미 깨닫고 있었다. 행정 관리들은 커피의 유행을 탄압하려는 시도가 무의미하다는 것을 깨닫고 위반자들을 모른 척했다. 또한 돈을 받고, 암암리에 커피 판매를 허용하기도 했다. 이런 까닭에 오스만투르크에서는 문을 닫고 커피를 팔거나 뒷방에서 커피를 파는 '커피 밀매점'이 우후죽순처럼 생겨났다.

커피하우스를 점진적으로 허용해야 할 분위기였다. 게다가 새로 임명된 이슬람교 법률 고문은 전임자만큼 강경하지 않았고, 현명한 인물이었기 때문에 커피를 숯과 달리 분류해야 하고, 커피가 율법에 의해 금기시된 음료가 아니라고 공포했다. 커피가 부활하는 순간이었다. 이슬람교 신자, 설교자, 변호사와 신임 법률 고문이 본보기로 커피를 마셨고, 커피는 다시 한 번 콘스탄티노플 전역으로 퍼져나갔다.

그 이후부터 커피하우스는 각 수상들에게 매력적인 세입의 원천이 됐고, 따라서 더 이상의 탄압은 없었다. 최소한 아무라드 4세 통치기 전까지는 말이다. 아무라드 4세 시절의 수상이었던 쿠프릴리는 칸디아(현재의 크레타 섬 이라클리온—옮긴이)와의 전쟁 중에 정치적인 명분을 들어 커피하우스를 폐쇄할 것을 명한다. 커피하우스가 대중 선동의 온상이 되고 있다는 것이 이유였다. 이는 약 100여 년 후 영국 찰스 2세를 통해 다시 한 번 제기되는 주장이기도 하다.

그러나 우유부단한 찰스 2세와 달리 쿠프릴리는 군부 독재자였다. 쿠프릴리 역시 찰스 2세와 마찬가지로 자신이 공포한 칙령을 이후에 폐지하지만, 폐지 전까지는 위반시 강력한 처벌을 내렸다.

그는 거침없는 독재자였다. 첫 번째 위반 때에는 매질로 다스렸다. 그러나 또다시 위반한 경우에는 가죽 포대에 넣어 보스포루스 해협에 던져버렸다. 그런데 참으로 이상하게도, 커피하우스는 이렇게 탄압하면서 코란에서 금기시한 와인을 판매하는 선술집은 계속 허용했다. 아마도 쿠프릴리 역시 카페에 비해 선술집은 대중을 위협적인 존재로 만들지 않는다고 여겼기 때문이리라.

비레이Virey의 말마따나 광폭하고 분별력 없는 장군이 통치하는 사회에서 커피는 지나치게 지적인 음료이다.

그러나 이 당시에도 역시 법으로써 사람들을 억제하기는 어려웠다. 햄릿의 유명한 대사를 바꾸어 말하면, 온 세상이 욕망을 가릴지라도 억압된 욕망은 언젠가는 사람들의 눈에 보인다. 정의롭지 못한 법은 20세기보다 이 시

17세기 오스만투르크의 일반 카페 풍경

기에 더 힘이 없었다.

우리의 인간성은 변하지 않는다. 이성을 잃고 야수로 돌변할 때도 있지만. 그러나 커피 때문에 이성을 잃지는 않는다. 오히려 커피는 우리의 분별력을 더욱 날카롭게 만든다. 프랑스의 동양학자 갈랑은 이렇게 이야기한다. "커피는 사회적 존재로 태어난 인간들을 더욱 온전하게 결합시킨다. 우리 마음이 구름과 안개로 흐릿하지 않을 때 터져나오는 주장이 더욱 진실된 법이고, 하여 쉽게 잊혀지지 않는 법이다. 반면에 술은 우리 마음을 구름과 안개로 어지럽히기 일쑤다."

커피 금지령 위반자들을 중벌로 다스렸음에도 불구하고, 콘스탄티노플에서는 많은 사람들이 이 법을 무시했다. 시장에는 커피 행상들이 등장했다. 이들은 큰 구리 용기를 불로 지폈고, 커피를 마시고 싶을 때면 근처의 커피 가게로 가면 됐다. 커피 가게에서는 누구라도 환영했다고 한다.

이후 커피하우스가 더 이상은 정치적으로 위협적이지 않다고 판단한 쿠프릴리는 자신이 공포한 금지령을 스스로 폐지하고 커피를 자유롭게 마실 것을 허용한다.

8 페르시아의 커피와 커피하우스의 역사

혹자는 커피가 페르시아에서 처음 등장했다고 주장한다. 그러나 이를 입증할 만한 근거는 없다. 단, 커피 음료가 처음 등장한 곳이

에티오피아라는 주장과 마찬가지로, 기억할 수 없을 만큼 오래전부터 페르시아에서 커피를 마셨다는 주장은 사실일 가능성이 충분히 있다. '기억할 수 없을 만큼 오래전'이란 표현은 이 경우 참으로 무난한 표현이다. 어쨌든 커피하우스는 아주 오래전부터 페르시아의 주요 도시에서 일종의 제도로서 자리 잡고 있었다. 한편 페르시아인들은 정치적 사안으로서의 커피하우스 문제를 오스만투르크인들보다 훨씬 교묘하게 접근했고 따라서 이를 탄압할 필요가 없었다.

예컨대 아바스 왕의 부인은 이스파한의 주요 커피하우스에서 많은 사람들이 자주 정치를 논하는 것을 목격하고는, 한 율법학자를 그곳에 상주시켜 단골손님들에게 역사, 법, 문학 분야의 이슈를 들려주도록 했다. 지혜롭고 박학다식한 율법학자는 민감한 정치 사안을 꺼내지 않았다. 이에 따라 정치는 커피하우스에서 주요 이슈가 되지 못했다. 율법학자는 단골손님들에게 존경을 받게 되었다. 이러한 모범 사례가 이스파한의 커피하우스 전체로 확산됐고 따라서 이 지역의 커피하우스에서는 거의 소동이 일어나지 않았다.

독일 대사관 사무관으로, 1633~1636년 사이 오스만투르크를 여행했던 아담 올레아리우스(1599~1671)는 페르시아의 커피하우스에서 목격한 대단한 오락거리에 대해 이렇게 전한다. "시인과 역사가들이 높은 의자에 앉아 손님들을 향해 연설을 하고 풍자적인 이야기를 들려주었다. 이들은 이야기 도중 작은 막대를 이용해 잉글랜드의 마술사와 같은 제스처를 선보이기도 했다."[17]

한편 페르시아의 궁에서는 회의가 있을 때마다 커피를 준비하기 위해 특별히 임명된 관리(kahvedjibachi, 커피 따르는 사람)가 왕의 수행원들과 함께 움직였다.

9 오스만투르크의 초기 커피 풍속

1682년에는 갓 볶아 빻은 원두가 아랍 유목민들에게도 전래되는데, 이 과정에 대해서는 아랍을 여행한 프랑스 여행가 세발리에 다르비외의 저서[18]에서 확인할 수 있다. 하노버 출신의 여행가 카르스텐스 니부어(1733~1815)는 아라비아, 시리아, 이집트 지역의 초기 커피하우스의 모습을 이렇게 전한다.

커피하우스는 대개 하나의 대형 홀로 이루어졌으며, 바닥에는 매트가 깔려 있고 밤이 되면 군데군데 램프를 밝혔다. 커피하우스는 세속적인 이야기를 들을 수 있는 유일한 공간으로, 가난한 학자들이 이야기를 들려주어 청중들에게 즐거움을 선사했다. 페르시아 영웅 루스탄 살의 모험담 같은 이야기 중 몇 장면을 골라 들려주기도 했다. 학자들 가운데는 본인의 창작 실력을 인정받고자 이야기나 우화를 만들어내는 이들도 있었다. 연사들은 커피하우스를 왔다갔다 하면서 이야기를 들려주거나 이야기가 절정에 치달은 체하면서 열변을 토해냈다.

다마스쿠스의 한 커피하우스에서는 연사를 상시 고용하여 정해진 시각에 손님들에게 이야기를 들려주었다. 이 연사는 대개 청중의 취향을 고려해 문학적인 이슈를 논할지, 혹은 좀 더 느슨하고 듣기 편한 이야기를 해줄지 결정했다. 따라서 청중 쪽에서 원하는 주제가 무엇인지 먼저 제안해 주기를 바랐다.

알레포에서는 머리가 비상하고 순전히 앎의 즐거움 때문에 학문을 탐구하는 비범한 인물이 시내의 커피하우스를 돌아다니며 윤리적 이슈에 관해 열변을 토했다.[19]

일부 커피하우스에서는 이야기 시작 전에 가수와 무희의 공연을 제공하기도 했다. 흥미진진한 천일야화를 듣기 위해 많은 사람들이 커피하우스로 몰렸다.

한편 '유해한 커피', 예컨대 독이 든 커피를 권력층에 밉보인 공무원이나 일반인에게 주는 것이 관습인 적도 있었다.

커피를 마시는 것은 처음에는 종교적 의식의 일부였지만, 커피하우스를 통해 확산됨에 따라 세속적인 관습으로 자리 잡게 됐고, 이후에는 가정에서 자주 즐기는 일상적 음료가 됐다. 그럼에도 불구하고 몇 세기 동안 종교적 의미를 유지하고 있었다. 갈랑은 콘스탄티노플에 머물렀던 당시를 회상하며 그곳에서는 상하귀천을 막론하고 오스만투르크인, 유대인, 아르메니아인 할 것 없이 모두가 매일 최소한 두 잔씩의 커피를 마셨다고 전했다. 두 잔 이상 마시는 이들도 많았다고 한다. 또 집에 손님이 오면 커피를 대접하는 것이 관습으로 자리 잡았고, 커피를 거절하는 것은 무례한 일로 인식됐다고 했다. 심지어 매일 20잔을 소비하는 것도 그리 이상한 일은 아니었다고 한다.

갈랑은 또한 "파리의 가정에서 와인 소비에 돈을 쓰는 것만큼 콘스탄티노플의 가정에서는 커피 소비에 그만큼의 돈을 썼을 것이다"라고 말했다. 뿐만 아니라 유럽에서 걸인들이 와인이나 맥주를 마시기 위해 구걸하는 것처럼 이곳에서는 커피를 마시기 위해 구걸하는 일이 흔하다고 했다.

당시의 오스만투르크에서는 남편이 부인에게 커피를 마시지 못하게 하거나 부족하게 대접할 경우 정당한 이혼 사유가 된다고 생각했다. 또한 남자들은 백년가약을 맺으면서 신부가 커피 없이 사는 일은 절대 없을 것이라고 서약했다. "이것이 정절을 맹세하는 것보다 더욱 현명한 서약이었다"고 필베르 드 몽테트는 설명한다.

파리국립도서관에 소장돼 있는 비쉬빌리(오스만투르크의 재무관리general treasurer—옮긴이)의 아랍어 필사본을 통해 16세기 콘스탄티노플의 커피 음용 풍속을 어렴풋이 엿볼 수 있다.

상류층 가정에서는 커피만을 담당하는 하인을 여러 명 두고 있었다. 그들 중 지배인 격에 해당하는 하인은 응접실로 이용하는 홀 옆의 방을 개인 공간으로 이용했다. 오스만투르크에서는 이런 하인을 'Kavveghi'(커피 관리자, 혹은 커피 집사)라고 불렀다. 왕실의 여인들, 혹은 후궁들의 방에는 커피 집사가 매우 많았다. 또한 집사 한 명당 40~50명의 나무꾼Baltagis(도끼를 의미하는 말로, 벌목을 위해 왕실에 고용된 노예를 의미—옮긴이)을 거느리고 있었다. 이들 집사들은 일정 기간 동안 왕실 내 커피하우스에서 일한 뒤 괜찮은 지위를 하사받거나 땅을 넉넉하게 하사받았다. 상류층 가정에서도, '초보 신자Itchoglans' 라

불리는 사환이 있었다. 이들
은 주인댁 가장이 커피를 내
오라는 신호를 보내면, 즉시
커피 집사에게서 커피를 전
달받아 사람들 앞에 솜씨 좋
게 내놓았다. 주인이 사환에
게 말을 거는 경우는 이것이

손님에게 커피를 대접하는 장면. 천일야화 초판 그림 모방

전부였다. 커피는 발 없는 쟁반에 담겨져 왔는데 보통 색을 입히거
나 광택을 입힌 나무 쟁반이었다. 때때로 은쟁반에 내오는 경우도
있었다. 쟁반 하나에는 보통 사기잔 15~20개 정도를 올릴 수 있었
다. 형편이 되면 이중 절반 가량을 은쟁반에 담아 오기도 했다. 커
피잔은 엄지손가락으로 아래를 받치고 두 손가락으로 윗부분을 잡
는 데 용이하도록 만들어졌다.

또한 스웨덴 여행가이자 오스만투르크 주재 사절단이었던 니콜
라스 롤람브Nicholas Rolamb가 쓴『1657년에 떠난 콘스탄티노플 여행기
Relation of a Journey to Constantinople in 1657』에서는 오스만투르크 가정의 커피
에 관한 풍속을 대략적으로 들여다볼 수 있다.

커피는 이집트에서 자라는 콩의 일종으로, 오스만투르크에서는 이
를 가루로 빻아 물에 넣고 끓인 다음 과실주 대신 즐겼다. 뜨거울
때는 한 모금씩 홀짝이며 마셨다. 그곳 사람들은 커피가 콧물을 멈
추게 하고, 위장에서 생성된 증기가 머리로 가는 것을 막아 준다고

커피에 관한 최초의 인쇄물로, 1582년 출간된 라우볼프의 글이다.

믿었다. 커피와 담배는 오스만투르크 사람들에게는 빼놓을 수 없는 기호품이었고, 커피와 담배만은 서로 대접했다(콘스탄티노플에서는 흡연자를 사형에 처했지만, 남녀를 불문하고 은밀하게 흡연하는 사람이 많았다). 이런 이유로 상류층 가정에는 개인 공간 옆에 커피 방이 마련돼 있었고, 여기서는 커피 단지가 온종일 끓고 있었다.[20]

그런데 신기하게도 레반트 사람들 중에는 커피가 발기 불능을 일으킨다고 믿는 사람들도 있었다. 페르시아판 천사 가브리엘 전설에서, 가브리엘이 예언자 마호메트의 둔화된 신진대사를 활성화시키기 위해 커피를 만들어냈다는 대목이 나옴에도 불구하고 이런 오해가 얼마간 퍼져나갔다. 오스만투르크와 아랍의 문헌에서도 커피를 마시면 불임을 초래한다는 내용이 자주 등장한다. 그러나 근대 의학을 통해 이는 사실이 아님이 드러났다. 커피는 종족 본능을 자극하고, 반면에 흡연 욕구는 감소시킨다는 것을 오늘날 우리는 잘 알고 있다.

★ 주석

1) 필리프 실베스트르 뒤푸르Dufour, Philippe Sylvestre, 「커피와 차, 초콜릿에 관한 새롭고 흥미로 운 논문Traitez Nouveaux et Curieux du Café, du Thé, et du Chocolat」, 리용, 1684. 참고로 표지에서 'Traitez'로 표기하고 있으나, 나머지 부분에서는 'Traités'로 표기.

2) 에드워드 포브스 로빈슨, 「영국의 초기 커피하우스의 역사The Early History of Coffee houses in England」, 런던, 1893.

3) 브리태니커 백과사전. 1911 (vol. xv : p. 291)

4) 필사본에 대한 상세한 설명과 사진은 제 9장 참조.

5) 앙투안 갈랑A. Galland, Lettre sur l'Origine et le Progres du Café. 파리, 1699.

6) 레온하르트 라우볼프Rauwolf, Leonhard. Aigentliche Beschreibung der Raisis so er vor diser zeit gegen auffgang inn die morgenlaender vilbracht. Lauwingen, 1582~83.

7) "헬렌은 슬픔과 분노와 모든 비애를 잊게 하는 한 열매로 만든 신비한 음료를 와인에 섞었다."

8) 피에르(피에트로) 델라 발레Della Valle, Pierre(Pietro), De Constantinople à Bombay, Lettres. 1615. (vol.i : p.90)

9) 쇠제Scheuzer, J. J. 『의학의 신성함Physique Sacrée』, ou Histoire Naturelle de la Bible. 암스테르담, 1732, 1737.

10) 자르뎅Jardin, Édelestan. Le caféier et le café. Paris. 1895

11) 장 라 로크Jean La Roque, 「1708~1713년간의 행복한 아라비아로의 여행과 커피의 역사에 관한 논문Voyage dans l'Arabic Heureuse, de 1708 à 1713, et Traité Historique du Café」. 파리, 1715. (pp. 247, 251.)

12) Adjam(Ajam, 비아랍(인) 또는 이방인을 뜻하는 아랍어)을 '페르시아'로 잘못 옮긴 저자들이 꽤 많다.

13) 쇠제Scheuzer, J. J. 『의학의 신성함Physique Sacrée』, ou Histoire Naturelle de la Bible. 암스테르담, 1732, 1737.

14) 「하퍼스 위클리」, 뉴욕, 1911년 1월 21일

15) 안토니 파우스투스 나이론, De Saluberrimá Cahue seu Café nuncupata Discursus, 로마, 1671.

16) de Sacy, Baron Antoine Isaac Silvestre, Chrestonathic Arabe. 파리, 1806. (vol. ii : p. 224.)

17) 아담 올레아리우스Olearius, Adam. An Account of His Journeys, 런던, 1669.

18) 세발리에 다르비외d' Aarvieux, Chevalier. Memoirs, 런던, 1732.

19) 카르스텐스 니부어Nievour, Karstens. Description of Arabia, 암스테르담, 1774. (헤론의 번역본. 런던, 1792 ; p. 266.)

20) A Collection of Voyages and Travels, 런던, 1745. (vol. iv : p. 690.)

커피 연대기

900	아랍의 유명한 의학자 라제스가 처음으로 커피를 언급했다. 당시에는 '번카bunka' 또는 '분춤bunchum'으로 불렸다. †
1000	이슬람 의학자이자 철학자 아비센나가 역사상 최초로 커피 원두의 특성을 의학적으로 분석했다. 아비센나 역시 커피를 '분춤'으로 언급했다. †
1258	모카 지역의 전설적인 창시자이자 수호성인인 샤델리 교주의 제자 오마르 장로가 아라비아의 쿠사브에서 우연히 커피를 마셨다. †
1300	볶은 커피 열매를 절구와 절구공이를 이용해 부순 다음, 커피 가루를 끓는 물에 넣고 커피 찌꺼기 등 모든 내용물을 따른 다음 마셨다.
1350	페르시아, 이집트, 오스만투르크에서 최초로 도기 물병을 이용해 커피를 제조했다.
1400~1500	오스만투르크와 페르시아에서 그물 국자 형태의 다공성 질그릇 또는 철제 그릇을 커피 볶는 도구로 이용했다. 잘 알려진 원통형의 터키식 원두 분쇄기와 터키식 철제 커피 주전자 역시 이 시기부터 이용했다.
1428~48	다리가 네 개 달린 스탠드형 향신료 분쇄기가 최초로 발명되었다. 이후 커피 분쇄기로도 이용되었다.
1454	아덴의 율법학자 게마레딘 교주가 아비시니아로 향하던 여행길에서 커피 열매의 특성을 발견하고, 아라비아 남서부 지역에서 커피 음용을 인가했다.
1470~1500	메카와 메디나에서도 커피가 보급되기 시작했다.
1500~1600	바그다드와 메소포타미아에서 손잡이가 길고 작은 발판이 달려 있는 얇은 강판 국자로 커피를 볶았다.
1505	아랍인이 커피 모종을 실론 섬에 전해 주었다.
1510	카이로에 커피를 마시는 문화가 전래되었다.
1511	메카의 통치자 카이르 베이가 법률가, 의학자, 시민 자문위원과의 논의 끝에 커피를 유해한 것으로 규정하고 커피 이용을 금했다. 그러나 카이로의 군주가 이 금지안을 철회할 것을 명했다.
1517	이집트를 정복한 셀림 1세가 콘스탄티노플로 돌아오면서 커피를 전파시켰다.

1524	메카의 법관qadi이 커피하우스의 운영을 무질서의 온상이라는 이유로 금했다. 단, 가정에서나 사적으로 커피를 음용하는 것은 허용했다. 이후 차기 법관이 허가를 받고 커피하우스를 운영한다는 조건으로 금지령을 폐지했다.
1530	다마스쿠스에 커피를 마시는 문화가 전해졌다.
1532	알레포에 커피를 마시는 문화가 전해졌다.
1534	카이로의 한 광신도가 커피를 폄하하며, 커피하우스 반대 군중을 조직해 여러 곳의 커피하우스를 공격했다. 카이로 전체가 커피에 대한 찬반 논쟁으로 들끓었다. 그런 가운데, 한 대법관이 의사들의 자문을 구한 뒤 회의 참석자들에게 커피를 대접하고 자신도 몇 모금 마심으로써 논쟁을 종결시켰다.
1542	솔리만 2세가 자신이 아끼던 궁녀의 유혹에 넘어가 커피 이용을 법적으로 금했다. 그러나 구속력을 발휘하지는 못했다.
1554	다마스쿠스 출신의 셈시Shemsi와 알레포 출신의 헤켐Hekem이 콘스탄티노플 최초의 커피하우스를 각각 개점했다.
1570*~80	커피하우스의 인기를 시기한 콘스탄티노플의 광신도 무리가 볶은 커피 원두는 숯의 일종이라고 주장. 이에 율법학자가 커피를 법적으로 금할 것을 권고했다. 이러한 종교계의 입장을 근거로, 아무라드 3세는 커피를 '코란' 에서 금하고 있는 와인과 커피를 동일시하여 커피하우스를 폐점할 것을 명했다. 그러나 이 금지령은 엄격히 준수되지 않았고, 이후에도 커피 밀매나 가정에서의 커피 음용이 지속되었다.
1573	유럽인 중 처음으로 커피를 언급한 독일의 의학자이자 식물학자 라우볼프가 레반트로 떠나는 여행길에 올랐다.
1580	이탈리아의 의학자이자 식물학자 프로스페로 알피니(알피누스)가 이집트 여행 후 커피에 관한 최신 정보를 갖고 돌아왔다.
1582~83	커피를 언급(카우베chauve로 언급)한 세계 최초의 인쇄물인 「라우볼프의 여행」이 독일의 프랑크푸르트와 라우인겐에서 출간되었다.
1585	잔프란체스코 모로시니 콘스탄티노플 행정관이 베니스의회에서 오스만투르크인들이 '카비cave 원두를 우려낸 검은 빛을 띤 물' 을 음용한다고 보고하였다.

2
굴리의 장교, 커피를 전하다

1 커피나무의 이식과 재배

오늘날 많은 사람들이 즐기는 커피는 언제 어디에서부터 시작되어 전 세계로 퍼져나갔을까. 이를 이야기하자면, 일단 커피나무가 어떻게 이식되고 재배되었는지부터 살펴야 한다.

커피의 원산지는 아비시니아Abyssinia(에티오피아의 옛 이름)로, 이곳에서 커피 재배가 열대 지역으로 전해졌다고 한다. 때때로 아라비아를 커피 원산지로 추정하기도 한다. 아라비아의 한 의학자가 커피의 특성과 이용에 관한 믿을 만한 기록을 처음 남긴 때가 9세기 말경임을 감안하면, 커피는 9세기 말 이전에 아비시니아나 아라비아에서 자생하고 있었다고 볼 수 있다. 만약 그렇다면 루돌푸스Ludolphus가 설명하듯이[1], 아비시니아 사람들이 일찍이 아라비아에서 에티오피아로 건너올 때 커피나무를 가지고 왔을 수도 있다. 하지만 커피의 발견과 음용, 커피나무의 전래에 아라비아인들이 크게 기여했다는 사실에는 변함이 없다. 아라비아인들이 커피를 발견한 곳이 아비시니아고, 거기서 예멘으로 가져왔다 하더라도 아라비아인들의 공이 지대했음을 알 수 있다.

예멘에서 커피가 처음으로 재배된 시기는 몇몇 전문가들이 575년경일 것이라고 설명한다. 이 시기는 525년에 에티오피아를 점령한 갈렙 황제가 페르시아의 공격을 받고 권좌에서 물러난 시기다.

커피의 발견으로 아비시니아와 아라비아에서 커피 재배가 시작된 것은 분명하다. 그러나 커피 재배의 전래 속도는 꽤 느린 편이어서 15~16세기에 이르러서야 예멘 지역에서 집약적인 재배가 이뤄졌다. 아라비아 상인들은 돈이 되는 이 새로운 사업을 독점하려 했기 때문에 커피가 다른 지역으로 전래되는 것은 한동안 차단당했다. 이들은 커피 열매를 뜨거운 물에 담그거나 바짝 말린 다음 다른 지역으로 갖고 나가곤 했다. 이런 방식으로 커피 종자의 발아력을 파괴한 것이다. 당시 커피 전래가 수차례 실패한 이유 중 하나는 이처럼 커피 종자의 발아력을 약화시켰기 때문이라는 설명이 뒤늦게 제시되고 있다.

하지만 상인들이 매 길목마다 지키며 커피 전래를 막을 수는 없는 노릇이었고, 메카에는 성지 순례를 위해 매년 수천 명의 성직자들이 모여들었다. 따라서 이슬람 성직자 바바 부단이 인도 남부 지역에 커피 재배를 전래시켰다는 설명은 꽤 신빙성 있어 보인다. 커피가 인도에 전래된 시기가 1600년이라는 설도 있지만 좀 더 신뢰할 만한 자료에 따르면 1695년이라고 한다. 바바 부단은 마이소르

(인도 남부의 도시) 산기슭의 치크마글러라는 마을의 자신이 머물던 오두막 부근에 커피 종자를 심었다. 그로부터 불과 몇 년 지나지 않아 이 종자에서 번식한 커피나무가 밀림에서 자라났다고 한다. 마이소르와 쿠르그 원주민들이 재배하던 커피나무는 이 종자에서 유래한 것이라 전해진다. 한편 영국이 인도에서 커피 재배를 시작한 것은 1840년에 이르러서였다. 20세기 초에는 마이소르 최북단에서 투티코린 지역에 이르기까지 커피 재배가 확산됐다.

16세기 중후반에는 독일, 이탈리아, 네덜란드의 식물학자와 여행가 들이 레반트(동부 지중해 연안을 통칭) 여행에서 돌아오면서 커피나무와 커피 음료에 관한 확실한 정보를 얻어왔다. 진취적인 네덜란드 상인들은 1614년에 커피 재배와 교역 가능성을 타진하기 시작했다. 1616년에는 아라비아 남서부의 모카 항에서 네덜란드로 커피나무를 성공적으로 옮겨왔고, 1658년에는 네덜란드인들이 당시 네덜란드의 식민지였던 실론 섬에서 커피 재배를 시작했다. 참고로 이미 1505년 이전에 아랍인들이 실론 섬에 커피를 전래했다는 설도 있다. 1670년에는 프랑스 디종 지역에서 커피 재배를 시도했지만 유럽 토양으로의 이식은 끝내 실패하고 말았다.

1696년에는 당시 암스테르담 시장이었던 니콜라스 빗센Nicolaas Witsen의 설득으로 인도 말라바르의 사령관이었던 아드리안 판 오먼이 커피나무를 말라바르 칸누르에서 자바로 이식한다. 이 나무는 아라비아에서 말라바르로 처음 들여온 '아라비카 커피 종자'에서 자란 나무였다. 이를 빌럼 판 아우츠호른 총독이 바타비아(자카르타의 옛 이름) 근처의 케다웅 정원에 옮겨 심었지만 지진과 홍수 때문에 재배에 실패했다. 네덜란드령 동인도(오늘날의 인도네시아)의 총독이었던 헨리퀴스 즈바르데크론이 접지용 묘목을 말라바르에서 자바로 옮겨 심은 시기는 1699년이었다.

이 묘목의 이식은 성공적이었고 이후 네덜란드령 동인도에서 재배되는 커피의 원종이 된다. 이처럼 당시 네덜란드는 커피 재배의 보급에 가장 적극적이었다.

1706년에는 자바에서 수확한 첫 번째 커피 샘플과 커피나무를 네덜란드 암스테르담 식물원으로 들여온다. 이 식물원에서는 자바 커피 종자에서 묘목을 얻은 후 유럽의 유명 식물원과 귀족들의 온실에 전파했다.

네덜란드가 커피 재배를 수마트라, 셀레베스, 티모르, 발리와 그 외의 네덜란드령 동인도에 전래할 동안, 프랑스는 프랑스령 식민지에 커피 재배를 도입하기 위한 방법을 궁리했다.

이를 위해 암스테르담 식물원에서 자란 커피 묘목을 파리의 식물원으로 옮겨 심는 작업을 수차례 시행했다. 그러나 실패에 실패를 거듭하였을 뿐이다.

이후 1714년 프랑스 정부와 암스테르담 시 정부 간의 협상에 따라 암스테르담 시장이 키가 30센티미터 정도 되는, 어리고 생명력 강한 커피나무를 말리 성에 있던 루이 14세에게 바친다. 이 묘목은 바로 다음날 파리 식물원으로 옮겨 심어졌고, 식물학자인 앙투안 드 쥐시외가 이식 기념식을 진행했다. 이 묘목은 훗날 프랑스 식민지에서 생산된 대다수 커피의 원종이 됐고, 더 나아가 멕시코와 중남미 커피의 원종이 됐다.

2 커피에 관한 소설 같은 이야기

루이 14세가 선물로 받은 커피나무의 종자에서 자란 커피 묘목은 앤틸리스 제도로 날아가서 두 번의 시행착오를 거쳐 결국 번식하는 데 성공했다. 이 성공 뒤에는 당시 마르티니크(카리브 해 서인도 제도의 프랑스령 섬) 보병대 대장으로 복무했던 가브리엘 마티외 드 클리외라는 노르망디 출신의 젊은 신사이자 해군 장교가 있었다. 클리외 장교의 이야기는 커피 전래의 역사에서 가장 흥미진진한 이야기로 기록될 만하다.

개인적인 용무로 프랑스에 가야 했던 클리외는 마르티니크로 돌아올 때 커피를 들여올 수 있는 방법을 궁리했다. 하지만 무엇보다도 파리에서 재배한 커피 묘목을 확보하는 것이 관건이었다. 결국 궁중 의사였던 시라크의 도움으로 묘목을 확보할 수 있었다. 또한 클리외가 자필 편지에서 밝히고 있듯이, 지체 높은 여성이 중간에서 시라크에게 도움을 요청한 결과라고도 전한다. 확보한 커피 묘목은 마르티니크로 출발할 때까지 프랑스 서부의 로슈포르에 보관됐다. 로슈포르 병참지 장교였던 M. 베공이 보관을 맡았다. 클리외가 마르티니크에 도착한 정확한 시기에 대해서는 의견이 분분하다. 1720년이라는 기록도 보이고 1723년이라는 기록도 있다. 자르뎅Édelestan Jardin[2]은 이처럼 두 가지 설이 분분한 것에 대해 클리외가 경외할 만한 인내심을 발휘하여 프랑스와 마르티니크를 두 차례 오갔기 때문이라고 설명했다. 자르뎅은 덧붙여 첫 번째 여행 때에는 묘목이 죽어버렸지만 두 번째 여행 때에는 프랑스를 떠나기 직전 커피 종자를 심는 데 성공을 하였으며, 마르티니크에 도착할 때까지 묘목이 살아 있었다고 전언했다. "클리외가 배 위에서 부족한 식수를 배급받으면서도 아끼지 않고 커피 묘목에 물을 주었기 때문에 가능한 일이었다"고 한다. 그런데 클리외가 1774년《문예연보》[3)에 보낸 서한에서는 첫 번째 여행에 대한 기록은 찾아볼 수 없다. 한편 클리외가 마르티니크에 묘목을 한 그루 들여왔는지, 세 그루 들여왔는지에 관해서도 이견이 있는데,《문예연보》에 보낸 서한에 따르면 '한 그루'였다고 한다.

가장 확실한 자료에 따르면, 클리외는 1723년 프랑스 낭트에서 승선을 했다고 한다.[4) 그는 귀한 묘목을 유리 상자 안에 심었는데, 햇빛 흡수율을 높여 흐린 날에도 상자 속의 온도를 높게 유지하기 위해서였다. 그런데 여행객 중에는 클리외를 시샘한 나머지 그의 계획을 망치고자 온갖 책략을 꾸미는 이가 있었다. 그러나 다행히도 그 비겁한 시도는 모두 수포로 돌아갔다.

클리외는《문예연보》에 보낸 서한에서 당시의 상황을 이렇게 설명한다. "긴 여정 동안 이 예민한 식물에게 쏟아야 했던 나의 끝없는 정성에 대해 이제 와서 시시콜콜 이야기하는 것은 의미가 없을 것입니다. 또한 당시에 내가 조국을 위해 봉사하는 것을 시기한 나머지 누군가가 제 커피 묘목을 강탈하려 했고, 그 때문에 고생했다는 이야기를 다시 꺼내는 것도 의미가 없을 겁니다."

클리외가 타고 있던 배는 상선이었고, 승객과 선원 모두에게 위험천만한 사건들이 많이 발생했다. 튀니지의 수도에서는 해적선을 만나 간신히 탈출했다. 또한 배를 전멸시킬 듯한 사나운 폭풍우를

클리외가 커피 묘목에 배급받은 식수를 주고 있다.

만나기도 했다. 폭풍우가 지나간 다음에는 여느 때보다 평화로운 나날이 지속됐다. 그런데 식수가 문제였다. 식수가 바닥을 드러내고 있었기 때문에 남은 여정 동안 버티기 위해서는 승객들에게 식수를 배급할 수밖에 없었다.

"여정이 한 달여 남은 상황에서 물이 부족했다. 배급받은 물이 부족한 가운데 내 희망과 기쁨의 원천인 커피 묘목까지 돌봐야 했다. 가냘픈 나뭇가지가 성장을 멈춘 듯할 때에는 물을 더 많이 줬다."

이같은 클리외의 희생 정신은 그의 명성을 드높였고, 훗날 여러 작가들이 기록을 통해 찬미했다.

마르티니크에 도착한 클리외는 커피 묘목을 프레쇠르의 사유지에 옮겨 심었다. 레이날(프랑스 작가이자 계몽주의 시대의 사상가)은 "이곳에서 엄청난 속도로 커피 종자의 번식이 이루어졌다"고 말했다. 앤틸리스 제도에서 재배된 대부분의 커피나무는 이 묘목에서 번성한 것이다. 첫 수확은 1726년에 이루어졌다.

클리외는 마르티니크에 도착한 뒤의 상황을 다음과 같이 기록했다.

집에 도착한 후, 우선 묘목이 성장하는 데 최적인 장소를 골라 정성스럽게 옮겨 심었다. 그리고 나서 누군가 어린 나무를 훔쳐가지는 않을까 노심초사했다. 결국 나는 묘목 주위에 가시덤불을 설치해 묘목이 어느 정도 성장할 때까지 보호대 역할을 하도록 했다. (…) 이 귀한 식물을 지키는 과정에서 위기의 순간도 있었고, 그만큼 내가 애지중지 키웠기 때문에 나에게는 더욱 귀한 존재가 됐다.

이처럼 불철주야 묘목에 매달리는 충성스러운 심복이 있었기에 이 작은 식물은 머나먼 이국 땅에서 튼튼히 자랄 수 있었다. 이 작은 묘목 하나가 결국은 서인도 제도와 멕시코 만 인접 지역에 부를 안겨 주었다. 부와 미래에 맛볼 안락, 달콤함은 바로 이 작은 기대주, 다시 말해 진정한 박애주의자인 한 남자가 훌륭한 비전과 사람들을 헤아리는 마음으로 애지중지 보살핀 이 커피 묘목에서 꽃피었다. 프랑스 역사를 통틀어 인류 전체를 위해 이처럼 남몰래 위대한 봉사를 한 인물은 일찍이 없었다.

클리외는 마르티니크에 커피를 전래한 후 일어난 여러 가지 사건들을 다음과 같이 기록했다. 1727년에 발생한 지진에 대한 언급도 보인다.

커피 재배에 성공함으로써 나는 더욱 큰 희망을 품을 수 있었다. 커피 종자를 2파운드 가량 확보해 커피 재배에 힘쓸 것 같은 사람들에게 모두 나누어 주었다.

첫 번째 수확 결과는 상당히 좋았다. 두 번째 수확 이후에는 재배 면적을 획기적으로 늘릴 수 있었다. 그런데 유독 이곳에서 커피 재배가 성공적으로 이루어진 이유는 이 지역 토착민들의 자원이자 경제생활의 원천이었던 코코아나무가 2년 전 대홍수 때 사나운 폭우로 전멸했기 때문이다. 코코아 재배지는 전부 물에 잠겼고, 토착민들은 남은 땅에 재빨리 커피 종자를 뿌렸다. 모든 일이 놀라울 정도로 순조롭게 진행되었고, 커피 종자가 산토도밍고와 과들루프, 이웃의 여러 섬으로 전래되었다. 이들 섬에서도 커피는 성공적으로 재배되고 있다.

1777년에는 2천만 그루에 가까운 커피나무가 마르티니크에서 재배되었다. 한편 클리외는 1746년에 프랑스로 돌아갔는데, 루이 15세를 알현하는 자리에서 당시의 해양부 장관 루유 드 주르는 클리외를 다음과 같이 소개했다.

"프랑스령 식민지와 프랑스 본국을 위해 수훈을 세운 장교입니다. 프랑스 상인들이 커피 재배 덕을 톡톡히 보고 있죠."

1715년에는 아이티와 산토도밍고에서 커피를 재배하기 시작했고, 그 후 좀 더 튼튼한 품종이 마르티니크에서 전래됐다. 프랑스 '인도 회사'는 1715~1717년에 뒤포게레 그레니에 선장을 통해 프랑스의 생말로에서 아프리카의 부르봉 섬(현재의 레위니옹 섬)으로 커피를 전해 주었다. 부르봉 섬에서의 커피 재배는 성공적이었고, 9년 후에 수출을 시작하게 된다.

네덜란드가 수리남에 커피를 전해 준 시기는 1718년이었다. 브라질에서는 1727년에 프랑스령 기아나에서 들여온 커피 묘목을 파라 지방에 옮겨 심으면서 본격적으로 커피를 재배한다. 1732년부터는 파라 지방 내 포르투갈 식민지인 아마소나스, 마라냥에서 커피 재배에 심혈을 기울이면서 집약적인 재배가 이뤄졌다. 1730년에는 영국이 자메이카에 커피를 전해 주었다. 1740년에는 스페인 선교단이 자바에서 필리핀으로 커피 재배를 전했다. 쿠바에 커피가 전래된 시기는 1748년으로, 돈 호세 안토니오 젤라베르트가 산토도밍고의 커피 종자를 현지로 들여왔다. 1750년에는 네덜란드가 셀레베스 섬(현 인도네시아)에서 커피 재배를 시작한다. 1750~1760년에는 과테말라에도 커피가 전래됐고, 푸에르토리코에서는 1755년경에 커피 재배가 시작됐다. 1760년에는 주앙 알베르투 카스텔루브랑쿠가 포르투갈령 인도 식민지인 고아에서 브라질의 리우데자네이루로 커피나무를 들여온다. 이즈음 브라질의 토양과 기후가 커피 재배에 적격이라는 이야기가 퍼져나갔다. 1774년에는 벨기에 수도사 몰코가 리우데자네이루의 카푸친 수도원에 커피 종자를 몇 알 선물한다. 이 일을 계기로 리우의 주교였던 요아힘 브루노는 커피 재배의 후원자로 나서 리우, 미나스, 에스피리투산토, 상파울루에서 커피 재배를 장려한다. 1779년에는 스페인 여행가 돈 프란시스코 하비에르 나바로가 쿠바 커피를 코스타리카로 전파했다고 한다. 베네수엘라에서는 1784년에 호세 안토니오 모헤다노 사제가 마르티니크에서 들여온 종자를 카라카스 부근에 뿌림으로써 재배가 시작되었다.

멕시코에서는 1790년에 서인도에서 들여온 커피 종자로 커피 재배에 착수했고, 1817년에는 돈 후앙 안토니오 고메즈가 베라크루스에서 집약적으로 재배를 시작했다. 1825년에는 하와이에서도 커피 재배가 이루어졌는데, 리우데자네이루로부터 종자가 전래되었던 것이다. 영국이 인도에서 커피 재배를 시작한 시기는 1840년이었다. 쿠바에서 살바도르로 커피 묘목이 전래된 시기도 1840년이었다. 1878년에는 영국 정부가 영국령인 중앙아프리카에 커피를 전파했다. 1887년에는 프랑스가 인도차이나의 통킹에 커피를 전래했고, 호주의 퀸즐랜드에는 1896년에 커피가 전래됐다. 그러나 크게 성공하지는 못했다.

★ 주석

1) 장 라 로크La Roque, Jean, Voyage de l'Arabic Heureuse. Paris, 1716.
2) 자르뎅Jardin, Édelestan. Le caféier et le café. Paris, 1895 (p. 102)
3) Année Littéraire. Paris, 1774 (Vol. vi: p. 217)
4) Franklin, Alfred. La vie Privée d'Autrefois. Paris, 1893.

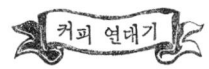

커피 연대기

1587	커피의 기원에 관한 믿을 만한 최고最古 문헌인 압달 카디르 교주의 아랍어 필사본이 출간되었다. 현재 파리에 있는 프랑스국립도서관에서 소장하고 있다.
1592	커피나무('본bon'이라 언급)와 커피 음료('카오바caova'라 언급)의 특성을 기술한 최초의 인쇄물인 프로스페로 알피니의 라틴어 저작 『이집트의 식물』이 베니스에서 출간되었다.
1596*	벨리가 식물학자 드 레클뤼즈de l'Ecluse에게 '이집트에서 카비cave라는, 음료를 만들 때 쓰는 열매 몇 알'을 보냈다.
1598	네덜란드어를 번역한 영문판 『린스호턴의 여행기』에 팔뤼다니스Paludanus가 주석을 달면서 처음으로 커피를 영어로 언급했다('카우아 chaoua'로 언급).
1599	아랍의 커피 음용 문화를 처음으로 언급한 영국인 안토니 셜리 경이 베니스에서 알레포로 항해를 했다.

1600	백랍 서빙 주전자가 등장했다.
1600	덮개 없는 불가에 앉힐 수 있는, 발 달린 철제 프라이팬을 이용해 커피를 볶았다.
1600*	이슬람 순례자 바바 부단이 인도 남부 마이소르의 치크마글러 지역에서 커피를 재배했다. †
1600~32	목재 및 철제(철, 청동, 놋쇠) 절구와 절구공이를 이용한 커피 분쇄가 유럽에서 보편화되었다.
1601	W. 패리의 책 『셜리의 여행기』에서 오늘날 통용되는 '커피coffee' 란 단어에 상당히 근접한 단어가 처음으로 등장했다. '현지에서 커페coffe라 통하는 음료' 라는 대목이 나온다.
1603	영국의 탐험가이자 버지니아 식민지를 개척한 존 스미스 선장이 본인의 여행 기록을 담은 책에서 오스만투르크의 음료를 '커파' 라고 언급했다.
1610	시인 조지 샌디스 경이 오스만투르크와 이집트, 팔레스타인 여행 후 다음과 같은 기록을 남겼다. "오스만투르크에서는 '커파coffa' 라는 음료를 작은 도자기 잔에 담아 조금씩 마셨다. 그런데 너무 뜨거워 입을 데곤 했다."
1614	네덜란드 무역상들이 아덴을 방문해 커피 재배와 무역 가능성을 타진했다.
1615	콘스탄티노플에 체류 중이던 피에트로 델 라 발레가 베니스의 지인 마리오 스키파노에게 보낸 편지에서 '베니스에는 아직 전래되지 않은 커피를 갖고 갈 것' 임을 전했다.

3

커피, 서유럽에 상륙하다

세계 3대 무알코올 음료인 코코아, 차, 커피 가운데 유럽에 가장 먼저 들어온 것은 코코아로서 1528년 스페인 사람들을 통해서였다. 그로부터 약 1세기 후인 1610년에 네덜란드 사람들이 차를 유럽에 들여왔고, 1615년에는 베니스 무역상들이 커피를 전파시켰다.

한편 커피에 관한 이야기가 처음 유럽에 전해지기 시작한 것은 극동 지방과 레반트Levant에서 돌아온 여행자들을 통해서였다. 1573년 5월 18일 아랍을 여행하기 위해 독일 아우크스부르크에서 출발한 레온하르트 라우볼프는 그 해 11월 알레포에 도착했고, 1576년 2월 12일에 아우크스부르크로 돌아왔다. 그는 유럽인으로서는 처음으로 커피에 관해 얘기했고, 세계 최초로 커피에 관한 인쇄물을 남겼다고 전해진다.

라우볼프는 저명한 의학자, 식물학자이면서 아우크스부르크 공인 의사였다. 따라서 그의 말에는 권위가 있었다. 알레포의 풍속을 소개한 『라우볼프의 여행Rauwolf's Travels』은 커피를 언급한 세계 최초의 인쇄물인데 카우베chaube라는 용어를 사용하고 있다. 1582~1583년에 프랑크푸르트와 라우인겐에서 출간된 독일어 원본 내용을 그대로 옮기면 다음과 같다.

알레포에서는 먹을거리나 색다른 음료를 파는 가게를 쉽게 볼 수 있다. 손님들이 바닥이나 카펫 위에 모여 앉아 함께 음료를 즐기는 모습은 흔히 보인다. 현지인들은 그중에서도 카우베(커피)라 불리는 음료를 즐겨 마셨다. 잉크처럼 검은 이 음료는 질병 치료에 아주 효과적인데, 특히 위장병에 탁월하다. 이곳 사람들은 이른 아침부터 널따란 공간에 모여 앉아 함께 카우베를 마신다. 몹시 뜨거운 것을 사기잔에 담아 마시는데 누구 하나 주저함이 없었다. 입술로 조금씩 홀짝이며 마셨고, 앉은 방향으로 잔을 돌렸다.

이 음료는 '분누'라는 열매로 만드는데, 분누는 크기, 형태, 빛깔이 두 층의 얇은 껍질에 싸여 있는 월계수 열매와 흡사했다. 현지인들은 이 열매가 인도 제국(인도, 인도차이나, 동인도제도를 총칭하는 옛 지명)에서 전래됐다고 했다. 그런데 분누의 속을 보면 황색 빛을 띤 낟알이 둘로 갈라져 있고, 효능과 형태, 명칭이 아비센나가 설명한 분춤이나 라시스 아드 알만즈가 설명한 분카와 일치한다. 따라서 학자들의 이견이 없는 한, 분누와 분춤이 같은 열매를 지칭한다고 봐야 할 것이다. 한편 카우베는 이곳에서 일상 음료로 자리 잡은 까닭에, 어느 시장이든 음료 판매상들로 넘쳐났고, 열매 판매상들도 종종 눈에 띄었다.

1 커피를 이탈리아에 소개한 의사

정확히 언제 커피가 콘스탄티노플에서 서유럽으로 전해졌는지는 알 수 없지만, 레반트와 지리적으로 가깝고, 무역이 활발했던 베니스에 처음으로 전해졌을 가능성이 크다.

이탈리아 파도바의 명의이자 식물학자였던 프로스페로 알피니 Prospero Alpini(1553~1617)는 1580년에 떠난 이집트 여행에서 커피에 관한 정보를 접하고, 그 후 1592년 베니스에서 커피나무와 커피 음료를 소개한 최초의 인쇄물 『이집트의 식물』을 라틴어로 발간한다.

카이로에서 자라던 그 나무는, 나무의 이름과 열매의 이름이 같았고 이집트에서는 흔한 종으로 보인다. 이집트인들은 이 나무를 본bon, 또는 반ban이라 불렀다. 이집트와 아랍에서는 그 열매를 달여 와인 대용으로 마셨고, 이탈리아의 선술집에서 와인을 팔듯 이곳의 선술집에서는 이 즙을 팔았다. 이 즙은 카보아Cavoa로 통했다. 카보아의 재료가 되는 열매는 '행복한 아라비아'(고대 아라비아 남서부와 남부의 비교적 비옥한 지역을 일컫는 말. 오늘날의 예멘과 아시르 지역)에서 전래됐다고 한다. 카이로의 그 나무는 사철나무와 비슷했지만 잎이 더 두껍고 거칠었으며 짙은 녹색을 띠고 있었다. 사철 내내 잎이 지지 않는 나무였다.

알피니는 또한 이집트인들이 즐겨 마시던 즙의 의학적 효능을 정리했는데 이 내용은 얼마 후 유럽 본초학에 등재된다. 한편 독일의 식물학자이자 여행가이면서 베니스 정착 후 이탈리아 명의로 이름을 떨친

요하네스 베슬링(또는 베슬링기우스, 1598~1649)은 1640년에 알피니의 글을 수정하여 발간했다. 베슬링은 1638년에도 알피니의 기록에 대한 해설서를 한 차례 발간한 바 있는데, 여기에서는 커피 열매의 외피로 만든 음료와 그가 커피 열매의 씨라고 일컬은 원두로 만든 음료의 특성을 구분하여 설명했다. 베슬링은 이 밖에도 다음과 같이 당시 상황을 전했다.

커피 수요는 이집트뿐만 아니라 오스만투르크 제국 전역에서도 엄청났다. 따라서 커피는 레반트에서도 귀한 음료였고 유럽에서는 말할 것도 없었다. 유럽인들은 건강에 이로운 이 탁월한 음료를 맛볼 기회가 거의 없었다.

이 자료를 보건대 당시의 유럽인들이 커피를 전혀 몰랐던 것은 아닌 듯하다. 베슬링은 덧붙여, 카이로를 방문했을 때 2천여 개의 커피하우스가 있었고, "커피의 쓴맛을 조절하기 위해 설탕을 넣어 마시는 이들이 있는가 하면, 커피 열매로 봉봉(설탕과 과즙, 브랜디 따위를 넣어 만든 사탕의 일종-옮긴이)을 만들어 먹는 이들도 있었다"고 전했다.

2 커피, 교황의 세례를 받다

유명한 한 전설에 따르면, 커피가 로마에 전래되고 얼마 지나지 않아 광신도들이 주축이 돼 커피를 탄압하기 시작했고, 이 때문에 커피가 기독교 세계에서 추방당할 뻔했다고 한다. 일부 성직자들이 커피를 사탄의 음료라고 비난하며 신자들의 커피 음용을 금해야 한다고 교황 클레멘트 8세(1535~1605)에게 호소했던 것이다. 이들은 사탄이 자신의 추종자인 반기독교 이슬람교도들에게 와인은 금한 대신 커피라고 불리는, 지옥처럼 시커먼 즙을 허용했다고 주장했다. 와인을 금한 이유는 당연했다. 와인이 그리스도의 희생을 상징하는 성찬이기 때문이다. 따라서 기독교 신자들이 커피를 마시는 행위는 사탄이 만든 덫에 빠지는 것과 다름없다고 이들은 주장했다.

> 그러자 교황은 사탄의 음료가 무엇인지 궁금해졌고, 커피를 얼마간 가져오라고 일렀다. 향기가 탁월한 커피를 맛본 교황은 "어째서 사탄의 음료가 이렇게 맛있을 수 있단 말이냐? 이교도들만 이를 즐긴다는 것이 아까울 정도다. 당장 커피에 세례를 내려 사탄을 쫓아내고 이를 진정한 기독교의 음료로 명할지어다."라고 말했다.

커피 반대론자들이 커피의 유해성을 뭐라고 주장했든 간에 이 전설대로라면 커피는 교황 클레멘트 8세에게서 '무해하고도 진정한 기독교의 음료'로 세례를 통해 승인을 받은 셈이다.

1585년에는 콘스탄티노플의 행정관 잔프란체스코 모로시니 Gianfrancesco Morosini가 베니스 시의회에 "오스만투르크에서는 카비cavee

라는 콩을 달인 시커먼 물을 입을 델 정도로 뜨겁게 끓여 마신다. 기운을 북돋는 효능이 있다고 알려져 있다"고 보고했다. 커피에 관한 추가 정보가 베니스에 전해진 셈이다.

코우궤트A. Couguet 박사는 이탈리아의 한 평론지를 통해 커피가 유럽에 처음 전래된 시기는 16세기 후반이며 베니스에서 처음 음용됐다고 주장했다. 박사는 커피를 유럽에 처음 수입한 사람은 베니스 모첸조Mocenigo 가문의 페베레로이며, 당시에 향료를 비롯한 아랍의 특산품을 거래하던 거상이었다고 한다.

1615년에는 이탈리아 여행가이자 『인도와 페르시아 여행기』의 작가로 유명한 피에르 델라 발레가 콘스탄티노플에서 베니스의 지인 마리오 스키파노에게 다음과 같은 편지를 보냈다.

오스만투르크에서는 검은 빛을 띤 음료를 마신다네. 여름에는 청량감을 주고 겨울에는 몸을 데워 주는 음료일세. 뜨거운 상태로 아주 천천히 지인들과 이야기를 나누면서 일종의 진미로서 마신다네. 어떤 모임에서도 빠지지 않는 음료야. 여기 사람들은 이 음료를 카후에cahue라 부르는데, 어쨌든 이 음료 덕분에 모두가 즐겁게 대화를 이어간다네. 카후에 나무의 씨앗이랄까, 열매로 만드는데 베니스로 돌아갈 때 이 열매를 얼마간 가져가려 하네. 베니스 사람들에게 새로운 정보를 전할 생각이야.

하지만 1615년에는 이미 커피가 베니스에 전래됐기 때문에 그가 돌아왔을 때에는 베니스 사람들이 커피에 관해 잘 알고 있었을 것이다. 커피는 처음에는 주로 의학적 용도로 이용됐고, 거래되는 가격 또한 매우 높았다. 커피가 일종의 약물로 알려진 것에 대해 베슬링은 이렇게 설명한다. "처음에는 이국의 진귀한 씨앗으로 장식장에 진열돼 있더니 언젠가부터 약방에서 약물로 판매되기 시작했다."

이탈리아에서 최초로 커피하우스가 등장한 시기는 1645년으로 알려져 있다. 그러나 이를 뒷받침할 만한 확실한 근거는 없다. 초창기에는 레모네이드 상인들이 다른 음료와 함께 커피를 팔았다. 이탈리아어로 'aquacedratajo'는 레모네이드·다과 판매상, 또는 커피, 초콜릿, 술 판매상을 일컫는다. 자르뎅은 커피가 이탈리아에서 대중화된 시기가 1645년이라고 설명한다. 그러나 확인된 분명한 사실은 베니스에서 커피숍이 처음으로 등장한 시기는 1683년으로, 베니스 신청사Procuratie Nuove 아래에서였다. 또한 플로리오노 프란체스코니가 베니스의 명물인 카페 플로리안을 개점한 시기는 1720년이었다.

1671년에는 앞서 언급한 것처럼 로마대학 시리아어 및 칼데아어 (칼데아는 바빌로니아 남쪽의 옛 지명—옮긴이)과 교수이자 마론파 교도였던 안토니 파우스투스 나이론이 커피만을 집중적으로 다룬 논문 인쇄본을 출간했다. 이 논문은 커피만을 분석한 논문 중 신뢰성을 갖춘 최초의 논문으로 평가받고 있다.

18세기의 이탈리아 커피하우스. 차타가 그린 골도니 풍의 작품

17세기 중후반에서 18세기 초중반까지는 이탈리아에서 커피하우스가 크게 발달한 시기이다. 유럽에서 아랍의 커피하우스를 처음으로 받아들이면서 '카페caffè'란 이

름을 붙인 점은 참으로 흥미롭다. 오늘날에
도 이탈리아에서는 '카페'를 표기할 때 f를
겹쳐 쓰는데, 혹자는 커피나무의 학명인 코
페아coffea에서 f를 생략하지 않고 그대로 따
온 것이라 설명한다. 프랑스와 유럽 대륙의
몇몇 국가에서도 f를 겹쳐 쓰고 있다.

초창기 베니스 카페를 찾은 귀족층. 출처는 베니스 시립박물관의 그레벰브로크 컬렉션

유럽에 커피하우스가 전래된 후에는 프
랑스와 오스트리아가 커피하우스의 발전에
큰 기여를 했다고 할 수 있지만, 그럼에도 서유럽에 진정한 커피하
우스를 전파한 일등공신은 이탈리아라는 인식이 여전히 강하게 자
리 잡고 있다.

커피하우스가 전래되고 얼마 후 베니스 산마르코 광장은 한 집 건너
한 집이 카페이다시피 했다.[1] 그중 광장 근처의 폰트델라젤로 카페는,
1792년에 타바키오라는 개가 죽자 빈첸초 폴 말레오니가 개의 죽음
을 애도하며 풍자적인 송덕문을 발표한 곳으로 유명했다. 안젤로 에모
Angelo Emo(1731~1792, 베네치아 공국의 마지막 대제독)의 죽음을 애도하는 우
발도 브레골리니Ubaldo Bregolini의 연설을 조롱 삼아 모방한 송덕문이었
다.

마르코 안칠로토가 운영하던 스파데리아 카페에서는 일부 급진
주의자들이 시민들이 다양한 사상을 자유롭게 접할 수 있도록 카

베니스 카페의 골도니. 피에트로 롱기
P. Longhi 작품

페 내에 서재를 만들자고 제안했다. 그러나 이 이야기를 전해 들은 종교재판관이 카페 주인에게 보병을 보내 독서방을 이용하려는 손님에게 그 즉시 재판에 회부될 것임을 똑똑히 알려주라고 으름장을 놓았던 탓에 제안으로 그쳤다.

'메네가초Menegazzo' 라는 카페도 당시의 유명한 카페 중 하나였다. 메니코라는 뚱뚱한 주인의 이름을 딴 것으로 모두 그렇게 불렀다. 이곳은 문필가들이 즐겨 찾던 곳으로, 안젤로 마리아 바바로, 로렌초 다 폰테를 비롯한 당대의 문인들이 열정적으로 토론을 벌이던 카페이다.

커피하우스는 점차 모든 계층의 휴식 공간으로 자리를 잡아갔다. 오전에는 상인, 변호사, 의사, 노동자 들이 찾았고 오후부터 늦은 저녁까지는 숙녀들을 포함해 유한계층이 즐겨 찾았다.

초기의 이탈리아 카페는 대부분 천장이 낮고 분위기가 수수했으며 창문이 없었다. 방마다 희미한 조명 몇 개가 있을 뿐이었다. 하지만 화려하게 차려입은 사람들이 카페 여기저기를 유쾌하게 돌아다녔고, 남녀가 삼삼오오 짝을 지어 담소를 나눴다. 카페에서만 접할 수 있는 각종 소문과 스캔들은 사람들을 끌어들이기에 충분했다. 좁은 방은 대개 게임 전용 공간으로 이용됐다.

이탈리아 극작가 골도니Goldoni의 희극 〈커피하우스〉에는 '작은 광

유럽의 초창기 카페를 통틀어 플로리안 카페만큼 전 세계의 저명인사를 매혹시킨 곳도 없을 것이다. 카페 주인장 플로리안(플로리오노)은 이탈리아 대표 조각가 카노바의 친구이자, 주변의 신임을 얻고 있던 인물로 베니스 안팎의 수백 명의 사람과 알고 지냈다. 또한 사교계의 정보원이자 걸어다니는 도시 색인으로 통했다. 베니스를 떠나는 사람들은 편지와 여행 계획표를 그에게 맡겼고, 베니스에 막 도착한 사람들은 만나고자 하는 사람을 찾기 위해 역시 플로리안을 찾았다.

"플로리안만큼 다방면의 지식을 쌓는 데 오랜 기간 공들였던 사람은 당시에도, 이전에도 없었다."

18세기 베니스의 카페 풍경을 유쾌하게 그린 윌리엄 해즐릿William Hazlitt의 평이다. 아래는 당시 카페를 기록한 해즐릿의 글 일부다.

베니스 커피는 최고의 커피로 인정받았다. 그중에서도 플로리안 카페에서 내놓는 커피는 단연 으뜸이었다. 몰멘티가 남긴 당시 카페 풍경에 대한 글에서는, 카페를 찾은 극작가 골도니와 구걸을 하는 여성 걸인을 엿볼 수 있다.

저 유명한 조각가 카노바는 플로리안을 진심으로 존경해서 플로리안이 통풍에 걸렸을 때 이 가여운 친구가 좀 더 수월하게 부츠를 신을 수 있도록 의족을 만들어 줬다. 이 둘의 우정은 카노바가 조각가의 길에 입문할 무렵 시작됐는데, 자신이 필요로 할 때 상당한 도움을 준 플로리안의 은혜를 평생 잊을 수 없다고 카노바는 말했다.

카페 플로리안은 이후에 여성 요리사를 총책임자로 임명했다. 또한 당시의 여성 종업원들은 특정 손님이 방문할 때마다 단추 구멍에 꽃을 끼워 달았는데 아마도 이름표 대신 달았던 듯하다. 산마르코 광장의 소녀들 역시 이를 모방해 꽃을 달고 다녔다. 당시의 베니스 카페와 레스토랑에서는 손님들을 극진히 모셨는데, 아니 이전부터 쭉 그래 왔는데, 남편을 모시는 여느 부인 못지않게 정성을 다했다.

이 외에도 베니스에서는, 특히 베네치아 공국 말기 무렵에는 대화를 나누고 소문을 들으려는 사람들로 많은 카페들이 북적였다. 귀족에서부터 정치가, 군인, 예술가, 또한 노인과 젊은이 등 전 계층이 카페를 즐겨 찾았다. 하지만 계층별로 고유한 자리가 정해져 있었는데, 자리에 따라 동석자나 이용료가 달랐다. 그중에서도 남성용 3등 좌석은 실제로 가난한 이들을 위한 자리였는데 이곳이 가장 붐볐다.

계층을 막론하고 베니스 남자들에게 카페는 고향을 떠나기 직전 마지막으로 들르는 장소요, 고향으로 돌아온 직후에는 가장 먼저 찾는 장소였다. 물론 부인과 세간이 있는 가정이 있기는 했다. 하지만 카페에서만큼의 극진한 대접은 없었다. 당시에는 남편과 아내가 함께 외출을 하거나 남편이 아내를 카페나 과자점으로 초대해 함께 (케이크에 장식용으로 쓰는)당의를 먹는 일이 극히 드물었다.[3]

플로리안 카페는 이후에 많은 변화를 겪었지만 오늘날까지도 산마르코 광장의 유명한 카페로 자리를 지키고 있다.

한편 카페 탄압의 역사는 1775년에 베니스에서도 되풀이된다. 방종과 부도덕, 부패의 온상이란 이유로 카페를 금지했다. 1775년에 이어 1776년에 한 차례 더 베네치아 10인회Council of Ten가 종교재판부에 이 '사회적 병폐'를 근절할 것을 명했던 것이다. 하지만 이 모든 시련을 이겨내고 결국 카페는 살아남았다.

19세기, 베니스 산마르코 광장의 명물 플로리안 카페

3 여행자가 프랑스에 선물한 커피

프랑스의 위대한 여행가인 타베르니에Tavernier(1605~1689)와 테베노(1633~1667), 베르니에Bernier(1625~1688)가 없었다면 커피에 관한 정보들이 지금처럼 널리 알려지지 못했을 것이다. 아니, 훗날 프랑스 혁명 때 큰 기여를 했던 커피라는 음료를 프랑스인들은 결코 알지 못했을지도 모른다.

이들의 뒤를 이어 유명한 『행복한 아라비아로의 여행Voyage de l' Arabie Heureuse』을 완수한 인물 장 라 로크(1661~1745)가 등장했다. 그의 부친 피에르 드 라 로크는 1644년 프랑스에 커피를 들여왔다고 알려진 인물이다. 프랑스의 동양학자이며 『천일야화』의 최초 번역자, 국왕의 골동품 수집가였던 앙투안 갈랑(1646~1715) 역시 빠뜨릴 수 없다. 갈랑은 압달 카디르의 아랍어 필사본(1587)을 번역·분석하여 1699년에 출간한 바 있다.

프랑스어로 된 커피에 관한 가장 오래된 기록을 찾는다면, 1596년에 이탈리아 식물학자이자 작가인 오노리오 벨리(혹은 벨루스)가 프랑스 의학자이자 식물학자, 여행가인 샤를 드 레클뤼즈(1526~1609)에게 보낸 다음의 짤막한 문구일 것이다. "이집트인들은 이 종자로 카브cave라 불리는 음료를 만든다네."[4]

프랑스 대사 M. 드 라 에와 함께 콘스탄티노플로 떠난 피에르 드 라 로크는 이후 레반트 지역을 여행했고, 1644년에 마르세유로 돌아왔다. 돌아오는 길에 그는 얼마간의 커피와 함께 오스만투르크에서 커피를 만들 때 사용하는 각종 소도구를 가져왔는데 프랑스인들의 호기심을 자극하기에 충분했다. 도자기 잔fin—djans과 현지에서 냅킨으로 사용하는 금, 은, 비단을 수놓은 작은 모슬린 조각이 그가 갖고 온 도구였다.

장 라 로크에 따르면, 1657년 장 드 테베노가 파리의 지인들에게 커피를 소개하고 커피 제조법을 알려줬다고 한다. 드 테베노는 17세기 중엽 오스만투르크에서 유행하던 흥미로운 커피 음용 방식을 이렇게 전한다.

오스만투르크인들이 일상적으로 마시는 음료 중에는 또 카베Cahve라는 음료가 있다. 이들은 수시로 카베를 마신다. 팬 등을 이용해 불로 익힌 열매로 만드는 음료로, 익힌 열매는 고운 가루가 될 때까지 빻는다.

카베를 만들 때에는 전용 도구로 보이는 주전자를 이용하는데 현지인들은 이를 이브릭ibrik이라 부른다. 이브릭에 물을 채운 후 물이 끓기 시작하면, 대략 컵 세 잔 분량의 물에 빻은 가루를 한 숟가락 가득 넣는다. 그런 다음 다시 끓기 시작하면 주전자를 불가에서 치운다. 혹은 휘휘 저어준다. 끓는 속도가 빠르기 때문에 이렇게 하지 않으면 끓어 넘치기 십상이다. 이런 식으로 끓이기를 10번에서 12번 가량 반복한 다음 음료가 완성되면 사기 잔에 따른 다음 접시나 색칠이 된 나무 판 위에 올려 뜨거운 상태로 내온다.

'카베'는 뜨거울 때 여러 번 나눠 마시는 것이 좋다. 그렇지 않으면 맛이 별로다. 입을 데지 않도록 조금씩[5] 마시기 때문에, 카베카네 cavekane(끓인 커피를 파는 곳을 현지인들은 이렇게 부름)에 가면 여기저기서 이를 들이켜는 소리로 경쾌한 리듬을 이룬다. 클로브(클로브트리의 갈색 꽃봉오리로, 향이 강하고 톡 쏘는 맛이 있음)나 카르다몸(생강과의 식물)을 카베에 소량 넣어 먹거나 설탕을 넣어 마시는 이들도 있었다.

자르뎅은 프랑스인들이 커피를 마신 이유가 호기심 때문이었다고 말한다. "커피의 검은 빛깔은 프랑스인들의 눈에 불쾌하기 짝이 없었지만 남들에게 과시하기 위해서 이 동양의 음료를 알고 싶어했다."

1660년경에는 레반트 지역에 잠깐 살았던 마르세유의 몇몇 교역

장 라 로크의 책 표지(1716). 예멘 궁전
에 도착하기까지의 여정을 담은 책

상들이 커피의 맛을 잊지 못해 개인적으로 커피 원두를 들여왔다. 그 후 약재상과 다른 교역상들이 상업적 용도로는 처음으로 이집트산 커피를 수입했다. 리용 지역 교역상들 역시 그 뒤를 이어 커피를 수입하면서 이 지역에서 커피 음용이 보편화되기 시작했다.

1671년에는 몇몇이 의기투합해 마르세유에 커피하우스를 개점했다. 그리고 얼마 안 가 교역상과 여행가들의 명소가 됐다. 이후 커피하우스가 몇 개 더 생겼고 가게마다 사람들로 북적였다. 그러나 가정에서는 커피를 만들어 마시지 않았다. "커피 음용이 놀라울 정도로 대중화되자, 의사들은 어김없이 불안해했고, 덥고 극도로 건조한 지역에 사는 사람들에게 커피는 맞지 않는다고 주장하기 시작했다"고 라 로크는 전한다.

여기서 케케묵은 논쟁이 또 한 번 촉발됐다. 일찍이 메카, 카이로, 콘스탄티노플에서도 의사들의 의견을 지지하는 측과 반대하는 측으로 갈렸다. 그러나 프랑스의 경우에 다른 점이 있다면 커피를 둘러싼 논쟁이 전적으로 의학적 논쟁에 그쳤다는 점이다. 프랑스 종교계는 이 논쟁에 일절 참여하지 않았다. 커피 애호가들은 의사들을 대놓고 냉대했고, 의사들은 온갖 병을 거론하며 커피 애호가들에게 겁을 주었다고 한다.

본격적으로 논쟁이 촉발된 계기는 1679년 마르세유의 의사들이 커피를 깎아내리기 위한 묘책을 쓰면서부터였다.

라 로크의 커피나무 그림. 『행복한 아라비아로의 여행』에 수록

이들은 의과대학 입학을 앞둔 어린 학생들을 시장 앞에 불러놓고 액상프로방스 의과대학의 두 의사가 제기한 문제, 즉 커피가 마르세유 주민들에게 미치는 유해성 여부를 논하게 했다.

두 의사가 상술한 문제의 요지는 이러했다.

모든 나라에서 커피 음용을 허용하고 있고, 이제는 와인의 자리를 대신하고 있다고 볼 수 있지만 최고의 음료와 커피를 견준다면 그 찌꺼기보다 못하다고 하겠다. 이국의 음료라는 점이 신기하기는 하지만 이로운 점이라고는 전혀 없다. 커피가 치료제라는 주장 또한 우스꽝스럽다. 왜냐하면 커피는 콩이 아닌, 염소와 낙타가 발견한 나무의 열매로 만들기 때문이다. 뿐만 아니라 커피의 성질은 알려진 대로 차갑지 않고 오히려 뜨겁기 때문에 피를 뜨겁게 하여 마비와 불임을 유발하고 사람을 빼빼 마르게 한다. 따라서 이 모두를 감안하면 커피가 마르세유 주민에게는 상당히 유해하다는 결론을 내릴 수밖에 없다.

액상프로방스 의과대학의 훌륭한 의사 양반들은 커피에 대한 편견을 이와 같이 드러냈고, 이를 커피에 관한 최종 진술로 확정했다. 하지만 대다수의 사람들은 이 두 의사가 그릇된 집념에 빠져 도를

꽃과 열매가 달린 커피나무 가지. 라로크의 『행복한 아라비아로의 여행』에 수록

넘었다고 생각했다. 이 의사들은 커피 논쟁에 이용당했고, 사실관계에 대한 심각한 왜곡은 물론이요, 여기저기서 그릇된 논증을 펼치고 있다고 여겼던 것이다. 커피를 폄하하는 주장을 펼치기에 세상은 이미 너무나 발전해 있었다. 따라서 커피의 확산을 막으려는 이 최후의 노력은 강경한 이슬람 성직자들의 통렬한 커피 비방만큼의 영향력도 발휘하지 못했다. 커피하우스는 이전과 다름없이 사람들로 붐볐고 또한 가정에서도 커피를 끓여 마셨다. 의사들이 촉발한 논쟁은 오히려 부메랑이 되어 돌아왔다. 커피 소비가 촉진되어 리용과 마르세유 교역상들은 늘어나는 커피 수요를 감당하기 위해 무역선을 이용해 역사상 처음으로 레반트 지역의 생두를 수입하기 시작했다.

1669년 오스만투르크 제국 메흐메드 4세의 특사 솔리만 아가 Soliman Aga가 루이 14세를 알현하러 파리에 왔다. 그는 상당량의 커피를 들여와 오스만투르크식 커피를 프랑스의 수도에 선보였다. 그가 파리에 머문 기간은 1669년 7월에서 1670년 5월까지로 그리 길지 않았지만 커피 음용 관습을 뿌리 내리게 하기에는 충분한 시간이었다. 파스칼이라는 한 아르메니아인이 파리 생제르망 시장에서 커피 노점을 연 시기는 이로부터 2년 후였다. 프랑스 파리 커피하우스는 이 노점에서부터 시작됐다(이에 대한 이야기는 제4장을 참조).

커피를 마시는 일은 이제 마르세유와 리용뿐만 아니라 프랑스의 수도에서도 대중화되기 시작했다. 동시에 다른 지방으로도 확산됐다. 도시마다 커피하우스가 등장했고 가정에서도 상당량의 커피를 소비했다. 라 로크는 "하류층부터 상류층에 이르기까지 매일 아침, 아니 늦어도 정찬 직후에는 꼭 커피를 마셨다. 손님이 오면 커피를 대접하는 것이 하나의 관례처럼 자리 잡았다"고 당시의 상황을 전했다.

특히 '상류층'은 '카바레에서 카페로'의 유행을 선도하는 데 일조했다. 얼마 안 가 프랑스 전역에서 호화로운 동양의 물품으로 꾸민 커피하우스를 볼 수 있었고, "주렁주렁 치장한 금은 장신구보다 도자기 병이나 인도풍 가구가 훨씬 값비싼 것으로 여겨졌다."

1671년에는 『커피라 불리는 뽕나무 열매mulberry의 탁월한 효능』이라는 책이 리용에서 출간됐다. 당시의 프랑스인들이 커피에 관한 전문적인 지식을 얻고자 했음을 보여주는 사례이다. 이같은 지적 욕구는 같은 해에 역시 리용에서 출간된 필리프 실베스트르 뒤 푸르의 경이로운 논문 「커피와 차, 초콜릿의 이용에 관해」를 통해서도 확인할 수 있다. 뒤푸르는 논문의 완성도를 높여 1684년에는 『커피, 차, 초콜릿 제조 방식』을 리용에서 출간한다.

1715년에 출간된 장 라 로크의 『행복한 아라비아로의 여행』은 1711년에 예멘 왕실에 도착하기까지의 여정을 담은 책으로, 커피나무와 열매에 관한 상세한 설명서이자 커피가 프랑스에 전래된 과정과 최초의 커피 음용을 다루고 있는 중요한 역사적 논문이다.

이 책에서 라 로크는 예멘 왕실의 정원을 방문한 일화를 담고 있는데, 아랍인들이 아직까지도 커피가 아랍에서만 재배된다고 믿고 있는 점이 흥미롭다.

예멘에서 흔히 볼 수 있는 나무를 품종별로 심어놓았다는 것 외에는 왕실 정원은 딱히 눈에 띄는 점이 없었다. 그중에는 커피나무도 몇 그루 있었는데 아마도 최상품이었으리라. 우리 대표단이 예멘 왕에게 (주로 진귀한 품종으로 꾸미는) 유럽 왕실의 정원과 얼마나 다른지를 설명하자 왕은 이렇게 답했다. 스스로 판단컨대, 자신의 취향이나 관대함이 유럽 왕에게 뒤지지 않고, 또한 커피나무가 예멘에서 흔한 나무임을 잘 알지만, 그럼에도 불구하고 커피나무는 여러모로 자신에게는 소중하다고 했다. 우선 언제나 푸르른 커피나무는 보는 이를 행복하게 하고, 뿐만 아니라 다른 곳에서는 자라지 않는 열매를 거둘 생각을 하면 무척이나 기쁘다고 했다. 자신의 정원에서 딴 커피 열매를 선물로 하사하면서 이 나무를 손수 심었다고 말할 수 있는 것이 얼마나 행복한 일인지 모른다고 답했다.

한편 프랑스에서 커피 판매 허가증을 처음으로 취득한 이는 파리의 부르주아, 다망 프랑수아로 1692년 왕의 칙령에 따라 이 특권을 얻었다. 다망은 10년 동안 프랑스 전역과 국왕의 통치권이 미치는 모든 곳에서 통하는 커피·차 전매권을 얻었고, 뿐만 아니라 커피하우스 운영권을 부여받았다. 프랑스 본토의 카페는 산토도밍고를 포함한 프랑스 식민지에도 곧 전래되어 국왕의 특별 허가 하에 붐을 이뤘다. 1858년에는 《카페, 문학, 예술 그리고 상업》이라는 전단지 형식의 정기간행물이 프랑스에서 발간되는데, 편집자 Ch. 부아네는 창간사에서 "살롱은 특권을 상징하는 공간이지만 카페는 평등을 상징하는 공간이다"라고 천명했다. 아쉽게도 이 간행물은 얼마 안 가 폐간됐다.

4 비엔나에 커피를 전한 오스만투르크

오스트리아(당시는 합스부르크)에는 커피가 처음 들어온 과정에 관한, 실로 흥미진진한 이야기가 전해진다. 1683년 오스만투르크가 오늘날 오스트리아의 수도 비엔나Vienna(빈Wien)를 포위했을 당시 오스만투르크군 통역자였던 폴란드인 프란츠 게오르크 콜쉬츠키Franz George Kolschitzky가 비엔나를 구하고 그 대가로 불멸의 명예와 커피를 하사받았다는 전설이다.

비엔나는 1529년에도 오스만투르크군에 포위당한 적이 있다. 이때가 최초의 공성전이었는데, 오스만투르크군이 이 당시에도 주둔지에서 커피를 끓여 마셨는지는 알 수 없다. 그러나 1517년 셀림 1세가 이집트를 정복하고 콘스탄티노플로 돌아올 때 상당량의 커피를 전리품으로 갖고 온 점으로 미루어 볼 때, 커피를 마셨을 가능성이 크다. 분명한 사실은 154년 후 이들이 다시 비엔나를 침략했을 때 상당량의 커피 생두를 갖고 왔다는 점이다.

기독교 세계를 멸망시키고 유럽 대륙을 정복하려 했던 오스만투르크의 모하메드 4세는 30만 대군을 조직해 황제의 대관이자 쿠프

레오폴드슈타트 최초의 커피하우스.
베르만의 〈비엔나의 어제와 오늘Alt und Neu Wien〉

릴리 수상의 후계자였던 카라 무스타파에게 보낸다. 오스만투르크군이 비엔나에 도착한 시기는 1683년 7월 7일이었다. 이들은 순식간에 도시를 포위하고 모든 통로를 차단했다. 합스부르크의 황제 레오폴드는 몇 마일 떨어진 곳으로 피신 중이었다. 한편 프랑스 로렌 지역의 왕자는 비엔나 근방에서 3만 3천 명의 합스부르크 군대를 거느린 채 폴란드 왕 존 소비에스키가 약속한 지원군을 기다리고 있었다. 언제라도 포위된 수도를 되찾을 생각이었던 것이다.

당시 비엔나 군사령관이었던 루디거 폰 슈타렘베르크 백작은 적진을 통과해 지원군 긴급 요청을 담은 메시지를 전달할 사람을 찾고 있었다. 그러던 중 오스만투르크에서 몇 년 간 살았던, 따라서 그들의 언어와 관습에 밝은 프란츠 게오르크 콜쉬츠키를 발견한다.

1683년 8월 13일 콜쉬츠키는 오스만투르크군 제복을 입고 적진을 통과해 다뉴브 강 건너에 있던 황제의 군대와 접선한다. 그는 위험을 무릅쓰고 로렌 왕자의 군부대와 비엔나 요새 사이를 몇 번이고 왕복했다. 그때마다 네 곳의 적진을 뚫고 다뉴브 강을 헤엄쳐 건너야 했다는 이야기도 있다. 하지만

콜쉬츠키가 가져오는 전언 덕분에 비엔나 수비군들은 사기를 충전할 수 있었다. 그러던 차에 마침내 폴란드의 존 왕이 지원군을 이끌고 칼렌베르크 산 정상에서 합스부르크 군과 합류한다. 실로 극적인 순간이었다. 유럽 기독교 국가들의 운명은 풍전등화와도

같았다. 누가 봐도 이슬람교도들이 승리할
것이 뻔했다.

콜쉬츠키는 다시 한 번 다뉴브 강을 건너
칼렌베르크 산으로 갔고, 로렌 왕자와 존
왕에게서 공격 개시를 의미하는 전언을 가
지고 돌아왔다. 슈타렘베르크 백작은 곧바
로 출격을 명했다.

오스만투르크 제복을 입고 적진을 뚫
고 나간 콜쉬츠키

9월 12일 오스만투르크와의 전투가 시작됐다. 뛰어난 용병술을 펼친
존 왕은 오스만투르크군을 몰아냈다. 이 전투에서 보여준 폴란드인
들의 활약을 유럽 기독교인들은 매우 높이 평가한다. 오스만투르크군
이 도망친 자리에는 막사 2만 5천 동과 황소 1만 필, 낙타 5천 필, 곡물
10만 부셸(1부셸은 약 35리터), 어마어마한 양의 금과 그리고 커피 자루
가 있었다. 당시는 비엔나에 커피가 전래되기 전이었다. 이 모두가 전
리품으로 분배됐다. 그런데 커피 자루만은 아무도 원하지 않았다. 커
피가 무엇에 쓰는 물건인지 알지 못했기 때문이다. 그러나 콜쉬츠키
는 달랐다. 그는 "이 자루들을 가져갈 사람이 없다면 제가 가져가겠습
니다"라고 말했다. 요상하게 생긴 콩을 가져가겠다고 하자 모두가 기
뻐했다. 커피가 무엇인지 알고 있었던 콜쉬츠키는 얼마 후 비엔나 사
람들에게 커피 제조법을 전래한다. 그리고 비엔나 최초의 커피 노점을
열어 오스만투르크식 커피를 판매하기 시작한다.

이것이 비엔나에 커피가 처음 전래된 과정이다. 콜쉬츠키는 비엔나 커피하우스의 수호성인으로서 지금까지도 큰 사랑을 받고 있다. 그의 후계자인 비엔나 커피 제조업자kaffee-sieder 길드에서는 그의 공적을 기려 동상을 건립하기도 했다. 오늘날에도 비엔나에 가면 콜쉬츠키 골목과 파포리텐 골목의 교차로에 있는 건물 정면에서 동상을 볼 수 있다.

비엔나는 '카페의 어머니'로도 통하는 도시이다. 자허 카페Café Sacher는 여전히(오늘날까지도) 세계적 명성을 이어가고 있다. 어느 요리책에서든지 자허 토르테Tart à la Sacher를 볼 수 있다. 비엔나에서는 오후가 되면 '야우제jause'라는 간식 타임을 즐긴다. 비엔나의 카페에 들어서면 커피와 함께 킵펠kipfel을 먹는 사람들을 흔히 볼 수 있는데, 1683년 오스만투르크군에 의한 포위 당시에 만들어 먹던 초승달(이슬람 국가의 정치적·군사적·종교적 상징) 모양의 롤빵이 그 기원이다. 오스만투르크에 대한 저항의 의미로 이 빵을 만들었다고 한다. 당시

비엔나 커피제조업자길드에서 건립한
콜쉬츠키 동상

의 비엔나 사람들은 한 손에는 칼을 들고, 다른 한 손에는 킵펠을 들고 요새의 꼭대기로 올라가 모하메드 4세의 군대에게 저항했다.

결국 이 전투에서 패배한 모하메드 4세는 퇴위당하고, 카라 무스타파는 비엔나 성문에 군수품을 버리고 도망쳤다는 이유로, 특히 커피 자루를 버리고 왔다는 이유로 사형당했다. 반면에 비엔나 커피와 비엔나 킵

펠은 오늘날까지 살아남아 많은 이들에게 사랑받고 있다.

비엔나 시 당국은 비엔나의 영웅 콜쉬츠키에게 보은의 의미로 집 한 채를 하사했고, 콜쉬츠키는 이곳에 '푸른병Blue Bottle'이라는 간판을 걸고 수년 간 카페를 운영했다고 한다.[6] 콜쉬츠키에 관한 다양한 자료를 보면 이야기는 대략 이 정도에서 끝난다. 물론 모든 내용을 신뢰할 수는 없지만 비엔나 사람들은 이 이야기를 굳게 믿고 있다.

그런데 비엔나의 고문서를 통해 확인한 콜쉬츠키의 이후 행적을 보면 이 영웅에게도 감춰진 약점이란 것이 있었다.

> 오스만투르크군이 버리고 간 커피 생두를 하사받은 콜쉬츠키는 곧 집집마다 돌아다니며 커피 행상을 시작했다고 한다. 목제 접시에 작은 커피 잔을 여러 개 올려놓고 가가호호 방문했다. 그 후에는 비쇼프 앞마당의 가게를 대여해 커피를 팔았다.

앞서 말했듯이 콜쉬츠키는 전쟁 중에 발휘한 용맹함에 대한 보상으로 이미 약속 받은 금화 100냥 외에도 집 한 채를 추가 지급할 것을 요구하는 청원서를 시의회에 보낸다. 당시 조금씩 싹트고 있던 카페 사업에 필요한 공간이라는 훌륭한 명분이 있기는 했다. 이 청원서를 두고 M. 베르만은 이렇게 평한 바 있다. "콜쉬츠키의 청원 내용은 오만과 노골적인 탐욕의 끝을 보여준다. 전쟁 중에 발휘한 자기희생을 명분 삼아 최대한의 이득을 취하기로 작정한 듯하다. 로마인들이 쿠르티우스(기원전 4세기, 마을 사람들을 위해 로마광장의 커다란 틈새에 몸을 던진 로마 귀족)를 기리듯, 스파르타인들이 폼필리우스(로마의 전설적인 2대 왕)를 기리듯, 또한 아테네인들이 세네카(고대 로마 제정기의 스토아 철학자)를 기리듯, 콜쉬츠키는 참으로 겸손하게도 이들과 자신을 비교하면서 최고의 대접을 해줄 것을 줄기차게 요구했다."[7]

결국 콜쉬츠키는 레오폴드슈타트에 위치한 집 세 채 가운데 하나를 고를 수 있는 선택권을 부여받았다. 각각 400~450길더 정도의 집이었다. 기존에 합의한 보상금 300길더 대신 집을 지급하기로 한 것이다. 하지만 콜쉬츠키는 이마저도 받아들이지 않았다. 집을 구입한다면 적어도 1천 길더 정도 되는 집을 구입했을 거라고 주장했다. 이 때문에 서신과 언쟁이 수차례 오갔다. 이 집요하기 그지없는 분쟁을 종식하고자, 1685년 비엔나 시의회는 콜쉬츠키와 배우자 마리아 우르슐라에게 하이드 30가(현재의 8가)에 있는 집을 양도할 것을 명하며 더 이상의 조정은 없다고 못박았다.

그 후 콜쉬츠키는 1년도 안 돼 이 집을 팔고는 여러 곳을 옮겨다니다, 1694년 2월 20일 54세에 결핵으로 사망했다고 한다. 당시 황제의 특사였던 그는 슈테판수프라이드 마당에 묻혔다. 콜쉬츠키가 사망하자 그 상속인들은 커피하우스를 다뉴브 강 슐라크 목재다리(이후의 페르디난트 다리) 근처로 옮겼다. 1860년에 저 유명한 프란츠 모세의 카페가 세워진 자리다.

1700년도 비엔나 문헌을 보면, 슈토킴아이젠 광장 부근에 "여기, 최초의 카페가 있었습니다"는 푯말이 달린 집이 있었다고 한다. 그러나 아쉽게도 집 주인이 누구인지에 대한 언급은 없었다.

콜쉬츠키에 관한 기록들을 보면 대부분이 그를 인기 많은 커피하우스 주인으로 그리고 있다. 또한 그는 만나는 사람 모두를 형제 Bruder-herz라고 불렀던 까닭에 '형제'라는 별칭을 얻었다고 한다. 비엔나 커피 제조업자 길드에서는 그가 한창 명성을 떨치던 무렵에 그려진 초상화를 소중히 보관하고 있다.

비엔나 최초의 커피 제조업자 콜쉬츠키의 생전에도 커피하우스를 개점해 꽤나 명성을 얻었던 이들이 더러 있다. 18세기 초반에 비엔나를 방문한 한 여행가의 기록을 보면 당시에 커피 음용과 커피하우스가 어느 정도로 발달해 있었는지 어렴풋이나마 알 수 있다.

비엔나 전역에서 커피하우스를 볼 수 있다. 주로 소설가와 신문 독자들이 이곳에서 만나 신문을 읽거나 이런저런 주제를 논의했다. 그중에서도 'zeitungs-doctors신문 박사'라 불리는 이들, 호칭이 반어적이기는 하지만, 이들이 모여서 당시 뜨거운 감자로 부상한 주요 쟁점에 대한 입장을 정리하고, 정치적 사안에 대한 탁월한 논평을 제공하는 커피하우스는 다른 곳보다 좀 더 유명했다.

신문 박사들을 보기 위해 많은 사람들이 커피하우스에 모일 만큼 이들의 명성은 대단했다. 그러나 실상 이들은 날조와 어리석은 논리로 내용을 부풀려서는 온 도시를 돌아다니며 자신의 의견을 피력했다. 결국 이들이 하는 이야기는 당사자의 귀에도 들어갔다. 가십거리를 그처럼 자유롭게 떠벌리고 다니다니, 믿을 수 없었다. 정치 지도자들의 활동을 논하면서도 이들은 최소한의 경의도 표하지 않았다. 반면에 자신의 행적에 대해서는 마치 황제라도 되는 양 거창하게 늘어놓았다.

1839년도의 비엔나에는 이후 커피 문화가 꽃피었던 도시답게 시내에 80곳의 커피하우스가 운영 중이었고, 교외에서는 50여 곳이 운영되고 있었다.

★ 주석

1) Molmenti, Pompeo, La Storia di Venzia nella Vita Privat., 베르가모, 1908. (pt.3: p.245.)

2) 카를로 골도니, La Bottega di Caffè, 1750.

3) Hazlitt, W. Carew, The Venetian Republic, London, 1905(vol.2:pp.1012~15)

4) 자르뎅, Le caféier et le café, Paris, 1895 (p.16)

5) 코토비쿠스Cotovicus는 "한 방울씩 마신다"고 표현한 바 있다.

6) Vulcaren, John Peter A, Relation of the Siege of Vienna, 1684

7) Bermann, M, Alt und Neu Wien, Vienna, 1880 (p.964.)

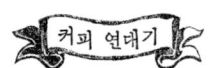

커피 연대기

1615	베니스에 커피가 전래되었다.
1616	피터르 반 단 브루커Pieter Van dan Broecke가 모카에서 네덜란드로 처음 커피를 보급했다.
1620	페레그린 화이트의 부모가 목재 절구공이와 절구(원두 빻기용)를 메이플라워호에 싣고 미국으로 이주했다. 이 도구들은 나중에 '페레그린 화이트의 절구 세트'로 알려졌다.
1623~27	1623년에 출간된 『삶과 죽음의 역사』에서 프랜시스 베이컨이 오스만투르크의 음료 '카피caphe'를 언급했다. 1627년에 출간된 『숲들의 숲Sylva Sylvarum』에서는 커피에 관해 다음과 같이 기록했다. "오스만투르크에서는 '커피coffa'라는 음료를 마신다. 이 음료의 재료는 같은 이름의 열매로, 그 빛깔이 그을음처럼 검고, 강한 향이 나는 열매다. (……) 이 음료를 마시면 두뇌와 심장의 기능이 강화되고 소화 작용이 촉진된다."

1625	카이로에서 처음으로 커피에 설탕을 넣어 달콤하게 마시기 시작했다.
1632	버튼 역시 『우울의 해부학』에서 "오스만투르크인들은 '커파coffa'라는 음료를 마시는데, 그을음처럼 검고 맛이 쓴, 같은 이름의 열매로 만든다"고 기록했다.
1634	레반트를 여행하던 헨리 블런트 경이 오스만투르크에서 '카우페cauphe' 음용 모임에 초대를 받았다.
1637	독일의 여행가이자 페르시아 학자인 아담 올레아리우스가 페르시아 여행(1633~1639)에서 돌아와, 1637년의 페르시아 커피하우스와 그곳에서 '카와Chawa'를 즐기는 현지인들에 대한 이야기를 전해 주었다.
1637	옥스퍼드, 벨리올 칼리지에 재학 중이던 크레타 출신의 나다니엘 코노피오스가 영국에 커피 문화를 들여왔다.
1640	커피의 식물학적 특성을 기술한 최초의 영문 문헌인 파킨슨의 『식물 극장Theatrum Botanicum』이 출간되었다. 이 책에서는 "오스만투르크인들이 커피 열매를 마신다"고 기록되어 있었다.
1640	네덜란드 무역상 뷔르프바인이 암스테르담 최초로 모카산 커피를 배편으로 들여와 판매를 시작했다.
1644	P. 드 라 로크가 콘스탄티노플에서 프랑스 마르세유로 커피를 전해 주었다. 커피 제조 도구와 커피 잔도 함께 전해 주었다.
1645	이탈리아에서 커피를 마시는 일이 보편화되었다.
1645	베니스 최초의 커피하우스가 등장하였다.
1647	아담 올레아리우스의 『페르시아 여행기』 독일어판이 출간되었다. 17세기 초반(1633~1639) 페르시아의 커피 문화를 일부 소개했다.
1650	오스만투르크 주재 네덜란드 대사 바르나르가 커피에 관한 논문을 출간하였다.
1650	손으로 회전시키는, 철제(양철판 또는 주석 도금을 한 동판) 로스팅 전용 기구가 등장하였다. 터키식(오스만투르크식) 커피 분쇄기와 형태가 유사한 직화식 기구이다.
1650	유태인 야곱이 옥스퍼드에서 영국 최초의 커피하우스를 개점했다.
1650	비엔나에 커피가 전래되었다.
1652	파스카 로제가 콘힐의 세인트마이클 골목에서 런던 최초의 커피하우스를 개점하였다.
1652	파스카 로제가 최초의 영문 커피 광고 전단지를 인쇄해 배포하였다. 광고를 통해 '커피 음료의 미덕'을 예찬하였다.
1656	오스만투르크의 쿠프릴리 수상이 칸디아와의 전쟁 중에 정치적인 이유를 내세워 커피하우스를 탄압하고 커피를 금하였다. 금지령을 처음 위반한 자는 태형에 처했고, 추가로 위반한 자는 가죽 포대에 넣어 보스포루스해협에 던지는 극단적인 조치를 취했다.
1657	런던 《퍼블릭 어드바이저》에 최초의 커피 신문광고를 게재하였다.
1657	장 드 테베노가 파리의 지인들에게 커피를 소개했다.
1658	네덜란드가 실론 섬에서 커피를 재배하기 시작하였다.
1660	프랑스 최초로 판매 목적의 커피 수입이 개시되었다. 이집트에서 마르세유로 수입되었다.
1660	영국법전English Statute Book에 커피가 처음으로 언급되었다. 판매용 커피 추출액 1갤런(3.78리터)당 4펜스의 세금을 "판매자에게 부과한다"고 규정하고 있다.
1660	중국 주재 네덜란드 대사 니우호프가 차에 우유를 가미하는 것을 보고 처음으로 커피에 우유를 가미해 음용하게 되었다.

1660	엘포드가 발명한 '백주철' 로스팅 기구가 영국에서 일반화되었다. '기구를 쇠꼬챙이에 꽂아 회전이 가능하도록 설계' 되었다.
1662	유럽에서는 화덕이나 난로에 숯불을 피워 커피를 볶았다. "흙으로 빚은, 뚜껑 없는 파이 접시나 낡은 푸딩 접시, 프라이팬 위에 커피를 담고 갈색을 띨 때까지 볶았다."

4

런던과 파리의 커피 문화

커피의 역사에서 가장 흥미진진한 시기를 꼽으라면 단연 17~18세기 옛 런던과 파리에서 커피하우스가 태동하기 시작한 시기일 것이다. 커피를 소재로 한 시와 소설 등 다양한 문학 작품이 봇물처럼 쏟아져 나온 시기이기도 하다.

"커피하우스의 역사는 다름 아닌 사람들의 관습, 윤리, 정치의 역사다"라는 디즈레일리의 말에 따르면, 17~18세기 런던 커피하우스의 역사는 당시 영국인들의 풍속사이기도 하다.

1 런던의 첫 번째 커피하우스

영국의 골동품 연구자이자 민속학자였던 존 오브리John Aubrey(1626~1697)는 "런던에서 최초의 커피하우스가 등장한 곳은 콘힐의 세인트마이클 가 교회 맞은편이었다. 운영자는 보먼Bowman(오스만투르크 교역상 하지스Hodges의 마부이며, 하지스에게 커피하우스 운영을 위임받았다)으로, 1652년경에 문을 열었다. 두 번째 커피하우스는 이로부터 4년 후에 등장했다. 파 조너선 페인터가 주인으로, 보먼의 첫 제자였다. 그 역시 세인트마이클 가의 교회 맞은편에 가게를 열었다."고 말했다.[1]

서지학자 윌리엄 올디스William Oldys(1696~1761) 역시 최초의 커피하우스에 대한 이야기를 전한다. 그런데 그의 이야기는 좀 다르다. 런던의 교역상 에드워드가 오스만투르크에서 커피를 접하고는 달마티아(크로아티아의 아드리아 해 연안 지방) 라구사Ragusa에서 파스카 로제Pasqua Rosée라는 아르메니아 청년(또는 그리스 청년)을 데리고 와 커피 시종으로 삼았다고 한다. "그런데 이 진귀한 음료를 맛보려는 방문객들이 엄청나게 늘자 에드워드는 파스카 로제와 사위의 시종을 시켜 콘힐의 세인트마이클 가에서 최초의 카페를 운영하게 했다"고 한다.

이 두 기록을 종합해 보건대, 파스카 로제는 보먼과 함께 커피하우스를 운영한 듯하다. 또한 오브리의 이야기를 바탕으로, 보먼의 주인인 하지스가 에드워드의 사위이자 원거리 교역상 동료임을 짐작할 수 있다.

그런데 올디스에 따르면 로제와 보먼의 파트너십은 얼마 안 가 깨졌다고 한다. 영국 골동품 수집가 존 팀스(1801~1875)에 따르면 두 사람이 다툰 후 로제는 커피하우스를 계속 운영했고, 보먼은 세인트마이클 교회 측의 허락 하에 교회 뜰에 천막을 치고 커피를 팔았다고 한다.

1698년에 발간된 『호튼의 수집품』에서도 이 역사적 사건을 확인할 수 있는데, 내용이 꽤 다르다.

스미르나(터키 이즈미르의 옛 이름)와 교역했던 다니엘 에드워드는 1652년에 그리스인 파스카를 런던으로 데려와 커피 시종으로 삼는다. 참고로 에드워드의 부인은 월브룩에 살던 알더먼 하지스의 딸이었다. 에드워드는 파스카가 콘힐의 세인트마이클 교회 창고에서 커피를 팔도록 했다. 이 창고는 지금은 한 대부업자의 화려한 저택이 됐다. 파스카 로제가 커피를 팔던 당시 커피를 찾는 손님들이 매우 많았기 때문에 에일 맥주상들은 파스카가 자유민이 아닌 노예라면서 런던 시장에게 탄원서를 보냈다. 알더먼 하지스가 마부이자 자유민인 보먼을 파스카의 동업자로 내세운 데는 이런 속사정이 있었다. 그러던 중 파스카는 몇 가지 경범죄를 저질러 강제 추방당한다. 그 후 보먼은 그때까지 번 돈과 기부금으로 받은 6천 펜스(대략 3천만 원 정도—옮긴이)를 투자해 창고를 집으로 개조했고, 존 페인터와 험프리라는 도제생을 처음으로 받아들였다. 이상의 이야기는 험프리의 부인을 통해 전해 들었다.

이 이야기에서는 에드워드가 하지스의 사위로 등장한다. 그러나 인물들 간의 관계도가 어떻든, 믿을 만한 자료를 종합해 보면 런던 최초의 커피 판매상은 파스카 로제이고, 1652년경 천막 또는 창고에서 커피를 판매했다는 사실만은 분명해 보인다. 최초의 커피 광고라 할 수 있는 로제의 카페 전단지는 현재 대영박물관에 소장돼 있는데, 다음과 같이 꽤나 직설적인 문구로 채워져 있다.

"커피 음용의 효능. 파스카 로제가 잉글랜드에서는 처음으로 대중에게 커피를 판매. 콘힐의 세인트마이클 가 주인장의 얼굴을 간판으로 내건 가게에서."

런던 제2의 커피하우스 'Rainbow'의 주인장은 제임스 파James Farr였다. 제임스 파에 대해 에드워드 해턴 Edward Hatton은 다음과 같은 이야기를 전한다.

최초의 커피 광고, 1652
런던 최초의 커피하우스 운영자, 파스카 로제가 배포한 전단지. 대영박물관 소장의 원본.

한 기록에 따르면, 제임스 파라는 이발사가 이너템플(런던 최초의 법학원 중 하나) 정문 옆에서 커피하우스(지금의 '레인보우' 커피하우스)를 운영하다가 커피를 팔았다는 이유로 1657년에 고발을 당했고, 세인트 던스탄 서부St. Dunstan in the West 교회에서 심문을 받았다고 한다. 당시 이웃 중에는 상당히 편협한 시선으로 커피를 대하는 이들이 많았다. 하지만 당시에 따가운 눈총을 받던 커피하우스가 현재 런던에만 약 3천 개 정도 생겨났고, 상류층 인사들과 의사들이 커피를 즐겨 찾게 되리라고는 누구도 생각지 못했을 것이다.[2]

해턴은 제임스 파가 순전히 커피 때문에 민폐를 끼쳤다고 확신했지만, 고발장을 보면 커피가 아니라 굴뚝이 문제였다.[3]

이곳의 단골손님 중 단연 눈에 띄는 사람은 헨리 블런트 경(영국의 유명한 여행가. 남부 유럽과 이집트를 여행한 뒤 여행기를 출간한 바 있다—옮긴이)이었다. 헨리 블런트 경은 '영국 커피하우스의 아버지'로 통하는 인물로, 개성이 강했던 그가 '커피하우스에 끼친 영향'을 생각하면 적절한 타이틀인 듯하다. "이슈를 논하는 건 대중일지 몰라도 결정은 현자가 한다"는 말은 그가 즐겨 쓰던 격언이었다. 이 격언을 두고 로빈슨은 "대중의 일상적 대화의 목적을 잘 포착한 격언으로, 역시나 더 넓은 세계를 경험하고 온 현자의 입에서 나올 만한 말이다"라고 평했다. 오브리는 헨리 블런트 경이 "이제 80대를 바라보고 있지만 기력은 여전히 짱짱한 편이다"라고 전했다.

한편 영국에서는 커피 판매가 자리를 잡는 과정에서 여성들의 활약이 꽤 컸다. 물론 유럽의 다른 나라와 마찬가지로 커피하우스가 남성과 여성 모두를 위한 공간은 아니었다. 하지만 1660년도 런던 쿼리에서는 '여성 커피 판매상'이란 표현을 들을 수 있었다. 예컨대 메리 스트린거는 1669년에 리틀트리니티 거리에서 커피하우스를 운영했고, 앤 블런트는 1672년에 캐논 가에서 '터번 장식 Turk's-Head'이란 커피하우스를 운영했다. 윌리엄 롱의 미망인 메리 롱은 코벤트 가든(런던 중심 지구, 청과물 도매 시장과 오페라 극장이 유명—옮긴이) 브릿지 가에서 '장미'라는 커피하우스를 운영하면서 자신과 남편 이름을 새긴 커피하우스 토큰을 발행했다(이 '극장 옆 장미 카페'의 출입 토큰과 당시의 여러 가지 토큰을 보려면 114쪽 참조).

2 최초의 커피 광고

신문 지면에 커피 광고가 처음 등장한 때는 1657년 5월 26일, 런던 최초의 주간 팸플릿 《퍼블릭 어드바이저Publick Adviser(대중 조언자)》에서였다. 그런데 커피에 관한 글을 쓴 초창기 작가가 이 제호를 '퍼블릭 애드버타이저Publick Advertiser(대중 광고자)'로 잘못 소개했고, 이후의 작가들 역시 이 제호를 그대로 전달하면서 한동안 팸플릿 제호가 잘못 알려지기도 했다.

《퍼블릭 어드바이저》 5월 19~26일자에 실린 최초의 커피 광고는 다음과 같다.

구거래소Old Exchange 뒤편 성바르톨로뮤 골목에서 원기 회복에 아주 좋고 갖가지 효능을 지닌 커피라는 음료를 판매합니다. 커피는 위장의 입구를 닫아 위 내부의 온도를 높여 소화를 촉진시키고, 정신을 자극하며, 심장이 경쾌하게 뛰게 합니다. 뿐만 아니라 안구 통증, 재채기, 감기, 콧물, 폐병, 두통, 부종, 통풍, 괴혈병, 갑상선종 등에도 그만입니다. 오전 중이나 오후 3시에 오시면 이 음료를 드실 수 있습니다.

차의 지면 광고에 비교하면 16개월 정도 앞선 기록이다. 최초의 차 광고는 런던 주간지 《정치보도Mercurius Politicus》 1658

신문에 등장한 최초의 커피 광고

년 9월 23~30일자에 실렸다.

3 커피는 만병통치약인가?

영국에 커피가 전래된 이후 커피를 큰 곤경에 빠뜨린 것은 실은 무분별한 커피 예찬론자들이었다. 예컨대 돌팔이 의사들은 그들에게 유리한 대로 커피의 효능을 주장했다. 다른 한편에서는 커피에는 무지한 사람들이 진정한 커피 수호자로 둔갑해 커피가 갖가지 효능을 지니고 있다고 떠벌였다. 아마 의사들은 커피에 그러한 효능이 있으리라고는 짐작도 못했을 것이다. 커피 예찬론자들이 커피의 효능을 과장하여 떠벌이는 것이 큰 즐거움이었다면, 커피 반대론자들은 커피 애호가들을 비방하는 것이 낙이었다. 커피하우스를 둘러싼 무궁무진하고도 '케케묵은' 찬반 양론은 새로운 논쟁이 시작될 때마다 핵심적인 이슈로 떠올랐다.

"미각적으로는 훌륭하지만 건강에는 좋지 않다"라고 커피를 깎아내린 초기의 영국 작가를 필두로, 파스카 로제와 그에 맞서 커피에 관한 터무니없는 논쟁을 촉발시킨 로제의 동시대인에 이르기까지, 커피 논쟁은 그야말로 오해와 편견 속에서 끊이지 않고 이어졌다. 무해한 음료 가운데 커피만큼 그 지지자와 반대론자들 때문에 곤욕을 치른 음료도 없다.

커피 지지자들이 커피를 만병통치약이라고 떠벌였다면, 반대론자들은 커피가 잠재적인 독이라 주장했다. 프랑스와 영국에서는 커피가 우울증의 원인이라는 측과 우울증의 치료제라는 측이 맞섰다. 예컨대 저명한 옥스퍼드대학교 의학자이자 앙투안 포르탈(1742~1832, 프랑스 해부학자)이 '전례 없는 천재'로 칭송한 토머스 윌리스(1621~1673)는 가끔씩 환자를 약방이 아니라 커피하우스로 보냈다고 했다. 이 장의 후반부에서 소개할 한 초기 신문에서도 "이 귀한 아라비아산 강장제를 음용하면 의사에게 찾아가 정체불명의 약을 처방받을 필요가 없다"고 했다.

커피 지지자들은 또한 취기 해소에 커피만큼 좋은 음료도 없다고 주장했다. 그러나 반대론자들은 이를 인정하지 않았다. 이 논쟁은 오늘날에도 각종 미디어와 학계에서 되풀이되고 있다. 뿐만 아니라 한 작가는 커피를 탈취제라면서 찬양했다. 또한 리처드 브래들리는 역병과 커피의 효능을 다룬 논문에서, 1665년경에 커피의 효능이 널리 알려졌더라면 "의학자 하지스를 비롯해 당대의 학자들은 역병 치료를 위해 커피를 권했을 것"이라고 주장했다. 실제로 1665년에 출간된 기든 하비의 『역병 대처법Advice against the Plague』을 보면 "그 전염병(역병)에 대처하기 위해 커피를 마실 것을 권한다"는 대목이 나온다.

뿐만 아니라 한 작가는 「강직한 해독제Rebellious Antidote」란 시에서 몽롱한 정신을 깨우는 커피를 이렇게 찬양했다.

이리로 오라, 참으로 어리석은 자들이여. 취한 정신은 거기 벗어두어라.

내게 순종하는 자는 위트를 되찾을 수 있을 것이다.

내게 4파딩(1페니)을 주면

완전히 취한 너희를 적당히 긴장한 상태로 되돌려 놓을 수 있다네.

누구라도 가능하다네.

그러니 이리로 와서 한 잔 마셔 보라. 그러고는 그 운명을 시험해 보라.

취할지 혹은 깨어날지, 부담 없는 돈을 걸고 지켜보라.

정신을 잃은 자에게는 내가 바로 의사이니.

이런 가운데 중립적인 입장에서 커피를 둘러싼 찬반 양론을 모두 검증하려 한 첫 시도가 있었다. 앞서 언급한 의학자 윌리스가 쓴 『이성적 의약Pharmaceutice Rationalis(1674)』이 그것이다. 윌리스는 커피가 얼마간의 부작용을 유발할 수 있다고 주장했다. 따라서 커피 애호가들 중 일부는 우울증이나 심할 경우 마비를 겪을 수 있다고 설명했다. 커피가 심장에 무리를 줘 사지 떨림을 유발할 수 있기 때문이다. 그러나 적당히 마신다면 '매일 마시는 커피는 우리의 온 정신을 청명하게 하고 각 장기에서 발생한 흐릿한 기운을 없애 주는' 등 놀라운 효능을 경험할 수 있다고 설명했다.

이 새로운 음료, 커피에 관한 진실이 무엇인지 밝혀지기까지는 오랜 시간이 걸렸다. 특히 커피를 둘러싼 논쟁이 커피의 일반적 미덕을 뛰어넘어 '의학적이라기보다 다분히 정치적인' 논쟁으로 확대될 때에 더욱 그러했다.

몽펠리대학의 제임스 덩컨James Duncan은 1706년에 영문판으로 발간한 그의 저서 『뜨거운 음료를 건강하게 마시는 법Wholesome Advice against the Abuse of Hot Liquors』을 통해 커피가 독약이 아니듯, 만병통치약도 아니라는 입장을 밝혔다. 영국의 저명한 의학자 조지 체인George Cheyne(1671~1743) 역시 "커피를 찬양하지도, 그렇다고 혹평하지도 않겠다"며 중립적인 입장을 밝혔다.

4 관리 대상이 된 커피하우스

초콜릿과 함께 커피가 영국 법전English Statute Book에 처음으로 언급된 시기는 1660년으로, 판매를 위해 제조된 커피 1갤런(3.78리터)당 4펜스의 세금이 판매자에게 부과됐다는 기록이 남아 있다. 영국 하원에서는 커피를 '기타 이국 음료'로 분류했다.

1662년의 한 자료를 보면, 거래소 골목에 있던 '터번 장식'이라는 커피하우스에서 커피 가루 정품을 1파운드당 4실링~6실링 8페니에 판매했고, 절구로 빻은 가루는 파운드당 2실링에 판매되었다는 기록이 나온다. 또한 "동인도산 커피 열매는 파운드당 1실링 6페니에 판매했고, 곱게 빻은 오스만투르크산 커피 열매는 3실링에, 빻지 않은 열매(원두)는 그보다 낮은 가격에 판매했고 제조법을 알려줬다"고 한다. 초콜릿은 '파운드당 2실링 6페니에, 향신료는 파운드당 4실링~10실링에' 판매됐다(1실링은 12페니, 1페니는 현재 화폐 가치로 약 5천원—옮긴이).

1663년에는 영국 전역에서 허가증이 있어야만 커피하우스를 운영할 수 있었다. 허가증 발급 수수료는 12펜스였다. 허가증 없이 영업을 하다 발각될 경우, 불법 영업 기간 1개월당 5파운드의 벌금을 부과했다. 정부 관리들은 커피하우스를 엄격하게 감독했다. 감독관 중에는 머디먼이라는, 선량한 학자를 가장한 '악당의 우두머리'도 있었는데, 한동안 '영국 의회를 지지하는 글'을 쓰다가 이후 유급 스파이가 된 인물이다.

'정보에 대한 독점권'을 갖고 있던 레스트랑주L'Estrange는 자신의 저서 『정보제공자Intelligencer』를 통해, "커피하우스나 여타의 대중 클럽과는 전혀 무관한 문제임에도 불구하고 커피하우스나 클럽을 관리 대상으로 만들어놓는 의회 소식지의 부작용에 상당히 놀란 적이 있다"고 피력했다.

5 카페 이용 수칙

"커피와 잉글랜드 공화국(1649~1660)은 영국에 함께 도입되어 영국을 자유롭고 온건한 국가로 건설하려는 대개혁에 이바지했다." 1665년에 한 팸플릿 작가가 한 말이다. 이 작가는 덧붙여 "다양한 가치관을 가진 사람들이 모이는 곳, 그곳이 바로 커피하우스다. 커피하우스만큼 토론의 자유가 보장되는 곳이 어디 있는가?"라고 물었다. 이에 대해 로빈슨은 다음과 같이 평했다.

지금의 관점에서 보면, 각종 사교 모임과 토론의 자유가 청교도 통치와 반드시 결부된다고 보기는 힘들다. 그러나 새뮤얼 피프스 Samuel Pepys(1633~1703, 영국 해군부 관리와 의회 의원 역임. 후에 무려 125만 단어가 기록된 일기장을 통해 유명해짐. 17세기 당시의 영국의 생활상과 역사를 상세히 엿볼 수 있음—옮긴이)가 로타 커피 클럽이라 부른 모임이 누구에게나 관대하고 개방적이었던 것만큼은 분명히 인정해야 할 것이다. 그 '자유롭고 개방적이고 명석한 신사들의 모임'은 1659년 일부 공화당원들에 의해 결성됐다. 이들은 공화당원으로서의 견해를 온건하게 피력했는데, 호국경 올리버 크롬웰의 통치 아래 전적으로 용인될 만한 의견은 아니었다. 그러나 크롬웰을 잇고 있는 무능한 정부(왕정복고) 하에서는 거의 혐오의 대상이자, 골칫거리로 간주됐다.

로타 커피 클럽의 일원이었던 오브리에 따르면, "회원들은 웨스트민스터 국회의사당 구내의 '터번 장식' 커피하우스에서 만나 물 한 잔을 마시고는 계단을 따라 다른 방으로 이동했다. 그곳에는 타원형의 큰 탁자가 놓여 있었고 가운데에는 커피를 나르는 통로가 있었다"고 한다.

피프스가 로타 또는 커피 클럽이라 소개한 이 모임은 본디 공화당의 입장을 대중에게 전파할 목적으로 결성된 토론 모임이었다. 영국에서는 일찍이 찾아보기 힘든 모임이었다. 헨리 4세 시절의 '훌륭한 동료들의 모임'이나, 월터 롤리Walter Raleigh 경(영국의 탐험가이자 군인. 엘리자베스 여왕이 지나가는 길에 진흙이 있는 것을 보고 벗고 있던 망토를 펼쳐 여왕이 그 망토를 밟고 지나가게 했다는 낭만적 전설로 유명한 인물—옮긴이)이 결성한 '금요일 가

찰스 2세 시절의 커피하우스. 목판화(1674)

Friday Street' 또는 '브레드Bread 가' 모임, 셰익스피어나 보몬트(극작가) 등이 일원으로 참여했으며 브레드 가에 있던 '인어' 선술집 모임 등을 그 선례로 꼽을 수 있다.

윌리엄 프티 경(1623~1687, 영국 정치경제학자 — 옮긴이) 역시 로타 클럽의 일원이었다. 오브리의 말을 빌면, 밀턴(영국의 시인. 대표작으로 언론 자유의 경전으로 불리는 『아레오파지티카』와 서사시 「실낙원」이 있음—옮긴이)과 마벨(시인), 시리악 스키너(밀턴의 벗이자 문하생), 해링턴, 네빌 등이 매일 저녁 손님으로 북적이는 커피하우스의 테이블에 둘러앉아 심오한 정치 문제를 토론했다고 한다.

로타 클럽이 세간의 관심을 끌었던 이유에는 혹독하기로 유명한 문학 비평이 있었다. 이 심판대에 오른 작품 중에는 존 밀턴의 『자유 공화정으로 가는 빠르고 손쉬운 길The ready and easy way to establish a free commonwealth』(1660)도 있었다. 물론 밀턴이 이 북적거리는 커피 클럽을 찾은 적이 있는지는 확실치 않다. 드라이든의 『그라나다 정복Conquest of Granada』(1673) 역시 이들의 혹독한 평가를 받아야 했다.

한편 초창기 커피하우스의 주인들은 각계각층의 사람들이 모이는 카페에서 지체 높은 손님들의 심기를 건드리는 일이 행여 발생할까 노심초사했다. 때문에 그러한 일을 사전에 방지하기 위해 이용 수칙을 마련했다. 17세기의 몇몇 카페 벽에는 다음과 같이 운율이 다소 엉성한 이용 수칙이 걸려 있었다.

카페 이용 수칙

누구든지 자유롭게 출입하십시오. 그러나 죄송스러운 말씀입니다만

다음과 같은 공공 규칙을 숙독해 주십시오.

첫째, 이곳에서는 지주gentry와 상인뿐만 아니라 여러분 모두를 환영합니다. 그러니 서로를 모욕하는 일 없이 함께 어울려 주십시오.

특별 좌석은 따로 없습니다.

적당한 곳에 앉으시면 됩니다.

옷차림이 더 세련된 사람이 왔다고 해서

자리를 양보할 필요는 없습니다.

손님들의 행위를 구속하는 것은 옳지 못하다고 여기나

욕설을 할 경우 벌금 12펜스를 부과할 것입니다.

싸움을 일으킨 손님은

속죄의 뜻으로 모든 손님에게 커피를 한 잔씩 돌려야 합니다.

토론 시에는 큰소리를 자제해 주십시오.

연애 문제로 감상에 빠져 큰소리로 신세 한탄을 하는 일이 없도록 조심해 주십시오.

활발한 대화는 좋습니다. 단, 과하지 않게 조심해 주십시오.

또한 신성한 분위기를 위해,

누구도 이단 서적을 읽어서는 안 되고,

오만방자하게 부적절한 입으로 나랏일을 논해서는 안 됩니다.

건전하게 즐기고, 타인을 조롱하는 농담은 삼가도록 합시다.

또한 우리 커피하우스에서는 조용한 분위기를 조성하고,

사고를 미연에 방지하기 위해 카드, 주사위 등의 모든 도박을
금합니다.

돈 내기의 경우, 5실링을 초과할 수 없습니다.

이를 초과할 경우 큰 소란으로 이어질 가능성이 있습니다. 돈
을 잃고, 벌금으로 몰수당하더라도

이 훌륭한 음료를 마시며 마음껏 즐겨 주십시오.

또한 손님으로서의 권리를 마음껏 누리십시오.

마지막으로, 커피 값은 가지고 오셔야 합니다.

이러한 수칙을 지켜 주신다면 언제라도 환영합니다.

17세기 런던 카페 당시의 목판화

초창기의 커피하우스를 출입하기 위해
서는 계단을 올라가야 하는 경우가 많았다.
또한 큰 홀 하나하나에는 '대화 주제별로
테이블이 놓여' 있었다. 멀론의 희극 작품
(1681년) 서문에서도 이러한 풍경을 잠깐 엿
볼 수 있다.

오합지졸이 모여 있는 커피하우스에서

나는 단도직입적으로 물었다. "반역 도모 테

이블이 어딥니까?"

그런데 일반인들은 이러한 배치 구조를 선호했지만 당대의 지식인층과 상류층 인사들은 그다지 선호하지 않았다. 업무차 방문하는 손님들이 많이 출입하는 커피하우스에서는 상거래 전용 방을 따로 제공했다. 또한 선술집에서와 마찬가지로 커피하우스에서도 목재 칸막이가 등장하기 시작했다.

초창기의 커피하우스에서는 커피만을 판매했다. 그러다 곧 초콜릿, 셔벗, 차를 함께 판매했다. 하지만 사교 모임의 공간이자 금주 공간이라는 커피하우스의 기본적 콘셉트에는 변함이 없었다. '그리스'라는 커피하우스를 운영한 콘스탄틴 제닝스(또는 조지 콘스탄틴)는 1664~1665년에 초콜릿, 셔벗, 차를 판매한다는 공지와 함께 음료 제조법에 대한 무료 강의를 제공한다는 광고를 냈다. 엘포드는 1689년의 시대상을 기록하며 "최근 개업한 커피하우스에 한해서 주류와 강장제를 팔았다"고 전했다.

그러다 1666년 9월 2일에서 5일까지 런던 중심가에 위치한 한 빵가게 하녀의 실수 때문에 나흘 동안 1만 3,200채의 가옥과 성 베드로 성당을 포함한 87곳의 교회와 관청 대부분이 불에 탄 런던 대화재 이후 새로운 커피하우스가 속속 등장하기 시작했다. 이들 커피하우스는 더 이상 계단식 구조가 아니었고, 대형 홀을 고집하지 않았다. 커피하우스 주인들은 커피가 각성 음료라는 것을 과도하게 홍보하느라, 영업

종료 시간이 9시 이후인 선술집과 에일 맥주집이 얼마나 타락한 공간인지를 유포하기 시작했다. 그러나 이런 방법으로 커피하우스의 이미지를 향상시킬 수는 없었다. 오히려 부도덕한 선술집을 드나드는 사람들을 지나치게 동정하는 시선과 함께 자신들이 부도덕하다고 낙인 찍은 주류를 그 후 커피하우스에서 팔기 시작함에 따라 금주 공간을 표방하던 커피하우스의 쇠퇴에 일조했다. 초기의 커피하우스는 분명 독특한 특징이 있었다. 영국이나 혹은 유럽의 선술집과는 확연히 다른 공간이었다. 그러나 18세기에 들어서면서 이러한 경계가 점차 흐려졌고, '커피하우스'라는 상호를 고집하기에는 부적절한 공간으로 변모했다.

17세기의 커피하우스 토큰. 대영박물관에 소장된 토큰과 길드홀 미술관에 소장된 보포이의 수집품을 바탕으로 한 그림.

하지만 "커피하우스가 독특한 사회적 위치를 점하고 있던 시절, 그리고 정치적 자유를 위한 투쟁의 불씨가 미약했던 시절에 커피하우스 고객들의 친밀한 교류는 단순한 오합지졸이나 불평분자들의 모임 그 이상이었다. 각계각층의 사람들이 커피하우스에서 점차 정치적 공감대를 형성해 갔다. 어쩌면 외부의 탄압이 여기에 일조했는지도 모른다. 이렇게 형성된 공감대는 결국 거스를 수 없는 사회적, 정치적, 윤리적 힘으로 확대되어 갔다"고 로빈슨은 평한다.

제임스 파의 '레인보우' 커피하우스에서는 대화재 때 살아남은 것을 기념하는 토큰을 발행했다. 소액 동전이 부족했던 당시에는 상인들을 중심으로 상대방이 돈을 지불했다는 증표로서 구리나 백랍, 가죽, 도금 토큰 등 여러 형태의 토큰을 발행했다.

6 커피를 둘러싼 찬반 대립

계층을 막론하고 많은 지식인들이 커피하우스를 애용하게 된 배경을 설명하기란 어렵지 않다. 영국에 커피하우스가 등장하기 이전, 선술집 외에는 공공 모임 장소가 없었다. 그러다 주류를 판매하지 않는 대중 공간이 등장했고, 영국 사회에 즉시 파고들었다. 의견을 나누는 모임의 장소였던 커피하우스는 곧 큰 인기를 얻기 시작했다.

인기만큼 반감도 만만치 않았다. 선술집과 에일 맥주집 주인들은 커피하우스의 등장으로 수입이 줄게 되자 비난 여론을 대대적으로 조성함으로써 이 새로운 대중 공간에 흠집을 내려 했다. 커피 자체를 반대하는 의견 역시 상당한 편이었다.

왕정복고(1660년 청교도 혁명 때 폐위되었던 찰스 2세가 복위한 사건—옮긴이) 때부터 1675년까지, 런던 커피하우스를 다루고 있는 8개의 팸플릿 중 4

개의 팸플릿의 표제에서 '커피하우스의 특성'이라는 문구를 볼 수 있었다. 또한 이 팸플릿들은 독자 대다수에게는 아직까지 낯선, 도시 중심가에 등장한 새로운 공간의 이모저모를 소개하였다.

이중 초기 팸플릿인 〈커피 논쟁(1662)〉은 '학식 있는 기사와 비루한 현학자' 간의 대화 방식으로 글을 이끌어나간다. 또한 청교도 전통이 강하게 남아 있는 한 가정에서 벌어지는 재미있는 이야기도 등장한다. 등장인물도 꽤 많은데, 각자의 관심사에 따라 삼삼오오 어울렸던 까닭에 이들이 한 공간에 모이면 제2의 바벨탑(「창세기」에 따르면, 바빌로니아 사람들은 '꼭대기가 하늘에 닿는' 탑을 쌓아 이름을 떨치려 했다. 이에 하느님은 사람들에게 저마다의 언어를 구사하게 하여 의사소통을 불가능하게 했고 이 때문에 탑은 완성되지 못했다―옮긴이)을 쌓는 기분이 들 정도였다. 한쪽에서는 고전 작품을 논하고, 다른 쪽에서는 그리스 수학자인 유클리드를 얼마나 사모하는지 구구절절 설명했다. 신학을 논하는 무리도 있었다. 이들에게는 가면무도회나 오락거리도 비판의 대상이었다. 또 다른 편에서는 최신 뉴스에 대해 논했다. 이들은 런던의 주간지 《정치 보도Mercurius Politicus》를 모으는 재미에 푹 빠져 있었다. 철학을 예찬하는 이도 있었다. 여기서는 배운 티를 내는 것이 일종의 유행이었다. 한 번은 도제생 소년이 '라틴어로 커피를 주문'하자 일제히 자신들이 알고 있는 인용문을 읊어대기 시작했다.

커피를 겨냥한 초기의 비난 가운데 눈에 띄는 것은 1663년에 한 신문에 발표된 「커피 한 잔, 혹은 커피의 본성」이란 표제가 붙은 풍자성 짙은 글이었다. 아래는 그 일부다.

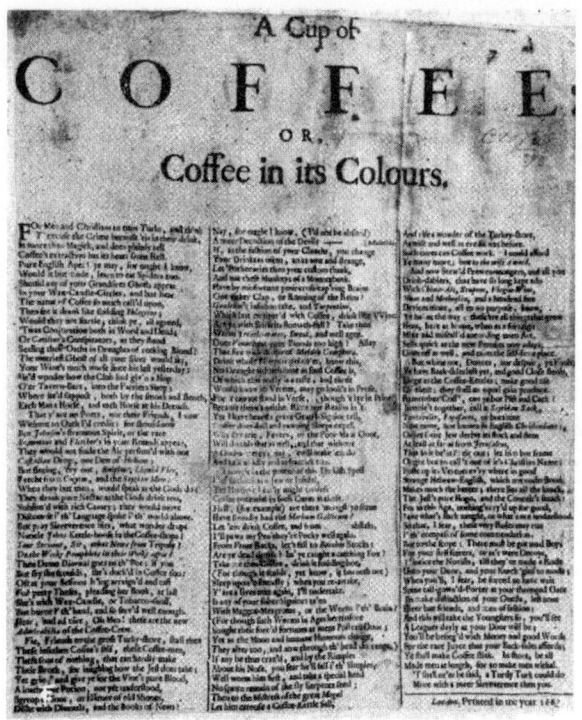

1663년도의 풍자 신문

영국 남자들과 기독교도들이 이슬람교도에게 눈을 돌리고, 그들을 떠

올린대도

용서해야 할 것이니라. 이슬람교도의 음료를 마시고 있지 않은가,

마법보다 더 강력한 음료를.

(중략)

순진해빠진 영국 원숭이들아!

내 확신할 수 없지만, 당신들은 유행이라면 거미라도 먹을 사람들이다.

A Broad-side againſt COFFEE;

Or, the

Marriage of the Turk.

〈커피에 반대하는 팸플릿〉, 1672년

1663년에는 「커피를 불평한 한 처녀에게 커피 상인이 수류탄을 던지다」라는 대화 형식의 시가 발표됐다. 1665년에는 「직접 경험한 커피하우스의 특성」이란 10쪽짜리 팸플릿이 출간되었다. 커피를 옹호하는 훌륭한 선전물이었다. 완성도가 높고 지역색이 잘 묻어나는 글로서 원본은 대영박물관에서 볼 수 있다. 1670년에는 로버트 머튼이 「커피의 특성 및 탁월한 효능을 둘러싼 논쟁에 부치는 시」를 발표해 커피 논쟁에 또 한 번 불을 지폈다.

1672년에는 '커피에 반대하는 팸플릿 혹은 이슬람교도와의 결합'이라는 표제를 단 팸플릿이 발간됐고, 신랄한 독설로 세간의 관심을 꽤 받았다. 이 팸플릿에서는 파스카 로제의 동업자가 마부였다는 점, 또 이 마부가 라구사(현재의 크로아티아 두브로브닉) 출신의 소년이었던 파스카 로제의 엉터리 영어를 따라했다는 점을 엄청나게 비꼬았다.

커피에 반대하는 팸플릿 혹은 이슬람교도와의 결합

커피, 이 변절한 이슬람교도는

얼마 전 기독교도의 물과 합방했다.

처음에는 서로를 밀어냈지만

곧 한몸이 됐다, 물론 한바탕 휘젓는 소동이 있었다.

(중략)

커피는 흙처럼 차갑고, 물 역시 템스 강처럼 차갑기에

이들에게는 불길이 필요하다.

(중략)

커피는 그 열매가 그러하듯 거무스름하기에

아름답고 성스러운 처녀와 함께 하기에는 너무 탁하다.

(중략)

인간의 정신은 새로운 것을 강렬히 열망하게 마련이다.

커피 박해의 역사는 이처럼 영국에서도 되풀이됐다. 순진한 사람들은 커피가 유해한 음료라고 믿기 시작했다. 먼 옛날에 커피 반대론자들이 늘어놓던 장광설과 오늘날의 커피 대용물 생산업자들이 읊어대는 광고 문구는 크게 다르지 않다. 커피는 '얼간이 수프' 또는 '오스만투르크인들이 내린 엄벌'로까지 폄하됐다.

이런 가운데 1674년에는 〈정신을 일깨우고 건강에 좋은 커피의 탁월한 특성에 관한 짤막한 보고서〉가 발간되었는데, 이 보고서에는 커피를 겨냥한 그간의 비난에 대해 재치 있고 품위를 갖춘 답변이 실렸다. 1674년은 역사상 처음으로 커피를 둘러싼 성별 논쟁이 일어난 해이다. 〈커피에 반대하는 여성들의 탄원— 남성의 활력을 저하시키는 과한 커피 음용으로 부부 관계에 문제가 생기고 있음을 알리기 위한 탄원서〉가 제출됐다.

당시 영국 여성들은 프랑스, 독일, 이탈리아 등 여느 유럽 지역과 마찬가지로 커피하우스를 자유롭게 이용할 수 없었는데, 커피가 남성을 '부실한 열매를 맺는 불모지'처럼 만든다고 고발했다. 뿐만 아니라 이보다 더 심각한 문제는 이렇게 되면 인류가 멸종의 위기에 처할 수 있으므로 "국가적인 차원에서 남편들의 커피하우스 출입을 막아야 한다"라고 촉구했다.

이 탄원서가 불씨가 되어 찰스 2세가 그 이듬해에 커피하우스 금지령을 공포한 것으로 보인다. 물론 여성들의 탄원서 제출 후 같은 해에 〈커피를 반대하는 여성들의 탄원에 부쳐—수치스러운 팸플릿의 근거 없는 커피 비방에 대한 남성 측의 답변, 진실 입증〉이라는 글이 발간되기는 했지만 소용이 없었던 듯하다.

1674년은 삽화를 넣은 커피 옹호 팸플릿이 처음으로 발간된 해이기도 하다. 과장되고 진부한 내용이기는 했지만, 운율을 느낄 수 있는 커피 옹호 글로서는 썩 나쁘지 않았다. 발간자는 폴 그린우드였고, "런던 웨스터스미스필드 부근의 의류시장에 위치한 '커피 분쇄기와 쿼런'이라는 가게에서 팔았다. 스페인 분위기가 물씬 나는 가게로, 아라비아산 최고급 커피 가루와 초콜릿 케이크, 롤빵을 파는 가게였다. 다음은 팸플릿의 일부다.

도발적인 포도의 달콤한 독이
온 세상에 스며들면
우리의 이성과 정신은
심해처럼 넘실대는 거대한 와인 잔 속으로 가라앉는다.
(중략)

우리에게 만병통치 열매를 내리시어
정신과 기분을 일깨우시네.
아라비아산 커피, 이 강렬한 강장제는
우리네 주머니 사정에도, 건강에도 득이 된다네.
(중략)

요컨대 건강에 유익한 이 값진 보물 같은 음료는

우리에게 절대로 딸기코와 몽롱해진 눈동자를 허용치 않는다.

대신 정신을 맑게 깨어 흐르게 하고

유쾌한 모임과 검약을 즐기게 한다.

와인은 더 이상 재치를 불어넣는 음료가 아니고,

돈이 많다는 것이 더 이상은 훈장이 아니다.

대신 매일 밤이면 커피와 함께 유쾌한 모임이 시작되리라.

(후략)

1675년 초반에도 커피를 옹호하는 8쪽짜리 2절판 팸플릿이 발간
됐다. 찰스 2세가 메카의 카이르 베이와 오스만투르크의 쿠프릴리
의 전철을 밟아 커피하우스 금지령을 공포하기 전에 나온 마지막
팸플릿으로, 아래와 같은 표제가 붙어 있었다.

커피하우스의 정당성 입증 ― 최근 발간된 커피하우스의 특성에 대한 응
답, 뛰어난 저자들이 논리적, 경험적으로 입증하는 커피의 탁월한 효능
및 의학적 특성 (…) 뿐만 아니라 기지 넘치는 대화가 오가는 진보적인
휴식 공간으로서의 커피하우스가 갖는 다양한 이점.

커피하우스가 갖고 있는 이점을 '선술집'과 비교해 정리하면 다
음과 같을 것이다.

우선 경제적인 이점이 있다. 선술집에서 지인을 기다린다든지 만나게 되

면 얼마 되지도 않는 시간 동안 돈을 많이 쓰게 된다. 에일 맥주집에서
는 잔을 계속 비울 수밖에 없다. 반면 커피하우스에서는 1, 2페니만 있으
면 집과 같은 안식처에서 불가의 온기를 느끼며 동료들과 2~3시간 정도
를 즐길 수 있다. 원한다면 파이프 담배도 필 수 있다. 눈치 볼 필요 없이
이 모두를 즐길 수 있다. 다음으로, 두 번째 이점으로는 맑은 정신을 들
수 있다. 선술집에서는 흥정을 하거나 사업 계약을 성사시키기가 힘들
다. 선술집에서 거래를 하는 것이 관례이기는 하지만 선술집에서는 술을
한 잔, 두 잔 계속 들이키게 되므로 술이 머리끝까지 차서 정신은 몽롱
해지고 의욕은 저하되기 십상이다. (…) 반면에 커피하우스에서는 커피
를 한두 잔씩 마시며(이는 몽롱함과 취기를 불러오기는커녕 오히려 가시
게 한다) 사업을 신속히 처리할 수 있다. 뿐만 아니라 예전보다 더 많은
용무를 활기차게 처리할 수 있다 (…) 마지막으로, 휴식처로서의 이점을
들 수 있다 (…) 커피하우스가 아니라면, 젊은 신사와 상인들이 저녁 한
두 시간을 어디서 이처럼 건전하고 유익하게 보내겠는가? 커피하우스에
서는 약속한 일행을 금방 찾을 수 있고, 또한 손님에게 인색하고 분위기
가 불편한 여느 가게에서와는 달리 자유롭고 사교적인 분위기 속에서 누
구든지 제 얘기를 꺼낼 수 있고 누구와도 대화를 나눌 수 있다. 그러면서
도 언제나 적정선을 유지한다 … 따라서 이 모두를 종합해 정연한 커피
하우스(천한 술집을 옹호하기 위해 펜대를 휘두르는 일은 떳떳하지 못하
다고 본다. 방탕함을 감싸 주는 일에 불과하기 때문이다)의 특성을 명백
하고도 진실된 한 문장에 담아 근거도 없이 커피하우스를 조롱하고 하찮
은 비난이나 일삼는 이들에게 제시하려 한다. 요컨대 커피하우스는 건강
함의 신전이자, 금주의 훈련소, 검약의 기쁨이요, 시민 됨의 양성소이자

재능을 키우는 무료 학교이다.

『커피가 불만인 에일 맥주집 부인』이라는 대화록 또한 1675년에
출간됐다. 서로의 손님을 채 가는 것이 못마땅한 맥주집 주인의 부
인과 커피 상인 간의 대화를 엿볼 수 있다.

한편 영국 왕실에서는 일찍이 1666년과 1672년부터 커피하우스
에 일격을 가하려 했다. 그러나 1675년에 이르면, '이 나라의 지식
인층이라 할 수 있는' 귀족과 자산가들이 이 '문제의 진원지'의 단
골이었고, "세간의 얘기와는 달리, 이들은 법적 처리에 전혀 개의
치 않고 상당히 자유롭게 커피하우스를 이용했다"고 앤더슨은 전
한다.[4]

7 찰스 2세의 커피하우스 금지령

1672년에는 찰스 2세가 자신보다 훨씬 먼저 커피하우스를 탄압
했던 아랍의 편협한 지도자들을 이기고 싶은 마음에서였는지 국왕
명의의 커피하우스 금지령을 공포하고자 했다. 그는 커피하우스에
대한 각종 불만이 제기되고 있는 상황을 고려하여 옥새상서(옥새를 보
관하는 궁정 고위 관리)와 재판관에게 법적으로 커피하우스 이용을 금할
경우 어디까지 금할 수 있는지에 대한 의견서를 제출하도록 명했
다.

이런 가운데 영국 왕실에서는 정책 홍보지인 「영국의 주요 의제

설명」을 배포해 커피하우스 금지안을 놓고 그들에게 유리한 쪽으로 여론을 조성하려 했지만 자유를 사랑하는 영국인들을 전혀 설득하지 못했다. 이에 찰스 2세는 한참 동안을 갈팡질팡했다. 그리고 결국 1675년 12월 23일에 국왕 명의의 금지령을 작성한다. 포고문에는 '커피하우스 금지'라는 문구가 노골적으로 적혀 있었다. 요약본은 다음과 같다.

찰스 2세의 포고문

웨일스 자치령과 베릭어폰트위드(잉글랜드 최북단의 행정구—옮긴이)를 포함해 이 나라 전역에서 커피하우스가 무수히 생겨난 가운데, 한가로운 이들에게는 최고의 안식처로 자리 잡은 이곳에 대해, 또 한편으로는 불만을 품은 사람들 때문에 이 나라에 상당한 문제가 발생하고 있다. 뿐만 아니라 상인들 역시 이곳에서 상당한 시간을 허비하고 있다. 어쩌면 여기서 본인의 용무를 보는 것인지도 모르겠다. 그러나 이곳에서는 갖가지 악의적이고 왜곡된 이야기가 만들어지고 전파되고 있기에 이 나라의 명예가 실추되고 또한 왕국의 평온함이 깨지고 있다. 이에 적합하고 필요한 조치로서 (금후에) 커피하우스를 금하고, 내년 1월 10일 이후에는 대중을 상대로 커피하우스를 운영하거나 각 가정에서 (커피하우스처럼) 커피, 초콜릿, 셔벗, 차를 유통하고 판매하는 것을 금한다. 이에 반대하는 자는 극단의 대가를 치러야 할 것이다(기존의 허가권은 모두 무효화된다).

화이트홀 궁에서, 통치 27년(정확히는 스코틀랜드에서 국왕으로 대관한 때(1649년)로부터 27년임. 찰스 2세가 실질적으로 통치를 시작한 시기는 1660년이다—옮긴이),

그런데 생각지도 못한 일이 벌어졌다. 12월 29일에 공포된 포고문을 다음달인 8일에 철회한다고 공포한 것이다. 드문 일이었다. 새 포고문 역시 국왕이 직접 작성한 것이었다. 커피하우스 금지 포고문은 1675년 12월 23일에 작성되어 29일에 공포되었는데, 발표 직후 민심이 크게 동요했다. 찰스 2세가 커다란 우를 범했음을 인정한 것은 단 11일 만이었다. 당파를 불문하고 모든 사람들이 몸에 익숙해진 안식처를 앗아가는 것을 소리 높여 반대했다. 또한 커피, 차, 초콜릿 판매상 들은 이 포고문대로 시행할 경우 왕실의 수입이 급격히 줄어들 것이라고 경고했다. 동요와 반대의 목소리가 점차 커지자, 할 수 없이 찰스 2세는 이를 받아들여 1676년 1월 8일에 새로운 포고문을 공포한다.

하지만 국왕으로서의 체면을 지키고자 근엄한 어조로 '관대한 국왕 폐하께서 국왕다운 판단과 백성에 대한 연민'을 발휘하여 오는 6월 24일까지는 커피 소매상의 영업을 허락한다고 전했다. 그러나 이는 누가 봐도 변명에 불과했다. 왜냐하면 그 이후 커피하우스를 금하려는 움직임이 전혀 없었고, 새 포고문을 공포하면서 6월 24일 이후에는 커피하우스를 금할 생각이 있었는지 상당히 의심스러웠기 때문이다.

이 두 포고문 사건은 당시 왕실의 자책감과 우유부단함을 확실하게 보여주는 사례가 되었다. 또한 의회가 제 목소리를 낼 수 없고, 출판의 자유도 없던 시절 연설의 자유를 쟁취하기 위한 투쟁이 있었고, 그 투쟁이 있었기에 커피하우스를 되찾을 수 있었다는 전언이다.

8 '1페니'로 즐기는 커피하우스

1677년도의 한 문헌에는 "의회 해산을 둘러싼 논쟁에 참여할 자신이 없는 사람들은 커피하우스에 출입할 엄두도 못 냈다"는 대목이 나온다.

17세기 후반을 기점으로 18세기를 거치면서 런던의 커피하우스는 날로 번성했다. 앞서 언급했듯이 커피하우스에서는 주류를 팔지 않았기 때문에 선술집이나 맥주집과는 분위기가 상당히 달랐다. "소음과 컵이 달그락거리는 소리에 커피하우스는 조용할 날이 없었지만 결코 품위를 잃지 않았다."

커피 한 잔의 가격은 보통 1~2펜스였다. 커피 수요가 점차 증가하면서 커피하우스 주인들은 30~37리터(8~10갤런)짜리 주전자에 커피를 끓여야 했다.

17세기의 커피하우스는 종종 '1페니 대학'으로 통했다. 말 그대로 이용료 1페니를 내면 누구든 출입이 가능하였고, 대화와 논쟁을 즐길 수 있는 위대한 배움터였기 때문이다. 2펜스를 내면 신문과 등불도 이용할 수 있었다. 단골손님들은 대개 커피하우스에 도착한 직후나 떠나기 직전에 1페니를 카운터에 올려놨다. 커피하우스에서는 누구든지 기지를 뽐내며 명석한 대화를 나눌 수 있었다.

이처럼 위대한 대학은

어디에도 없을 것이오.

1페니만 지불하면

학자도 될 수 있고, 학생도 될 수 있다네.

"단골손님들은 전용 좌석이 있었고, 카운터를 보는 아름다운 여인과 웨이터 소년들은 이들을 특히 챙겼다"고 한다. 한편 근대의 팁 문화는 이 시기 커피하우스에서 유래된 것으로 보인다. 대부분의 커피하우스에서 놋쇠 테두리를 두른 상자를 걸어두었는데, 손님들은 웨이터들에게 줄 잔돈을 여기에 넣었다. 상자에는 '신속한 서비스 보장To Insure Promptness'이라는 문구가 적혀 있었는데, '팁TIP'이란 말은 이 문구의 첫 글자에서 따온 것이다.

《내셔널 리뷰》에 따르면 "1715년 이전까지 런던에 대략 2천 개의 커피하우스가 있었다"고 한다. 반면 뒤푸르는 1683년도 기록에서, 런던에 체류 중인 몇몇 소식통에 따르면 런던을 중심으로 3천여 개의 커피하우스가 있었다고 전했다. 그러나 2천 개 정도가 좀 더 정확해 보인다.

후기 스튜어트 왕조(1660~1714, 찰스 2세에서 앤 여왕의 통치기까지—옮긴이)가 들어서고 영국인들이 왕실의 실정에 진저리를 치던, 영국 역사상 중요한 시기에 사람들은 중대한 시국 현안을 논의할 수 있는 공개 토론장을 원했고, 이런 상황에서 커피하우스는 일종의 성역이자 안식처가 되었다. 아주 중요한 정치 현안이 이곳에서 철저하게 논의됐고 영국인의 이익을 대변하는 쪽으로 합의를 끌어냈다. 또한 대부분의 현안이 신중하게 논의됐기 때문에 이후에 다시 논쟁을 벌일 필요가 없었다. 영국인들은 정치적 자유를 쟁취하기 위해 커피하우스에서 투쟁했고 결국 승리하였다.

한편 찰스 2세 통치 말기에는 더 이상 커피가 사치품이 아니었으며, 허가증을 발급함으로써 왕실의 새로운 수입의 원천이 되었다. 그러다가 명예혁명 이후에는 런던 커피상들이 새로운 수입 관세에 반대한다는 내용의 탄원서를 상원의원단에 제출하기에 이르렀다. 이에 영국 왕실은 1692년에 "상기 상품(커피)의 교역 촉진과 수입을 장려한다"는 명분으로 원성이 자자했던 관세를 50퍼센트 감세하였다.

9 커피하우스 주인들의 과도한 요구

1729년경에는 커피하우스 주인들이 지역의 실세로 상당한 영향력을 행사했다. 그들의 영향력은 도를 넘어섰다. 커피하우스 주인들은 신문 발행권을 빼앗고자 본격적으로 움직였다. 자부심에 도취되어 언론 독점권을 양도해 달라고 정부에 요구했다. 이들은 우선 현재의 신문은 상업성 짙은 기자들이 긁어모은 엉터리 기사와 광고로 도배되어 있음을 지적했다. 그리고 '언론의 자유 과잉'을 막고 '이러한 사회악, 즉 자격 없는 뉴스 판매상'을 뿌리 뽑기 위해서 정부가 취할 수 있는 유일한 조치는 커피 상인들이 「커피하우스 가제트」를 발행하도록 허용하는 것이라 주장했다. 또한 커피 상인들을 '자유의 최고 수호자'로 인정해 달라고 요구했다. 커피하우스를 찾는 단골손님들로부터 정보를 제공받아 신문을 발행하고, 동판이나 상아로 만든 판에 기록하여 하루에 두 번씩 가제트 대표진이 큰 소리로 낭독하도록 해야 한다는 주장도 서슴치 않았다. 또한 이로 인해 발생하는 모든 수익은 커피 상인에게 돌아가야 한다고 요구했다.

하지만 대중의 정보를 이용해 독점적으로 신문을 발행하겠다는 이들의 어처구니없는 생각은 당연히 세간의 비웃음만 샀을 뿐 무위로 돌아갔다.

한편 국내에서 커피 수요가 늘어나자, 영국 왕실은 뒤늦게야 식민지에서의 커피 재배를 촉진하는 방안을 찾기 시작했다. 1730년에 자메이카에서 커피 재배 장려 사업이 시범적으로 시행됐다. 그러나 1732년까지 얻은 결론이라고는, 영국령 신대륙 농장에서 커피 재배를 장려하기 위해서는 이곳에서 수입되는 커피에 대한 내국세를 파운드당 2실링에서 1실링 6펜스로 줄여야 한다는 것뿐이었다. 단, '커피에 한해서만' 내국세를 줄일 것을 주장했다.

"커피 재배에 있어서는 프랑스가 마르티니크와 히스파니올라, 마다가스카르 근처의 부르봉 섬(현재의 레위니옹 섬)에서 우리 영국을 다소 앞지르고 있고, 네덜란드 역시 수리남에서 영국을 앞지르고 있다. 그러나 아직까지는 아라비아산 커피와 동일한 품질의 커피를 수확하기가 어렵고, 각 재배지마다 고유한 커피가 재배되고 있는 실정이다."

1787년에 애덤 앤더슨은 이와 같이 전하며, 영국의 상업적 적수인 프랑스와 네덜란드를 치켜세우는 듯하면서도 두 나라의 성과를 슬그머니 깎아내렸다. 그러나 당시부터 자바 커피는 커피의 왕으로 불렸고, 버본 산토스 종자가 브라질에서 급속히 퍼지고 있었다.

상황이 이러했지만 영국 동인도회사는 커피보다는 차 수입에 훨씬 더 적극적이었다. '갈색 빛을 띠는 작은 아라비아산 열매'를 둘러싼 경쟁에서 프랑스와 네덜란드에 한참 뒤졌던 동인도회사는 커피를 '원기 회복의 음료'로 적극적으로 홍보하기도 했다. 그러나 다른 한편에서는, 1700년~1710년까지 매년 평균 80만 파운드(약 36만 kg)를 들여오던 차를 1721년에는 100만 파운드(약 45만 kg) 이상으로 늘렸다. 1757년에는 약 400만 파운드의 차가 수입됐다. 게다가 커피하우스가 쇠퇴기에 접어들면서 영국에서는 커피 대신 차가 국민적 음료로서 입지를 확실히 굳혔다.

1837년에는 커피하우스를 커피의 '전당'으로 부활시키려는 움직임이 일어났다. 커피하우스를 노동자 계층을 위한 안식처로 바꿔 보자는 시도였다. 런던의 에든버러 캐슬은 이러한 배경에서 탄생했다. 이 시도는 영국 내에서 상당한 성공을 거두었고 이후 미국으로까지 전파된다.

당시에는 직업군, 계층, 당파별로 선호하는 커피하우스가 하나씩 있었다. 피프스의 말마따나 '커피라 불리는 검은빛의 쓴 음료'는 각계각층의 사람들을 한 장소에 모이게 했다. 그러한 교류 속에서 특정 커피하우스를 선호하는 사람들이 생겨났고 이들에 따라 커피하우스의 분위기가 좌우됐다. 특정 커피하우스나 초콜릿 가게에서 모임이 거듭될수록 단골손님들은 어느덧 파벌을 형성했고, 이 파벌이 자연스럽게 클럽으로 진화했다. 그리고 여기에서 클럽 회원

전용 공간의 필요성이 대두됐다.

10 신문이 찾아 준 커피하우스 열기

일반 시민의 공개토론 장소의 역할을 하던 커피하우스는 곧 유한 계급의 유흥장이 되었고, 그 후 클럽으로 발전하다가 결국은 선술집과 다를 바 없는 곳으로 전락했다. 커피하우스의 역사에서 18세기는 커피하우스의 영향력과 대중성이 극에 달한 시기이면서 동시에 쇠퇴기로 접어든 시기다. 18세기 말엽이 되면 런던에 커피하우스가 등장했을 무렵과 마찬가지로 클럽이 여기저기 생겨났다고 한다.

그러나 전 사회 계층이 신문을 읽기 시작하면서 커피하우스는 한동안 다시금 활기를 찾았다. 이에 대해 월터 베산트 경Sir Walter Besant(1836~1901, 영국 소설가─옮긴이)은 이렇게 전했다.

대화가 목적이 아니라 신문을 읽기 위해 커피하우스를 찾는 이들이 많았다. 소상인이나 다소 여유가 있는 직공들이 커피하우스를 찾았고, 커피한 잔을 주문하고 일간지를 요청했다. 평소 일간지를 구독할 여유까지는 없었다. 커피하우스마다 서너 가지의 일간지를 비치하고 있었다. 커피하우스는 한때 사회적 교류의 장으로 흥했지만 쇠퇴기에 접어들면서부터는 대화하는 사람들을 찾아보기 힘들었다. 안식처와 교류의 장소로서의 커피하우스는 점차 빛을 잃어 갔다. 이에 대해 "왜?"라고 묻는 이는 없을 것이다. 인간이 만든 제도와 관습은 무엇이든 쇠퇴하는 법이므로. 한 시대의 풍속이 그렇게 사라지는 듯했다. 작가들은 더 이상 커피하우스를 찾지 않았고, 대신 사무관들이 그 자리를 채웠다. 사람들은 또한 이제는 커피하우스가 아니라 선술집과 클럽으로 발길을 옮겼다.

19세기 초반까지 살아남은 커피하우스도 더러 있었지만 사회적 교류의 장으로서의 특성은 찾아보기 힘들었다. 차와 커피가 일반 가정에 보급되고, 또한 회원제 고급 클럽이 민주적인 커피하우스를 앞지르면서, 커피하우스는 선술집이나 간이식당으로 바뀌어 갔다. 또한 커피하우스 본연의 역할은 이제 수명을 다했다는 분위기가 확산되면서 문을 닫는 가게도 늘었다.

11 런던 커피하우스의 흥망성쇠

17세기의 다방coffee room은 보통 골목 안쪽에 자리 잡고 있었다. 초기에는 모래 바닥 위에 테이블과 의자를 듬성듬성 배치하는 정도였다. 그러다 롤런드슨Thomas Rowlandson(1756~1827, 영국의 화가이자 풍자 만화가―옮긴이)의 풍자 만화나 로이드 커피하우스 내부 풍경화에서 볼 수 있듯이 칸막이 좌석이 등장한다.

벽면에는 가짜 약, 알약, 팅크제(생약에 알코올을 섞어 유효 성분을 침출한 액체―옮긴이), 연고, 연약 등의 광고 전단지와 포스터가 부착돼 있었다. 커피하우스 입구의 바에서 이 약들을 구입했던 것 같다. 바는 여성들이 맡고 있었는데, 이들이 근대 영국의 여성 바텐더의 시작을 알린다. 그 외에도 커피하우스의 분위기에 따라 연극 포스터나 경매 알림장 등이 걸려 있었다.

당시에 여성 바텐더들은 단골손님들의 관심을 한몸에 받았다. 톰 브라운은 "매혹적인 필리즈가 사랑스러운 눈길로 커피 김이 모락모락 피어나는 곳으로 모두를 인도한다"고 전한 바 있다. 카운터에서는 단골손님의 메모나 편지를 보관하기도 했다. 일례로 조너선 스위프트는 스텔라에게 '편지를 봉투에 넣어 세인트제임스 카페의 애디슨 앞으로' 보내도록 했다. 매콜리는 다음과 같이 말한 바 있다.

> 외지인들이 보기에 런던이 다른 도시와 확연히 다르게 보이는 이유는 커피하우스 때문이었다. 런던 사람들에게 커피하우스는 가정과 같은 곳이었다. 그래서 런던에서 신사 계급을 찾을 때는 그가 플릿 가에 사는지, 대법관청 골목에 사는지를 묻기보다는 그리스의 단골손님인지, 레인보우의 단골손님인지를 물었다.

당시의 중상류 계층은 매일 커피하우스에 들러 뉴스를 접하고 함께 토론했다. 지역의 최고 재력가들은 고급 커피하우스에서 만날 약속을 잡곤 했다. 한편 각 커피하우스마다 대표 연설가가 한 명씩 있었는데, 이들을 추종하는 무리는 연설가를 일종의 '제4계급'(1계급은 성직자, 2계급은 귀족, 3계급은 성직자와 귀족을 제외한 비특권 계층이다. 여기서 연설가를 4계급으로 칭한 이유는 이들이 일반적인 비특권 계층과 달리 우월한 존재임을 강조하고자 했던 것으로 보인다—옮긴이)으로 추앙했다.

아래는 매콜리가 남긴 1685년의 런던 커피하우스에 대한 기록이다.

카운터에 1페니만 내면 누구든 출입이 가능했다. 물론 계층, 직업, 종교,
정치적 입장에 따라 선호하는 커피하우스가 있기는 했다.

 세인트제임스 공원 인근의 커피하우스에는 주로 멋쟁이 손님들이 몰
렸다. 이들은 어깨까지 오는 흑색 가발이나 옅은 금색 가발을 쓰고 다녔
다. 이곳의 가게에 들어서면 마치 향료 가게에 온 듯했다. 모두가 향이
강한 담배를 선호했기 때문이다. 이곳의 특성을 잘 모르는 시골내기가
파이프 담배를 갖다 달라고 하면 주위의 비웃음과 함께 웨이터에게는 쌀
쌀맞은 대답을 들어야 했다.

 하지만 그 시골내기가 마땅히 갈 곳은 없었을 것이다. 당시 대부분의

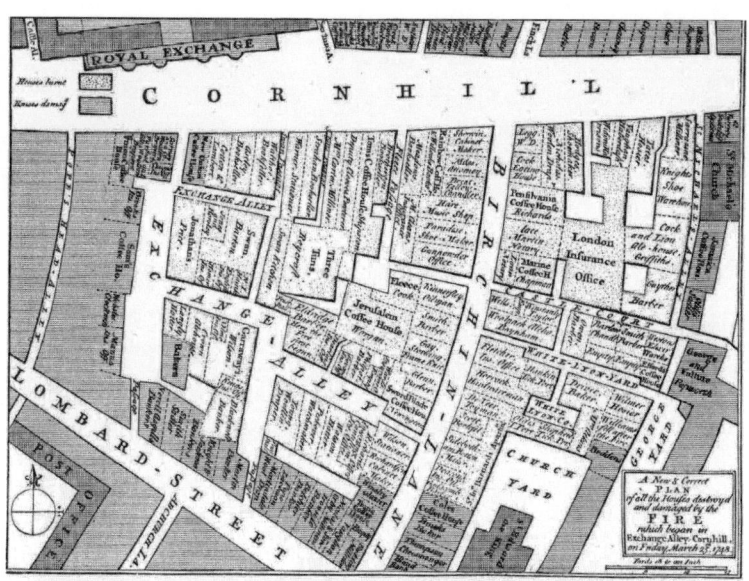

1748년 대화재 이전, 옛 런던의 커피하우스 지도

커피하우스는 위병소마냥 흡연의 공간이었다. 그중에서도 윌의 커피하우스만큼 흡연자가 많은 곳도 드물었다. 코벤트 가든과 보 가(런던 중앙 경찰 재판소가 있는 거리 — 옮긴이) 사이에 위치한 이 기념비적 커피하우스는 순수하게 문학을 하는 사람들의 전용 공간이었다. 시적 정의나 시공간의 통일성에 대한 대화가 오고갔다. 지붕이 없는 야외 공간에서는 다양한 손님들을 볼 수 있었는데, 훈장을 매달고 양말대님을 동인 백작, 성직의 옷을 입고 띠를 두른 성직자, 거만한 법률가, 온순한 대학생 청년, 남루한 프리즈 코트를 입은 통역가와 색인 작성자들을 볼 수 있었다. 이곳에서는 존 드라이든(1631~1700년, 영국의 시인이자 극작가, 비평가 — 옮긴이)의 옆자리를 차지하기 위한 치열한 경쟁이 벌어지기도 했다. 드라이든은 겨울에는 불가 근처의 가장 따뜻한 곳에서 시간을 보냈고, 여름에는 발코니에 머물렀다. 사람들은 이 계관시인에게 인사를 하거나 라신의 최신 비극에 대한 그의 비평, 혹은 서사시를 분석한 보슈의 논문에 대한 비평을 듣는 것을 특권으로 여겼다. 또한 시인의 젊은 추종자들은 그의 코담뱃갑에서 나는 강렬한 향을 맡는 것을 영예롭게 여겨 향이 스칠 때마다 고개를 돌리곤 했다.

18세기가 되면서 대부분의 커피하우스에서는 차, 초콜릿 외에도 맥주와 와인을 팔았다. 대니얼 디포(1660~1731, 영국 소설가, 『로빈슨 크루소』로 유명 — 옮긴이)는 1724년 슈루즈버리에 들른 소감을 이렇게 전했다. "시청 근처에는 다른 도시에서도 흔히 볼 수 있는 커피하우스들이 자리 잡고 있었다. 그런데 실제로는 맥주집과 다를 게 없는 가게가 많았다. 다만 '커피하우스'라는 상호를 다는 것이 좀 더 모양새가

난다고 여기는 듯했다."

맥케이는 『잉글랜드 전역 일주(1724)』를 통해 당시의 풍속을 이렇게 전한다.

우리는 9시에 기상했다. 군주 알현식에 참석할 경우에는 11시까지 알현식을 즐기거나, 네덜란드에서처럼 차 모임을 즐겼다. 정오가 되면 상류층 인사들은 커피하우스나 초콜릿 가게로 자리를 옮겼다. 최고의 커피하우스로는 코코아트리, 화이트의 초콜릿 하우스, 세인트제임스, 스미르나, 로치포드 씨의 커피하우스, 브리티시 커피하우스 등이 있다. 그런데 이들 가게 대부분이 한 곳에 밀집해 있었기 때문에 어딜 가든 한 시간도 안 돼 다른 일행들과 마주쳤다. 커피하우스로 이동할 때는 의자 가마를 이용했다. 이곳의 이용료는 굉장히 쌌다. 일주일에 1기니(영국의 옛 금화로, 21실링에 해당—옮긴이), 혹은 시간당 1실링이었다. 베니스의 곤돌라 사공에게 하듯이 가마꾼들에게 심부름을 시킬 수도 있었다. 날씨가 좋을 때는 2시에 공원에 가서 정찬을 즐겼다. 날이 궂을 때는 화이트의 초콜릿하우스에서 피켓(카드 놀이의 일종—옮긴이)이나 바셋(도박의 일종—옮긴이)을

세인트제임스 가에 있던 화이트와 브룩스

했다. 아니면 스미르나 세인트제임스에서 정치를 논했다. 그런데 여기서 한 가지 알아둬야 할 것은 각 당파마다 선호하는 커피하우스가 있었다는 점이다. 때문에 낯선 사람이 출입할 경우 금방 눈에 띄었다. 토리당원이 세인트제임스

17세기의 커피하우스 정객政客

에는 가지 않듯이, 휘그당원은 코코아트리에는 가지 않는다.

맥케이는 또한 "각 커피하우스에는 외국 인쇄물뿐 아니라 해외 동향을 다룬 국내 인쇄물, 윤리적 이슈나 정당 간 논쟁을 다룬 잡지를 비치하고 있었다"고 덧붙였다.

디포는 "공연 관람이 끝나면 절친한 일행끼리 서로 이웃하고 있는 톰이나 윌의 커피하우스로 가는 것이 일반적이었다. 여기서 밤늦도록 피켓 놀이를 하거나 이야기를 나눈다. 이들 커피하우스에서는 파란 리본(가터 훈장 수상자가 다는 리본—옮긴이)을 단 사람과 초록 리본을 단 사람이 신분 격차에 관계없이 자연스럽게 어울리며 동등한 위치에서 대화를 나눈다"고 당시 상황을 전했다.

한편 당시의 커피하우스에서는 노예 매매도 자주 이루어졌다고 핀들리는 『발트 해운거래소의 짤막한 역사』(발트 해운거래소는 세계에서 가장 오래되고, 가장 유명한 해운거래소로, 1744년에 문을 연 버지니아와 발트Virginia and Baltic 카페에서 화주와 선주들이 무역 관련 운송 계약을 논의하다가 1823년에 정식으로 발족했다—옮긴이)에서 전하고 있다.

더불어 1728년도 《런던 데일리 저널》에 실린 광고 두 편을 소개하고 있는데, 첫 번째는 블랙히스 지역에서 도망친 흑인 여자 노예의 행방을 커피하우스 '자메이카'로 알려주는 이에게 사례비로 2기니를 지급한

버튼의 사자머리 상
호가스가 디자인하고 애디슨이 1713년에 설치했다.
위 그림은 T. H. 셰퍼드의 수채화

다는 광고였다. 두 번째는 다음과 같은 내용이었다. "노예 판매— 11세가량의 흑인 소년. 왕립 증권거래소 뒤편, 스래드니들 가의 '버지니아' 커피하우스로 문의."

12 유명 인사들의 단골 카페

'세인트제임스'는 휘그당의 커피하우스로, 의회 의원들이 주로 단골이었다. 인기 있는 문필가들도 이곳을 즐겨 찾았다. 반면 '개러웨이 Garraway'는 지주 계급이 애용하던 곳으로 토리당 성향이 강했다(휘그당은 기본적으로 대지주와 귀족 중심의 당이었으나 상공업 계층과 비국교도의 지지를 받아 반왕권적 성격이 강했다. 반면 토리당은 일부 귀족과 지주 중심의 당으로 왕권과 국교를 옹호했다—옮긴이).

'버튼'은 앤 여왕 시절에 유명했던 커피하우스이다. 애디슨과 스틸 경, 시인 데이브넌트, 캐리(극작가이자 작곡가), 필립스 등이 하루도 빠짐없이 점심과 저녁에 이곳을 찾았다. 포프 Pope 역시 이 모임의 일원으로 한동안 참여했지만 불같은 성미 때문에 결국 탈퇴했다. '버튼'에서는 또한 호가스가 조각한 사자머리 상

콕스퍼 가의 브리티시 커피하우스. 출처는 1770년도 인쇄물

그레이트러셀 17번가의 톰 커피하우스
1804년까지 커피하우스로 운영됐고, 1865년에 철거됐다. 출처는 T. H. 셰퍼드의 수채화.

체인 워크 가의 돈 살테로의 커피하우스 대영박물관에 소장된 강판 조각

런던 증권거래소 내 로이드 커피하우스의 예약실

18세기 후반 런던의 프렌치 커피하우스, 토마스 롤런드슨의 수채화 원화

을 볼 수 있었다. 베니스의 사자 상을 본떠 만든 것으로, 사자의 머리와 발톱은 '지식과 실천'을 상징했다.《가디언》[5]의 각종 투고문을 받기 위한 용도로 이용됐다. 버튼은 뿐만 아니라《태틀러》와《스펙테이터》가 탄생한 곳으로 유명하다. 애디슨과 스틸이 커피하우스 이용자들을 위해 이 간행물을 통해 에세이를 발표하지 않았다면 아마도 영국의 산문 문학은 지금처럼 발전하지 못했을 것이다.

13 유원지에서 커피를 즐기다

18세기 중후반, 조지 왕 통치 시절에도 커피하우스는 런던 사람들의 일상에서 빼놓을 수 없는 부분이었다. 하지만 이즈음 점차 발달하던 유원지의 영향을 받을 수밖에 없었다. 당시 유원지에서는 커피뿐만 아니라 차, 초콜릿, 여타 음료 등을 제공했다. 커피하우스에서는 커피의 인기가 여전했음에도 불구하고 주인들이 손님을 늘릴 생각에 와인, 맥주 등을 팔기 시작했다. 아마도 이것이 커피하우스의 쇠퇴를 앞당긴 첫 번째 원인이었을 것이다.

하지만 커피하우스는 여전히 지적인 삶의 중심지였다. 새뮤얼

존슨과 데이비드 개릭이 런던 생활
을 시작했을 무렵 영국의 문학계는
일시적인 침체기에 빠졌고, 삼류 작
가들은 그러브 가Grub Street에 모여 살
았다.

복스홀 유원지의 야간 축제

문필가란 직업이 다시 각광을 받기 시작한 때는 새뮤얼 존슨이
문필가로서 연이은 성공을 거두고, '터번장식'이란 커피하우스에
서 클럽을 조직한 이후였다. 상당한 명성을 누렸던 이 클럽은 1763
년에서 1783년까지 '터번장식'에서 모임을 이어갔다. 클럽 일원 가
운데 유명 인사로는, 영국 산문계의 권위자 존슨, 올리버 골드스미
스, 후기 구성원 중에서는 역사학자 기번, 정치경제학자 애덤 스미
스 등을 꼽을 수 있다. 돌이켜보면 커피하우스가 영국에서 영향력
을 떨치던 때만큼 에세이나 문학비평, 소설 등 훌륭한 산문 작품이
쏟아져 나온 때도 없다. 커피하우스가 여기에 일조했음은 분명하다.

그러다 유원지가 등장하면서 영국 사람들은 이제 커피를 야외에
서 즐기기 시작했다. 커피하우스보다 라넬라Ranelagh, 복스홀Vauxhall 같
은 유원지를 더 많이 찾게 된 데에는 남성뿐만 아니라 여성의 출입
이 가능했다는 점이 한몫 했다. 유원지에서는 갖가지 음료를 팔았
는데, 얼마 안 가 홍차는 여성들이 정오에 즐기는 차로 붐을 일으
켰다. 영국 차 문화의 발달은 아마도 이때부터 시작된 듯하다. 이런
이유로 당시 유원지는 차 정원tea garden으로 불리기도 했다.

그럼에도 불구하고, 이때까지만 해도 각 가정에서는 아침, 저녁
으로 커피를 마셨고, 가정에서의 커피 소비량은 커피하우스의 쇠

데베릭 코트 가의 그리스. 1843년에 문을 닫았다. 출처는 1809년도 작품

딕 커피하우스 내부. 출처는 희곡 〈커피하우스〉의 속표지

퇴로 인해 발생한 커피 소비 감소량을 채우고도 남을 정도였다. 그렇다고 하더라도 조지 왕 시절에 나타난 이 국민적 취향의 변화는 무시할 수 없는 흐름이었다. 영국 동인도회사는 일찍이 앤 여왕 시절부터 커피 홍보에 열을 올려야 하는 상황이었다.

18세기의 런던 유원지는 독특한 공간이었다. 유원지 내에 거대한 미로가 설치된 곳도 있었다. 개장 시기는 4, 5월에서 8, 9월까지였다. 초기에는 입장료가 따로 없었지만, 워릭 로스에 따르면 입장객 대부분이 치즈케이크, 차, 커피, 에일 맥주 등을 유원지에서 사 먹었다고 한다.

복스홀 유원지는 즐거움을 추구하는 런던 사람들이 가장 선호한 유원지 중 하나로, 템스 강변 서리 지역의 복스홀 다리 동쪽에 위치했다. 복스홀이 유명해진 때는 찰스 2세 시절이었다. 수천 개의 등불이 켜져 있는 산책로, 뮤지컬을 비롯한 다양한 공연, 만찬과 불꽃놀이로 특히 유명했다. 각계각층의 사람들이 이용했다는 점과 수목 아래서 차와 커피를 즐기는 풍경을 이곳의 특징으로 꼽을 수 있다.

대중오락 공간인 라넬라 유원지는 1724년 첼시 지역에 세워졌다. 복스홀 유원지를 실내로 옮긴 것이라 이해하면 될 듯하다. 로툰다

Rotunda라는 메인 홀은 직경 150피트(약 45미터)의 원형로, 중앙에 오케스트라가 있고 그 둘레에 칸막이 좌석에 줄을 맞춰 배치돼 있었다. 홀을 거닐거나 칸막이 좌석에서 다과를 즐기는 것이 이곳의 주요 오락거리였다. 가면무도회 축제 기간을 제외하고는 차와 커피, 빵, 버터가 제공됐다.

14 파리식 카페의 원조

장 라 로크에 따르면, "1669년까지만 해도 커피는 파리에서 진귀한 음료였고, 테베노Melchisédech Thévenot(프랑스 작가이자 과학자, 여행가—옮긴이)나 그 지인들 집에서나 볼 수 있는 음료였다. 또 여행가들의 기록이 아니고서야 커피에 대한 이야기를 달리 접할 길도 없었다."

장 드 테베노Jean de Thévenot(M. 테베노의 조카—옮긴이)가 커피를 파리에 들여온 때는 1657년이었다. 루이 13세 시절, 프티 샤틀레Petit Châtelet에서 한 레반트 사람이 커피로 추정되는 음료를 '코호베cohove' 혹은 '카후에cahoue'로 팔았다는 설도 있지만 이는 확실하지 않다. 루이 14세가 처음으로 커피를 대접받은 때는 1664년이었다고 한다.

그러다 1669년 7월에 오스만투르크 특사 솔리만 아가Soliman Aga가 파리에 도착한다. 얼마 후 솔리만이 수행원들과 나눠 마실 엄청난 양의 커피를 갖고 왔다는 소문이 돌기 시작했다. 솔리만은 왕실뿐만 아니라 파리 시청 관계자들에게도 커피를 대접했다고 한다. "많은 사람들이 설탕을 첨가한 커피에 익숙해졌고, 그 가운데 커피의 효능을 체험한 몇몇은 이제 커피 없이는 못 견딜 지경이 되었다."

그로부터 6개월도 채 안 돼, 솔리만 아가가 루이 14세를 위해 개최한 화려하기 그지없는 커피 축전에 대한 이야기가 파리 전역에 퍼졌다. 아이작 디즈레일리Isaac D' Israeli(영국 문필가—옮긴이)는 『문학 진사 Curiosities of Literature』에서 이 축전을 훌륭하게 묘사하고 있다.

화려한 아랍 의상을 차려입은 대사 측 흑인 노예들이 무릎을 꿇고, 달걀 모양의 작은 자기 잔에 최상급 모카커피를 담아 대접했다. 뜨겁고도 강렬하며, 향이 좋은 음료였다. 노예들은 커피 잔을 금·은 접시에 받쳐 올렸고 그 밑에 수가 곱게 놓여진, 금술 장식이 달린 실크 냅킨을 깔았다. 루즈와 분과 애교점으로 화장한 귀부인들은 대접을 받으면서 점잖은 척 부채를 부치며, 신랄한 표정으로 김이 모락모락 나는, 처음 보는 그 음료를 입에 갖다 댔다.

루이 14세 시절에는 커피가 왕실에서 그다지 붐을 일으키지 못했다. 반면 그 뒤를 이은 루이 15세는 정부인 뒤바리 부인을 위해 왕실에 커피를 들여왔고, 공주들이 마시는 커피를 구입하기 위해 한 해 1만 5천 달러를 썼다고 한다.

1672년에는 파스칼이라는 아르메니아인이 파리에서 처음으로 커피를 팔기 시작했다. 솔리만 아가가 파스칼을 데려왔다는 설도 있다. 파스칼은 생제르맹 시장에 천막 노점을 차리고 커피를 팔았다. 오스만투르크 출신의 시종 소년들은 작은 커피잔 여러 개를 쟁반에 담고서 시장을 돌아다녔다.

생제르맹 시장은 봄철이 시작되는 두 달간, 라탱 지구 근처의 파리 성벽 바로 안쪽에 자리 잡은 널따란 공터에서 열렸다. 쌀쌀한 날씨에 커피 시종 소년들이 군중 속을 돌아다닐 때마다 갓 만든 커피 향이 퍼졌고, 사람들은 김이 모락모락 피어오르는 커피를 사 마셨다. 이것이 계기가 되어 시장을 찾는 사람들은 원기를 돋우는 '작고 검은petit noir, 프티 누아' 음료를 찾기 시작했다. '프티 누아'란 별칭은 오늘날에도 통용되고 있다.

시장이 폐장한 후에 파스칼은 퐁네프 부근의 에콜 부두에서 자그마한 커피 가게를 열었다. 그러나 단골손님 대다수가 맥주나 와인을 선호했기 때문에 정작 커피의 인기는 시들했다. 그럼에도 파스칼은 커피 시종 소년들에게 램프로 데운 큰 커피 항아리를 들고 시내로 나가 가가호호 방문하도록 했다. 소년들은 씩씩하게 "커피요! 커피요!"를 외쳤다. 이 소리는 점차 파리의 정겨운 소리로 자리 잡았다. 그리하여 파스칼이 가

대중을 상대로 한 최초의 커피 판매가 이루어진 파리 생제르맹 시장. 출처는 17세기 인쇄물.

게를 정리하고 커피 열풍이 일던 런던으로 떠난 후에 파리 시민들은 한동안 그가 팔던 '프티 누아'를 그리워했다.

왕실에서 커피를 그다지 선호하지 않았기 때문에 프랑스에서는 커피의 확산 속도가 더뎠다. 당시의 많은 프랑스 지식인들은 가벼운 와인이나 맥주를 즐겼다. 1672년에는 말리번이라는 아르메니아인이 생제르맹 수도원 부근의 매츠 테니스 코트 옆 뷔시 가에서 커피하우스를 개점했다. 담배도 함께 팔았다. 얼마 후 말리번은 네덜란드로 떠났고, 하인이자 동업자였던 그레고리라는 페르시아인에게 가게를 넘겼다. 이후 그레고리는 파리 국립극장 근처 마자랭 가로 가게를 옮겼고, 마카라는 페르시아인에게 가게를 물려주었다. 마카라는 후에 이스파한으로 돌아가면서 벨기에 리에주 출신의 강토와에게 가게를 넘겼다.

칸디아 출신의 한 절름발이 소년이 "커피 있어요!"를 외치며 파리에서 커피 행상을 시작한 것은 이 무렵이었다. 칸디아인으로 통했던 이 소년은 제법 큰 커피 주전자와 풍로 달린 냄비, 커피잔 등 행상에 필요한 물품을 짊어지고 가가호호 방문해 커피 한 잔당 2수sous(20분의 1프랑의 동전 —옮긴이)에 팔았다. 설탕이 포함된 가격이었다.

당시 파리의 커피하우스는 대부분이 서민 취향의 아랍식 커피하우스였기 때문에 하층민과 외국인이 주된 고객이었다. '신사와 상류층'은 이 대중 공간을 거의 찾지 않았다. 그러다 몇몇 교역상들이 생제르맹

초기의 파리 커피하우스는 대부분이 파스칼의 가게를 원형으로 삼았기 때문에 아르메니아 풍의 커피하우스가 많았다. 그림 출처는 17세기의 한 인쇄물.

시장에 '벽걸이 융단, 대형 거울, 그림, 대
리석 테이블, 가지 달린 촛대, 격조 높은 샹
들리에로 우아하게 장식한 넓은 공간에서
차, 커피, 초콜릿 등을 제공' 하기 시작하면
서, 상류층 인사와 문필가들이 커피하우스
를 서서히 즐겨 찾기 시작했다. 이것이 발
단이 되어 커피 마시는 일은 점차 고상한
관습으로 인식됐다. 얼마 안 가 파리에는

유서 깊은 프로코프 카페 모퉁이에서
논쟁 중인 볼테르와 디드로. 출처를 알
수 없는 희귀한 수채화.

300여 개의 커피하우스가 들어섰다. 앞서 말한 교역상들은 자신의
본업에 충실하면서도 생제르맹 시장과 생로랑스 시장에서 커피하
우스를 계속 운영했다. 남성뿐만 아니라 여성 또한 이들 가게를 즐
겨 찾았다.

　1689년에는 아랍의 커피하우스가 프랑스 식으로 변형된 카페가

파리에서 첫선을 보였다. 플로
렌스(피렌체) 출신, 혹은 팔레르
모 출신으로 알려진 프랑수아
<u>프로코프</u>Fran?ois Procope(프로코피오 쿨
테리Procopio Cultelli 혹은 코텔리Cotelli)가
개점한 카페였다. 프로코프는
레모네이드 상인으로, 왕실의
허가 하에 향료, 얼음, 보리차,
레모네이드 등을 판매했다. 그
는 일찍부터 커피를 메뉴에

1743년 프로코프의 카페. 보스르동의 판화

추가해 유명 인사를 단골손님으로 상당수 확보하고 있었다.

기지가 충만했던 프로코프는 파스칼이나 초창기 커피하우스 주인과
는 달리 좀 더 상류층 고객을 끌어모으려 했다. 그는 포세 생제르맹
Fosses—St.-Germain 가(현재의 앙시엥코메디Ancienne Comed 가)의 새로 개장한 파
리 국립극장 바로 맞은편에 가게를 열었다. 당시의 한 작가에 따르면
카페의 분위기는 대략 이러했다. "프로코프의 카페는 '프로코프의 동
굴'로도 통한다. 온종일 상당히 어두컴컴하고, 저녁에도 조명이 흐릿
할 뿐만 아니라 여윈 몰골의 창백한 시인들, 흡사 귀신처럼 보이는 시
인 무리가 이곳을 자주 찾았기 때문이다."

1743년 프로코프의 카페, 보스르동의 판화

프로코프 카페는 자리 잡은
위치 때문에 18세기 프랑스
유명 배우, 작가, 극작가, 음악
가 들의 모임 장소로 애용됐
다. 당시의 진정한 문학 살롱
이었다. 볼테르는 이곳에 거의
상주하다시피 했는데, 200여
년 후 이 역사적 카페가 (카페
로서) 문을 닫게 됐을 때 볼테
르의 손때가 묻은 대리석 테
이블과 의자는 이곳을 대표하

는 역사적 유물로 보관됐다(프로코프는 오늘날까지 카페 겸 레스토랑으로 운영되고 있어 3세기에 걸친 전통을 자랑하는 파리의 명물로 각광받고 있다―옮긴이). 볼테르가 가장 즐겨 마신 음료는 커피와 초콜릿을 혼합한 음료였다고 한다. 볼테르 외에도 작가이자 사상가였던 루소, 극작가이자 금융가 보마르셰, 백과사전 편찬자 디드로, 브아즈농 수도원장 생 프와, 『칼레 포위』의 저자 드 벨루아, 『아르타세르크Artaxerce』의 저자 르미에르Lemierre, 극작가 크레비용, 풍자 시인이자 극작가 피롱, 희비극의 창시자로 알려진 극작가 라 쇼세, 계몽사상의 선구자로 알려진 문인이자 사상가 퐁트넬, 철학자이자 수학자인 콩도르세와 그 밖의 많은 프랑스 예술계 인사들이 이 수수한 카페의 단골손님이었다.

이곳에서는 또 미국 독립혁명 당시 세계 최고의 사상가로 유럽에 이름을 떨친 벤저민 프랭클린의 이름이 자연스럽게 자주 거론됐다. 그리하여 이 뛰어난 미국인이 1790년에 타계하자 이 카페에서는 '공화주의의 위대한 벗'의 죽음에 심심한 애도를 표하며, 카페 벽 안팎을 검은 천으로 쌌고, 프랭클린의 정치적 수완과 과학자로서의 성과를 기렸다. 단골손님 모두가 존경했던 프랭클린이었다.

프로코프 카페가 더 큰 명성을 누리게 된 시기는 프랑스 혁명기를 거치면서였다. 1789년 격동의 시기에 마라, 로베스피에르, 당통, 에베르Jacques René Hébert(1757~1794, 프랑스 언론인이자 혁명가. 프랑스 혁명기 동안 급진적 신문인 『페르 뒤셴』 발간―옮긴이), 데물랭Camille Desmoulins(1760~1794, 프랑스 혁명기의 산악파 언론인이자 정치가. 1789년 바스티유 감옥 공격 직전의 대중 선동 연설로 유명해졌다. 이후 국민공회 의원이 됨―옮긴이) 등이 이곳에서 커피와 술을 마시며 급박한 시국 현안을 논의했다. 또한 당시에는 장교를 꿈꾸는 포병에 불과했던 나폴레옹 보나파르트 역시 이곳을 즐겨 찾았다. 나폴레옹은 카페에 오면 대개 체스 게임에 열중했다. 체스는 초창기 카페에서 유행하던 게임이다. 그런데 외상값을 갚지 못했던 나폴레옹은 프랑수아 프로코프에게 모자를 저당 잡힌 후 쫓겨난 적이 있다고 한다(지금도 프로코프 카페에 나폴레옹의 모자가 전시돼 있다—옮긴이).

프로코프 카페는 혁명기 이후에는 문필가들의 교류 장소라는 특권을 잃고 점차 평범한 레스토랑으로 변해 갔다. 그러다 19세기 중후반, 방랑자이자 시인이며 상징주의 시운동을 주도한 폴 베를렌이 이곳을 본거지로 삼으면서 한동안은 잃어버린 명성을 되찾는 듯했다. 레스토랑으로서의 프로코프는 오늘날까지 살아남아 파리 앙시엥코메디 13번가를 지키고 있다.

돌이켜보면 프로코프 카페가 있었기 때문에 파리에서 커피가 확고히 자리를 잡을 수 있었다. 루이 15세 시절(1715~1774 재위), 파리 시내에는 600여 개의 카페가 있었고 18세기 말엽에는 800여 개가 있었다. 그 후 카페는 계속 늘어나서 1843년경에는 3천여 개가 넘었다.

커피 붐이 급속히 확산되면서 카바레와 유명한 식당에서도 커피를 팔기 시작했다. 그중에는 투르다르장Tour d' Argent(은탑)과 같은, 1582년 투르넬Tournelle 부두에 개점해 이내 파리 제일의 레스토랑으로 자리 잡은 가게도 있었다.

투르다르장은 지금까지도 미식가들의 입맛을 사로잡고 있을 뿐 아니라, 나폴레옹에서부터 에드워드 7세에 이르기까지 전 세계 유명 인사를 그 진기한 레스토랑으로 유혹했다(오늘날에도 명맥을 유지하고 있다—옮긴이).

람포노의 루아얄 드림메르Royal Drummer. 가장 인기 있던 초창기 파리 카페 중 하나. 여관 겸 선술집으로 운영하다 커피를 팔기 시작하면서 루이 15세 시절에 유명한 카페로 자리 잡았다. 위 그림은 '루아얄 드림메르'의 인기를 보여주기 위해 초기 광고물에 실린 그림이다.

프로코프 카페의 등장 이후, 커피를 제공한 또 하나의 선술집으로는 루아얄 드림메르Royal Drummer를 꼽을 수 있다. 장 람포노가 포르슈롱의 농가 뜰에 개점한 가게로, 마뉘Magny의 선술집을 잇는 곳이었다. 이곳 역시 선술집을 즐겨 찾는 서민이 주 고객이었지만 커피만은 유독 사랑을 받았다. 루이 15세 재위 중에는 폭음과 하층 계급의 부도덕한 행위가 난무하는 곳으로 악명을 떨치기도 했다. 그런데 정작 루이 15세 역시 이곳을 즐겨 찾았다. 특히 흥청망청한 술자리가 있는 날이면 상층 계급부터 하층 계급까지 모두 이곳의 포도주 저장고로 몰려들었다. 마리 앙투아네트는 루아얄 드림메르에서 파랑돌farandole(프로방스 지방의 춤—옮긴이)을 췄을 때가 가장 즐거웠다고 공언한 바 있다.

주인장 람포노는 유행을 선도하는 이들에게 열렬히 환영받는 존재였다. 그 인기가 어느 정도였냐 하면, 람포노의 이름을 딴 가구, 의류, 음식 상표가 나올 정도였다. 루아얄 드림메르의 인기는 가게 내부를 묘사한 한 초창기 인쇄물을 통해서도 확인할 수 있다.

평온함 속에서 맛보는 즐거움,

집에서 즐기는 느긋한 휴식,

때때로 선술집 마뉘에서 몇 시간 보낼 때도 있었지만.

그러나 이제 이 모든 것은 구식일 뿐.

오늘날 우리 노동자들은, 우리 모두는 알고 있다.

작업 시간을 모두 채우기도 전에 벌써 어딘가로 달려간다는 것을.

무엇 때문에? 람포노 씨의 선술집으로 가야 하기 때문이다.

보라, 이 새로운 모습의 카페를!

파리 시내에 커피하우스가 급격히 생겨날 무렵, 주요 카페는 대부분 팔레루아얄Palais Royal(왕궁)에 밀집해 있었다. 팔레루아얄은 경관이 뛰어난 정원으로, 세 겹의 회랑이 삼면을 에워싸고 있었다. 리슐리외 추기경이 루이 13세 시절인 1636년에 세운 곳으로, 당시에는 팔레카르디날Palais Cardinal(추기경궁)이라 불리다가(리슐리외의 사택이자 정원이었다—옮긴이) 1643년에 추기경이 사망한 후 왕실에 양도되면서 팔레루아얄로 바뀌었다. 정원을 마주하고 있는 회랑에는 가게들이 들어서 있었는데, 프로코프 카페가 등장하면서부터는 예쁜 커피 노점상, 혹은 다방 역시 여기에 터를 잡기 시작했다.

15 파리, 거대한 카페가 되다

1760년에 디드로는 『라모의 조카Rameau's Nephew』에서 팔레루아얄에 위치한 레젱스 카페와 그 단골손님들에 대해 언급한 바 있다.

흐린 날이나, 맑은 날이나 오후 5시경이 되면 팔레루아얄을 산책하는 것
이 내 일과다. (…) 그러나 날이 너무 춥거나 너무 흐릴 때면 레젱스 카페
에서 시간을 보내곤 한다. 이곳 손님들이 체스를 두는 것을 볼 때마다 나
는 눈이 휘둥그레진다. 파리 사람들만큼 체스에 능한 사람들도 없을 터이
나, 그중에서도 여기 손님들은 명수 중에 명수라고 하겠다. 그도 그럴 것
이, 신중한 체스 명수 레갈, 정교한 명수 필리도르, 충직한 명수 마요트가
이곳의 손님이기 때문이다. 하여, 이곳에서는 입이 딱 벌어지는 체스 게
임을 감상할 수 있다. 그렇지만 동시에 세상에서 가장 비참한 소리를 감
수해야 할 때도 있다. 왜냐하면 이곳에서는 누구라도 단번에 명민하고 위
대한 체스 명수로 등극할 수도 있지만, 레갈처럼, 다른 한편으로는 위대
한 체스 명수임에도 불구하고 체스 게임의 숙맥으로 전락하는 수가 있기
때문이다. 쥬베르나 마요트처럼 말이다.

레젱스 카페의 개점에 관한 한 설에 따르면, 1689년 프로코프
가 카페를 개점할 무렵 르페브르
라는 파리 사람이 커피 행상을 시
작했고 그 후 팔레루아얄 근처에
서 카페를 개점했다고 한다. 그리
고 1718년의 어느 날 이곳을 찾은
르클레르라는 손님이 섭정Regent 오
를레앙 공에게 경의를 표하는 의

200년 간 레젱스 카페의 최고 오락거리였던 체스

미로 이 카페에 레젱스Régence라는 상호를 붙여 주었다 한다. 오늘날에도 가게 출입구 위 간판에는 이 이름이 새겨져 있다(루이 14세가 사망하고 그의 증손인 루이 15세가 5세에 즉위하게 되자 오를레앙 공 필리프가 1715년부터 1723년까지 섭정했다─옮긴이). 당시 프랑스 귀족들은 오를레앙 공의 비위를 한껏 맞추고서는 이 카페로 몰려와 그들만의 모임을 가졌다고 한다.

레젱스 카페는 그 역사가 오래된 만큼 단골손님들을 나열하는 것만으로도 200여 년간의 프랑스 문학사를 개괄해 볼 수 있다. 우선 음악가보다 체스 명수로 더 유명했던 18세기의 오페라 작곡가 다니칸 필리도르가 있었고, 한때 이곳에서 소녀와 체스를 둔 프랑스 혁명가 로베스피에르(이 소녀는 자신의 연인을 위해 소년으로 변장한 채 체스를 뒀다), 또한 당시에는 제국 건설의 야망보다 체스로 더 유명했던 나폴레옹과 목청 높여 논쟁에 임했던 강베타를 꼽을 수 있다. 강베타는 한번은 체스 게임을 도무지 이해할 수 없다는 이유로 큰 소리를 치는 바람에 상대편이 크게 놀란 적도 있다고 한다.

그 외에도 볼테르, 알프레드 드 뮈세(프랑스 시인, 소설가이자 극작가) 빅토르 위고, 테오필 코티에(시인이자 소설가로 예술지상주의를 주창한 작가로 유명), 장 자크 루소, 리슐리외 공작, 삭스 원수(오스트리아 왕위 계승 전쟁에서 크게 활약한 육군 원수), 뷔퐁(평생에 걸쳐 『박물지』를 편찬. 문학에 자연과학의 원리를 도입한 인물로, 사실주의 문학의 밑거름을 마련), 리바롤(프랑스 작가, 논문 「프랑스의 보편성에 대하여」로 유명), 퐁트넬, 앙리 뮈르제(시인이자 소설가) 등을 꼽을 수 있다. 마르몽텔(프랑스 작

1782년 파리의 한 카페 카운터에 앉아 있는 지배인. 레티프 드 라 브레톤의 그림.

가로, 볼테르의 뒤를 이어『백과전서』의 문학 부분 편집)과 필리도르는 이곳에서 그들이 가장 좋아하던 체스 게임을 했다. 디드로는『회고록』에서 이곳 커피를 마시기 위해 부인에게서 매일 9수sous를 받았다고 밝힌 바 있다. 그가『백과전서』를 편찬한 곳도 이 카페였다.

역사가 미슐레(1798~1874)는 오를레앙 공 섭정 시기의 파리의 카페를 다소 과장된 어조로 다음과 같이 묘사하고 있다.

파리 전체가 하나의 거대한 카페가 됐다. 대화의 시대가 전성기를 맞이했다. 1789년과 비교한다면 연설이나 웅변은 덜했다. 루소를 제외하면 언급할 만한 연설가가 없었다. 대신에 눈으로 확인할 수는 없었지만, 번뜩이는 재치가 자연스럽게 흘러넘쳤다. 여기에는 당시로선 상서로운 혁명과도 같은 사건, 달리 말해 새로운 풍습을 낳고 심지어 인류의 성미마저 바꾼 그 위대한 사건, 바로 카페의 등장이 이에 일조했음을 부인할 수 없다.

카페가 미친 영향은 일일이 헤아리기 어렵다. 오늘날 담배가 사람들의 뭇매를 맞고 있지만, 그렇다고 해서 카페의 영향력이 축소되거나 객관화될 수는 없다. 카페 손님들은 물론 코담배를 갖고 있었지만 흡연은 하지 않았다. 카바레, 루이 14세 시절 파리의 청년들이 행실이 좋지 못한 여성들과 홍청망청 와인을 마시던 비천한 카바레는 폐위됐다. 밤마다 이어지던 호화로운 마차의 행렬도 줄었고, 비루한 곳에서 안식처를 찾으려던 귀족들도 하나둘 자취를 감췄다. 대신에 대화가 흐르는 우아한 가게, 아니 가게라기보다는 우아한 살롱이 파리의 풍속을 한층 고상하게 만들고 있다. 커피의 시대는 곧 중용의 시대이다. 각성 음료인 커피는 술과는 달

1811년의 밀코롱 카페. 보스르동의 판화.

리 강력한 정신적 자극제가 되어 정신의 명쾌함을 더해 준다. 또한 흐리멍덩하고 우울한 환상에서 벗어나, 현실을 직시하게 함으로써 반짝이는 한 줄기의 진리를 보게 한다. 뿐만 아니라 커피는 성적 흥분을 억제하는 음료로……. (후략)

한편 커피가 보편화됨에 따라 설탕 역시 보편화됐다. 당시에는 약방에서 설탕을 소량씩 팔았다. 이와 관련하여 뒤푸르는 파리 사람들은 커피에 설탕을 너무 많이 첨가한 나머지 '검은 시럽'을 마실 뿐이라고 꼬집기도 했다. 파리의 귀부인들은 카페 앞에 마차를 세우고 마부가 은 받침대에 담아온 커피를 마시곤 했다.

카페는 매년 늘어났고, 갈수록 경쟁이 치열해지면서 손님을 끌기 위한 새로운 유흥거리가 필요했다. 이런 가운데 샹탕 카페가 문을 열었다. 이곳에서는 노래, 1인극, 춤과 소극을 선보였다. 늘 훌륭한 공연은 아니었지만 말이다. 이러한 카페가 샹젤리제 거리를 따라 몇 군데 생겼다. 날씨가 궂을 때면 유흥을 찾는 파리 시민들은 엘도라도, 알카자르디베르, 스칼라, 폴리보비노, 랑뷔토 등 우후죽순처럼 생겨난 카페에서 커피를 마시며 유흥을 즐겼다.

런던에서와 마찬가지로 파리에서도 군인, 학생, 예술가, 상인 등 특정 집단이 즐겨 찾는 카페가 있었다. 정치가들 역시 그들만의 안식처가 있었다. 살방디Salvandy(프랑스 정치가)는 다음과 같이 썼다.

이들 카페는 굵직한 정치 의제가 논의되는 의회의 축소판이었다. 평화와 전쟁 중 무엇을 택할지를 논의했고, 군 사령관들에게는 법적 처벌을 내렸다. (…) 뛰어난 연설가들도 여기서는 거침없이 논박당했다. 장관들은 무지하고 무능력하며 신뢰할 수 없을뿐더러 부패만 일삼고 있다고 손가락질당했다. 이런 풍경의 카페는 확실히 프랑스 고유의 제도라고 할 수 있다. 영국의 선술집과는 달리, 인류 발전에 기여한 선동과 운동이 카페에서 비롯됐다. 어떤 정부라도 카페 대중의 정서를 무시하고 넘어갈 수 없다. 프랑스 대혁명이 발발한 이유는 카페에 모인 대중이 혁명을 바랐기 때문이다. 나폴레옹이 황제로 즉위할 수 있었던 이유 역시 카페에 모인 대중이 영광을 원했기 때문이다. 마찬가지로 왕정복고의 꿈이 깨진 이유는 카페에 모인 대중이 다른 꿈을 꾸고 있었기 때문이다.[6]

16 프랑스 혁명과 카페

1789년 7월 12일, 그 역사적 일요일에 팔레루아얄은 흥분한 파리 시민들로 가득 차 있었다. 혈기왕성한 젊은 언론인 카미유 데물랭이 '프와' 카페에서 걸어나와 테이블 위에서 이제 프랑스 혁명을 시작할 시기임을 촉구했을 때의 긴장감이란 말로 표현할 수가 없었다. 데물랭의 열정적인 선동에 군중의 가슴 역시 불타올랐고, 그가 연설을 마치자마자 그곳에 있던 모두가 "카페를 박차고 나와

1843년의 카페 파리. 보스르동의 판화.

19세기 초반의 전형적인 파리 카페 내부

혁명의 사명을 띠고 행진을 시작했다." 바스티유 감옥이 함락된 것은 그로부터 이틀 후였다.

프와Foy 카페는 이처럼 혁명 정신의 발화점이 됐다. 그러나 이러한 평가가 겸연쩍기라도 한 듯, 혁명 이후에는 차분한 분위기를 유지하며 수년 간 예술가와 문필가들의 교류의 장이 됐다. 프와 카페는 또한 문을 닫을 때까지 '금연' 규칙을 엄격하게 고집한 것으로도 유명했다.

파리의 카페는 런던의 커피하우스와 달리, 초창기부터 전 계층을 아우르는 공간이었고 이후에도 줄곧 그러했다. 일찍이 다른 음료와 식사거리를 제공하는 카페도 더러 있었고, 이후에는 레스토랑으로 완전히 탈피한 곳도 많았다.

18세기 후반의 한 작가는 카페가 파리 사람들에게 미친 영향을 이렇게 정리했다.

파리 사람들은 누가 보더라도 우아하고 온화하다. 이는 파리 시내에 무수히 등장한 카페 덕분이라고 단언할 수 있다. 카페가 등장하기 전에는 대부분의 사람들이 카바레에서 시간을 보냈다. 사업에 대한 얘기를 할 때도 마찬가지였다. 그런 가운데 카페가 등장했고, 사람들은 이제 맑은 정신으로 세상사를 전해 듣고 음료를 마시며 여가를 즐겼다. 적어도 파리 사람들이 외관상으로는 한층 세련되고 점잖아진 것만은 분명하다.

몽테스키외는 『페르시아인의 편지』에서 초창기 카페를 다소 냉소적으로 그리고 있다.

몇몇 카페에서는 세상 돌아가는 이야기를 한다. 또 다른 카페에서는 체커 게임을 한다. 한 카페에서는 커피를 마시면 명석해진다는 신념으로 손님들에게 커피를 팔았다. 최소한 그곳 단골손님 중 4분의 3 정도가 카페를 드나든 이후 실제로 한층 명석해진 것 같다고 했다. 그런데 내가 그들의 얘기를 듣고 짜증이 치미는 이유는, 그렇다면 어째서 국가에 유용한 존재가 되지 못하는가 하는 점 때문이다.

17세기 후반부터 18세기 초반까지의 파리 카페는 말 그대로 커피하우스였다. 그러다 단골손님들이 오전 시간의 대부분을 카페에서 보내게 되면서 다른 음료와 음식을 제공하기 시작했다. 그렇기 때문에 앞서 언급한 카페 가운데 몇 군데는 정확히 말하자면 카페로 시작했더라도 레스토랑에 가까웠다.

★ 주석
1) 영국 보들리언 도서관 소장 수기.

2) Hatton, Edward, New View of London, London, 1708. (vol. 1: p. 30)

3) '혼란과 불쾌감 초래' 라는 이유로 고발이 이루어졌다.

4) Anderson, Adam, Historical and Chronological Deduction of the Origin of Commerce, London, 1787.

5) 상세한 정보는 9장 참조.

6) Salvandy, Narcisse-Achille, Influence des Cafés sur les Moeurs Politiques.

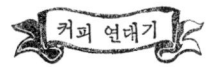

커피 연대기

1663	영국의 커피하우스가 허가제 아래 운영되었다.
1663	암스테르담에서 모카커피를 정기적으로 수입하기 시작하였다.
1665	긴 형태의 터키식 개량 황동 커피 분쇄기가 다마스쿠스에 처음 등장하였다. 접이식 손잡이와 생두 보관용 컵이 부착돼 있어 커피 끓이기와 접대용 도구로도 사용이 가능했다. 긴 손잡이가 부착된 커피 끓이기용 주전자와 황동 손잡이가 달린 자기 컵으로 구성된 터키식 커피 기구 세트가 이 시기에 유행했다.
1668	북아메리카로 커피가 전래되었다.
1669	오스만투르크 대사 솔리만 아가가 프랑스 파리에 커피를 공식적으로 전해 주었다.
1670	얇은 강판으로 된, 뚜껑 달린 작은 원통 여러 개를 이용해 다량의 커피를 로스팅하였다. 원통에 부착된 긴 손잡이를 이용해 불 위에서 회전이 가능한 기구였다. 네덜란드에서 처음 등장했고, 그 후 프랑스, 영국, 미국으로 보급되었다.
1670	유럽 지역에서는 처음으로 프랑스 디종에서 커피 재배에 착수했으나 실패로 돌아갔다.
1670	독일에 커피가 전래되었다.
1670	보스턴에서 처음으로 커피가 판매되었다.
1671	프랑스 최초의 커피하우스가 마르세유 거래소 인근에 개점했다.
1671	로마의 동양어학자 파우스투스 나이론이 라틴어로 쓴 커피에 관한 논문 인쇄본이 로마에서 출간되었다. 커피만을 다루고 있는 논문 중 신빙성을 갖춘 최초의 논문으로 손꼽힌다.
1671	필리프 실베스트르 뒤푸르가 커피를 주로 다룬 최초의 프랑스어 논문 「커피와 차, 초콜릿의 이용에 관해」를 리옹에서 출간하였다.
1672	파스칼이라는 아르메니아인이 파리 생제르맹 시장에서 처음으로 커피 음료를 시중 판매하였다. 이후 파리에서 최초로 커피하우스를 개점하였다.
1672	생제르망 시장의 커피상들이 은제 대형 커피주전자를 비롯해 다양한 은제 도구를 이용해 커피를 제조하였다.
1674	런던의 여성들이 '커피에 반대하는 여성들의 탄원서'를 제출하였다.
1674	스웨덴에 커피가 전래되었다.

1675	영국의 찰스 2세가 각종 소동의 온상지라는 이유로 런던 시내 커피하우스를 폐쇄할 것을 명하였다. 그러나 이듬해 무역상들의 탄원에 따라 금지령을 폐지하였다.
1679	마르세유 의사들이 영양학적 근거를 제시하며 커피 비난에 열을 올렸으나 반향을 일으키지는 못했다. 그 후 오히려 커피 소비가 증가함에 따라 리옹과 마르세유 무역상들이 배편으로 커피 생두를 레반트에서 수입했다.
1679	영국인 무역상이 함부르크에 독일 최초의 커피하우스가 개점했다.
1683	뉴욕에서 커피가 시중에 판매했다.
1683	콜쉬츠키가 비엔나 최초의 커피하우스를 개점했다.
1685	프랑스 그르노블의 명의 시외르 모닝이 카페오레를 일종의 약처럼 복용할 것을 권고하였다.
1686	영국 식물학자로서는 처음으로 과학적 논문을 통해 커피의 효능을 예찬한 존 레이가 『식물학 일반』을 런던에서 출간했다.
1686	독일에서 레젠스부르크 최초의 커피하우스가 개점했다.
1689	플로렌스 출신의 시칠리아인 프랑수아 프로코프가 최초의 프랑스식 카페, 카페 드 프로코프를 파리에 개점하였다.
1689	보스턴 최초의 커피하우스가 개점되었다.
1691	주머니에 넣어 휴대 가능한 커피 제조 도구가 프랑스에서 유행했다.
1692	영국에서 곡선형 동방식 접대용 주전자의 유행을 뒤이어 직선이 부각된 랜턴형 커피 주전자가 등장했다. 원뿔형의 주전자 뚜껑에는 엄지손가락을 대는 장치thumb-piece가 부착돼 있었고, 손잡이는 주둥이의 직각 방향에 부착했다.
1694	독일 라이프치히에서 최초의 커피하우스가 개점하였다.
1696	뉴욕 최초의 커피하우스(King's Arms, 왕실 문장紋章)가 개점했다.
1696	말라바르 해안의 칸누르산 커피 묘목 몇 그루를 자바 섬 내 바타비아(자카르타의 옛 지명) 인근 케다옹에 옮겨 심었다. 그러나 얼마 후 홍수로 침수하였다.
1699	헨리퀴스 즈바르데크론이 말라바르산 커피 묘목을 자바로 다시 들여왔다. 이 묘목은 네덜란드령 동인도에서 재배되는 '아라비아 커피'의 원종이 되었다.
1699	갈랑이 커피에 관한 최고最古 아랍어 필사본을 번역해 파리에서 출간하였다. 『커피 음용의 시초와 제조법의 발달 과정에 관해』라는 제목으로 출간하였다.
1700	새뮤얼 카펜터가 필라델피아 최초의 커피하우스인 '예 커피하우스'를 개점하였다.
1700~1800	얇은 강판으로 된, 휴대 가능한 소형 석탄·숯불 스토브가 등장하였다. 수동으로 회전시키는 원통형 로스터가 부착된 스토브로, 일반 가정에서 널리 쓰였다.
1701	기존 주전자에 비해 상하 직경의 차가 다소 줄어들고 완벽한 반구형 뚜껑이 부착된 주전자가 영국에서 첫선을 보였다.

5

북아메리카의 커피 문화

커피에 관한 정보를 북아메리카 지역에 처음 전해 준 사람이 존 스미스John Smith 선장이라는 데는 이견이 없다. 존 스미스 선장은 버지니아 제임스타운에 영국의 식민지를 개척한 인물로, 오스만투르크 여행 중에 커피에 관해 알게 됐다.

물론 당시의 네덜란드인들 역시 커피에 관해선 잘 알고 있었지만, 1624년 네덜란드 서인도회사가 맨해튼 섬에 정주하게 됐을 때 관련 지식을 전하지는 않은 듯하다.

1620년에 메이플라워 호가 신대륙에 도착했을 때에도 실려 온 화물 가운데서 커피와 관련된 물품은 전혀 찾을 수 없었다. 그러나 훗날 '커피 파우더'를 만드는 데 이용된 목재 절구가 실려 오기는 했다.

1 뉴욕으로의 커피 전래

뉴욕이 네덜란드령 뉴암스테르담이던 시기에(1624~1664), 네덜란드 본국을 통해 커피가 수입되었을 가능성이 있다. 네덜란드에서는 일찍이 1640년경부터 암스테르담 시장에서 커피를 판매했고, 또 1663년에는 모카 지역에서 생두를 정기적으로 수입했다. 그러나 뉴암스테르담으로의 커피 전래를 입증할 만한 자료는 부족하다. 게다가 네덜란드인들은 커피가 아니라 차를 먼저 북아메리카에 전래한 듯하다.

어쩌면 네덜란드에 이어 뉴욕을 점령했던 영국인들이 1664~1673년경에 커피 음용을 전해 주었을 가능성이 있다. 미국에서의 커피 음용을 기록하고 있는 자료 중 가장 오래된 1668년의 자료[1]를 보면, 당시 뉴욕에서는 볶은 커피 원두로 만든 음료에 설탕, 꿀, 시나몬을 곁들여 마셨다고 한다.

뉴잉글랜드 공식 자료 중에서는 1670년도 자료에서 커피가 처음으로 언급됐다.

1683년에는 윌리엄 펜(1644~1718, 영국의 식민지 개척자. 1681년 영국 찰스 2세에게 북아메리카 델러웨어 강 서쪽 땅에 대한 지배권을 출원해 허가를 받고 그 땅을 펜실베이니아라고 명명했다. 펜실베이니아는 '펜의 숲이 있는 지방'이라는 뜻이다)이 델라웨어에 정착한 그 이듬해에 뉴욕의 시장에서 커피를 구매했고, 1파운드당 18실링 9펜스에 구매했다고 전해진다.[2]

영국과 유럽 대륙의 커피하우스와 비슷한 형태의 커피하우스가 뉴욕, 필라델피아, 보스턴, 노퍽, 시카고, 세인트루이스, 뉴올리언스 등 식민지 주 전역에서 하나둘 생겨났다.

대표적으로, 세인트루이스 마켓 320번가에 있던 콘래드 레온하드의 커피하우스(1844~1905)는 커피와 커피 케이크로 유명한 곳이었다. 이곳은 1919년에 파인 가와 8번가 모퉁이 쪽으로 이전하면서 제과점 겸 간이식당으로 업종을 변경하였다.

식민지 시절의 커피 로스터
상단의 원통은 벽난로에 넣어 수동으로 회전시켜 이용했다. 하단의 냄비는 그을린 재 위에 올려놓고 사용했다.

초기의 가정용 커피 로스터.

시카고에서는 1843~1845년도 시카고 주소록에 두 개의 커피하우스가 등록돼 있었는데, 레이크 83번가의 워싱턴 커피하우스와 클라크 가의 익스체인지 커피하우스가 그것이다.

뉴올리언스의 초기 커피하우스는 도시 내에서 가장 오래된 땅, 즉 미시시피 강과 캐널 가, 에스플라나드 가, 람파트 가가 에워싸고 있는 지역에 밀집돼 있었다. 당시의 사업가들은 주로 커피하우스에서 업무를 처리했다.

한편 뉴올리언스의 한 커피하우스에서 첫 선을 보인 브륄로brûleau(커피에 오렌지주스와 오렌지 껍질, 설탕을 첨가한 후 가열한 코냑을 혼합한 음료)는 이후 술집에서도 판매를 시작했다.

2 미국은 어떻게 커피 소비국이 되었나?

커피와 차, 초콜릿은 17세기 후반 거의 동시에 북아메리카에 처음으로 상륙했다. 18세기 초중반에 영국에서 차를 크게 유행시킨 영국 동인도회사는 이후 식민지에서도 차를 판매할 목적으로 북아메리카로 시선을 돌렸다. 그러나 불행히도 1765년 식민지 과세법의 하나로 실시된 강제적인 인지조례로 말미암아 영국 왕 조지의 계획은 수포로 돌아갔다. 인지조례를 발표하자 미국의 식민지 주민들은 "대표 없는 곳에 과세할 수 없다"는 구호를 외치며 저항했다.

이 조례는 1766년에 폐지됐지만 영국은 여전히 과세의 권리를 주장했고, 1767년에 다시 한 번 그림, 기름, 납, 유리, 차에 대한 과세의 의무를 식민지에 부과했다. 이에 식민지에서는 영국산 제품 불매운동을 펼치며 다시 한 번 저항했고, 영국 제조업자들은 차에 대한 과세를 폐지하라고 의회를 압박했다. 당시 미국에서는 차 애호가가 늘고 있었지만, 신념을 저버리고 영국에서 차를 구입하지 않고 다른 곳의 차를 구입했다. 이에 따라 네덜란드산 차 밀수업이 성행했다.

이에 동인도회사는 가장 유망한 시장을 잃게 됐다며 영국 의회에 원조를 요청했고, 의회는 차 수출을 허용했다. 이전에는 결코 누리지 못한 특혜였다. 동인도회사의 수출품은 보스턴, 뉴욕, 필라델피아, 찰스턴에서 선출된 위원에게 전달돼 위탁 판매됐다. 이후 미국의 운명을 결정했다고 할 수 있는 차 과

뉴잉글랜드의 초창기 커피 제조기
포틀랜드 메인 주 역사학회 박물관에 전시된 유물로 왼쪽은 특허 취득한 켄리치의 커피분쇄기다. 가운데는 음료를 데우는 데 이용한 브리타니아 항아리와 쇠막대기 bar로, 쇠막대기는 양철 용기에 담아 항아리 뚜껑에 매달아 이용했다. 오른쪽은 벽면 부착형 커피·향신료 분쇄기이다.

세에 대한 식민지인들의 저항은 점점 더 거세졌다. 의심할 여지없이 미국이 영국과 달리 차 소비국이 아니라 커피 소비국이 된 데에는 이 저항이 결정적이었다.

1773년 보스턴 차 사건 당시, 인디언으로 변장한 시민들은 보스턴 항에 정박해 있던 영국 상선에 난입해 차 상자를 바닷속으로 던져버렸다. 이는 커피의 운명을 바꿔놓은 결정적 사건이었다. 이때부터 '차와 홍차'에 대한 미묘한 편견이 미국에서 생겨났고, 이는 오늘날까지도 알게 모르게 영향을 미쳤다. 보스턴 차 사건은 미국인의 관습을 변화시켰고, 뉴욕, 펜실베이니아, 찰스턴 식민지 사람들은 이 변화를 자연스럽게 받아들였다. 그런 가운데 커피는 '미국인의 아침 식탁의 제왕'으로 떠올랐고 더 나아가 미국인들이 가장 사랑하는 음료로 입지를 굳혔다.

3 독립 전후 북아메리카의 커피하우스

(1) 뉴잉글랜드 식민지의 선술집

뉴잉글랜드 식민지의 커피의 역사는 여관이나 선술집과 밀접하게 얽혀 있기 때문에 숙박 또는 술을 제공한 선술집과 영국인들이 이해하는 커피하우스를 명확히 구분하여 설명하기 어렵다. 커피 외에도 강한 와인이나 각종 술, 수입차 등이 있었기 때문에 뉴잉글랜드에서 커피는 17세기 후반 이후 18세기 초의 런던에서처럼 대유행을 일으키진 못했다.

> 물론 뉴잉글랜드에도 커피하우스가 있었지만, 실제로는 선술집이었고 커피는 단골손님들에게 대접하는 음료 중 하나에 불과했다. "당시의 선술집은 교회나 국가에 대해 보수적인 시각을 갖고 있던, 지배층에 우호적인 사람들의 만남의 장소로 흔히 이용됐다. 이들과 대립하고 있던 비국교도나 공화주의자들은 이들을 '아첨꾼'이라고 불렀다"고 로빈슨은 말한다.

커피하우스들은 주로 매사추세츠 식민지의 주도이자 뉴잉글랜드의 사회적 중심지였던 보스턴에 자리 잡고 있었다. 플리머스, 세일럼, 첼시, 프로비던스에도 커피를 판매하는 선술집이 있었지만 보스턴의 유명한 커피하우스만큼 인지도와 명성을 얻지는 못했다.

커피가 언제 이 지역에 전래되었는지는 정확히 알 수 없다. 하지만 아마도 1660년이나 1670년경 영국에서 뉴잉글랜드로 이주한 사람들 중에 커피에 친숙했던 몇몇이 다른 물품들과 함께 갖고 왔을 가능성이 높다. 또는 영국인 관리들 중에 17세기 중후반 런던의 유명한 커피하우스의 단골이었던 사람들이 들여왔을 가능성이 있다.

메이플라워호에 실려 온 "커피분쇄기". 커피를 "빻아" 커피 파우더로 만드는 데 이용한 목재 절구 세트로 페레그린 화이트의 부모가 배에 싣고 왔다.

(2) 허가를 받고 커피를 팔다

보스턴의 초창기 자료를 보면, 도러시 존스란 사람이 '커피와 쿠챌레토cuchaletto' 판매 허가를 처음으로 취득했다고 한다. '쿠챌레토'는 17세기에 초콜릿이나 코코아를 일컫던 말이다. 허가증은 1670년에 발급됐고, 매사추세츠 최초의 커피 관련 사료라 할 수 있다. 그런데 도러시 존스가 커피 음료를 팔았는지, '커피 가루'를 팔았는지는 알 수 없다. 커피 가루는 일찍이 알려져 있던 상황이었다.

그러나 도러시 존스를 보스턴 최초의 커피 '음료' 판매상으로 보기에는 몇 가지 의문이 남는다. 런던 사람들이 커피 음료를 접하고 즐기게 된 시기가 도러시 존스가 허가증을 받기 18년 전쯤이었다. 당시의 영국 관리들은 런던에서 매사추세츠 식민지로 자주 건너왔는데, 아마도 이들을 통해 영국 신사계급이 마시기 시작한 커피 샘플이나 관련 소식, 또 당시 런던에서 유행하던 새로운 스타일의 커피하우스에 대한 이야기가 전래됐을 가능성이 크다. 이에 새로운 이야기를 전해 들은 식민지 여관과 선술집 주인들이 커피 음료를 새로운 메뉴로 추가했다고 볼 수 있다.

(3) 첫 번째 커피하우스의 영예

뉴잉글랜드에서는 커피하우스란 이름이 17세기 후반까지는 통용되지 않았다. 그러다 '런던' 커피하우스와 '거터리지' 커피하우스가 커피하우스라는 상호를 걸고 뉴잉글랜드 주도였던 보스턴에 처음으로 등장했다. 이 둘 중 어느 곳이 보스턴 최초의 커피하우스인지는 보스턴 식민지 문헌을 통해서는 정확히 알 수 없다. 하지만 그 영예는 '런던' 커피하우스에게로 돌아갈 공산이 크다. 왜냐하면 1854년에 출간된 새뮤얼 가드너 드레이크(미국의 골동품 연구가)의 『보스턴의 역사와 풍속』을 보면 "1689년 벤저민 해리스가 이 커피하우스에서 책을 팔았다"는 대목이 나오기 때문이다.

매사추세츠 식민지 시절의 커피 제조기 및 접대용 도구
세일럼 에식스학회 박물관의 전시품으로, 상단의 왼쪽과 오른쪽에 있는 것은 브리타니아 접대용 주전자이고, 가운데가 브리타니아 탁자용 항아리다. 하단의 왼쪽에 있는 것은 양철 커피 제조 주전자이고 가운데 두 개는 브리타니아 접대용 주전자이며 오른쪽은 프랑스식 드립 주전자다.

서부개척 시대의 커피 제조 기구
위스콘신 국립역사학회 박물관에서 촬영. 좌측에서 순서대로, 영국식 양철 주전자, 매사추세츠 렉싱턴 지역에서 쓰던 커피 · 향신료 분쇄기, 우드의 특허권 하에 코네티컷 베를린의 레이즈앤윌콕스 사에서 생산한 구형 로스터, 렉싱턴 지역의 얇은 황동 커피 분쇄기, 존 루터의 커피 분쇄기, 깔때기 달린 무쇠 분쇄기

커피와 커피하우스가 등장하기 오래전부터 보스턴에는 여관과 선술집이 존재했다. 그러다 커피가 식민지에서 선풍을 일으키면서 일부 선술집에서 커피를 팔기 시

식민지 시절 뉴잉글랜드에서 사용한 금속 · 사기 커피 주전자매사추세츠 디어필드의 포컴턱기념사업회 박물관 소장.

작했고, 술을 좋아하지 않는 단골손님들에게 커피를 대접했다. 보스턴 최초의 여관은 새뮤얼 콜이 파뉴일 홀Faneuil Hall(식민지 보스턴 시절의 시장이자 만남의 장소로, 미국 독립에 관한 격렬한 토론이 벌어진 곳으로 유명)과 스테이트 가 사이의 워싱턴 가에 개점한 여관으로 알려져 있다.

당시의 상류계층이 즐겨 찾던 또 하나의 보스턴 숙박시설은 1664년에 로버트 터너가 운영한 콘힐의 '블루앵커'란 곳이었다. 주지사, 시찰 관리, 재판관, 성직자 들이 이곳에 소집되어 매사추세

츠 주의회를 진행했다. 아마도 성직자들은 커피나 순한 음료를 마시고, 와인이나 각종 주류는 동료 관리들에게 양보했을 것이다.

135년간 보스턴의 사회적, 정치적 교류의 중심지였던 그린드 래곤

(4) 독립 찬반론자들의 충돌

17세기 말 큰 인기를 끌었던 여관 겸 선술집의 마지막 주자라 할 수 있는 '그린드래곤'은 보스턴에서 가장 기념비적인 커피하우스 겸 선술집이었다. 1697년에서 1832년까지 135년 동안 비즈니스 센터의 중심부인 유니온 가를 지키고 있었고, 미국 역사에서 빼놓을 수 없는 주요한 사건이 이곳을 배경으로 일어났다.

붉은 코트를 입은 영국군, 식민지 총독, 가발을 쓴 영국 왕실 관리, 백작, 공작, 상류층 시민 및 혁명론자, 보스턴 차 사건 공모자, 애국자와 독립혁명을 이끈 장군들이 이곳에 모여 커피와 술을 마시며 각자의 이해관계를 논했다. 다니엘 웹스터의 말을 빌리면 그린드래곤은 '혁명의 본거지'였다. 워런, 존 아담스, 제임스 오티스, 폴 리비어가 미국의 자유 수호를 위한 '하원세입위원회' 모임을 개최했던 곳도 이곳이다. 또한 워런의 보호 하에 프리메이슨 회원의 모임 장소가 됐던 곳이기도 하다. 참고로 워런은 보스턴 최초의 프리메이슨 지부의 초대 지부장을 역임했다. 그린드래곤이 있던 장소는 아직까지 프리메이슨 세

인트앤드류 지부의 소유지로 남아 있다. 그린드래곤은 2층짜리 벽돌 건물로, 지붕은 가파르게 경사져 있었다. 출입구에는 녹색 용이 그려진 표지판이 달려 있었다.

한편 그린드래곤의 단골손님과 '브리티시' 커피하우스의 단골손님의 정치 성향은 극과 극이었다. 식민지 애국주의자들은 그린드래곤을 애용했고, 미국의 독립을 반대하는 이들은 브리티시를 애용했다. 이 때문에 두 가게 손님들 간에는 충돌이 잦았다. 제임스 오티스의 경우, 정적의 꼬임에 빠져 브리티시 커피하우스에 갔다가 혹독하게 구타당했고, 그 이후로는 예전만큼 재기발랄한 연설을 하지 못했다.

브리티시 커피하우스는 붉은 코트의 영국군들이 1750년에 보스턴 최초의 연극인 오트웨이(영국의 극작가)의 〈고아〉를 상연한 곳이기도 했다. 또한 1751년에는 머천트 클럽이라는 미국 최초의 클럽이 이곳에서 조직됐다. 왕실 관리, 식민지 총독, 하급 관리, 육해군 참모와 브리티시의 단골손님, 영국 왕실에 충성하는 상류층 식민지인들이 이 클럽의 일원이었다. 그러나 독립전쟁 중에 영국군이 보스턴에서 철수하자마자 영국인은 증오의 대상이 되었고, 이런 가운데 브리티시

식민지 뉴욕에서 사용한 철제 커피 주전자.
왼쪽은 빨강색의 토마토가 그려진 짙은 갈색의 양철 커피 주전자이다. 뉴어크 뉴저지역사협회 제공. 오른쪽은 장미가 그려진 하단이 묵직한 양철 커피 주전자이다. 개인 소장

커피하우스는 상호를 아메리칸 커피하우스로 변경했다.

프랜시스 홈스가 일찍이 1712년에 경영하던 '포도송이'라는 커피하우스 역시 정치적으로 뜨거웠던 커피하우스 중 하나이다. 그린드래곤과 마찬가지로, 미국의 무조건적 자유를 요구하는 이들이 이 가게의 단골이었다.

(5) 독립 선언서를 낭독한 커피하우스

한편 '포도송이' 커피하우스가 역사적 사건의 중심에 서게 된 시기는 1776년으로, 필라델피아 대표단이 이곳의 발코니에 서서 거리로 몰려나온 군중을 향해 독립선언서를 낭독했던 때이다.

> 낭독이 끝나자 보스턴 시민들은 크게 흥분했고, 한 시민이 '포도송이' 벽 가까이에서 흥분한 상태에서 횃불을 만들다 가게를 전소시킬 뻔했다. '포도송이'에 대한 또 하나의 일화로는, 1692~1694년 사이 매사추세츠 주지사를 역임했던, 성미가 까다롭기로 유명한 윌리엄 핍스 경에 관한 것이 있다. '포도송이' 내부의 창가에는 핍스를 위한 고정석이 있었는데, 화창한 오후가 되면 그가 어김없이 언짢은 표정으로 그 자리에 앉아 있는 것을 스테이트 가를 오가던 행인들이 볼 수 있었다고 한다.

18세기 초가 되자 커피하우스라는 간판을 걸고 개업하는 여관들이 더러 생겨났다. 그중 하나가 크라운 커피하우스였다. 이 가게는

'롱워프 최초의 커피하우스'로, 후에 매사추세츠 주지사와 뉴저지 주지사가 된 조너선 벨처가 1711년에 개점하였다. 크라운 커피하우스의 원래 건물주는 가발 제조업자 토머스 셀비였는데, 아마도 가발 제조보다 주류와 커피 판매가 더 수지맞는 장사임을 깨달았던 듯하다. 셀비가 운영하던 시절에는 커피하우스에서 경매가

옛 보스턴의 크라운 커피하우스. 커피하우스란 상호를 걸고 개점한 초창기 커피하우스 중 하나로, 1711년도에 개점했고 1780년도에 화재로 소멸됐다.

이루어지기도 했다. 크라운은 1780년까지 자리를 지키다가 롱워프를 덮친 화재로 사라졌다.

⑹ 정치와 사교의 중심

앞서 말했지만 뉴욕을 개척한 네덜란드인들은 커피보다 차를 먼저 들여온 듯하다. 커피가 전래된 시기는 17세기 중반 무렵이었다. 1668년경의 한 자료[3]를 보면 뉴욕 시민들이 커피의 유혹에 굴복했다는 기록이 있다. 커피는 일반 가정의 아침 식탁에서 포도주와 맥주를 대신하며 입지를 굳혀 갔다. 초콜릿 역시 비슷한 시기에 전래됐지만 커피나 차보다는 호사스러운 것으로 여겨졌다.

네덜란드가 뉴욕을 영국에 양도한 1674년 이후에는 영국 문화와 풍습이 빠르게 들어왔다. 차가 먼저 들어온 후 커피가 들어왔고, 이 두 음료 모두 가정에서 즐겨 마시는 음료로 자리를 잡았다. 1863년경 뉴욕은 생두 거래의 중심지로 떠오르는데, 관할 구역인 펜실베이니아에 나름대로 정착했다고 느낀 윌리엄 펜은 커피를 마시기 위해 뉴욕으로 사람을 보냈을 정도였다.[4] 런던식 커피하우스에 대

한 수요가 증가한 시기는 이로부터 얼마 되지 않아서였다.

초기 뉴욕의 커피하우스는 런던이나 파리 같은 대도시처럼 지역의 비즈니스나 정치, 사교 생활의 중심지였다. 그러나 프랑스나 영국에서처럼 문필가들이 교류를 한 곳은 아니었다. 이는 뉴욕 지역 커피하우스의 특징이다. 당시 식민지 시대 또는 독립 전후시기에 상대적으로 주목할 만한 작가들이 나타나지 않았기 때문일 것이다.

미국의 초창기 커피하우스는 뉴욕 사람들에게는 중요한 생활의 일부였다. 1775년 10월 19일자 《뉴욕 저널》에는 뉴욕의 유서 깊은 커피하우스인 머천트가 몰락해 가자 이를 되살리기 위한 호소문 하나가 실리기도 했다. 특히 뉴욕 지역의 커피하우스는 이따금 재판장으로 활용되기도 했고, 연방 총회나 회의장으로 자주 활용됐다. 이런 점은 미국의 초창기 커피하우스의 특징이라고 할 만하지만, 유럽의 커피하우스도 크게 다르지 않았다.

(7) 브로드웨이의 커피하우스

초기 뉴욕을 연구한 몇몇 연대기 작가들은 미국 최초의 커피하우스가 뉴욕에서 등장했음을 거의 확신하는 듯하다. 하지만 이들이 제시하는 믿을 만한 사료 가운데 가장 빠른 것이 1696년 11월 1일 사료이다. 그 자료에 따르면 존 허친스가 브로드웨이 트리니티 교회 묘지와 지금의 시더 가 사이에 있는 부지를 매입해 건물을 짓고 '킹스 암즈King's Arms(왕실 문장紋章)'라는 커피하우스를 개점했다고 한다. 그러나 보스턴의 커피하우스가 이보다 더 빨랐다. 이는 새뮤얼 가드너 드레이크의 『보스턴의 역사와 풍속』에 언급된 기록이기도 하다.

킹스 암즈는 목제 건물이었
는데 전면은 네덜란드에서 공
수해 왔다는 노란 벽돌로 지
어졌다. 2층 건물이었고, 꼭대
기의 '관측대'에서 강과 만, 도
시의 훌륭한 경치를 감상할
수 있었다. 커피하우스 손님

1696년에 개점한 뉴욕의 선구적 커피하우스 킹스암즈.
존 허친스가 운영한 유서 깊은 커피하우스로, 위 그림은 정원 쪽
전경을 담고 있다. 브로드웨이 트리니티 묘지 근처에 자리하고
있었다. 관측대는 이 그림이 그려진 이후에 증축된 듯하다.

대다수가 오후에는 여기서 시간을 보냈다.

1층에는 녹색 커튼이 달려 있는 칸막이 공간이 늘어서 있었다.
손님들의 프라이버시를 보호하기 위한 배려였다. 뉴욕 사람들은
여기서 당시의 런던 사람들이 누렸던 고급스러움을 만끽하며 커피
나 그보다 자극적인 음료를 마시거나 우편물을 읽었다. 2층의 회의
실은 상인, 식민지 치안판사, 감독관, 업계 관련자들의 특별 회의와
모임 장소로 활용됐다.

이러한 회의 공간은 선술집과는 구분되는 커피하우스만의 가장 큰 특
징이었다. 두 곳 모두 손님을 위한 방을 제공했고 식사를 대접했지만,
커피하우스의 경우 단골손님들이 업무를 보기 위해 찾았던 반면에 선
술집은 주로 단기 체류자들이 이용했다. 당시 뉴욕 사람들은 업무차
매일 킹스 암즈를 찾았지만 연회나 숙박을 위해서는 선술집을 찾았다.
킹스 암즈의 출입구에는 '왕을 위해 싸우는 사자와 유니콘' 을 그린 간
판이 걸려 있었다.

킹스 암즈는 수년간 뉴욕 유일의 커피하우스로 자리매김했다. 어쩌면 다른 커피하우스가 더 있었는지도 모르겠다. 그러나 식민지 자료에 기록될 만큼 유명하지는 않았던 듯하다. 이렇다 보니, 킹스 암즈는 제 이름을 두고 '커피하우스'라고만 해도 통하는 경우가 더 많았다. 한편 킹스 암즈의 주인 존 허친스가 로저 베이커와 함께 영국 왕 조지 1세를 모욕했다는 이유로 체포됐던 당시의 기록을 보면 로저 베이커가 주인으로 있던 킹스 헤드란 가게가 나온다. 킹스 헤드는 선술집이지, 정확히 커피하우스는 아니었던 것으로 보인다. 1700년경 자료에 나오는 화이트라이언 역시 커피하우스가 아니라 선술집이나 여인숙이었다.

1709년 9월 22일자 '뉴욕 식민지 총회 일지'에는 총회 개최 장소로 '처음 보는' 커피하우스 상호에 대해 언급되고 있다. 이 무렵 뉴욕의 상업 지구는 브로드웨이에서 동쪽으로, 즉 해안가 쪽으로 이동하기 시작했다. 따라서 총회 일지에 등장한 새로운 커피하우스는 시더 가 근처에 있던 킹스 암즈가 이전한 가게일 수도 있고, 킹스 암즈를 누르고 명성을 얻게 된 새로운 커피하우스일 수도 있다. 총회 일지에서는 새로운 커피하우스의 정확한 위치를 언급하지 않고 있다.

아무튼 킹스 암즈란 상호는 그 이후에 사료에서 사라진 듯하다가 1763년에 다시 등장하는데, 이 무렵에는 순수한 커피하우스가 아니라 선술집이나 도로변 여관으로 운영됐다.

1709년부터 1729년까지는 뉴욕의 커피하우스에 대한 공식 자료가 없다. 그러다 뉴욕 최초의 신문《뉴욕 가제트》가 1725년에 발간되었고, 4년 후인 1729년에 "그 커피하우스에 가면 능력 있는 회계원에 대한 각종 정보를 접할 수 있다"는 지면 광고가 실린다. 1730년에는 익스체인지 커피하우스에서 부지 공매·경매가 열린다는 지면 광고가 실렸다.

(8) 익스체인지와 머천트 커피하우스

'익스체인지Exchange'라는 커피하우스는 상호로 미루어 보건대, 방파제 및 롱 브릿지와 인접한 브로드 가 발치에 자리하고 있었던 듯하다. 이 구역은 당시 뉴욕의 상업 중심지로, 거래소trading exchange가 위치한 곳이었다.

1732년도 뉴욕 지방위원회 회의가 그저 커피하우스에서 개최된다고 공지하고 있는 것으로 보아 이 무렵에 익스체인지 커피하우스 외에는 뉴욕에 다른 커피하우스는 없었던 듯하다. 1733년도 《뉴욕 가제트》에 실린 한 공고 역시 이러한 추측에 힘을 실어준다. "커피하우스 옆집의 토드 씨가 잃어버린 커프스 단추를 돌려받길 원한다"는 공고였다. 이 신문에서는 로버트 토드가 뉴욕의 상업 중심 지구에서 블랙호스라는 유명한 선술집을 운영하고 있다고 덧붙였다.

익스체인지는 1737년 자료에서도 언급된 바 있는데, 브로드웨이 가 발치 롱 브릿지 옆 '파이팅콕스(쌈닭)'란 선술집과 이웃한 흑인 지구에 대한 자료에서 다시 언급됐다. 이때도 이전 자리를 여전히 지키고 있었다. 또한 같은 해 브로드웨이 부지 공매 장소로 재차 언급됐다.

당시의 익스체인지 커피하우스는 커피를 구입하고 마실 수 있는

장소였을 뿐만 아니라 사실상 뉴욕의 공식 경매장으로 통했다. 커피하우스 안이나 가게 앞 인도에서 다양한 물품이 거래됐다.

오랫동안 명성을 지켜온 익스체인지 커피하우스는 1750년경이 되자 흔들리기 시작했고, 얼마 뒤 역사 속으로 사라졌다. 이러한 세대교체를 앞당긴 데는 의심할 나위 없이 '머천트Merchant'라는 새로운 커피하우스의 등장이 한몫했다. 머천트 커피하우스는 얼마 안 가 뉴욕에서 가장 유명한 커피하우스로 입지를 굳혔고, 몇몇 작가들은 이곳을 미국 역사상 가장 중요한 커피하우스로 손꼽았다.

머천트 커피하우스가 정확히 언제 문을 열었는지는 알 수 없다. 다만 뱃사람 대니얼 블룸이 1737년에 존 덩크스에게서 자메이카 파일럿보트 선술집을 매입해 머천트 커피하우스라는 간판을 내걸었다.

원래의 머천트 커피하우스가 있던 건물은 지붕에 발코니가 있는 복층 구조로, 18세기 중반의 뉴욕에서 흔히 볼 수 있는 구조였다. 킹스 암즈처럼 1층에는 커피숍과 별실이 있었고 2층에는 길쭉한 형태의 전형적인 회의 공간이 있었다.

180

블룸이 머천트를 경영하던 당시에는 당시 승승장구하던 익스체인지와 손님을 놓고 오랜 시간 힘겹게 경쟁해야 했다. 그러나 상인들의 거래 장소였던 곡물 시장 부근에 위치한 덕분에 머천트는 점차 뉴욕의 대표적인 교류의 장으로 자리 잡게 됐다. 대신 부둣가 쪽에 더 가까웠던 익스체인지를 찾는 손님 수는 점점 줄어들었다.

그 뒤 머천트를 임대한 미망인 메리 페라리 부인은 이후 길 건너편으로 이전할 때까지 14년 동안 원래의 머천트 커피하우스를 운영했다. 그녀는 영리한 여성 사업가였다. 새로운 건물로 이전하기 직전에 부인은 단골손님들에게 개점 행사를 알리며, 그날 새로운 커피하우스에서 아라크 술(인도, 동남아 지역에서 제조되는 증류주), 펀치, 와인, 콜드 햄, 혓바닥 요리 등 진수성찬을 대접할 것이라 공지했다. 예상했던 대로 개점 행사는 신문에 보도됐다. 한 손님은 "유쾌하고도 우아한 분위기로 손님들에게는 더할 나위 없이 훌륭한 휴식공간이 되었다"고 전했다.

페라리 부인이 머천트를 운영한 시기는 1776년 5월 1일까지였다. 그 이후에는 코르넬리우스 브래드포드가 새로운 경영자가 됐다. 불안정한 정국과 뒤이은 독립혁명으로 단골손님이 줄어든 상황이었기 때문에 브래드포드는 단골손님을 새로 확보하는 데 주력했다. 소유권 이전식 때 그는 "거래와 항해만 정상화되면 세간의 관심을 살 만한 정보를 수집할 수 있을 것이고, 항구에 도착하는 선박에 사람들의 관심이 쏠릴 것이다"라고 견해를 밝혔다. 당시 식민지인들이 꿋꿋이 고수하고 있던 유럽과의 전면적 통상 금지를 두고 한 말이었다. 한편 혁명 기간 중 미국 군대가 뉴욕에서 철수하면서 브래드포드 역시 허드슨 강 부근의 라인백으로 떠났다.

> 뉴욕이 영국군에 점령했던 시기에 머천트는 상당히 활기차게 운영됐다. 이전과 마찬가지로 거래의 중심지였으며, 전리품으로 획득한 선박의 거래소로 이용됐다. 상공회의소는 1779년에 이 커피하우스 2층의 회의실에서 1775년 이후 중단했던 총회를 재개했고, 연 사용료로 50파운드를 지불했다.

브래드포드는 선박 목록을 작성해 도착 시간 및 출항선, 그리고 경유 항구를 알려주었다. 또한 뉴욕으로 돌아온 사람들의 명부를 작성하기 시작했다. "뉴욕에 거주하게 된 신사라면 누구나 이름과 거주지를 등록할 수 있다"고 공지했다. 이것이 아마도 도시 명부의 시초인 듯하다. 브래드포드의 이러한 노력이 있었기에 머천트 커피하우스는 뉴욕의 비즈니스 중심지로 다시 각광을 받았다. 1786년 그가 사망하자 뉴욕 시민들은 훌륭한 한 시민이 떠났다며 그의 죽음을 애도했다. 장례식은 그가 정성을 다해 운영했던 머천트에서 거행됐다.

머천트 커피하우스는 1804년 화재로 소실될 때까지 도시의 주요한 공적 모임 장소로 활발하게 이용됐다.

매사추세츠 콩코드 및 렉싱턴 전투 직후 대중 집회가 날마다 열렸고, 공무 집행을 위한 100인회가 조직되었으며, 머천트 커피하우스가 실질적인 정부 소재지의 역할을 하기도 했다.

1776년 미군이 뉴욕에 머물 당시에는 육해군 장교들의 휴식처로 이용됐다. 머천트 커피하우스는 이후에도 명성을 죽 이어나가다가 1789년 4월 23일, 주 정부 관계자와 뉴욕 시장, 시청 직원이 갓 선출된 미합중국의 초대 대통령 워싱턴을 환영하는 공식 행사를 이곳에서 개최하면서 영광의 절정을 맛본다.

(9) 저물어가는 커피하우스 시대

유명했던 '톤틴Tontine' 커피하우스에 대한 이야기로 넘어가기 전에 머천트 커피하우스가 톤틴과 경쟁하기 전에도 몇몇 가게와 경쟁 관계에 있었다는 이야기를 하고 가는 것이 좋겠다. 우선 4년 동안 브로드 가 발치 쪽에서 활동하는 상인들을 위한 공간으로 자리매김한 익스체인지를 들 수 있다. 이 가게는 로열익스체인지 내에 자리하고 있었는데, 로열익스체인지는 1752년 구 익스체인지가 있던 터에 세워져 1754년까지 가게로 이용된 곳이었다. 윌리엄 킨과 알렉산더 라이트는 이곳에 무도회장을 증축해 1754년에 익스체인지 다방을 개점했다. 두 사람의 동업 관계는 1756년에 깨졌지만 라이트는 사망 직전까지 이곳을 계속 운영했고, 그가 사망한 이듬해에는 그의 미망인이 운영을 이어가려 했다. 그러다 1758년부터는 예전과 같이 상업적 용도로 이용됐다.

1762년에 로저스와 험프리스가 개점한 화이트홀Whitehall 커피하우스도 빼놓을 수 없다. 이들은 "런던과 브리스톨에 연락책이 있기 때문에 영국에서 발간된 따끈따끈한 출판물과 팸플릿을 모두 받아 보실 수 있습니다. 또한 우리 가게에서는 뉴욕과 보스턴 등지에서 발행한 최신 신문을 매주 읽어보실 수 있습니다"라고 광고했다. 그러나 화이트홀은 그리 오래가지 못했다.

옛 뉴욕에 관한 자료를 보면 '번스Burns' 커피하우스란 곳도 간혹 등장한다. 그러나 선술집으로 기록되기도 한 것으로 보아 커피하우스라기보다 선술집 겸 여관에 가까웠던 듯하다. 배터리 근처의 유서 깊은 구 드랜시De Lancey 하우스 내에 자리했고, 조지 번스가 수년간 운영했다. 스틸 부인이 소유권을 넘겨받은 때는 1762년이었다. 가게를 넘겨받은 스틸 부인은 상호를 킹스 암즈(앞서 나온 킹스 암즈와는 다른 곳)로 바꿨다. 1768년에는 에드워드 바든이 새로운 주인이 됐고, 그로부터 몇 년 후에는 애틀랜틱 가든 하우스로 불렸다. 반역자 베네딕트 아놀드가 영국 측에 빌붙은 후 이곳에서 한동안 머물렀다고 한다.

뱅크Bank 커피하우스도 빼놓을 수 없다. 이 커피하우스는 분류하자면 초창기 커피하우스라기보다 후기 커피하우스로 보는 것이 맞

브로드웨이와 프린스 가의 니블로의 가든. 1828년

을 것이다. '니블로의 가든'으로 유명한 윌리엄 니블로가 1814년에 문을 연 가게로, 윌리엄 가와 파인 가 교차로, 뉴욕은행 근처에 자리했다. 약 10년간 그 자리를 지키며 수완 좋은 상인들의 만남의 장으로, 일

종의 클럽 모임 장소로 기능했다. 정찬과 파티로 유명한 가게였다.

프라운스 선술집은 워싱턴이 장교들에게 작별을 고한 것으로 유명한 가게였고, 상호를 통해 짐작할 수 있듯이 커피하우스라기보다는 선술집에 가까운 곳이었다. 물론 커피도 제공됐고, 모임 공간도 있었지만 상인들 간의 거래는 거의 이뤄지지 않았다. 그보다는 유흥을 즐기려는 사람들이 주로 찾는 공간이었다. 그 외에도 '뉴잉글랜드앤퀘벡' 커피하우스가 있었지만 이 역시 실제로는 선술집이었다.

옛 뉴욕의 유명한 커피하우스 중 마지막으로 소개할 곳은 '톤틴' 커피하우스다. 머천트 커피하우스가 1804년에 화재로 소실되고 몇 년 안 돼 톤틴은 뉴욕의 독보적인 커피하우스로 자리 잡았다.

1791년 150여 명의 상인들이 각종 사업을 추진하기 위해서 더욱 넓은 커피하우스가 필요하다는 데 공감했고, 이에 따라 톤틴 커피하우스 설립 사업에 착수했다. 이 사업은 로렌조 톤티(17세기 이탈리아의 은행가)가 1653년 프랑스에 도입한 계획을 일부 변경한 것으로, 출자자의 지분이 상속인이 아니라 출자자 중 끝까지 생존한 이들에게 자동적으로 돌아가도록 변경했다. 초기 출자자는 157명이었고,

1792년 개점한 톤틴 커피하우스. 왼쪽에서 두 번째 건물. 월 가와 워터 가 북서쪽 모퉁이에 위치했다. 위의 사진은 1850년 5층 건물이 들어서기 전의 원래의 건물을 보여준다. 5층 건물은 이후 현대식 사무용 건물로 개조된다.

한 주당 200파운드에 총 203주가 거래됐
다.

1794년 뉴욕을 방문한 한 영국인은 당
시의 톤틴을 이렇게 묘사했다.

톤틴 선술집 겸 커피하우스는 깔끔하고도 큰
벽돌 건물에 자리 잡고 있었다. 현관 지붕 아래에 놓인 계단을 6~8칸 올
라가면 대형 홀이 보인다. 뉴욕의 증권 거래가 이뤄지는 곳으로, 갖가지
물품이 거래되는 것을 볼 수 있다. 런던의 로이드 커피하우스에서처럼
이곳에서도 선박의 도착 및 출항 정보가 수록된 장부 두 권을 비치하고
있었다. 이곳은 상인들의 편의를 도모하기 위해 건립된 공간으로, 건립
비용은 톤틴식 출자 방식으로 주식을 200파운드씩에 팔아 마련했다. 런
던에서 모직물 거래를 하던 하이드 씨가 현재 이곳의 운영을 맡고 있다.
공용 테이블에 앉아 식사를 하거나 시간을 보낼 수 있으며, 이용료는 저
녁식사와 상관없이 당시 돈으로 10실링이었다.

주식시장 본부가 톤틴 커피하우스에 들어선
때는 1817년이었다. 이 본부는 이후 뉴욕증권
거래소로 발전했고, 1827년에 머천트 익스체
인지 빌딩으로 이전해 1835년 대화재로 빌딩
이 소실되기 전까지 그곳에 자리했다.

그러나 톤틴 커피하우스가 사무용 건물로
완전히 탈바꿈하게 되면서 뉴욕의 커피하우스

시대는 역사의 뒤안길로 서서히 사라졌다. 커피하우스가 맡았던 사무실 기능은 새로 생겨난 거래소와 사무용 건물이 이어받았고, 교류의 장 역할은 클럽이 맡게 됐으며, 음료와 음식은 이제 레스토랑과 호텔이 제공하게 됐다.

★ 주석

1) Singleton, Esther, Dutch New York. New York, 1909. (p. 132.)

2) Bishop, J. Leander, A History of American Manufactures, 1608 to 1860. New York, 1864. (Vol. 1 : p. 259.)

3) Singleton, Esther. Dutch New York, 1909 (p. 133)

4) Bishop, J. Leander, A History of American Manufactures, 1608 to 1860. New York

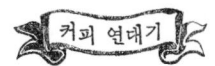

커피 연대기

1702	필라델피아에 처음으로 '런던' 커피하우스가 등장하였다.
1704	불Bull이 로스팅 기계를 발명해 영국 특허를 취득하였다. 세계 최초의 상업용 석탄 로스터로 추정된다.
1706	자바에서 첫 재배된 커피 견본과 커피 모종을 네덜란드 암스테르담 식물원에 들여왔다.
1707	테오필리오 게오르기가 커피 관련 정기 간행물의 시초라 할 수 있는 《새롭고 이색적인 커피하우스》를 라이프치히에서 발간하였다. 세계 최초의 카페 잡담 모임kaffee-klatsch의 유사 기관지로 발간하였다.
1711	자바 커피가 암스테르담 경매장에서 처음으로 거래되었다.
1711	원두 가루를 퍼스티언(능직 면직물) 또는 리넨 주머니에 담아 우려먹는 새로운 커피 제조 방식이 프랑스에 소개되었다.
1712	독일 슈투트가르트에 커피하우스가 처음 등장하였다.
1713	독일 아우크스부르크에 커피하우스가 처음 등장하였다.
1714	주전자 뚜껑에 엄지손가락을 대는 강편이 달려 있고 손잡이가 주둥이 직각 방향에 부착된 커피 주전자의 유행이 영국에서 주춤하기 시작했다.

1714	1706년에 암스테르담 식물원에 이식했던 커피 모종에서 얻은 커피 묘목을 프랑스 루이 14세에게 선물로 바쳤다. 이 묘목은 파리 식물원으로 옮겨져 재배되었다.
1715	장 라 로크가 『행복한 아라비아로의 여행』을 파리에서 출간하였다. 아라비아산 커피와 이것이 프랑스로 전래된 과정에 관한 중요한 정보를 수록하였다.
1715	아이티 섬과 산토도밍고에 커피 재배를 도입하였다.
1715~17	프랑스 생말로 출신의 한 선장이 프랑스 인도회사의 명에 따라 모카산 커피 모종을 부르봉 섬(현재의 레위니옹)에 전래하였다. 이로써 현지에서 커피 재배를 시작하였다.
1718	수리남(이전의 네덜란드령 기아나)에 커피 재배를 도입하였다.
1718	아베 마쇠가 「카르멘 카파윔Carmen Caffaeum」을 발표하였다. 커피를 소재로 한 최초의 라틴어 작품이자 가장 유명한 시로, 프랑스 금석학아카데미에서 낭독된다.
1720	플로리오노 프란체스코니가 베니스에서 카페 플로리안을 개점하였다.
1721	베를린 최초의 커피하우스가 개점되었다.
1721	마이스너가 커피와 차, 초콜릿에 관한 논문을 출간하였다.
1722	수리남에서 카옌(프랑스령 기아나)으로 커피 재배를 전래하였다.
1723	브라질 파라의 포르투갈 식민지에서 카옌산 커피 모종을 이용해 커피 플랜테이션을 처음으로 시도했으나 실패로 끝났다.
1723	노르망디 출신의 보병대 대장 가브리엘 드 클리외가 루이 14세가 선물받은 자바 커피나무에서 얻은 묘목 한 그루를 프랑스에서 마르티니크로 들여왔다. 긴 항해 기간 동안 배급받은 식수로 선상에서 묘목을 키운 것으로 유명하다.
1730	영국인들이 자메이카에 커피 재배를 전래하였다.
1732	영국령 아메리카 대륙에서의 커피 재배를 촉진하기 위해 영국 의회가 내국세 감세를 결정하였다.
1732	바흐가 〈커피 칸타타〉를 라이프치히에서 발표하였다.
1737	미국의 자유주의와 미합중국 탄생의 숨겨진 일등 공신으로 통하는 머천트 커피하우스가 뉴욕에 개점되었다.
1740	스페인 선교 사단이 자바에서 필리핀으로 커피 문화를 전래하였다.
1746	스웨덴에서 '차와 커피의 오남용'을 금하는 칙령을 공포하였다.
1748	돈 호세 안토니오 젤라베르트가 쿠바에 커피 재배를 도입하였다.
1750	자바에서 셀레베스로 커피 재배를 전래하였다.
1750	영국에서 예술 분야의 복고풍 영향으로, 직선형 커피 주전자가 사라지고 몸통이 둥그스름하고 주둥이가 S자형인 주전자가 유행하였다. 좌우대칭을 이루고, 뚜껑은 가장자리에서 조금 솟아나 있는 납작한 반구형이 많았다.
1750~60	과테말라에 커피 재배를 도입하였다.
1753	브라질 파라와 아마소나스 지방의 포르투갈 식민지에서 집약적 커피 재배를 재개하였다.
1754	높이 8인치, 직경 4인치의 백은제 로스팅 기구가 베르사유 궁 내 루이 15세의 부대로 보내졌다고 기록되었다.
1755	마르티니크에서 푸에르토리코로 커피 재배를 전파하였다.
1756	스웨덴에서는 칙령에 따라 커피 음용이 한동안 금지되다가 커피 밀매와 세금 감소 문제로 금지령이 폐지되었다.

1760	커피를 달이거나 끓이던 기존 방식이 사라지고 우려먹는 방식이 프랑스에서 보편화되었다.
1760	주앙 알베르투 카스텔루브랑쿠가 포르투갈령 인도 식민지 고아에서 들여온 커피나무를 리우데자네이루로 이식하였다.
1761	브라질에서 커피 수출세를 면제하였다.
1763	프랑스 생브누아 지역의 양철공 동마르팅이 '고급 플란넬 여과망'을 내부에 부착한 새로운 커피 주전자를 발명하였다. 꼭지를 통해 커피 추출액을 따를 수 있도록 설계되었다.
1764	피에트로 베리 백작이 《카페 Caffé》라는 철학·문학 분야의 정기간행물을 이탈리아 밀라노에서 발행하였다.
1765	퐁파두르 부인의 재산 목록에 황금 커피분쇄기가 언급되었다.
1770	영국에서 강한 복고풍의 영향으로 이전에 유행했던 터키식의 곡선형 접대용 주전자가 재등장하였다.
1770	네덜란드에서 치커리를 커피에 첨가해 마시기 시작하였다.
1770~73	리우데자네이루, 미나스, 상파울로에서 커피 재배를 시작하였다.
1771	존 드링이 혼합 커피compound coffee를 발명해 영국에서 특허를 취득하였다.
1774	벨기에 수도사 몰케가 수리남에서 커피 모종을 들여와 리우데자네이루 카푸친 수도원 정원에 심었다.
1774	미국 연락위원회Committees of Correspondence가 미합중국 수립을 제안하는 편지를 뉴욕 머천트 커피하우스에서 보스턴으로 보냈다.
1775~76	베네치아차협회가 부도덕과 타락의 온상이란 이유로 커피하우스 운영을 금했으나 탄압에도 불구하고 커피하우스는 계속 운영되었다.
1777	프러시아 프레데릭 대제가 저 유명한 커피·맥주 선언을 공포하였다. 서민층은 커피 대신 맥주를 마실 것을 권고했다.
1779	리처드 디어만이 커피분쇄기 신기술을 개발해 영국에서 특허를 취득하였다.
1779	스페인 항해가 나바로가 쿠바에서 코스타리카로 커피 재배를 전래하였다.
1781	프러시아 프레데릭 대제가 독일에 국영 커피 로스팅 공장을 설립하고 커피 산업의 국영화를 선언함과 동시에 일반 가정에서의 커피 로스팅을 금지했다. 커피 향 탐지가coffee-smeller에 의해 위반 행위가 적발될 경우 엄벌에 처했다.
1784	마르티니크산 커피 모종을 이용해 베네수엘라에서 커피 재배를 시작하였다.
1784	쾰른 지역 선제후 막시밀리안 프레데릭이 커피 음용을 금하는 법령 공포하였다. 단, 부유층의 음용은 허용하였다.
1785	매사추세츠 보도인 지역 지사가 치커리를 미국에 전래하였다.
1789	미국 최초의 커피 수입세 부과하였다. 파운드당 2.5센트였다.
1789	미대통령 당선자 조지 워싱턴이 4월 23일 뉴욕 머천트 커피하우스에서 당선 후 첫 공식 소감을 밝혔다.
1790	서인도제도에서 멕시코로 커피 재배를 전파하였다.
1790	미국 최초의 대규모 커피 로스팅 공장이 뉴욕 그레이트독 4번가에서 가동되었다.
1790	미국 최초의 커피 광고가 《뉴욕데일리애드버타이저》에 등장하였다.
1790	미국 커피 수입세가 파운드당 4센트로 인상되었다.

1790	뉴욕의 한 상인이 생두를 포장해 '입구가 좁은 석기 주전자와 병'에 넣어 판매. 최초의 포장 커피로 기록된다.
1791	영국 커피상 존 홉킨스가 브라질 리우데자네이루에서 포르투갈 리스본으로 커피 수출을 개시하였다.
1792	톤틴 커피하우스가 뉴욕에 등장하였다.
1794	미국 커피 수입세가 파운드당 5센트로 인상되었다.
1798	토머스 브러프(Senior)가 개량 커피 분쇄기를 개발해 미국 최초의 분쇄 분야 특허를 취득하였다.
1800	네덜란드에서 커피 대용으로 치커리를 이용하였다.
1800	프렌치 드립 추출기의 원형 격인 드 벨루아의 커피 주전자가 프랑스에 등장하였다. 초기에는 주석으로 제조하다 후반에는 자기로 제조하였다.
1800*~1900	주전자 손잡이가 주둥이 직각 방향에 부착된 접대용 주전자가 영국에서 다시 유행하였다.
1802	데노브, 앙리옹, 루슈가 '약화학적 우려내기식 커피 추출기'로 프랑스 최초의 커피 추출기 특허를 취득하였다.
1802	찰스 와이엇이 커피 증류기로 영국 특허를 취득하였다.
1804	미국 화물선이 처음으로 모카에서 커피와 동인도산 상품을 싣고 매사추세츠 세일럼으로 출항하였다.
1806	제임스 헨켈이 커피 건조기로 영국 특허를 취득하였다. '한 외국인이 건조기 제조 기술을 제임스에게 전수'한 것으로 전해진다.
1806	아드로가 끓이지 않고 여과식으로 커피를 추출하는 개량 프렌치 드립 추출기를 개발해 이 분야 최초의 프랑스 특허를 취득하였다.
1806	미국계 과학자 럼퍼드(벤저민 톰프슨) 백작이 파리에서 커피 삼출기(퍼컬레이터)를 발명하였다. 정확히 말하면 이 삼출기는 개량 프렌치 드립 추출기에 더욱 가깝다고 할 수 있다.
1808	콜롬비아 쿠쿠타 근교에서 소규모 커피 재배를 시작하였다. 18세기 중반 이후 베네수엘라에서 이 지역으로 커피 재배가 전래되면서 이 해에 본격적으로 재배가 시작되었다.
1809	브라질산 수입 커피가 처음으로 미국 본토인 매사추세츠 세일럼에 도착하였다.
1809	커피가 브라질의 주요 무역 품목으로 자리를 잡았다.
1811	런던의 식료품·차 상인 월터 로치포트가 압축 커피 정제(tablet)로 영국 특허를 취득하였다.
1812	얇은 강판으로 만든 속 빈 원통이나 강철 팬으로 커피를 볶은 뒤, 절구나 맷돌(손절구)로 원두를 빻는 방식이 영국에서 일반화되었다.
1812	앤서니 시크가 로스팅 과정에 관한 영국 특허를 취득하였다. 이제까지 로스팅 과정에 관한 발명 명세서는 등록된 적이 없었다는 것이 특허 취득 사유였다.
1812	이탈리아에서는 로스팅 과정에서 커피를 유리 플라스크에 넣고 코르크 마개를 느슨히 닫은 다음 병을 계속 흔들어가며 '석탄불 위에서 볶았다.
1812	미국에서 전쟁 재원 확보를 위해 커피 수입세를 파운드당 10센트로 인상하였다.
1813	코네티컷 뉴헤이븐의 알렉산더 덩컨 무어가 커피 분쇄기 분야 미국 특허를 취득하였다.
1814	전시 상황에서 차·커피 투기 열풍이 일어나자 필라델피아에서는 비소비협회를 조직해 파운드당 25센트 이상의 커피는 구매하지 않을 것과 차를 음용하지 않을 것을 결의하였다. 단, 기존에 수입된 상품은 예외를 적용하였다.

1816	미국 커피 수입세가 파운드당 5센트로 인하되었다.
1817	커피 비긴(비긴이라는 사람이 발명했다고 전해짐. 커피 추출기의 일종)이 영국에서 상용화되었다.
1818	현장에서의 커피 '거래spot' 및 수출 예약된, 또는 '운송 중인 커피to arrive' 거래를 위해 아브르Havre 커피 시장이 개장되었다.
1819	파리의 양철공 모리즈가 거꾸로도 사용 가능한 이중 드립 커피 추출기를 발명하였다.
1819	펌프식 삼출기의 최초 개발자 로랑스가 프랑스 특허를 취득하였다. 수증기 압력을 이용해 끓는 물을 상부로 순환시켜 원두 가루에 분사되도록 설계한 기구였다.
1820	볼티모어의 페레그린 윌리엄슨이 개량 커피 로스터로 미국 최초의 로스터 분야 특허를 취득하였다.
1820	프랑스 양철공 고데가 프랑스식 삼출기의 원형 격인 추출기를 개발해 특허를 취득하였다.
1822	벨파스트 출신의 네이션 리드가 커피 껍질 제거기[coffee huller[생두를 둘러싼 단단한 속껍질인 파치먼트(내과피)를 벗겨내는 기계]를 개발해 미국 특허를 취득하였다.
1824	리처드 에번스가 상업용 커피 로스터를 발명해 영국 특허를 취득하였다. 얇은 강판으로 된 원통형 로스터에 개량 플랜지(관과 관 또는 관과 다른 기계 부분을 결합할 때 쓰는 부품)를 부착하고, 로스팅 과정에 원두 시식이 가능하도록 속이 빈 튜브 및 시험관에 부착하였다. 또한 용이한 원두 배출을 위해 로스터를 완전히 회전 가능하도록 제작하였다.
1825	증기 압력과 불완전 진공 원리를 이용한 펌프식 삼출기가 프랑스, 독일, 오스트리아 등지에서 유행하였다.
1825	뉴욕의 루이스 마텔리가 미국 최초의 커피 주전자 특허를 취득하였다.
1825	리우데자네이루에서 하와이로 커피 재배를 전래하였다.
1827	파리의 귀금속 도금업자 자크 오귀스탱 강데가 실용성을 갖춘 프랑스식 커피 삼출기로 이 분야 최초의 프랑스 특허를 취득하였다.
1828	코네티컷 메리던의 찰스 파커가 원조 찰스 파커 커피 분쇄기 제조에 착수하였다.
1829	몰생 지역의 콜로 에 시애가 프랑스 최초의 커피 분쇄기 특허를 취득하였다.
1829	로잔느 사가 손으로 돌리는 원통형 커피 로스터를 파리에서 생산하였다.
1830	미국 커피 수입세가 파운드당 3센트로 인하되었다.
1831	데이비드 셀든이 주철 원뿔이 달린 커피 분쇄기를 개발해 영국 특허를 취득하였다.
1831	영국 존휘트미앤코에서 커피 플랜테이션용 기계 생산을 개시하였다.
1831	미국 커피 수입세가 파운드당 1센트로 인하되었다.
1832	코네티컷 메리던의 에드먼드 파커와 허만 M. 화이트가 신형 가정용 커피·향신료 분쇄기를 개발해 미국에서 특허를 취득하였다. 찰스파커 사가 창립되었다.
1832	강제 노동으로 운영되는 국영 커피 재배 농장제가 자바에 도입되었다.
1832	커피가 미국 면세품 목록에 포함되었다.
1832~33	코네티컷 베를린타운의 암미 클라크가 가정용 개량 커피·향신료 분쇄기로 미국 특허를 취득하였다.
1833	코네티컷 하트포드의 애머스 랜섬이 커피 로스터로 미국 특허를 취득하였다.
1833~34	제임스 와일드가 100% 영국산 커피 로스터·그라인더 겸용 설비를 뉴욕에 설치하였다.
1834	콜롬비아산 커피의 수출 원년(사료 기준)

1834	존 체스터 라이먼이 목재 회전 원판에 일련의 톱니바퀴를 부착한 커피 껍질 제거기로 영국 특허를 취득하였다.
1835	보스턴의 토머스 딧슨이 커피 껍질 제거기로 미국 특허를 취득하였다. 딧슨 외에도 10명이 커피 껍질 제거기로 이 해에 특허를 취득하였다.
1835	자바와 수마트라에 커피 사유농장이 처음으로 설립되었다.
1836	파리의 프랑수와 레네 라쿠가 자기로 된 로스터·그라인더 겸용 기구를 개발해 프랑스 최초의 커피 로스터 특허를 취득하였다.
1837	리옹의 프랑수아 뷔르레가 커피 대체품을 개발해 이 분야 최초의 프랑스 특허를 취득하였다.
1839	진공 추출기의 일종인 대용량 삼출기urn percolator를 개발한 제임스 바르디와 모리츠 플라토우가 영국 특허를 취득하였다. 상단에 유리 용기가 달려 있는 것이 특징이다.

6

세계의 커피 음용 풍습

오늘날 아시아 지역에서 커피를 마시는 풍습은 600여 년 전 오마르 교주가 아랍에서 커피 음료를 발견했을 때와 그다지 다르지 않다. 반면에 서구, 특히 미국에서는 커피 제조와 음용 방식이 다양하게 발전해 왔다.

커피는 전 세계 사람들이 즐기는 보편적인 음료가 되었지만 전통적인 필요와 선호에 따라 나라마다, 문화마다 음용 방식과 풍습에 많은 차이가 있다. 여기서는 커피가 식사의 한 부분으로 자리 잡은 나라의 커피 관련 문화와 접대 방식을 살펴본다. 아프리카 대륙에서는 특히 에티오피아, 알제리, 이집트, 모잠비크, 남아프리카 공화국을 커피 애호 국가로 꼽을 수 있다.

1 아프리카 전통과 유럽식 커피 음용의 공존

에티오피아와 소말리아 원주민들은 오늘날에도 전통적인 커피 제조 방식을 고수하고 있다. 예컨대 유목민인 갈라족은 원두를 빻아 지방에 섞어 이를 비상식량으로 활용한다. 또 다른 부족들은 열매 겉껍질을 구워 만든 키셔kisher라는 음료를 여전히 즐겨 마신다. 커피 열매 껍질을 구워 한 시간 정도 달인 것으로, 담황색을 띠고 달콤한 향이 나는 음료다. 아랍 문화권에서는 아랍 및 터키(오스만투르크)식으로 커피를 만들어 마신다. 그런데 이 지역에 거주하는 백인들은 대체로 모국의 제조와 음용 방식을 고수한다. 아프리카에 영국, 프랑스, 독일, 그리스와 이탈리아식 커피 제조 방식이 전래된 데는 이들의 영향이 있었던 것 같다. 아프리카의 대도시를 걷다 보면 터키식 커피하우스와 함께 프랑스풍 노상 카페도 볼 수 있다.

이집트 적도 부근과 우간다 원주민들은 커피 열매를 날로 먹거나 물에 한 번 끓인 후 햇볕에 건조시켜 먹는다. 환영 인사로 커피 원두를 주고받는 것이 이들 사이에서는 관례로 자리 잡았다.

에티오피아 부족 중에는 개인용 커피 제조 토기를 직접 제작하는 부족도 있다. 토기 색깔은 대개 붉거나 노랗다. 메카로 성지 순례를 떠나는 사람들은 해마다 이 토기를 몇 점 챙겨 가는데, 커피를 좋아하는 순례자들 사이에서 순식간에 팔린다고 한다.

알제리와 이집트는 아랍과 터키식 커피 문화가 뿌리내린 곳이지만, 유럽과 왕래하는 과정에서 영향을 받기도 했다. 카이로와 튀니스, 알제의 무어식 카페는 지난 수세기 동안 수많은 작가와 예술가,

에티오피아 하라의 토착 카페

여행가 들에게 창조적 영감을 제공했다. 무어식 카페는 오랜 세월이 흐른 오늘날까지도 원래의 모습을 거의 유지하고 있다. 물이나 얼음을 첨가해 만든 달콤한 냉커피의 일종인 '마자그랑mazagran'은 알제리가 그 고향이다. 마자그랑이란 이름은 1837년 타프나 조약에 의해 프랑스가 확보한 요새 이름에서 유래한 것으로 보인다. 당시에 프랑스령 식민지였던 알제리에 주둔한 프랑스군이 마자그랑 근처를 행군하며 커피 시럽에 찬물을 넣어 마신 것이 그 유래라고 한다. 처음에는 마사그랑masagran으로 알려졌다. 그 후 이들의 귀국과 함께 프랑스 파리로 전해졌고, 얼마 후 파리의 유명 카페 몇 군데에서 이를 긴 유리잔에 담아 마자그랑 커피로 팔기 시작했다. 찬물 대신 탄산수를 넣는다든지, 뜨거운 물을 붓는다든지 하는 식의 변종도 생겨났다. 한편 자르뎅은 "당시 유리잔에 커피를 담아 대접하는 것이 유행이었는데, 그 이유를 알 수 없다. 커피잔에 담으면 안되는 이유가 무엇인지 도무지 알 수 없다"고 평하기도 했다.

알제리에서는 어딜 가든 도시의 주요 거리와 광장에서 휴대용 난로 옆에 쪼그리고 앉아 있는 일단의 사람들을 볼 수 있다. 휴대용 난로 옆에는 탁자가 있고 그 위에는 갓 끓인 커피를 바로 담을 수 있는 잔이 여러 개 놓여 있다. 목이 마른 행인들은 저렴한 가격에 갈증을 해소하고는 재빨리 제 갈길을 떠난다. 단, 카페 출입을 즐기지 않는 경우라면. 대부분의 경우에는 카페 안으로 들어가 돗자리 위에 다리를 꼬고 앉아 긴 파이프 담배를 피우며 여러 잔의 커피를 음미하며 시간을 보낸다. 사실 이런 장면은 서아시아 지방 어디서나 볼 수 있는 장면이다. 그늘과 커피 천막, 그보다 좀 더 고급스러운 커피점, 커피 행상은 많은 골목에서 볼 수 있는 익숙한 풍경이다.

바롱 앙투안 루소Baron Antoine Rousseau와 롤랑 드 뷔시Roland de Bussy는 그들의 미출간 저작에서 알제의 무어식 카페 풍경을 이렇게 묘사했다.

우리는 눈치 볼 것 없이 깊숙한 동굴로 들어갔다. 입구에는 카페 상호가 걸려 있었다. 카페 좌우측에는 돗자리를 깐 벤치가 하나씩 벽을 따라 길게 놓여 있었다. 또 작은 난로 옆에는 눈금이 새겨진 컵과 집게, 흑설탕 상자가 있었다. 가구라고는 이것이 전부였다. 저녁이 되자 천장의 램프가 희미하게 빛을 비추는 가운데, 현지인들이 두 줄로 앉아 연주자들의 연주를 감상하는 모습을 볼 수 있었다. 연주자들은 작은 삼현 바이올린을 손으로 튕기며 콧노래를 불렀다.

유럽과 마찬가지로 이곳의 카페 역시 시간을 때우려는 사람, 수다쟁이, 부동산 중개상과 노름꾼 들의 모임 장소였다.

특히 최근에 알제로 건너온 유럽인들이 알제 카페의 단골이었다. 단지 호기심에 이끌려 오는 이도 있고, 반면에 문명화에 대한 강한 반발심에 찾아오는 이도 있었다. 후자의 경우에는 오스만투르크인들의 기예를 사랑하는 이들도 많은데, 그렇다고 하더라도 현지 카페를 자주 드나들며 현지인인 척하는 것 외에는 달리 할 수 있는 일은 없었다.

누구라도 잠시 알제에서 벗어나 알로에나 유향수 나무 행렬을 지나서 언덕 꼭대기로, 다시 깊숙한 골짜기로 이어지는 변화무쌍한 길을 걷다 보면, 소박한 플롯 소리와 피리 소리가 들리는 시원하고 평화로운 세계, 소박한 카페에 당도하게 될 것이다. 이들 카페는 정면에 큰 구멍이 뚫려 있어 눈에 쉽게 띈다. 여기서 쉬어 가자는 마음을 뿌리치기는 힘들 것이다. 여기 카페보다 훌륭한 곳은 없어 보인다. 물가를 따라서 울창한 나무 그늘 아래 띄엄띄엄 자리한 이들 카페는 마을 농부들이 즐겨 찾던 까닭에 언제나 생기가 흘러넘친다.

도시의 소음을 피해 이웃 마을에서 찾아온 나이 든 무어인들만큼 이 생기 넘치는 공간을 즐겨 찾는 이들도 없다. 이들은 단골 중에 단골이다. 새벽녘부터 자리를 잡고 앉아 그간의 여행기나 소싯적의 모험담, 또는 상상력을 총동원해 만든 여러 가지 전설들을 주거니 받거니 하며 여생을 즐기고 있었다.

뉴욕 메트로폴리탄 미술관에 전시된 제롬의 〈카이로의 커피하우스〉는 이집트 카페 분위기를 충실히 재현한 그림이다. 이집트 카페에서는 터키-아랍식 커피 제조법과 커피 도구를 현지에 맞게 변형해 이용했다. 원두를 빻은 후, 설탕과 함께 이브릭이라는 주둥이가 긴 주전자에서 끓인 다음에 완성되면 거품을 내어 작은 잔에 따른다. 이곳에서는 지금도 만담가, 가수, 무희가 카페에 온 손님들에게 오락을 선사한다. 이렇게 보면 옛 아랍의 풍습은 그다지 바뀌지 않

은 것 같다. 이집트 대도시 신시가지만 보
면 전차와 마차, 택시가 나귀를 대체한 것
같지만, 옛 알렉산드리아나 카이로를 가보
면 전통 카페로 가는 길은 여전히 더럽고
악취가 심하다. 거래가 이뤄지는 곳에서는
어디든 커피가 있다는 점도 변함없다. 오늘
날 이집트 여성들은 껌을 씹고, 남성들은
담배를 피우며, 프랑스 백화점은 할인 행사
를 하고, 호텔에서는 티댄스 행사를 홍보한
다. 그러나 물에 원두 가루와 설탕을 넣고
끓인 다음 작은 잔에 담아내는 방식은 여전

알제의 무어식 커피하우스

카이로의 카페

하다. 300여 년 전 커피에 단맛을 가미하기 위해 카이로에서 설탕
을 넣기 시작한 이후로 여전히 그 방식을 고수하고 있다.

한편 모잠비크 원주민들은 아프리카 원주민 방식대로 커피를
만들어 마시고, 이 지역 백인 거주자들은 모국의 방식을 따른다. 남
아프리카공화국에서는 대개 네덜란드와 영국식 커피 제조, 접대
방식을 따른다.

2 아랍의 환대와 거래 전통

아라비아 반도 남쪽 지역, 흔히 '행복한 아라비아Arabia the Happy'로
통하는 이 지역은 전 세계로 커피를 전해 주었다는 사실 하나만으

로도 축복받은 땅이다. 바로 이곳에서 커피의 효능이 처음 알려졌고, 바로 이곳에서 커피가 집약적으로 재배되기 시작했다. 수세기 동안 커피를 일상 음료로 마셔온 덕분에 아랍인들은 지금이나 그때나 가장 강인하고 고결한 민족으로 꼽힌다. 다른 어떤 민족보다 탁월한 정신을 지녔고, 대체로 건강하며, 나이가 들어도 여전히 품위를 유지하기에 몸은 늙고 병들지언정 그 정신만은 여전하다. 이들이야말로 커피의 효능을 입증하는 산 증인들이다.

아랍인은 손님을 환대하는 것으로도 유명하다. 이들의 환대를 떠올리면 신분의 고하를 막론하고 모두가 수천 년 동안 마셔온 민주적인 음료, 커피가 가장 먼저 떠오른다. 아랍인들의 집은 커피와 함께 형제애를 나누는 공간이었다. 윌리엄 월리스(1272~1305, 스코틀랜드 독립을 위해 잉글랜드에 맞서 싸운 기사이자 지주)는 아랍의 철학과 풍습을 이렇게 기록했다.

아랍 주거 공간의 기본 특징 중 하나는 카와kahwah라는 커피방이 있다는 점이다. 돗자리를 깐 커다란 방으로, 그 위에 카펫을 깔거나 쿠션을 놓는 경우도 있다. 한쪽 끝에는 커피를 만들 때 쓰는 작은 화로가 있다. 남성들이 주로 이용하고, 응접실이나 손님의 잠자리로 이용한다. 여성들은 손님이 없을 때만 이 방을 드나들 뿐, 거의 출입하지 않는다. 방안에 기둥이 몇 개 있거나 면적이 꽤 넓은 방도 있다. 한쪽 벽은 카바ka'bah(메카의 성지) 방향을 가로질러 세우는 것이 보통인데, 혹시라도 이 방에서 예배 시간을 맞이할 경우 카바를 향해 기도를 드릴 수 있도록 한 조처이다.[1]

처음으로 집을 방문한 손님에게는 여러 번에 걸쳐 커피를 대접한다. 커피에 우유나 설탕은 넣지 않고 가끔 카다몬 씨앗만 조금 넣는다. 매 식사 후 틈틈이 대접하거나 상황에 맞추어 여러 차례 대접한다. 원두는 그 자리에서 볶은 뒤 빻아서 커피를 끓인다. 아랍인들은 작은 사기 잔으로 하루 평균 25~30잔의 커피를 마신다. 아랍권에서는 어딜 가든 커피를 판매하는 카페를 찾을 수 있다.

하층 계급 역시 온종일 커피를 마신다. 이들이 주로 가는 가게의 입구에는 손님용 툇마루나 벤치가 놓여 있다. 가게 안의 방과 벤치, 의자가 한때 콘스탄티노플이나 다마스쿠스의 호사스러운 커피 누각caffinets에 있던 것만큼 깔끔하거나 우아하지는 않지만 양쪽에서 마시는 음료만큼은 똑같다. 예멘에서는 장터가 들어서는 작은 마을의 어딜 들어가든지 커피와 오두막에 얽힌 전설 한 가지 정도는 꼭 들을 수 있다.

아랍인들은 커피를 마시기 전에만 물을 마실 뿐, 그 후에는 마시지 않는다. 한 여행자는 "시리아에서 커피를 마신 직후 물을 주문한 적이 있는데, 이를 보고 손님들 모두가 내가 이방인임을 알게 됐다. 웨이터는 '이곳 사람들은 입 안에 커피 향미가 남아 있는 동안은 물을 마시지 않죠. 물에 다 씻겨 내려가니까요'라고 알려줬다"고 회상했다.

마차꾼이나 부지런한 짐꾼이라면 아랍의 길가 여인숙이나 대상隊商 숙소 바깥에서 사람들과 함께 커피를 만들어 마시는 즐거움을 한 번쯤 누려 볼 만하다. 부지런한 마차꾼들은 아마도 안장 주머니에서 늘 갖고 다니는 커피 도구와 생두를 꺼낼 것이다. 생두는 적당량을 덜어 다공성 작은 철판 위에 올려놓고 불 위에서 볶는다. 생두의 색깔이 알맞게 변하면 한 알씩 솜씨 좋게 꺼낸 후, 절구에 넣어 빻는다. 그 다음으로 직선형 손잡이가 달린 뚜껑 없는 긴 주전자나 이브릭(놋쇠로 만든 원통형 찻잔의 일종)에 물을 넣고 끓인 후 여기에 커피 가루를 넣어 끓인다. 내용물이 끓을 때마다 불가에서 주전자를 꺼냈다가 다시 불 위에 올린다. 이 과정을 세 번 더 반복하면 거품이 몽글몽글 생긴 커피를 달걀 모양의 작은 잔에 따라 마시는 즐거움을 만끽할 수 있다.

한편 터키와 아랍의 일부 지역에서는 술탄 커피 또는 키셔kisher라는, 건조 후 노르스름하게 구운 커피 열매 껍질을 달인 원액을 오늘날에도 즐겨 마신다.

동양의 다른 지역과 마찬가지로 아랍에서도 커피는 거래 과정의 일부다. 가게 주인들은 사업에 관한 논의를 시작하기 전에 찾아온 고객에게 커피부터 대접한다. 한때 뉴욕의 한 이발사가 손님들에게 차와 음악을 융숭하게 대접해 세간의 관심을 끈 적이 있다. 그러나 아랍에서는 그렇게 하는 것이 전통이다. 터키와 아랍 지역 이발소에서는 수세기 전부터 커피와 담배, 설탕절임을 손님들에게 대접해 왔다.

카이로 이발소에서의 커피 접대

폴그레이브Palgrave(1826~1888, 영국인 아랍 학자)는 자신의 저서 (『Narrative of a Year's Journey through Central and Eastern Arabia』, 1862~1863)에서, 오늘날의 아랍 가정에서도 명

맥을 유지하고 있는 고대 아랍의 커피 의식을 충실히 기술했다. 물론 시간이 흐르면서 약간 변형된 부분이 있기도 하다. 그의 설명을 들어보자.

카와Khāwah(커피방)는 직사각형의 넓은 홀로, 높이가 약 6m, 세로가 15m, 가로가 5m 정도 됐다. 갈색과 흰색을 조잡하게 칠한 벽이 보였고, 벽 여기저기에는 삼각형 모양으로 움푹 파인 공간이 있었다. 등불 따위를 올려두는 공간이었다. 바닥에는 깨끗하고 고운 모래가 뿌려져 있었고, 사면에는 긴 카펫이 벽을 따라 나란히 깔려 있었다. 카펫 위에는 빛바랜 실크 쿠션이 띄엄띄엄 놓여 있었다. 카펫을 살 형편이 안 되는 가정에서는 펠트 깔개를 깔기도 했다.

방 입구에서 멀리 떨어진 저쪽 구석에는 작은 화로가 있었다. 더 정확히는, 정사각형의 큼직한 화강암이나 단단한 돌로 만든 화로였다. 크기는 가로, 세로, 높이가 각각 50cm 정도 됐다. 화로 내부를 들여다보면, 위가 뚫린 길쭉한 깔대기가 설치돼 있었다. 깔대기 아래쪽은 가로로 놓인 작은 관이 연결돼 있거나 구멍이 뚫려 있는데, 공기가 드나드는 길이었다. 풀무로 바람을 일으키면 공기가 이 길을 타고 올라가 화로의 중간쯤, 쇠창살 위에서 타고 있던 숯덩어리에 전달됐다. 이러한 원리를 이용해 숯을 재빨리 태워 화로에 올려둔 커피 주전자를 데울 수 있었다. 주프(서아프리카 사막 지역)나 제벨 쇼머에서는 이런 화로를 흔히 볼 수 있었다. 그러나 네자드 지역이나 예전에 갔던 아라비아 동남부의 시골에서는 바닥을 움푹 파 만든 덮개 없는 화로를 이용했다. 가장자리에는 돌이 빙 둘러져 있었고, 장작을 올리는 철제 받침대가 있는 것이 마치 스페인식 화로 같았다. 이처럼 아랍 지역 내에서 화로의 형태가 다른 이유는 구할 수 있는 땔감의 양 때문이다. 남부 지역에서는 장작을 쉽게 구할 수 있기 때문에 장작을 넉넉하게 태워 불을 지폈다. 반면에 주프나 제벨쇼머에서는 장작이 매우 귀했고, 그나마 구할 수 있는 조잡한 숯도 먼 곳에서 가져와야 하기 때문에 최대한 효율적으로 물을 데우는 방법을 연구하지 않을 수 없었다.

한편 이 화로는 커피를 끓이는 용도와 더불어 명예로움을 가늠하는 지표로도 활용된다. 무슨 말인가 하면, 집주인이나 가장 귀한 손님이 화로 옆에 앉고 그 다음으로 귀한 손님이 그 옆에 앉는 식으로, 상석인 화로를 중심으로 자리 배치가 이루어진다.

커피 화로가 됐건 난로가 됐건, 그 옆의 널따란 공간에는 구리 재질의 화려한 커피 주전자 세트가 놓여 있었다. 형태와 크기는 다양했다. 주프에서는 다마스쿠스에서 유행하는 것과 유사한 도구를 사용했다. 반면에 네자드나 동부 지역에서는 이와는 형태가 다른, 화려한 장식이 가미된 주전자가 유행이었다.

키가 크고 날렵한 주전자에는 여러 가지 양각 장식이 우아하게 새겨져 있었다. 게다가 주전자 주둥이는 화려한 새 형상을 하고 있었고, 뚜껑은 첨탑 모양이었다. 또한 화로 옆에는 이러한 도구가 필요 이상으로 많이 비치돼 있었다. 열두 가지 도구를 일렬로 장식해 둔 집도

손님에게 대접할 커피를 끓이는 이슬람 가정의 가장

있었다. 실제로는 기껏해야 세 가지 정도밖에 사용하지 않으면서 말이다. 주프에서는 보통 여섯 가지 정도를 세워 뒀다. 반면에 남쪽 지역에서는 열두 가지를 세워 두는 것이 보통이었다. 집주인이 얼마나 자주 손님들을 대접하는지, 또 이를 위해 커피를 얼마나 많이 구입하는지 보여줌으로써 집주인의 부와 후함을 드러내는 일종의 과시적 행위였다.

한편 부유한 가정에 가면 흑인 노예가 화로 옆에 앉아 있는 것을 볼 수 있었다. 노예에게는 보통 친숙한 애칭을 붙여 주었는데, 내가 갔던 집에서는 소일림soweylim이란 애칭을 붙여 주었다. 평화를 의미하는 '살림Sālim'에서 따온 이름이었다. 커피를 만들어 잔에 따르는 것이 그의 일이었다. 노예가 없는 집에서는 가장이나 그 아들이 직접 커피를 만들어 대접했다. 그런데 이 과정이 그다지 쉽지만은 않았다.

자, 그럼 이제 커피방 안으로 들어가 보자. 손님들은 문지방을 넘을 때 '비스밀라'(신의 이름으로)라고 읊조린다. 이렇게 하지 않으면 자신뿐만 아니라 방안에 있는 모두에게 불행이 닥친다고 믿기 때문이다. 손님들은 조용히 입장한 후 방 한가운데쯤에 이르러 다른 손님들에게, 그러나 시선은 집주인에게 향한 채 "평화가 당신과 함께 하기를 바랍니다"고 인사한다. 손님이 인사를 건네는 동안 방안의 다른 손님은 미동도 없이 그저 조용히 자리에 앉아 있다. 집주인만이 일어나 이에 응대하는데, 주인이 와하브파(Wahhabi : 18세기에 현재의 사우디아라비아 지역에서 무하마드 이븐 아브드 알 와하브가 창시한 이슬람교의 한 종파로, 이슬람 근본원리와 극단적 금욕을 강조하는 것으로 유명하다)이거나 이슬람교리를 엄격히 따르는 경우라면 다음과 같은 전통 답사 전문을 읊을 것이다. "와알라이쿰 앗살람. 라흐맛 울라히 바라카투", 즉 "당신께도 또한 신의 자비와 축복이 함께하길 바랍니다"라고 답할 것이다. 그러나 그런 경우를 제외하고는 "마르하비"나 "아흘란 와 싸흘란"(환영합니다)이라고 답할 것이다. 그 다음에는 인사말이 따로 정해져 있지 않고 예의를 갖추어 인사를 건네면 된다.

집주인의 답인사가 끝나면 그제야 자리에 있던 다른 손님들이 모두 일어나 답인사를 한다. 그런 다음에 방금 들어온 손님은 집주인에게 다가간다. 이때 집주인 역시 한두 걸음 걸어나온다. 손님은 집주인의 손바닥 위에 손을 올린다. 그러나 서양식 악수처럼 손을 잡거나 흔들지는 않는다. 이곳에서는 손을 맞잡고 흔드는 것을 결례로 여긴다. 이어서 한 번 더 인사를 주고받은 다음에 "어떻게 지내십니까?"라고 서로의 안부를 공손하게 묻는다. 안부 묻기를 서너 차례 후에 한 사람이 "신께 찬양을"이나 "더할 나위 없이 좋습니다"라고 마무리를 하면서 인사 예식은 끝이 난다.

그런 다음 손님은 옆자리에 앉은 사람과 화로 뒤에 앉은 흑인 노예에게 양해를 구하고 화로 곁의 영예의 자리에 앉는다. 이 자리에는 가장 좋은 쿠션이 놓여 있고 새로 산 듯한 카펫이 깔려 있다. 가죽신 등의 신발(사실 아랍인들은 가죽신밖에 신지 않지만)은 카펫에 오르

아랍의 커피하우스

기 직전에 벗어서 바로 옆의 모래 위에 둔다. 그러나 유목민이든 도시인이든, 부자든 가난하든, 상류층이든 하류층이든 간에 진정한 아랍인이라면 항상 소지하는 지팡이는

그대로 들고 있다. 이들은 대화가 중단될 때마다 지팡이를 만지작 거리곤 했다.

한편 흑인 노예 소일림은 지체 없이 커피를 끓이기 시작했다. 우선 5분 정도는 풀무를 이용해 바람을 일으키고 숯을 이리저리 잘 배치했다. 그런 다음에 제일 큰 커피 주전자에 깨끗한 물을 3분의 2 정도 채우고 화덕 입구 가장자리에 올려두었다. 다른 작업을 하는 동안 물을 데우는 것이다. 이어서 움푹 파인 벽 틈새에서 낡은 천주머니를 꺼내 매듭을 풀고는 생두를 서너 움큼 꺼낸다. 풀로 엮은 쟁반 위에 생두를 올려놓고 썩은 생두나 이물질을 골라낸다. 커피 열매를 대량으로 구입하면 불량 생두 등이 섞여 있게 마련이다. 상태가 좋은 생두만을 골라 충분히 손질하고 흔들어서 먼지를 털어낸 다음, 큰 쇠국자에 부어 화로 입구에 올린다. 동시에 풀무로 바람을 일으키며 국자 위의 생두를 부드럽게 저어가며 볶기 시작한다. 딱딱 소리가 나고 불그스름한 색을 띨 때나 연기가 약간 피어오를 때까지 생두를 볶는다. 단 오스만투르크와 유럽에 잘못 전래된 것처럼 시커멓게 탈 때까지 볶지는 않고 그 전에 바로 꺼내 쟁반에 놓고 잠시 식힌다.

그런 다음 물을 바로 끓일 수 있도록 온수를 채운 커다란 커피 주전자를 화덕 위에 올린다. 그리고는 가운데가 좁게 패인 석재 절구를 맨 다리 사이에 끼우고 길이 30cm, 두께 4cm 정도의 절굿공이를 손에 쥐고 반쯤 볶은 원두를 절구에 붓고 빻기 시작한다. 소일림은 입이 딱 벌어질 정도로 정확하게, 움푹 들어간 곳을 두들겨 원두를 빻았다. 원두가 부스러질 때까지 정확하게 내리치면서도 미세한 가루가 될 정도로 빻지는 않았다. 그런 다음 붉은 빛을 띠는 거친 가루가 된 원두를 절구에서 꺼냈다. 다른 지역에서 봤던, 마치 숯가루처럼 미세하게 빻은 원두와는 상당히 달랐다. 다른 지역에서처럼 원두를 시커멓게 태우거나 미세한 가루로 만들 경우, 원두 본연의 향이 거의 대부분 사라진다.

소일림은 마치 자신의 손에 주프 지역 전체의 운명이라도 달려 있는 양 이 모든 과정을 진중하고 정확하게 처리했다. 그러고는 좀 더 작은 커피 주전자를 꺼내 아까 큰 주전자에 담아두었던 따뜻한 물을 반 정도 채웠다. 그 다음 빻은 원두를 주전자에 후두두 털어 넣고 불가에서 끓이기 시작했다. 물이 끓어넘치지 않게 주의하며 물이 끓어오를 때마다 작은 막대기로 저어 준다. 이때 물을 오래 또는 펄펄 끓이지 않도록 주의해야 한다. 반대로 은은하게 끓이는 것이 중요하다.

물이 끓는 동안 소일림은 천주머니에서 헤일이라는, 향기 나는 인도산 씨앗이나 사프란을 꺼내 빻았다. 애석하게도 헤일의 정확한 학명은 잊어버렸다. 어쨌든 끓는 주전자에 이를 넣어 커피의 향을 더 풍성하게 만들었다. 동양의 다른 지역에서는 향신료 첨가를 생략하는 경우가 많지만 아랍 지역에서는 필수 과정이다. 반면에 커피에 설탕을 넣는 것은 감히 상상도 할 수 없다. 향신료까지 첨가했다면 끓인 커피액을 걸러내기만 하면 된다. 주전자 주둥이 속에 달려 있는 종려나무 속껍질의 섬유질을 이용해 커피액을 걸러내 커피를 완성한다. 그런 다음 알록달록한 풀로 만든 우아한 쟁반에 커피 잔을 올리면 제조 과정이 끝난다. 실은 여기까지를 '예비' 과정이라 할 수 있는데, 이 과정만 해도 족히 30분은 걸린다.

소일림이 커피를 준비하는 동안 집주인과 손님들은 대화를 나누었다. 우리도 대화에 끼었다. 집주인 가필 씨의 친척들도 이 자리에 모여 있었다. 이들은 은장식 칼을 차고 있었는데, 이를 통해 가족을 얼마나 소중하게 여기는지 알 수 있었다. 이 자리에는 또 우리의 방문 소식을 전해 듣고 일부러 찾아온 동네 사람들도 있었다. 우리의 방문 소식은 이 마을에서 큰 화제가 됐다. 옷차림을 통해 빈자인지, 부자인지를 짐작할 수 있었지만 모두가 점잖았다. 대부분은 우리의 조국과 고향, 즉 시리아와 다마스쿠스에 대해 물었다. 그러고는 우리의 여정, 사업, 우리가 가져온 물건과 약, 장식품 등에 대해 물었다. 한눈에 봐도 약이 필요한 환자나 우리의 물건을 살 만한 사람이 많은 듯했다. 그도 그럴 것이, 6~7월의 열기를 뚫고 광활한 사막을 가로질러 주프를 방문할 정신 나간 대상은 거의 없기 때문이다. 이웃 마을에 사는 대상이 아니고서야 이 시기에 움직이는 것은 무리이다. 나 역시 다시는 이 고생을 할 생각이 없다. 그러나 한편으로는 이렇게 고생한 덕분에 경쟁자 없이 물건을 팔 수 있었다.

자리에 앉은 지 15분 정도 지났을까, 소일림이 볶은 원두를 빻고 있을 때, 키가 크고 호리호리한 한 남자가 방 안으로 들어왔다. 가필의 장남이었다. 그는 다른 쟁반과 비슷하게 생긴, 풀을 엮어 만든 둥근 쟁반을 들고 와 모래 바닥에 우아하게 내려놓았다. 그러고

초기의 커피, 차, 초콜릿 접대 방식
출처: 뒤푸르의 「커피와 차, 초콜릿에 관한 새롭고 흥미로운 논문」

는 목재 사발에 대추야자를 수북이 담아 내어놓았다. 사발 한가운데는 녹인 버터가 담긴 컵이 있었다. 사발을 둥근 깔개 위에 올려놓고 장남은 "신의 이름을 말하여라Semmoo"라고 했다. 이는 "본격적으로 시작한다"는 일종의 신호였다. 이에 집주인은 불가 자리에서 일어나 우리의 맞은편 모래 바닥에 앉았다. 우리도 사발 가까이로 움직였고, 너댓 명의 사람들도 몇 차례 사양을 하다가 무리에 합류했다. 그러고는 절반쯤 으깨어져 서로 엉겨 붙은 대추야자 덩어리에서 대추야자를 한두 개씩 집어 버터에 찍어 먹었다. 충분히 먹었다 생각되면 일어나 손을 씻는다.

이때쯤이면 커피가 완성돼 나온다. 소일림은 한 손에는 커피 주전자를 들고, 다른 한 손에는 쟁반과 컵을 들고서 방안을 돌기 시작한다. 이때 첫 잔을 따르기 전에 먼저 한 모금 마셔보는데, 커피나 주전자에 해가 없음을 확인하는 절차이다. 불가 옆 상석에 앉은 손님부터 차례대로 커피를 대접받는다. 이렇게 해서 집주인이 가장 마지막에 잔을 받는다. 여기서는 커피를 거절하는 것이 주인에게 모욕을 주는 일로 통한다. 그러나 잔이 커 봐야 큰 달걀껍데기 정도고, 커피를 반 이상 채우는 법이 없기 때문에 한 번에 마시는 양이 그다지 부담스럽지 않다. 이곳에서는 잔을 반쯤 채우는 것역시 반드시 지켜야 할 예의 중 하나다. 유럽에서와는 정반대로 한잔 가득 따르는 것은 예의가 아니다. 왜 그런지는 정확히 알 수 없지만, 추측컨대 이 지역에서는 컵걸이나 손잡이 대용의 받침대가 없기 때문인 듯하다. 이집트와 시리아에서는 컵걸이나 컵 받침대를 흔히 볼 수 있지만 이곳에서는 흔치 않다. 따라서 커피를 가득 채

울 경우 손으로 잡기에 너무 뜨겁기 때문에
절반 정도만 따르는 것이 아닌가 한다. 아마
도 이런 이유 때문에 아라비아 반도 전역에
"미운 놈에게는 잔을 가득 채워 주어라"는
속담이 전해 내려오는 듯하다. 이 지역의 커
피는 향이 상당히 독특하고 마시는 순간 원
기를 느낄 수 있는 진정한 강장제이다. 검은
진흙물을 마시는 듯한 레반트 커피나, 반대

커피 주전자를 든 페르시아의 누비아
하녀

로 원두를 볶아 싱겁게 만든 프랑스 커피와
는 전혀 다르다.

한편 손님에게 커피를 따르는 사람이 집주인이건, 노예건 간에
늘 "신의 이름을 말하시오Semmoo"라고 얘기하며 커피를 따른다. 그
러면 손님은 "알라의 이름으로"라고 대답하고 잔을 받는다. 이런
식으로 모두에게 커피가 돌아가면 이번에는 반대 방향으로, 즉 집
주인부터 차례대로 커피를 대접받는다. 간혹 이런 과정이 서너 차
례 반복되기도 하는데, 그래도 마시는 양은 얼마 되지 않는다. 유
럽인들이 아침에 마시는 커피의 4분의 1 정도도 안 될 것이다.

찰스 도티Charles M. Daughty(영국의 문필가이자 여행가)의 『아라비아 사막 여
행』을 통해서는 좀 더 최근의 아라비아의 커피 풍습을 엿볼 수 있
다.

히르파는 여느 때처럼 남편에게 어느 방향을 보고 집을 세워야 할

지 물었다. 이에 자이드는 손으로 남쪽을 가리키며 "이쪽 방향"이라고 했다. 온종일 뜨거운 태양이 내리쬐는 남쪽 방향을 보고 지어야 집에 놀러와 커피나 축내는 마을의 젊은 한량들을 조금이라도 피할 수 있었다. 마을 촌장이라고 해서 손님들에게 늘 커피를 대접해야 하는 것은 아니다. 언제였던가, 마을 젊은이들이 집으로 오는 것을 보고 자이드는 자리를 피했다. 심지어는 손님이 오자마자 무례하게 자리를 뜬 적도 있다(이른바 '남성 구역'이라 불리는 천막의 한쪽 편은 언제나 열려 있었고, 사막을 지나는 누구나 출입이 가능했다). 뭐라고 불평하려는 그들에게, 자이드는 볼 일이 있어 나가봐야 하니 다들 안녕히 돌아가시라고 했다. 실제로 한 모임에 참석하기로 되어 있었다. 이에 손님들은 어쩔 수 없이 다른 집에 가서 커피를 마셔야 했다. 그러나 다른 촌장이랄지, 지체 높은 손님이 방문하면 얘기가 달라진다. 그러면 자이드도 별 수 없이 커피를 대접해야만 한다. 설령 그가 집에 없더라도 다른 촌장이 방문하면 커피를 대접하는 것이 관례다. 단, 방문한 촌장이 "커피를 마시지 않을 겁니다"라고 정중히 거절하면 대접하지 않아도 된다. 자이드는 가능하면 커피를 아끼려 했고, 촌장 아버지 밑에서 자라나 지금은 촌장의 아내가 된 히르파 역시 이러한 절약 습관을 전적으로 따랐다.

자이드가 다른 모임에 참석하지 않는 날이면 보통 손님들과 함께 커피 화덕 가까이에 자리를 잡고 앉았다. 화덕 아래에 나뭇가지들을 던져 넣고, 그는 구부정하게 서서 부싯돌과 부시를 쳐서 부싯깃에 불을 붙인다. 그런 다음 입으로 바람을 불며 마른 낙타 똥에 조심스럽게 불씨를 옮기고, 이 불씨를 마른 나뭇가지 아래 넣은 후 그 위에 마른 낙타 똥을 더 얹는다. 불을 지피고 나면, 커피 도구가 들어 있는 바구니에서 커피 주전자를 꺼낸다. 물건을 늘 제자리에 잘 챙겨두는 것은 이들 유목민들의 특성이다. 그렇지 않으면 이동 중에 모두 잃어버리기 때문이다. 그런 다음 가죽으로 만든 물주머니를 가져오거나 장막 너머의 '여성 구역'에서 물이 담긴 바가지를 건네받아 주전자에 물을 채운다. 히르파가 녹색을 띤 커피 열매를 한 움큼 꺼내 온다. 열매는 볶은 후에 빻아서 이용한다. 주전자가 끓기 시작하면 자이드는 작은 잔을 준비한다. 꽤 묵직한 잔 보관함을 보건대, 이 유목민들은 잔을 서너 개 정도만 가지고 다니는 듯하다. 또 잔은 낡은 헝겊에 싸여 있었는데, 그 헝겊으로 잔을 닦으면 깨끗해지기라도 하는 양 부지런히 잔을 닦는다.

아랍인들이 볶은 원두를 빻는 과정은 대개 요란하고 리드미컬하다. 손톱으로 원두를 흩뿌린 다음, 도시에서는 놋쇠 막자로, 시골에서는 구식 목재 막자로 원두를 빻는다. 주전자의 물이 끓기 시작하면 곱게 빻은 원두를 주전자에 넣고, 잠시 뭉근하게 끓이기 위해 주전자를 화덕에서 치운다. 마지막으로 보자기 뭉치에서 정향이나 계피 등의 향신료를 꺼내 빻은 다음 주전자에 넣는다. 이렇게 완성된, 김이 모락모락 나는 커피를 자이드는 몇 방울 따라 맛을 본다. 맛이 괜찮으면 잔을 모두 꺼낸 후 달그락 달그락 경쾌한 소리를 내며 커피를 따른다. 그런 다음 오른편에 앉은 손님부터 한 잔씩 차례로 대접한다. 그 자리에 장로나 교주 등이 있으면 그들에게 먼저 대접한다. 그런데 이들이 마시는 커피 한 잔의 양은 네 모금 정도에 불과했다. 그도 그럴 것이, 북쪽 지방에서와 마찬가지로, 유목민들 사이에서도 손님의 잔을 가득 채우는 것은 "이 잔을 마시고 떠나라"라는 일종의 모욕 행위이기 때문이다.

커피를 따른 후에는 누가 먼저 마실지를 두고 예의 논쟁이 벌어지는 것이 보통이다. 특히 참석자가 많을수록 더 그러하다. 손님들은 대개 잔을 받자마자 마시기를 사양하며, 자신보다 아래쪽에 앉은 사람이 먼저 마시는 것이 예의라고 말한다. 하지만 이에 잔을 넘겨받은 사람 또한 손사래를 치며, "아닙니다. 알라의 이름으로 이럴 수는 없죠! 먼저 드십시오"라고 거절한다. 그러면 겸손함을 보인 첫 번째 손님이 할 수 없다는 듯이 커피를 세 모금에 나눠 마신 후 빈 잔을 다음 사람에게 넘겨준다. 그 다음 사람 역시 잔을 받아들면서, 자신이 먼저 마시게 된 것은 전혀 바라던 바가 아니었음을 우아하게 피력한다. 그런데 완고한 이들 가운데는 먼저 마시라는 다른 이의 제안을 거절하고 정말로 잔을 넘겨버리는 이들도 종종 있다.

한편 사람들이 우러러보는 지체 높은 손님이라고 해도 늦게 온 경우에는 아래쪽 자리에 앉기도 한다. 그렇지 않으면 모두가 일어나 자리를 바꿔야 하기 때문이다. 예컨대 모임에 늦은 촌장은 가장 바깥쪽에 앉는다. 그러고는 자신이 겸손함과 인망을 두루 갖춘 인물임을 과시한다. 천막의 가장 안쪽 자리가 상석에 해당하는 자리로, 촌장이나 이방인이 여기에 앉는다. 평범한 사람들은 천막 앞에 앉거나 때로는 천막이 아예 없는 곳에 앉기도 한다. 모임에 늦은 촌장은 이들과 함께 앉음으로써, 또는 그보다 더 바깥쪽에 앉음으로써 자신의 인망을 과시하고, 자신이 존경받을 만한 인물이라는

점을 드러낸다. 반면에 낡은 망토를 두른 한
가난한 남자는 모래바닥에 앉아 있던 사람
들이 자신을 먼저 알아볼 때까지 구석에 가
만히 서 있었다. 누군가 그를 알아본 다음에
야 나머지 사람 모두가 마지못해 일어나 그

카페 앞에서 원두를 볶는 커피 상인.
터키

가 앉을 수 있도록 원형 대열을 넓혔다. 그런데 촌장이나 지체 높
은 사람이 도착하면 안쪽에 있던 모두가 벌떡 일어나 굽실거리며
"이쪽으로 오세요"라며 맞이한다.

　가난하나 영악한 촌장들은 마을의 누구보다 커피 모임의 격식을
잘 차린다. 그중에서도 자이드는 사기꾼이라는 느낌이 들 정도로
영악하다. 그는 자신보다 더 겸손한 사람들에게 온갖 칭찬을 늘어
놓는다. 또 집에 찾아온 손님들을 상당히 깍듯이 대하면서도, 결국
은 손님들이 제 발로 다른 집에 가서 커피를 마시도록 교묘하게 말
을 늘어놓는다. 그는 이런 식으로 자신이 매우 관대하고 대접에 후
한 사람으로 각인되도록 했다. 실상은 대단한 구두쇠임에도 불구하
고.

　커피 모임에서 커피잔은 한 사람당 보통 두 번 정도 돌아가는데,
이곳 사람들은 다른 사람이 입을 댄 잔이라는 것에 별 거부감이 없
다. 촌장에게는 커피를 두 번 이상 대접하기도 하지만, 이 경우 집
주인이 촌장에게 아첨을 한다는 인상을 주게 마련이다. 커피 대접
이 모두 끝나면 작은 주전자 바닥에 가라앉은 커피 찌꺼기를 따뜻
한 물이 담긴 큰 주전자로 옮긴다. 쓴 맛이 나는, 이 잿물 같은 커
피 찌꺼기 액을 한 번 더 우려먹으며 유목민들은 커피를 아꼈다고

생각할지도 모른다.[2]

아래는 당대 최고의 지식인으로 이름을 날린 카디 호닷Kadhi Hodhat
의 아랍식 커피 제조법이다.

헤자즈 지방의 각 족장을 이끄는 우두머리(신이여, 그에게 자비를 베푸소
서!)와 함께 신성한 축제 기간을 보내면서 알게 된 방법이다. 그는
커피를 마시기 전에 찬물 한 잔을 마시는 것을 빠뜨리지 말라고 했
다. 찬물이 커피의 건조한 성질을 완화시켜 불면증 유발을 감소시
키는 효과가 있다고 했다.

한 시인은 커피를 마실 때의 매너에 대해 이렇게 노래했다.

기교 있게 만든 커피이니만큼, 마실 때도 기교 있게.
흔하디흔한 음료라면 마음껏 쭉 들이켜라.
그러나 커피는, 우선 타오르는 불가에서 조심스럽게 꺼내어
제 역할을 다한 라임은 이제 건져내고
한 모금 깊숙이, 명상하듯이, 천천히 들이마신다.
그런 다음 멈추고, 다시 한 번 들이마신다. 맛을 충분히 음미하
며.
매혹적인 그 맛은, 아직도 뜨겁지만 황홀하기 그지없다.
커피에 사로잡혀 있는 동안 커피의 미덕은 우리의 온몸, 온 세포
로 퍼진다.

응축된 힘과 기운을 돋우는 온기가 온몸을 돌아다니며 모든 감각에 새 생명을 불어넣는다.

더 없이 행복한 마음으로 숨을 들이켜면

산들바람이 선사한 매혹적인 향기,

보이지는 않지만, 심오하고 자극적인 커피 향이

그대의 후각을 즐겁게 애태운다.[3]

한편 커피라는 음료를 전 세계에 알린 콘스탄티노플의 호화롭고 우아한 커피하우스 카피넷Caffinet은 이제는 역사 속의 공간이 되었다. 토마스 알롬이 삽화를 담당하고, 로

터키 카페

버트 월시가 집필한『삽화로 보는 콘스탄티노플』에서는 당시의 카피넷을 이렇게 묘사한다.

카피넷이라는 오스만투르크의 커피하우스는 화려함의 극치를 보여준다. 마치 오스만투르크인 모두가 화려한 옷과 보석, 우아하고 고상한 모든 것을 이곳에 쏟아부은 양 화려하기 그지없다. 건물부터 상당히 호화롭다. 건물을 떠받치는 기둥이 곳곳에 놓여 있고, 정면은 개방돼 있다. 안으로 들어가면 깔개나 방석을 깐 연단 같은 곳이 구석구석 보인다. 오스만투르크인들은 이 위에 책상다리를 하고 앉는다. 가게 한쪽에서는 만돌린과 탬버린 연주자들이 목청 높여 노래를 하는 가수와 함께 공연을 선보인다. 연주자들은 대개 그리스인이었다. 이들의 요란한 공연은 과묵함이 흐르는 오스만투르

페르시아식 커피 접대, 1737년

크식 모임과 선명한 대비를 이룬다. 그 반대쪽에 모여 있는 무리는 주로 상류층 남자들로, 이들 중 일부는 매일 이곳에 들러 온종일 죽치고 있다. 이들은 흡연을 하며 커피를 마신다. 커피는 달걀보다 작은 잔에 담겨져 나오는데, 커피 찌꺼기 등이 바닥에 가라앉아 있고, 또 크림이나 설탕을 넣지 않기 때문에 색은 검고, 농도는 걸쭉하고, 맛은 쓰다. '그을음 스튜'라고 보면 정확할 것이다. 담배를 피울 때는 터키식 긴 담뱃대chibouk를 쓰는 것이 일반적인데, 카피넷에서는 나르길레라는 그보다 좀 더 정교한 물담뱃대를 이용하기도 한다. 물을 가득 채운 유리병이 담뱃대 역할을 한다고 보면 된다. 대개 장미향 등 꽃을 증류시켜 얻은 향을 가미한 물을 유리병에 채운다. 병 윗부분에는 은이나 놋쇠 뚜껑이 달려 있고, 여기에 신축성 있는 관이 연결돼 있다. 그리고 관 끝에는 작은 담배통이 달려 있다. 관을 빨아들이면 물속에서 연기가 보글보글 솟아나며 차갑고 향기로운 담배향이 입안에 퍼진다. 이 담배를 피울 때는 페르시아 시라즈에서 자라는, 잘게 썬 가죽 모양의 특이한 담뱃잎을 이용한다.

19세기 초의 카피넷 내부

그러나 오스만투르크식 커피하우스 구조란 것이 특별히 정해져 있지는 않았다. 아마도 압둘 하미드 통치기까지는 어느 정도 경제적으로 윤택했기 때문에 좀 더 안락한 분위기의 커피하우스가 많았을 것이다. 반면에 당시 오스만투르크에서는 현대식 커피하우스가 수없이 생겨나고 있었다. 마치 저 옛날 아무라드 3세와 악명 높은 쿠프릴리 수상 통치기 때 커피하우스가 수없이 생겨난 것처럼.

오스만투르크의 현대식 커피하우스를 H. G. 드와이트는 이렇게 그리고 있다(여기서는 1922년 술탄제가 폐지되어 터키 공화국이 성립되기 전까지의 오스만투르크의 풍습에 대하여 다루고 있다—옮긴이).

그곳은 하층 계급이 이용하는 클럽이었다. 노점상과 교역상, 지방에서 올라온 이들이 일이 끝나는 대로 클럽 멤버가 운영하는 커피하우스에서 정기 모임을 가졌다. 이방인들의 모습도 종종 보였다. 왜냐하면 오스만투르크 커피하우스는 알바니아, 아르메니아, 그리스, 히브리, 또는 쿠르드족의 커피하우스와 상당히 유사하기 때문이다. 학생이나 학구파가 애용하는, 이보다 좀 더 허름한 커피하우스에 가보면 이곳을 왜 지식의 산실이라 부르는지 똑똑히 알 수 있다.

오늘날의 오스만투르크 커피하우스는 단순함의 미덕을 보여준다. 커피하우스란 이름 그대로, 커피를 대접하고 또 커피를 즐길 수 있는 공간만 있으면 충분하다. 길가에는 커피점이 즐비하다. 그늘에 자리한 곳도 있고 땡볕에 자리한 곳도 있는데, 계절에 따라 시시각각 변한다. 그곳에 놓인 한두 개의 의자가 행인의 발걸음을 붙든다. 커피점의 경우 규모가 작은 것이 일반적이지만, 간혹 보이는 제법 큰 커피점은 넓다기보다는 길쭉한 방에 자리 잡고 있다. 도로를 면한 쪽으로 가능한 한 창문을 많이 내고, 반대편에는 바bar 같은 공간이 마련돼 있다. 황동 조명이 빛을 비추고 있고, 개성 넘치는 커피 웨이터kahvehji가 서 있던, 곡선의 아름다움이 느껴지는 바의 풍경을 제대로 묘사할 수 없는 것이 늘 아쉬울 뿐이다.

오스만투르크의 커피하우스에서는 서서 커피를 마시지 않는다. 우선 방 양편에 마련된 긴 의자에 앉는다. 쿠션을 깐 의자라 어쨌든 편하긴 했지만, 이방인에게는 다소 높고 어색할 정도로 널따란 의자였다. 의자에 앉았다면, 신발을 벗고 발을 몸 아래에 깔고 앉는다. 단, 원하지 않으면 꼭 그럴 필요는 없다. 의자 앞에는 커피 잔을 놓을 수 있는 테이블이 놓여 있다. 여름에는 파리를 쫓기 위해 바질이 든 항아리를 같이 올려둔다. 가게에는 긴 의자 외에도 작은 의자가 여기저기에 흩어져 있다. 벽에는 아랍어 장식물과 경이로운 판화가 걸려 있다. 몇몇 가게에서는 양탄자를 걸어두거나 도자기를 장식해 놓기도 한다.

그런데 오스만투르크의 커피하우스에서는 여가시간을 즐기는 방

커피를 만들고 있는 한 터키 여성

식이 따로 정해져 있다. 여기서는 서구에서 화주火酒를 들이키듯, 사람들의 눈을 의식하거나 커피를 자유분방하게 마시지 않는다. 비교적 차분하고 절제된 분위기 속에서 커피를 마신다. 내가 보기엔 서구에 비해 좀 더 인간적인 분위기인 듯하다. 커피하우스에서의 예절, 특히 유럽의 영향을 그다지 받지

않는 커피하우스에서의 예절이 이곳의 특색을 여실히 보여준다. 이탈리아 사람들은 카페를 드나들면서 모자 끝에 손을 대고 인사를 한다. 그 비슷한 광경을 이곳에서도 볼 수 있다. 커피하우스에 막 도착한 손님이 가게에 들어서면서, 또 자리를 잡은 후에도 가게 안의 수많은 손님들과 인사를 주고받는 광경을 본 적이 있다. 보통은 오른손을 심장 위에 얹고 "메르하바"라고 인사하거나 또는 최고로 품위를 갖추어 "테메나"라고 인사한다. 한번은 한 노인이 가게로 들어오는 것을 보고 손님 모두가 일어나 인사를 건네고, 가게 구석의 명예석을 양보하는 진풍경이 연출되기도 했다.

이러저러한 격식을 모두 따르는 데도 시간이 꽤 소요된다. 이제부터는 커피를 기다리는 시간이다. 원두는 철제 원통에 담아 장작불 위에서 볶고, 놋쇠 분쇄기로 곱게 간다. 그런 다음 긴 손잡이가 달린, 뚜껑이 없는 작은 놋쇠 주전자에 원두 가루를 넣고 숯 화로에서 거품이 일 때까지 세 번 끓인다. 이때 설탕을 넣는 것은 개인의 취향이다. 단, 우유를 섞는 것은 엄청난 신성모독이다. 커피 찌꺼기를 가라앉히기 위해 온기가 남은 화로에 주전자를 잠깐 올려놓기도 한다.

커피를 준비하는 동안 손님들은 담배를 피우며 시간을 보낸다. 담배를 피우는 데도 시간이 꽤나 소요되는데, 특히 나르길레, 즉 물담배를 피울 경우 더 그렇다. 대략 담배를 담는 금속 통과 가죽에 쌓인 긴 관이 위쪽에 달려 있는 큰 유리병이라고 보면 된다. 긴 관을 통해 수랭식water-cooled 담배 연기를 흡입하게 된다. 한 모금 빨아들이면 처음에는 놀라울 정도로 마음이 고요해지지만 초보가 피

레반트의 커피 행상, 1714년

우기에는 맛이 지독할 정도로 강하다. 물담배를 피울 때는 보통의 담뱃잎보다 훨씬 질기고 강한 페르시아산 툰베키를 사용한다. 붉은색을 띠는 얕은 토기 담뱃대에 말아 넣고 긴 흡입구를 연결해 피우는 방법도 있다. 오늘날 골동품 가게에 가면 이 담뱃대를 흔히 볼 수 있다.

카프탄. 동방식 커피하우스 주인 고유의 복장

커피가 완성되면 데미타스 잔이나 작은 잔에 따른 후, 물 한 잔과 함께 쟁반에 올려 손님에게 대접한다. 커피를 마시는 모습을 보면 그가 이방인인지 아닌지를 금방 알 수 있다. 이곳에서는 커피를 마시기 전에 물을 조금 마신다. 일종의 준비 절차이면서 또한 방금까지 마신 다른 음료의 맛을 씻어내기 위함이다. 그런 다음 커피잔과 받침대를 한 번에 능숙하게 들고 마신다. 손잡이가 달린 커피잔도 있고, 그렇지 않은 커피잔도 있다. 10파라스만 내면, 즉 미국 돈으로 1센트 조금 넘게 지불하면 커피가 내리는 이 모든 축복을 누릴 수 있다. 단 물담배는 제외다. 고급 커피하우스의 경우에는 이용료가 20파라 정도 된다. 그러나 아무리 비싸더라도 1피아스터(5센트 미만)나 1.5피아스터 정도밖에 되지 않는다. 하지만 이곳에 있다 보면 터무니없이 비싸다고 느껴지는 것도 사실이다. 또한 오스만투르크에서는 웨이터에게 팁을 주지 않는 것이 관례다. 이방인의 입장에서는 계산서에 적힌 만큼만 돈을 내는 것이 상당히 신기했다. 나 역시 팁을 생각해 청구된 금액보다 더 많은 돈을 냈고, 이 때문에 거스름돈을 돌려받았는데, 오직 외국인들만이 이런 장면을 연출했다. 그러나 같은 종교권에서 온 여행자들은 팁을 내지 않았다. 심지어는 내가 팁을 드리겠다고 계속 우겼음에도 불구하고, 내가 외국인이고 또한 손님이란 이유로 절대로 받지 않겠다는 주인도 있었다.

이곳에서는 커피나 차를 다 마셨다고 해서, 또는 담배를 다 피웠다고 해서 즉시 자리를 비워 줄 필요는 없다. 오히려 일몰 후 얼마 동안은 커피하우스에 머무르는 편이 낫다. 이곳의 커피하우스는 그 시간대에 절정을 이루기 때문이다. 오전에는 대부분이 일터로 나가지만, 저녁이 되면 모두 삼삼오오 짝을 이루어 어디론가 사라진다. 콘스탄티노플 사람들은 아직도 전통 천막 가게를 잊지 못한다. 라마단 성월 기간을 제외하면, 밤의 콘스탄티노플은 한산하다. 그러나 해가 진 직후라면 얘기가 다르다. 그 시간대의 콘스탄티노플은 생동감이 넘친다. 이방인의 입장에서는 그 시간대에 커피하우스에 앉아 창밖 풍경을 보는 것만으로도 괜히 흐뭇해진다.

그런데 안타깝게도 이곳 커피하우스의 가장 큰 볼거리가 하나둘 사라지고 있다. 바로 유랑 이야기꾼이다. 이들은 동양의 음유시인으로, 오늘날까지 그 전통을 이어가고 있다. 주로 천일야화에 등장하는 이야기를 순서대로 손님들에게 들려 줬다. 몇몇 이야기꾼들은 등장인물의 독백과 대화를 너무나도 감칠맛 나게 전달한다. 이들은 또 이야기가 절정에 치달았을 때 관객들에게 돈을 걷었는데, 이야기가 얼마나 재미있는지는 모금된 돈을 보고 판단했다. 대개의 경우, 좀 더 돈을 받아내고자 이야기를 한동안 중단하는 식으로 관객들과 흥정했다.

또 오스만투르크에서는 어느 커피하우스를 가든 음악을 쉽게 접할 수 있다. 축음기를 틀어놓는 가게가 가장 많고, 박으로 만든 작은북 두 개와 나팔을 연주하는 집시 연주단도 꽤 자주 볼 수 있다. 일부 가게에서는 '섬세한 류트(기타와 비슷한 14~17세기의 현악기)' 연주단의 공연을 감상할 수도 있다. 이 연주단은 난간이 설치된 무대 위에서 낯선 현악기를 연주하며 길고 긴 노래를 부른다. 그러나 솔직히 얘기하면, 나는 음악에 관해서는 무지하기 때문에 이들의 노래 속에서 반복되는 종지cadence와 변칙 리듬의 조합이 어떻게 고전음악 형식과 관련이 있다는 건지 도무지 알 수 없다. 그저 연주자들이 연주를 마칠 때까지 끝없이 반복되는 단조 가락을 감상하는 정도다.

한편 라마단과 소바이람, 대바이람(일 년에 두 번 있는 이슬람교의 축제. 소바이람은 회교력의 9월 말 라마단 직후 3일 동안 행해지는 축제이고, 대바이람은 이로부터 70일 뒤에 4일 동안 행해지는 축제다) 기간이 되면 어느 때보다 풍성한 오락거리를 접할 수 있다. 라마단 기간에는 낮 동안에는 금욕의 의미로 커피하우스가 영업을 하지 않지만 밤이 되면 문을 열고 손님들을 맞이한다. 오스만투르크의 제법 큰 커피하우스에서 터키의 전통 그림자극, 카라게우즈가 상연되는 때도 바로 이 한 달간이다. 소바이람과 대바이람은 각각 사흘, 나흘 동안 이어지는데, 소바이람은 라마단이 끝남을 축하하는 축제이고, 대바이람은 유대교의

유월절에 해당하는 축제다. 이때의 대표적인
볼거리라면 커피하우스에서 벌어지는 춤판
을 꼽을 수 있다. 춤에 있어서는 쿠르드족을
능가할 민족이 없는 듯하다. 경쟁자가 있다
면 라즈족 정도일 것이다. 피부가 까만 이들
민족은 원형 대열을 이루어 춤을 춘다. 원
한가운데서는 바이올린이나 피리, 큰북 연주
자가 신나게 연주를 한다. 때로는 지쳐서 나

콘스탄티노플의 노상 카페

동그라질 때까지 계속 춤을 추곤 한다. 독특한 음악과 그림과 같은
복장, 또한 댄서들의 움직임은 뇌리에 박힐 만큼 인상적이다.

　기독교 영향권에 있는 커피하우스에서도 고유한 축제 기간이 있
다. 대개는 교회의 축제 기간과 비슷하지만, 각 구역마다 지역 교
회나 지역의 성스러운 우물을 지키는 성인이 있기에 이 성인들의
축일에 맞춰 사흘간 축제를 벌인다. 축제 기간이 되면 거리에는 색
색의 종이로 만든 끈과 깃발이 나부낀다. 식탁과 의자를 길가에 내
어 놓고, 성인을 기리기 위한 제주祭酒를 여기저기 뿌린다. 이러한
요란함에 그리스인들의 쾌활한 기질이 더해져 오스만투르크의 축
제보다 그리스의 축제가 훨씬 더 떠들썩하다. 보기 민망한 남녀 간
의 춤도 자주 눈에 띈다. 이러한 흥청망청한 축제에서 빠뜨릴 수
없는 것이 또 하나 있으니, 바로 란테르나lanterna라는 악기다. 콘스탄
티노플에서만 볼 수 있는 손풍금의 일종으로, 크고 밝은 음색을 자
랑하는 악기다. 란테르나에서 울려퍼지는 유라시아 화음에 끊임없
이 들려오는 종소리가 더해지면 축제의 열기는 한층 고조된다.[4]

시리아의 커피하우스

오스만투르크에서는 전통적으로 아랍 방식으로 커피를 만들어 왔다. 펠로스 경Mr. Fellow(1799~1860, 영국의 고고학자)은 『소아시아 여행』에서 그 제조 과정을 다음과 같이 기술한다.

이곳에서는 작은 냄비나 국자를 이용해 커피를 한 잔씩 따로 만든다. 막자공이로 곱게 빻은 커피를 절반 이상 넣고 물을 가득 채운다. 그런 다음 불가에서 몇 초간 끓인 후에 잔에 따른다. 아니 더 정확히는, 커피 음료가 초콜릿보다 걸쭉하다 보니 냄비나 국자를 흔들어서 따라낸다. 크림이나 설탕은 넣지 않는다. 이 지역에서 사용하는 잔은 반쪽짜리 달걀 모양의 자기 잔으로, 크기도 꼭 그만하다. 잔 바깥쪽에는 손잡이 용도로 사용되는 화려한 금속 장식이 달려 있다.

이후 오스만투르크에서는 단맛을 즐기는 유럽인들의 영향으로 커피를 끓이는 과정에 설탕을 첨가하기 시작한다. 이 제조 방식은 다음과 같다.

우선 물을 끓인다. 그런 다음에 설탕 세 덩어리(커피 두 잔 기준)를 넣고 주전자를 다시 불 위에 올린다. 그리고는 빻은 커피를 두 숟가락 가득 넣고 충분히 저어 준 다음에 네 번 끓을 때까지 기다린다.

물이 끓어오를 때마다 주전자를 불 위에서 내리고 거품이 가라앉도록 바닥을 살살 쳐 준다. 이 과정을 네 번 반복한 후에 주전자를 불가에서 치우고 커피액을 따른다. 이때 거품을 모든 잔에 고르게 담을 수 있도록 조금씩 돌아가면서 따른다.

시리아와 팔레스타인에서도 터키-아랍식으로 커피를 만든다. 커피를 끓일 때에는 황동 국자나 이브릭ibriks을 사용한다.

중동 지역의 커피 제조 및 음용 풍습은 수십, 수백 년 전이나 지금이나 비슷하다. 다마스쿠스를 보자. 옛 다마스쿠스의 카페를 간략히 묘사하고 있는 아래 글은 1836년도 글로, 윌리엄 헨리 바틀릿(영국의 유명 판화가)과 퍼서의 삽화와 함께 실렸던 글이다. 그러나 오늘날 1554년에 셈시가 다마스쿠스의 카페를 콘스탄티노플에 처음 선보였을 때와 비교해 봐도 달라진 점이 있다면 분위기가 살짝 바뀌었다는 점 정도다.

그림 속 카페는 아마도 다마스쿠스의 카페 중에서 제일 화려한 카페인 듯하다. 정원과 정자, 분수, 수풀은 사실 동양의 수도 어딜 가든 흔히 볼 수 있다. 그러나 세찬 강가 한복판에 자리한 카페는 이 고대 도시에서만 볼 수 있다. 이들 카페 건물은 뜨거운 햇빛은 피하고 바람이 잘 통하도록 지어졌다.

19세기 다마스쿠스의 강변 카페. 바틀릿과 퍼서의 그림

즉 날렵한 기둥이 가벼운 지붕을 받치고 있고 건물은 사방이 개방돼 있다.

이들 카페 중에서는 무성한 초목과 숲으로 둘러싸인 도시 외곽의 시냇가에 위치한 카페도 있고, 도시의 중심가에 자리한 카페도 있다. 열기 가득한 거리를 걷다가 카페 출입구 계단을 올라가면, 소박한 입구와 박공벽만이 시야에 들어온다. 좀 전까지의 시끄럽고 그늘 한 점 없던 거리에서 벗어나 시원하고 고요한 휴식처로 들어섰다는 것만으로 기분이 한결 낫다. 이제부터는 카페에 앉아 강가에서 때때로 부는 시원한 바람을 맞으며 여유 있게 명상을 즐길 수 있다. 몇몇 카페 주위에는 우아한 목재다리 건너에 연단이 있고, 연단 주위에 하늘을 다 가릴 정도로 무성한 잎을 자랑하는 거목 한두 그루가 서 있기도 하다. 사람들은 낮에는 이 울창한 나무 그늘을 찾고, 밤에는 아라비안나이트에 나올 법한 금빛 찬란한 지붕 아래로 모인다. 카페 지붕과 기둥은 모두 나무로 만들었다. 바닥 역시 나무인 경우가 대부분이지만 흙바닥인 경우도 있고, 축축한 느낌의 바닥이라고 보면 된다. 바닥과 수면과의 차이가 고작 몇 인치에 불과하기 때문에 손님들은 발을 물에 담근 채 커피나 셔벗을 즐긴다. 바닥에 놓아둔 방석 하나를 집어들고 원하는 곳에 가서 방석을 깔고 앉으면 된다.

아마도 대부분이 사람이 얼마 없는 나무 그늘 아래나 구석 자리를 선호하는 듯하다. 구석 자리에서는 담배를 피우며, 각계각층의 다양한 손님을 구경할 수 있다. 그중에는 이방인과 어울리기 싫은 듯 아는 사람들끼리 삼삼오오 모여 앉은 과묵하고 진지한 무리도 있다. 음식을 배불리 먹으며 사람들의 옷차림과 겉모습을 구경할 수 있는 곳이 바로 이곳 카페이다. 교역상, 수리공, 군인, 신사, 멋쟁이와 지금은 인생의 황혼기에 접어들었지만 과거에는 꽤나 박식했을 것 같은 근엄한 노인도 보인다. 초록 터번을 쓴 손님은 메카 성지 순례를 자랑하며 모험담을 늘어놓고 있다. 손님 중에는 부드럽게 꼬인 관이 달린 유리병 물담뱃대나 긴 담뱃대를 부탁하는 이들도 있기는 하지만 그보다는 점토로 만든 좀 더 조악한 담뱃대를 찾는 손님이 대부분이다.

해가 뜨고 질 때까지, 이곳의 카페는 온종일 북적거린다. 우리는 매일 아침식사를 하기 전에 카페를 찾았는데 그때도 꽤 많은 손님이 자리를 잡고 있었다. 그래도 '아늑한 이른 아침'이 하루 중에서 가장 고요하고 한산하며 선선한 때다. 이제 막 떠오른 해는 수면을 붉게 비추고 있고, 아직까지는 열기가 전혀 느껴지지 않는다. 카페에 들어선 한 이방인이 자리에 앉자마자 종업원은 작은 컵에 든 모카커피 한 잔과 담뱃대를 건넨다. 이곳 다마스쿠스에서는 강물이 흐르는 소리만큼 기분을 좋게 하는 것도 없다. 아침에는 물소리만 조용히 들릴 뿐이다. 사람들이 다투는 소리라든지, 바퀴가 굴러가는 소리, 보병의 행진 소리나 말발굽 소리 등은 전혀 들리지 않는다. 이곳의 단골손님들도 대부분이 말이 없다. 이따금 말을 할 때에도 나지막히 속삭이거나 다른 사람들에게 방해가 되지 않을 정도로 조용히, 짧게 이야기하는 것이 전부다.

그렇다고 하더라도 카페는 오스만투르크인들의 활기가 녹아 흐르는 공간이다. 이들에게 카페는 오페라 극장, 공연장이자, 좌담회

장소이다. 오스만투르크인들은 아침에 눈을 뜨자마자 카페를 떠올리며 즉시 발걸음을 옮긴다. 낮에는 또 어떤가? 어서 밤이 오길 고대하며 달빛이 비추는 가운데 익숙한 카페 바닥에 앉아 수면에 비친 밤하늘의 별과 친구의 얼굴을 바라보며 시간을 보낸다. 마호메트가 한 가지 중대한 실수를 했다면, 천국을 그리면서 카페를 빠뜨렸다는 점이다. 그가 다마스쿠스의 카페를 한 번이라도 가 봤다면, 독실한 이슬람교도들이 카페 없이는 우울해 할 것을 깨닫고는 분명히 천국의 강가에 카페를 지었을 것이다.

다마스쿠스의 카페는 장식품이라고는 전혀 없는, 그저 소박한 공간이다. 소파도, 거울도, 커튼도 없다. 상록수 몇 그루와 덩굴식물이 장식물이라면 장식물이다. 다마스쿠스의 유명한 비단이나 문직 장식품도 찾아볼 수 없다. 그렇다고 해서 파리의 카페와 같은, 화려한 거울로 장식된 휘황찬란한 카페가 들어서길 기대하지는 않는다. 그건 이곳을 여행하는 이들도 마찬가지이다. 건조한 돌길이나 사막지대를 며칠간 걷다 보면 입술은 바짝 마르게 마련이다. 그러니 세찬 급류 가까이에 앉아, 흰 물거품과 부서지는 물결을 온몸으로 느끼는 것만큼 즐거운 일이 또 어디 있겠는가? 또한 그 물에 발뿐만 아니라 영혼까지 담글 수 있다면야 그 얼마나 달콤하겠는가? 이곳에 앉아 담배를 천천히 피우는 동안에도 사막의 모래와 타는 태양은 눈앞에 다시 떠오른다. 내가 가는 길에 구름 한 점 내려 주길 기도했더라도 이는 어쩔 수 없는 일이다. 한편 몇몇 카페가 자리한 강둑에는 수풀이 우거져 있어 부드럽고 푸른 잎과 청명한 물줄기가 한 폭의 그림을 만들어 내기도 한다.

이들 카페 부근에서는 수피트에 달하는 폭포도 볼 수 있다. 끊임 없이 들려오는 물소리와 폭포가 선사하는 청량감이란 열기 가득한 낮 시간에, 혹은 어둑한 저녁 시간에 누릴 수 있는 호사 중 하나 이다. 그런데 이제까지 설명한 카페와는 분위기가 조금 다른 카페 도 두서너 곳 있었다. 바닥에서는 샘물이 솟아나고, 상당히 소박하 기는 하지만 소파와 쿠션이 마련돼 있었다. 또 어설프기 짝이 없긴 했지만 음악과 춤을 감상할 수 있는 곳이었다.

한편 이곳 카페에서 맛볼 수 있는 유일한 지적 희열이라면 아랍 이야기꾼, 즉 이 지역에서 몇 안 되는 현자로 통하는 이들이 들려 주는 이야기를 꼽을 수 있다. 이야기꾼이 카페로 들어서면, 어느새 사람들이 그 주위에 둘러앉는다. 그러면 이야기꾼은 잠시 뜸을 들 이며, 청중을 더 불러모으고 기대감을 한층 키운 후에 이야기를 시 작한다. 힘 있고 우아한 제스처를 섞어가며 이야기를 풀어가는 동 안, 물가 바로 옆에 앉은 청중들은 마치 어린아이들처럼 아무 말도 없이 이야기에 빠져든다. 이야기꾼이 이쪽 저쪽을 오가며 이야기를 하는 동안에 그의 정확한 발음과 리듬감 있는 목소리는 카페 전체 에 울려퍼진다. 한편 오스만투르크 신사 계층의 경우에는 이런 카 페보다는 손님을 좀 더 가려서 받는 작은 카페를 애용한다. 그곳에 서 만찬회를 열기도 하고, 보통 사람들과 마찬가지로 낮 시간을 보 낸다.

수면 위에서 반짝이던 태양이 사라진 밤 시간은 카페와 더욱 잘 어울린다. 오스만투르크인들은 밤을 사랑하기에 이 시간대에 손님 이 가장 많다. 날렵한 기둥에 매달린 등불이 카페를 환히 비추고 있고, 각양각색의 화려한 옷을 입은 손님들이 연단을 가득 채우고 있다. 몇몇은 옆에 서 있는 기둥마냥 미동도 않고 서서 긴 담배를 피운다. 그 밖에도 난간에 비스듬히 기댄 사람, 삼삼오오 모여 앉은 사람, 홀로 심오한 사색에 잠겨 있는 사람들이 눈에 띈다. 관악기나 기타 연주보다 더 감미로운 물소리는 들릴 듯 말 듯 은은하게 퍼진다. 수면에 반사된 달빛 또한 사랑스럽기 그지없다. 이런 밤이면 우리는 몇 시간이고 카페에 머물렀다. 청명한 바르발(성서에 등장하는 다마스쿠스의 강) 강물이 흐르는 가운데, 카페 기둥과 손님들의 옷이 수면 위에서 너울거리며 춤을 춘다. 달빛과 묘하게 조화를 이루는 등불은 수면을 은은하게 밝히며, 지붕과 기둥 아래에 옹기종기 모여 앉은, 한 편의 그림과 같은 사람들을 비추고 있다.[5]

터키 관리들 중에는 놋쇠로 만든 날렵한 원두 분쇄기를 겸용 기구로 이용하는 사람도 있다. 그런데 이곳의 커피 기구는 대개가 은제품이고, 커피 주전자, 분쇄기, 보관 용기, 컵 겸용 기구로 만들어졌기 때문에 다용도convertible 커피 기구 세트로 통한다. 생두나 원두는 이 기구의 아래 칸에 보관한다. 다용도 기구를 이용해 커피를

야외에서 즐기는 커피, 예루살렘

만들기 위해서는 우선 원두 서너 알을 꺼내 기구의 중간 부분에 넣는다. 그런 다음 기구 중간 부분에 돌출된, 네모난 막대에 맞닿아 있는 L자형 손잡이를 회전시켜 안쪽의 분

쇄 장치를 작동시킨다. 원두 가루가 아래에 놓인 주전자에 떨어지면 여기에 물을 붓고, 주전자를 불에 올린 다음 몇 분간 끓인다. 다 끓인 후에는 주전자를 그대로 컵처럼 이용 가능하다. 커피를 마신 후에는 컵을 씻고, 원두를 다시 아래 칸에 넣은 다음에 사용한 기구를 한데 모아 정리한다.

이란에서는 차가 대중 음료로 자리 잡았지만, 커피를 만들 때는 터키-아랍 방식을 따른다. 스리랑카와 인도의 경우, 원주민들은 터키-아랍식으로 커피를 만들고, 백인 거주자들은 유럽의 전통 방식을 고수한다. 인도에서는 커피가 가볍게 마실 수 있는 맛좋은 음료로 통한다. 영국의 유명 차 회사는 또 인도에서 '프랑스 커피'란 이름으로 인도 커피와 치커리를 배합한 제품을 출시해 상당한 인기를 끌기도 했다.

중국과 일본을 비롯해 그 밖의 아시아 지역에서는 유럽식 커피 제조 방식을 따른다. 그런데 커피 애호가들이 극동 지방을 여행하면서 겪는 곤혹스러운 일 중 하나는 병에 보관된 커피 추출액으로 만든 커피를 마실 수밖에 없다는 점이다. 대개의 카페에서 이런 식으로 손쉽게 커피를 만드는데, 대접받을 때마다 상당히 꺼림칙하다.

인도네시아에서는 프렌치 드립식으로 추출한 진한 커피 한 스푼을 뜨거운 우유 한 잔에 넣어 마시는 것을 선호한다. 마시기 직전에 커피를 추출한다면 이 방법도 추천할 만하다.

3 유럽의 다양한 커피 풍미와 도구

유럽에서는 레모네이드 상인들이 가장 먼저 커피를 팔기 시작했다. 이 때문에 피렌체에서는 커피와 초콜릿 등의 음료를 파는 상인을 카페티에리(커피 상인)라 부르지 않고 리모나지(레모네이드 상인)라 불렀다. 파리 최초의 커피점을 연 파스칼 역시 커피 외에 다른 음료를 함께 팔았고, 프로코프 카페는 레모네이드 가게로 시작했다. 그러다 커피가 다른 음료를 제치고 주 메뉴로 자리 잡으면서 카페라는 상호를 내걸었다.

오늘날의 유럽 커피는 맛이 극과 극으로 나뉘는 듯하다. 예컨대 파리와 비엔나에서는 최고의 커피를 맛볼 수 있지만 영국에서는 형편없는 커피를 대접받기 십상이다. 결정적인 문제는 치커리에 길들여진 유럽인의 취향인 듯하다. 유럽인 대다수가 오랫동안 커피 대용으로 치커리를 마시며 이 풍미에 익숙해졌다. 고백하건대 나 역시 프랑스에 머무는 동안 이를 즐기게 됐다. 그러나 당연히 이를 커피라 말할 수 없다. 유럽인들은 치커리 커피를 혼합물로 여기지 않고 기호에 따라 치커리를 첨가하는 것이 당연하다고 생각한다. 상당수의 유럽인이 치커리 커피에 길들여져 있기 때문에 진정한 커피의 맛을 음미할 수 있을지 궁금하기도 하다. 하지만 이는 일반화시켜 말하자면 그렇다는 것이다. 유럽 어디를 가든, 심지어는 영국에서도 호텔과 레스토랑에서 마시는 커피는 형편없는 데 반해 누군가의 집에 초대받아 마시는 커피는 탁월할지도 모른다. 충분히 가능한 일이다.

오스트리아 : 오스트리아에 서는 프랑스식 커피 제조법을 따른다. 비엔나 커피머신으로 통하는 펌핑 퍼컬레이터(펌프식 삼출기)를 이용하거나 드립 방 식으로 만드는 것이 일반적이

세계대전 전의 비엔나 그라벤의 카페 슈랑글 사진: 버튼 홈즈

다. 레스토랑에서는 금속 체와 헝겊 주머니가 달린 대형 주전자를 이용하는데, 우선 커피 가루를 6분간 우려낸 다음, 나사를 조여 금 속 체를 설치하고 커피 가루가 든 주머니에 액체가 스미도록 압력 을 가한다.

비엔나 커피는 오늘날에도 세계적인 명성을 누리고 있다. 전쟁 등으로 인해 그 명성이 가려진 시기도 있었지만, 비엔나 커피에 필 적할 만한 맛좋고 저렴한 가격의 커피를 쉽게 찾을 수 없는 것이 사실이다. 비엔나에서는 아침 8시 반부터 10시까지 아침식사를 하 기 위해 많은 사람들이 카페를 찾곤 했다. 주 메뉴는 버터를 곁들 인 롤빵과 커피 한 잔 또는 차 한 잔이었다. 커피 메뉴에는 우유를 가미한 멜랑제, 어두운 빛깔의 '브라운 커피', 우유를 가미하지 않 은 슈바르처 등이 있다. 어느 카페를 가든 커피와 차, 리큐어, 아이 스크림, 병맥주, 햄, 달걀, 유제품 등을 먹을 수 있다. 그라벤의 슈 랑겔 카페를 그 대표적인 카페로 꼽을 수 있다. 비엔나에서는 흔한 우유나 버터 판매점에서도 커피를 마실 수 있다. 인상적인 카페를 여러 군데 구경하고 싶다면 프라터 공원으로 가면 된다.

다음은 찰스 로즈볼트가 《뉴욕타임즈》에 기고한 기사다.

비엔나 카페를 모방한 카페가 세계 각지에서 생겨났지만 그렇게 탄생한 카페는 모두 아류에 불과하다. 하지만 그 가운데서 원조에 가장 가까운 곳을 꼽으라면 내가 보기엔 뉴욕에 자리했던 옛 플라이슈만 카페의 2층 방이다. 대다수의 뉴요커들은 이곳을 알지 못했고, 국제주의자들, 즉 음악가와 예술가, 작가, 보헤미안 들이 입소문을 내지 않고 그들만의 성지로 전유했기 때문에 비엔나 카페답게 유지될 수 있었다. 특히 단골손님들의 애용이 비엔나 카페다움을 유지하게 한 원동력이었다. 이 카페는 남성뿐만 아니라 여성들의 클럽이기도 했다. 세계 각지의 신문과 잡지, 각국의 언어로 적힌 다양한 인쇄물을 읽으며, 또는 체스나 스캇(세 사람이 32장의 패로 하는 카드놀이의 일종) 타로를 하면서, 아니면 친구와 잡담을 나누며 아무나 흉내낼 수 없는 비엔나 커피를 마시면서 휴식을 취하거나 잡다한 걱정거리를 털어버릴 수 있었다. 이곳의 비엔나 커피는 뭐랄까, 한철 지난 제비꽃의 향이 난다는 말 외에는 달리 표현하기 어려운 묘한 풍미를 지니고 있었다.

한편 비엔나의 카페는 점심시간이 지나면 다시 손님들로 북적였다. 바쁘게 돌아다니던 사람들이 카페에 잠깐 들러 커피를 마시고 담배를 피우는 시간이었다. 오후 5시경에는 비엔나 남자들이 부인과 함께 그라벤과 케른트너 거리로 나와 산책을 했다. 그러고는 단골 카페에 들러 커피나 초콜릿 음료, 반죽이 찰지고 잼이 든 크루아상이나 쿠겔후프 등을 즐겼다. 저녁시간의 카페 역시 북적거리기는 마찬가지였다. 가족 모임을 갖거나 극장이나 음악회, 오페라에서 돌아오는 사람들이 이 시간대의 주요 고객이었다.

비엔나의 카페 문화는 1, 2차 세계대전 와중에 거의 소멸된 것이 사실이지만 시간이 흐르면서 예전의 영광을, 적어도 그 일부는 되찾아갔다. 〈초콜릿 병정〉의 작곡가 오스카 슈트라우스는 비엔나에서 꽤 호화로운 생활을 하는 것으로도 유명한데, 대부분의 시간을 카페에서 보냈다. 매일 오후 2시에서 5시, 또 밤 11시부터 다음 날 이른 새벽까지 지인들과 함께 카페에서 보냈다고 한다. 그는 그다지 유명하지도 않고 가난한, 어떻게 보면 지원을 받고 있다고 볼 수 있는 음악가들과 함께 하는 경우가 많았다. 물론 비엔나의 일류 작곡가와 작사가, 배우, 가수 들과도 어울리곤 했다고 한다.

비엔나 커피는 일반적으로 펌핑 퍼컬레이터를 이용하거나 드립 방식으로 만든다. 세계대전 전에는 휘핑크림을 올린 뜨거운 우유를 커피에 부어 대접했다. 그러나 전시 기간과 전후 시기를 거치면서 휘핑크림은 연유로 대체됐고, 설탕은 사카린으로 대체됐다.

벨기에 : 주로 프랑스식 드립 방식으로 커피를 만든다. 여기에 치커리를 첨가하는 경우도 많다. 벨기에의 전 국왕 알베르 1세는 20세기 유럽 왕족 중 커피를 가장 사랑한 인물로 유명했다. 아침식사 전에 한 잔, 식사 후에 한 잔, 점심식사 중에 한 잔, 오후에 한 잔, 저녁식사 후에 한 잔, 그리고 마지막으로 밤에 또 한 잔을 마시고 잠자리에 들었다고 한다.

영국 : 영국에서는 추출법이나 드립식, 여과법 애호가들이 상당수 있음에도 불구하고 끓여 마시는 전통이 여전히 강하게 남아 있다. 가장 일반적으로 사용하는 도구는 토기 주전자로, 면 주머니

영국에서 가장 일반적인 커피 제조법

가 달려 있는 것도 있고 아닌 것도 있다. 영국인들은 이를 일종의 여과기 달린 주전자 coffee biggin로 이용한다. 주머니가 없는 경우에는 우선 주전자를 데운 후 사용하는 것이 가장 효과적이다. 커피 1파인트(0.57리터)를 만들려면 먼저 갓 빻은 커피 가루 세 디저트스푼을 토기 주전자에 넣는다. 그 다음 갓 끓인 물을 정량의 4분의 3 정도 토기 주전자에 붓는다. 나무 숟가락으로 내용물을 저어 준 다음, 남은 물 4분의 1을 붓고 토기 주전자를 다시 불가에 올려 3~5분가량 끓인다. 커피를 충분히 우려내고 가루를 침전시키기 위한 과정이다. 가루가 모두 가라앉기 직전에 한 번 더 저어 주기도 한다.

최고의 커피 전문가들은 가정에서 직접 원두를 빻는 것이 중요하다고 강조하는 한편, 커피 음료 그 자체를 끓이는 것은 좋지 않다고 설명한다. 또한 아침에는 식사 도중에 커피를 마시고 점심과 저녁에는 식후에 커피를 마시는 것이 좋다고 권한다.

그런데 이같은 영국식 커피 제조법을 미국인의 시각에서 보면 생두를 볶고 끓이는 과정에 결점이 있다. 우선 생두를 충분히 익히지 않는 경우가 많고, 원두를 빻기도 전에 원두가 시들어버리는 경우가 허다하다. 원두 볶기의 경우, 미국에서는 미디엄, 하이, 시티 단계(중간 정도로 볶음)로 볶는 반면에 영국인들은 라이트나 시나몬 단계(약하게 볶음)로 볶은 원두를 즐긴다. 예컨대 영국의 사우스다운스에서는 꽤 진한 갈색을 띨 때까지만 가열하고, 랭커셔와 요크셔의 웨스트라이딩, 스코틀랜드 남쪽 지역에서는 밝은 갈색을 띨 정도로

만 가열한다. 그외의 대부분의 지역에서는 잘 익은 밤색을 띨 정도로만 원두를 가열한다.

하지만 관련 분야의 학술적 연구가 축적되면서 영국의 원두 볶기 과정에도 괄목할 만한 발전이 있었다. 이러한 변화를 주도한 이들은 업계의 리더와 또한 세계 각지의 어느 커피 소매상보다 관련 지식을 더욱 많이 익힌 영국의 커피 소매상들이었다. 영국에서는 원두를 볶을 때 생두의 외관을 돋보이게 하기 위해 버터나 라드를 쓰는 것이 관행이었지만 지금은 이런 광경을 흔히 볼 수 없다.

그러나 커피가 영국 내에서 더욱 훌륭한 국민 음료로 자리 잡기 위해서는 이러한 노력과 더불어 소비자들에게 상품 설명서를 제공할 필요가 있다. 원두를 볶고 빻는 과정에서 상인들이 예전보다 훨씬 더 심혈을 기울이고 있는 것은 사실이나, 만든 지 꽤 오래된 원두를 파는 경우가 여전히 많다. 물론 이 문제는 현재 조금씩 개선되고 있다. 영국의 소비자들은 이제 갓 볶은 원두와 갓 빻은 원두가 아니면 찾지 않는다.

그런데 이 문제 외에도 영국이 커피 애호가들 사이에서 악명을 얻게 된 또 하나의 이유가 있다. 바로 캔에 든 커피 가루와 치커리 혼합물이다. 이는 한동안 '프렌치' 커피로 유행을 일으키기도 했다. 아마도 만들기 간편하다는 이유로 인기를 누렸던 듯하다. 반면에 포장 커피는 미국에서만큼 큰 인기를 얻지 못하고 있다. 단, 소비층이 제한적이기는 하지만 고급 커피만을 포장한 다양한 제품이 시장에 출시돼 있다.

영국인들은 점심식사와 저녁식사 후에, 심지어는 한낮에도 데미타스(demi-tasse, 반 잔 또는 작은 잔이란 프랑스어로 에스프레소를 지칭하기도 함)를 즐겨 마신다. 특히 도시인들 중에 데미타스를 사랑하는 이들이 많은데, 런던에는 이를 전문적으로 취급하는 커피하우스가 몇 군데 있다.

영국에서는 가정에서 커피를 끓여 마시는 것이 일반적이기는 하나, 호텔이나 레스토랑에도 퍼컬레이터나 추출기, 스팀머신 등이 구비돼 있다. 영국을 방문한 미국 여행객들은 종종 영국 커피가 너무 걸쭉하고 끈적끈적하다고 불평을 늘어놓곤 한다. 영국 레스토랑에서는 우유를 넣은 '화이트' 커피나 그렇지 않은 '블랙' 커피를 토기 주전자나 은제 주전자에 담아 내온다. 라이언즈나 A.B.C. 등의 체인 레스토랑에서는 '커피를 소량 첨가한 뜨거운 우유'를 맛볼 수도 있다.

끓이는 방식에 관해서는 서유럽의 다른 국가에서도 일찍이 고개를 내저었다. 영국 커피가 악명을 떨치게 된 이유는 아마도 우려내기 기법에 있는 것이 아닌가 한다. 영국인들은 우려내기 방식을 선호하지만, 이 경우 보통 지나치게 우려낼 가능성이 높고 이 때문에 결과적으로는 끓이는 방식으로 만든 커피와 크게 다를 바 없다. 하지만 이러니저러니 해도 영국인들 대다수가 커피보다는 차를 선호하고, 수세기에 걸쳐 깊숙이 뿌리박힌 전 국가적인 차 문화는 쉽게 바뀔 리 없다.

런던의 예메카 카페

앞서도 언급했듯이, 17~18세기를 풍미했던 런던의 커피하우스가 역사의 뒤안길로 사라짐과 동시에 음료가 아닌 음식을 주로 제공하는 새로운 커피하우스가 영국에 등장한다. 그러다 이들 가게 역시 문명화 과정에 따라 현대식 호텔이나 화려한 티 라운지, 고급 레스토랑, 체인점, 찻집, 커피 숍, 또는 커피를 팔지 않는 카페 등으로 변화한다. 한때는 대충 만든 가판 몇 개와 모래 바닥, '별실' 몇 개를 꾸며놓고 장사하는 커피숍도 생겨났다. 하층 노동자 계급이 주 고객이었는데, 이곳을 수상히 여긴 경찰들 때문에 얼마 안 가 폐쇄됐다.

런던 피카딜리 서커스에 위치한 모니코 카페

한편 런던에서 영국식 커피나 대륙식 커피를 마실 수 있는 가게 중 한 군데를 추천하라면 모니코 카페를 빼놓을 수 없다. 런던 최초의 현대식 레스토랑 중 하나로, 여

런던 플릿 가의 그룹 커피하우스

기에 잠깐 들러 커피와 리큐어를 마셔 보길 권한다.

《에피큐어Epicure》와 《더 테이블The Table》의 전 편집자 찰스 쿠퍼Charles Cooper는 옛 런던의 커피하우스가 오늘날 모두가 즐겨 찾는 찻집, 티 라운지, 카페, 레스토랑 등으로 변화한 과정을 이렇게 묘사했다.

50~60년 전만 해도 번창했던 런던의 옛 커피하우스가 요 근래 40년 동안 현대식 찻집에 완전히 밀려 설 자리를 잃고 있다. 스트랜드와 플릿 가 주변, 런던의 4개 법학원Inns of Court 부근에 밀집해 있던 옛 커피하우스는 건물 외관과 내부 장식에는 그다지 신경을 쓰지 않았다. 내부에는 칸막이 좌석과 긴 좌석 등이 놓여 있었고 전

반적으로 정갈하고 질서정연한 분위기였다. 가격은 적당했고, 제공되는 음식은 단순했지만 굉장히 훌륭했다. 최근의 가게들 중에서 그에 필적할 만한 가게를 찾는 것이 힘들 정도로 훌륭했다. 고기는 그릴 위에 구워졌고, 커피와 차는 최상의 맛을 자랑했다. 또한 햄은 요크산 햄이었고, 베이컨은 윌트셔산이었다. 이들 커피하우스는 진정한 버터 토스트를 맛볼 수 있는 최후의 낙원이었다. 오늘날에는 이 예술작품과 같은 음식을 맛보기 힘들다. 당시의 커피하우스에는 남성들만 출입했는데, 저널리스트, 예술가, 배우, 법학원 학자, 학생 등이 단골손님이었다. 변호사 사무실 직원들은 이들 가게에서 편하게 아침식사를 즐기며 조간신문을 종류별로 읽었다. 옛 커피하우스 중 가장 서쪽에 자리했던, 헤이마켓 판튼 가의 스톤 커피하우스는 최근에 매각됐다. 플릿 가의 그룹 커피하우스, 그러니까 정오가 되면 점심을 간단히 때우려는 법정 변호사들이 몰려오는 곳으로 유명한 이곳에서는 오늘까지도 맛있는 커피를 제공하고 있다.

앞서도 얘기했다시피 찻집이 생겨나면서 옛 커피하우스는 설 자리를 잃었다. 커피하우스가 번창하던 시절 런던에는 남성 동행자 없이 여성들만 출입할 수 있는 공간이 없었다. 기껏해야 몇몇 과자점에서 차를 마시는 정도였다. 여성들이 사회에 진출하기 전까지만 해도 이는 크게 문제시되지 않았다. 그러다 사회에 진출하는 여성이 점차 늘어나면서 기존의 커피하우스로는 충족하기 힘든 새로운 수요가 생겨나게 된 것이다.

런던 찻집의 원조는 A. B. C. 사社이다. 이러한 찻집은 지방의 공업 중심지에서 하나둘 등장했는데, 금주 캠페인의 일환으로 노동자들의 술집 출입을 막기 위해 생겨난 것이 아닌가 한다. A. B. C.사는 처음에는 빵 제조 판매회사로 출발했다. 다우글레이쉬 박사Dr. Daugleish가 개발, 특허 인증을 받은 탄산가스 주입식 제조 공정에 따라 빵을 만들어 팔았다. 가정에서 먹을 빵을 파는 가게였지만 구매 전에 손님들이 빵을 시식할 수 있도록 차와 빵, 버터를 먹을 수 있는 공간을 가게 안에 마련해 뒀다. 그러다 부차적으로 제공한 이 서비스가 단시간 내에 회사의 주력 사업으로 자리 잡게 됐고, 지점을 여러 군데 개점해 여러 가지 메뉴를 만들어 팔기 시작했다.

현재는 A. B. C.사와 유사한 경쟁 업체가 많다. 라이언즈, 립톤, 슬레이터, 익스프레스데일리컴퍼니, 캐빈, 파이어니어 카페 등이 그 경쟁 상대다. 가게의 시설이랄지, 비용, 고객 계층이 유사하기 때문에 가격대 역시 유사하다. 라이언즈의 경우에는 계층별 특성에 맞춘 세분화된 카페를 운영하고 있다. 반면 파퓰러 카페와 코너하우지즈는 일반 찻집보다는 한층 고급스러운 찻집으로 통한다.

한편 오늘날 런던에서 가장 눈에 띄는 것 중 하나로 커피 노점을

런던 사보이 호텔의 티 라운지

상류층이 주 고객인 체인점, 슬레이터, 런던

런던 스트랜드의 가티

런던 피카딜리의 세인트제임스 레스토랑

런던의 템플바 레스토랑

꼽을 수 있다. 20~30년 전 이들 노점에서 가장 인기 있던 메뉴는 '커피 한 잔과 두껍게 썬 빵 두 조각'이었다. 노점은 금방이라도 무너질 듯했는데, 컵과 접시를 놓는 판매대, 그릇과 식료품을 보관하는 찬장, 주인 쪽의 가림막과 손님들이 비바람을 피할 수 있도록 설치한 삼베로 만든 가림막이 가게의 전부였다. 이들 노점에서는 보통 치커리 커피를 팔았고, 마가린을 듬뿍 바른 빵을 두껍게 썰어 팔았다. 장사를 시작하기 전 커피 노점상은 가판대를 끌고 삶의 터전으로 향했다. 뜨거운 음료는 한 잔에 1페니에 팔았고, 속이 꽉 찬 한 끼 식사는 반 페니에 팔았다. 주머니 사정이 딱한 이들을 위해 간소한 음식을 파는 곳이 바로 커피 노점이었다.

그런데 오늘날의 커피 노점은 이보다 한층 화려하게 변했다. 빈자와 부자, 일반 시민과 유명인이 모두 즐겨 찾는 민주적인 공간으로 변모했다. 판매하는 커피의 맛과 질은 더욱 좋아졌고 가격의 폭도 넓어졌다. 커피 노점 하나를 마련하는 데는 750파운드 정도가 들고, 위치가 괜찮은 곳에서 두 개의 노점을 운영할 경우 연간 순이익이 1,500파운드 정도 된다고 한다.

불가리아 : 이 지역에서는 아랍-터키식 커피 제조 방식이 보편화됐다. 아래 그림에서는 매년 메카로 성지 순례를 떠나는 일단의 충실한 이슬람교도들을 볼 수 있다. 자세히 들여다보면, 하지hadji(또는 hajj, 메카를 순례할 경우 『코란』을 암송暗誦한 것에 대한 시문試問이나 장기간의 행사를 치르는

고난이 따르기 때문에 이를 완수한 사람은 고향에 돌아가서도 존경을 받고, 집 주위에 하지임을 나타내는 문자나 그림을 장식한다)가 되고자 하는 한 덕망 있는 이슬람교도와 그 사병들을 볼 수 있다. 사병의 경우, 복장이 화려하고, 금 손잡이를 두른 칼을 어깨걸이에 차고 있으며, 은으로 장식한 총을 지니고 있고, 터번 대신 여러 갈래로 술

불가리아 대상 숙소에서 휴식을 취하는 일단의 여행자

이 달린 모자를 쓰고 있기 때문에 금방 눈에 띈다. 성지 순례 길에서 이들은 대상용 숙소 마구간에서 낙타와 함께 휴식을 취하고, 검고 걸쭉한, 쓴 맛이 매우 강한 커피를 작은 잔에 담아 마시며 여정의 피로를 푼다.

덴마크와 핀란드에서는 프랑스 및 독일식 커피 제조, 접대 방식이 보편화됐다.

프랑스 : 프랑스 커피의 경우, 원두를 강하게 볶는 점과 황당할 정도로 자주 첨가하는 치커리만 뺀다면 진정한 커피의 풍미를 보여주는 커피라 할 수 있다. 적어도 미국인이 보기에는 그렇다. 사실 프랑스에서는 커피를 지나치게 달이는 경우가 거의 없다. 영국인들처럼 끓이는 방식으로 커피를 만들지 않기 때문이다.

전 세계에서 미국 다음으로 커피를 많이 소비하는 프랑스는 한 해 평균 300만 포대의 커피를 소비한다. 동인도, 모카, 아이티(탁월한 풍미로 유명), 중앙아메리카, 콜롬비아, 브라질산 커피가 프랑스로 수입된다.

원두를 전문적으로 볶아 파는 도소매점이 많지만, 프랑스에서는

아직까지도 원두를 직접 볶는 집이 많다. 시골 지역일수록 더욱 그렇다. 숯불이 타고 있는 철제 상자 위에 철판으로 만든 원통형 원두 볶기 기구를 올려놓고 손수 돌려가며 원두를 볶는다. 이 기구는 대도시의 백화점에서도 불티나게 팔리고 있다. 도시에서나 시골에서나 집 앞 연석 위에서 이 기구를 돌리고 있는 사람들을 흔히 볼 수 있다. 에멧 비슨Emmet G. Beeson은 《차·커피 저널The Tea and Coffe Trade Journal》에서 프랑스 남부 시골 사람들이 원두를 볶는 모습을 이렇게 스케치했다.

프랑스 남부의 한 마을에서였다. 가정용 일반 기구보다는 좀 더 큰, 원두 10파운드(약 4.5㎏) 정도는 족히 들어갈 듯한 원두 볶는 기구를 들고 나오는 한 노인이 보였다. 노인은 원통형 기구가 아니라, 철판 재질의 속이 빈 공을 철판 뼈대 위에 올려놓았다. 공 윗부분에는 활판이 있어 금속 도구를 이용해 열 수 있었다. 노인은 철판 뼈대 안에 숯을 넣고 불을 붙였다. 기구 바로 앞에는 수제 냉각 팬이 있었다. 팬의 양 측면은 나무로 만들어졌고, 바닥에는 촘촘한 철망이 덧대어져 있었다.

오후에 노인은 연석 위에 기구를 올려놓고 자리를 잡았다. 그러자 몸집이 큰 검은 고양이 한 마리가 따라와 숯불의 온기를 느끼며 몸을 말았다. 그리고는 불가 앞의 냉각 팬 안에 들어가 평화롭게 낮잠을 즐겼다. 노인은 고양이가 있는지, 없는지도 모른 채 담배만 뻐끔뻐끔 피우며 원두가 든 공을 하염없이 돌렸다. 원두가 검게 타면 돌리기를 멈추고, 공의 활판을 열어 뒤집은 다음, 뜨거워진 원두를 팬 위에 쏟아부었다. 이 때문에 그 안에서 자고 있던 고양이는 '번쩍' 하고 뛰어올라 도로를 후닥닥 가로질러 낡은 건물 아래로 들어갔다.

나중에 알게 된 사실이지만, 이 노인은 마을 사람들에게서 생두를 받아와 킬로그램당 몇 수씩 받고 볶아 주는 일을 한다고 했다. 마치 미국에서 가위 가는 사람들이 온 동네를 돌아다니며 일하듯이 말이다.

프랑스에서는 아직도 꽤 많은 식료품점에서 위에서 얘기한 것과 같은 투박한 기구를 이용해 원두를 볶는다. 그러나 대형 로스팅 업체가 등장하면서 이러한 제조 과정도 점차 사라지고 있다. 파리와 대도시 가게에서는 날마다 원두를 갓 볶아 내놓는다. 대개 가스를 연료로 하는 원통형 전기 로스터를 사용하는데, 가게 주인들은 이 기계를 가게 밖에서도 볼 수 있도록 적당한 위치에 세워둔다.

그런데 흥미롭게도 프랑스에서는 샘플 로스터(생두 테스트 및 최적의 로스팅 조건 확인을 위해 사용)나 시음 테이블을 찾기가 정말 힘들다. 왜 그런지 궁금해서 여기저기 좀 알아봤더니, 프랑스인들은 제품 설명서만 믿고 생두를 산다고 했다. "설명서만 보고 커피의 질을 어떻게 확신할 수 있냐?"고 묻자 한 상인은 생두의 생김새와 색깔을 보면 알 수 있다고 했다. 프랑스인들이 품질을 꼼꼼히 따져보지 않고 생두를 구입하는 데는 하이로스팅이 프랑스에서 보편화됐다는 점과 관련 있는 듯하다. 사실 프랑스에서는 생두가 까맣게 탈 정도로 볶는 것이 일반적인데, 이 경우 생두가 불량제품만 아니라면 다른 풍미를 모두 제거하는 효과가 있기 때문에 품질은 그리 따지지 않는 듯하다.

프랑스 소비자 대부분이 생두를 구입한다는 점은 이곳에서 왜 중앙아메리카산 커피가 가장 잘 팔리는지를 설명해 준다. 프랑스 소비자에게 무엇보다 중요한 것은 스타일인 것이다. 미국 커피 상인들이 보기에 프랑스인들은 커피를 통해서도 그 특유의 예술적 취향을 너무 드러내려고 하는 것은 아닌가 할 때가 있다. 사실 커피는 마시는 것이지, 눈요기가 아님에도 말이다.

어쨌든 소비자들에게 갓 볶은 원두를 판매하는 대형 로스팅 업체가 등장한 이후에 프랑스에서는 산토스 커피가 시장 점유율을 늘려가고 있다. 서인도 커피와 중앙아메리카 커피를 혼합한 산토스 커피가 50~60%를 차지하고 있다.

한편 브르타뉴 지방에서는 종류에 관계없이 피베리pea berry(커피 열매에는 보통 생두가 두 개 들어 있는데, 그렇지 않고 생두가 하나만 자랐을 경우 피베리라 부른다. 둥근 모양이 특징)를 선호한다. 이 지방에서는 가정에서 원두를 볶아 먹는 사람들이 여전히 많고, 또한 최신식 수제 로스터 없이 불 위에 팬을 올려놓고 볶는 경우가 많다 보니 피 베리에 익숙해진 듯하다. 다시 말해 둥글둥글한 피 베리는 팬 위에서 잘 굴러다니기 때문에 간단한 기구를 이용하더라도 균일하게 볶을 수 있어 피 베리의 수요가 높은 듯하다.

프랑스에서는 볶은 원두를 빻는 일 역시 소비자들이 가정에서 직접 하는 경우가 많다. 소비자 입장에서 보면 그리 손해 보는 일은 아니다. 그러나 커피 상인에게는 꽤 타격일지도 모르겠다. 특히 성능 좋은 분쇄기를 이용해 솜씨 좋게 원두를 분쇄할 수 있는 상인들은 손해를 좀 볼 것이다. 프랑스 가게에서는 대개 완력이 필요한 구식 분쇄기를 사용하는데, 이 때문에 원두 1킬로그램을 갖고 가 빻아 달라고 하면 주인이 어금니를 꽉 깨물고 으르렁거리며 기계를 돌리는 모습을 볼 수 있다.

한편 프랑스에서는 개별 포장된 커피나 상품 등록된 커피가 미국에서만큼 활성화되지 않았다. 그러나 최근 들어 몇몇 업체가 이 분야에 뛰어들어 길거리 광고판과 전차, 지하철 광고판을 이용해 대대적인 홍보에 나섰다. 그렇지만 아직까지는 포장 안 된 커피를 대량으로 사고파는 것이 일반적이다. 또 버터나 달걀, 치즈를 파는 가게에서 커피를 판매하는 것이 일반적이다. 예전 전쟁 등으로 물가가 오르기 전에는 고급 커피나 차, 향료 등의 사치품을 판매하는 대형 업체들이 몇 군데 있었다. 물론 오늘날까지 살아남아 소비자들에게 질 좋은 제품을 제공하는 곳도 있지만, 커피를 비롯한 사치품의 물가 상승으로 인해 관련 산업이 현저하게 줄어든 것이 사실이다. 이들 업체에서는 미국의 일부 업체들처럼 배달 서비스를 제공하고 방문 판촉 활동을 펼치는 것이 그 특징이다. 파리 소재의 한 대형 업체는 프랑스 전역, 아주 작은 마을에까지 지점을 개설하고 소비자의 가정으로 배달하는 방식으로 50년 넘게 자리를 지키고 있다.

어쨌든 프랑스에서의 커피 소비는 늘고 있다. 이를 두고 한편에서는 와인이 너무 비싸기 때문이라고 하고, 다른 한편에서는 커피 애호가들이 늘어났기 때문이라고 한다. 프랑스인들은 보통 아침에

긴 빵과 함께 카페오레나 치커리를 첨가한 진한 블랙커피 반 잔에 뜨거운 우유 반 잔을 섞어 마신다. 노동자들은 빵을 찢어 커피에 푹 적셔 먹기도 한다. 입맛을 쩝쩝 다실 때마다 커피가 배어든 빵 맛이 얼마나 환상적인지 느낄 수 있다.

상류층 가정에서는 카페오레와 함께 롤빵과 버터, 과일을 아침 으로 먹는다. 커피는 드립식 또는 여과식으로 만든다. 커피가 완성 되면, 한 손에는 끓는 우유 주전자를 들고, 다른 한 손에는 커피 주 전자를 들고 동시에 컵에 따라 부어 카페오레를 만든다. 커피와 우 유의 비율은 1:1부터 1:3까지 각자의 입맛에 따라 다양하다. 우선 커피를 조금 부은 다음에 우유를 그만큼 첨가하는 식으로, 이 과정 을 수차례 반복하며 만들기도 한다.

아침식사 때를 제외하면 식사 도중에는 커피를 마시지 않는다. 대신에 점심과 저녁에는 식후에 데미타스demi-tasse를 마신다. 가정에 서는 식사 후에 거실로 이동해 아늑한 벽난로 앞에 앉아 데미타스 와 리큐어liqueur, 담배를 즐기는 것이 보통이다. 식후에 마시는 데미 타스는 일상적으로 마시는 커피보다 더 진하고 검은 빛을 띤다. 또 술을 첨가해 마시는 것이 일반적이다. 애피타이저로 칵테일을 마 셨건, 육류 요리와 함께 적포 도주를 마셨건, 샐러드와 디 저트와 함께 백포도주를 마셨 건 간에 술을 넣어 마신다. 이 때 첨가하는 술은 코냑, 베네 딕틴, 크렘드망트와 같은 코

파리의 노상 카페 라페 카페

디얼cordial 주酒다. 술을 첨가하지 않은 식후 커피를 프랑스인들은 아마 상상도 못할 것이다. 그러면서 이렇게 덧붙일 것이다. "소화시키려고 마시는 거야."

노르망디에서는 독특한 커피 음용 문화가 자리 잡았다. 이곳에서는 우선 노르망디산 사과로 시드르cidre라고 하는 단순한 사과주를 만든다. 그런 다음 이를 증류해 칼바도스calvados라는 사과 브랜디를 만든다. 커피 반 잔에 칼바도스 반 잔을 섞은 후 설탕으로 단맛을 가미해 마시는 것이 노르망디식 커피 음용법이다. 아이스커피에 칼바도스를 부을 때는 지글거리는 소리가 난다. 칼바도스 커피의 맛이란, 뭐랄까 주먹으로 한 대 맞은 듯한 느낌이다. 한 잔만 마셔도 망치로 머리를 맞은 듯한 충격을 받는다. 그런데 노르망디에서는 아장아장 걸을 때부터 이 커피를 즐겨 마신다고 한다.

프랑스 남부 지방에서는 포도주 찌꺼기를 커피에 넣어 마신다. 우선 포도주 찌꺼기를 물에 넣고 끓여 마르크marc(포도주를 만들고 남은 찌꺼기로 만든 술)를 만든 다음, 북쪽의 노르망디 사람들이 칼바도스를 넣어 마시듯 마르크를 커피에 넣어 마신다. 여름에는 남녀노소 할 것 없이 노르망디식 마자그랑, 즉 탄산수를 첨가한 차가운 커피를 즐겨 마신다.

프랑스의 커피 제조 방식은 드립식과 여과식이 일반적이다. 예전에도 그랬고 앞으로도 그럴 것이다. 대형 호텔이나 카페뿐 아니라 일반 가정에서도 드립식 및 여과식 커피 제조 방식을 따른다. 손님을 맞이한다든지, 좀 더 특별한 커피를 대접해야 할 때에도 드립식으로 커피를 추출한다. 곱게 빻은 원두 가루를 주머니에 넣어 꼼꼼하게 묶은 다음, 뜨거운 물을 조금씩 부어가며 커피 가루 구석 구석에 물이 침투하도록 한다. 대접할 커피 양에 비해 원두 가루를 과하게 넣는 것이 보통인데, 이 때문에 데미타스 너덧 잔을 만드는 데 1시간이 걸리기도 한다. 이렇게 추출한 커피가 당밀에 가까울 것이란 점은 안 봐도 뻔하다. 프랑스의 일부 지역에서는 원두를 두 세 번 우려내 마시기도 한다. 그러나 추천할 만한 방법은 아니다.

독일 화학자 폰 리비히가 제안한 이상적인 커피 제조법은 프랑 스의 드립식 커피 제조법과 결합돼 전래됐다. 우선 드립식 커피 주 전자의 아래쪽에는 이전에 한 번 우려낸 원두 가루를 넣는다. 그 다음, 위쪽에 갓 빻은 원두 가루를 넣고 뜨거운 물을 붓는다. 원리 는 이렇다. 오래된 원두 가루는 커피를 마실 때 입 안에서 느껴지 는 양질감(body, 지방질과 불용성 고형 성분으로 구성)과 커피의 농도를 강화하 고, 갓 빻은 신선한 원두는 커피의 향을 짙게 한다. 이것이 이 제조 법의 원리다.

한편 파리나 프랑스 대도시 대로에 자리한 카페에서는 대개 리 큐어를 첨가한 커피를 판다. 순수한 커피든, 우유를 넣은 커피든 간 에 리큐어를 첨가한다. 이 때문에 프랑스에서는 커피하우스를 와 인하우스라 부른다든지, 반대로 와인하우스를 커피하우스라 해도 상관이 없을 듯하다. 이곳에서는 커피와 와인을 떼어놓을 수 없다. 또 규모와 상관없이 이들 가게에서는 낮이건 밤이건 언제라도 커 피를 마실 수 있다. 파리에서 제법 큰 카페를 운영하는 가게 주인 은 주간의 커피 판매량과 와인 판매량이 거의 비슷하다고 설명한 다.

프랑스인은 나이를 불문하고 노상 카페에 앉아 커피나 리큐어를 마시는 것을 좋아한다. 한가로이 거리 풍경을 감상하는 것, 이것이 이들의 낙이다.

프로코프 레스토랑. 1922년. 1689년에 개점해 큰 사랑을 받았던 카브의 후신이다.

수도 파리에는 대로에 수백 개의 카페가 늘어서 있다. 손님들은 작은 테이블에 앉아 신문을 읽고, 글을 쓰고, 그저 한가로이 시간을 보낸다. 오전 8시부터 11시까지는 노동자, 한량, 관광객, 지방에서 상경한 이들이 카페오레를 마시기 위해 카페를 찾는다. 웨이터들은 쌀쌀맞지만 공손하다. 손님에

비아르 카페. 파리에는 현재 약 200군데의 비아르 커피, 와인 카페가 있다. 노동자와 사무직, 여성 점원이 주 고객이다.

게 신문을 가져다 주고 테이블을 닦는 일이 이들의 기본 업무인데, 우유를 넣은 카페크렘을 주문하면 신문을 두 번 가져다 주고 테이블을 두 번 닦아 준다. 빵과 버터를 곁들인 카페콩플레café complet를 주문하면 이 서비스를 세 번 제공받을 수 있다.

오후가 되면 작은 잔에 든 블랙커피, 즉 카페누아 또는 카페나튀르를 찾는 손님들이 주를 이룬다. 카페누아는 퍼컬레이터나 여과식 제조기를 이용해, 다른 커피를 만들 때보다 두 배가량 많은 커피액을 추출해 만든다. 소요 시간은 8~10분 정도다. 손님 가운데는 카페누아가 커피와 브랜디를 1:1로 섞은 후 설탕과 바닐라를 첨가한 음료로 알고 오는 경우도 있다. 카페글로리아는 카페누아, 즉 블랙커피에 같은 양의 코냑을 혼합해 만든 음료다. 여름철에 큰 인기를 얻는 카페마자그랑은 주성분이나 제조 방법은 카페누아와 같

파리의 레젱스 카페, 1922년

고, 물과 함께 긴 잔에 담겨져 나오기 때문에 각자의 입맛에 따라 커피의 농도를 조절해 마실 수 있다.

한편 18세기에 파리를 빛냈던 카페 대부분이 역사의 뒤안길로 사라졌기에 오늘날까지 살아남은 카페는 손에 꼽을 정도다. 그중 커피로 유명한 카페를 꼽자면 라페Café de la Paix 카페와 1718년에 문을 연 레젱스Régence 카페, 또 초콜릿으로도 유명한 프레보Prévost 카페가 있다.

파리의 한 현대식 카페는 퐁트넬Fontnelle이 남긴 명언을 테마로 하여 내부를 장식했다고 한다. 커피가 잠재적인 독이라는 세간의 주장에 대해 퐁트넬은 "커피는 정말이지 잠재적인 독임에 틀림없다. 85년간 커피를 마셨지만 여태껏 죽지 않는 걸 보면……"이라고 응수했다. 그는 100세 가까이 살았다.

독일 : 오후의 커피 모임 혹은 다과회kaffee-klatsch는 독일에서 시작된 모임이다. 오늘날에도 독일 사람들은 일요일 오후에 커피를 마시며 가족 모임을 갖는다. 화창한 여름에는 가족끼리 교외로 나가 산책을 즐기다 커피를 파는 가든에 들르는 것이 보통이다. 그러면 가든 주인은 커피와 잔, 차 스푼과 함께 설탕을 두 조각씩 내준다. 단골손님이라면 자신이 먹을 케이크를 미리 챙겨온다. 설탕을 두 조각 받은 손님들은 한 조각은 커피에 넣고, 남은 한 조각은 집에 있는 카나리아를 위해 챙겨둔다. 그런데 여기서의 카나리아란 다름 아닌 부엌에 있는 설탕 통을 가리킨다.

"이곳에서는 커피를 직접 끓여 드실 수 있습니다"라는 커다란 안내판이 걸려 있는 가든에서는 좀 더 저렴한 가격에 커피를 마실 수 있다. 빻은 원두와 케이크를 미리 챙겨와 뜨거운 물만 구입하면 된다.

가든에서는 커피를 기다리는 동안 악단의 연주를 감상할 수도 있고, 아이들은 나무 아래서 신나게 뛰어놀 수도 있다. 이곳에서는 프랑스식 혹은 비엔나식 드립 주전자로 커피를 만드는 것이 일반적이다.

독일에서도 어딜 가든 카페를 볼 수 있다. 손님들은 널따란 카페의 작은 테이블에 옹기종기 둘러앉아 커피를 마시고 케이크나 빵을 먹는다. 커피에 무언가를 넣어 마시는 손님이 있는가 하면 그렇지 않은 손님도 있고, 커피를 휘휘 저어 마시는 손님이 있는가 하면 그렇지 않은 손님도 있다. 김이 모락모락 나는 뜨거운 커피를 찾는 손님도 있고 차가운 커피를 찾는 손님도 있다. 설탕을 넣어 달게 마시는 손님도 있고 쓴 맛을 즐기는 손님도 있다. 손님들은 카페에 앉아서 수다를 떨고, 추파를 던지고, 때로는 남을 헐뜯고, 하품을 하고, 글을 읽고, 담배를 피운다. 카페는 또한 공공도서관 같은 공간이기도 하다. 수백 호에 달하는 일간지와 주간지, 잡지를 철해 둔 카페도 더러 있다. 커피 한 잔을 시켜놓고 몇 시간이 걸리든 신문을 마음껏 읽을 수 있는 곳이 카페다.

베를린에서는 가장 노른자 부위라 할 수 있는, 운터덴린덴Unter den Linden 거리(베를린에서 가장 유명한 거리 중 하나로, 브란덴부르크문門에서 동쪽으로 약 1.5km에 걸쳐 뻗어 있다. 이전에 길 중간의 산책로를 따라 보리수나무가 심어져 있던 데서 '보리

바우어 카페 내부, 베를린

수나무 아래'라는 뜻의 이름이 붙여졌다)와 프리드리히 거리 교차로의 네 모퉁이 중 세 곳에 카페가 들어서 있다. 남서쪽 모퉁이에는 크란츨러Kranzler라는 역사가 오래된 카페가 자리하고 있다. 이 카페에서는 비흡연자를 위해 아래쪽 홀을 금연 구역으로 지정하고 있는데, 이 점은 상당히 높이 살 만하다. 남동쪽 모퉁이에는 세계적으로 유명한 바우어 카페가 자리하고 있다. 그러나 지금은 쟁쟁한 경쟁 카페의 등장으로 전성기만큼의 명예는 누리지 못하고 있다. 마지막으로, 북동쪽 모퉁이에는 빅토리아라는, 밝고 화사한 분위기의 최신식 카페가 자리해 있다. 이 카페는 금연석이 없는 것이 특징인데, 이곳을 찾는 여성 대부분이 설령 흡연자가 아니라고 해도 이를 받아들인다.

포츠담 광장 부근에서도 몇몇 카페를 볼 수 있다. 그 가운데 요스티 카페는 베를린에서 가장 북적거리는 카페 중 하나다. 무엇보다 카페 정문에 심어둔 몇 그루의 나무와 테라스 덕분에 베를린 시민들의 사랑을 받고 있다. 여기서 더 서쪽에 자리한 쿠르푸에르슈텐담에는 대형 카페가 열두 곳 정도 들어서 있다.

한편 일부 카페는 특정 직업인들의 회합 장소로 이용된다. 예컨대 프리드리히 가의 애드미럴 카페는 예술인들의 모임 장소로 통한다. 연극배우와 스타들이 매일 이곳을 들른다. 또 코러스 걸과 곡예사, 공중그네 묘기를 선보이는 아가씨, 안장 없이 말을 타는 기수도 이 카페에 모여 그들만의 애환을 토로하고 매니저를 욕하거나 다이아몬드 패를 주거니 받거니 하면서 전성기 시절의 이야기를

풀어낸다. 영화 제작자들 역시 이곳을 방문
해 새 영화에 출연할 배우를 픽업해 간다.
몇 분만 앉아 있으면 전 출연진을 모두 픽
업할 수 있는 곳이 애드미럴 카페다.

베를린 운터덴린덴 거리에 자리한 바
우어 카페

쿠르푸에르슈텐담에 자리한 베스텐Westen
카페는 몽상가와 시인들의 아지트다. 이 카페는 그루센반Groessenwahn
카페로도 통하는데, '그루센반'이란 과장된 자아 때문에 상당한 고
통을 받는 사람을 일컫는 독일어다.

작센과 튀링겐 지역은 커피를 사랑하는 지역으로 유명하다. 작
센은 전 세계를 통틀어 평방인치당 커피 음용 인구가 가장 많고,
원두 한 알당 커피잔 수가 가장 많은 지역으로 유명하다. 그런데
이 지역 사람들은 커피를 좋아하면서도 너무 진한 커피는 꺼리는
듯하다. 이 때문에 커피를 입에 대기 전에 잔의 바닥이 보이는지
꼭 확인하는 습관이 있다.

독일 가정에서는, 폰 리비히의 커피 제조법을 엄격히 따라 우선
원두를 4분의 3만큼 넣고 10~15분간 끓인 다음에 남은 원두를 넣
고 6분간 우려내는 방식으로 커피를 만들기도 한다. 폰 리비히는
또한 원두 표면에 설탕을 입히는 방법을 추천한다. 몇몇 가정에서
는 지방과 달걀, 달걀껍질을 이용해 커피액을 가라앉혀 맑게 만들
기도 한다.

독일의 경우, 여느 유럽 국가에 비해 커피를 잘 조리하고(볶고) 좀
더 과학적으로 제조한다고 할 수 있다. 그러나 세계대전을 거치면
서부터는 커피보다는 커피 대용물을 엄청나게 소비한 탓에 커피

본연의 매력을 예전만큼은 즐길 수 없게 됐다.

그리스 : 여느 유럽 지역과 마찬가지로 그리스에서도 커피는 무알코올 음료 중 가장 대중적인 음료로, 폭넓은 음용 인구를 확보하고 있다. 그리스의 1인당 연간 커피 소비량은 약 2파운드(약 1㎏)로, 그중 3분의 2가 오스트리아와 프랑스를 통해 들어오고 나머지 3분의 1은 대부분을 브라질에서 직접 수입한다.

그리스에서는 우선 생두를 하이로스트high roast나 시티city 로스트 단계로 강하게 볶은 후 가루가 될 때까지 빻는 것이 보통이다. 기본적으로 오스만투르크식 혹은 터키식 데미타스를 만드는 과정과 같다. 곱게 빻은 원두 가루로 아침 식탁에 올릴 커피를 만들거나 평상시 마실 커피를 만든다. 가정에서는 주로 이스탄불에서 생산한 황동 재질의 원통형 수제 분쇄기를 사용한다. 반면에 그리스와 레반트의 지방 커피하우스에서는 힘센 남자들이 묵직한 석제 절구나 대리석 절구와 쇠로 된 절굿공이를 이용해 원두를 빻는다. 서민층 가정에서는 작은 황동 절구와 절굿공이를 이용한다. 이 또한 터키산 제품이다.

아래는 에드몽 프랑수아 발렝팅 아부Edmond François Valentin About(프랑스 소설가이자 저널리스트)의 『오늘날의 그리스The Greeks of the Present Day』의 내용 일부다.

터키나 알제리를 가본 적 없는 여행자들은 그리스 가정에서 끓여 마시는 커피를 보고 적잖이 당황할지도 모른다. 처음에는 커피잔에 음료가 아니라 음식이 담겨져 나와 놀란다. 그러나 이 커피 수프가 프랑스에서 즐기는 커피 추출물보다 훨씬 더 맛있고, 담백하고, 향이 좋으며, 특히 건강에 더 좋다는 점을 깨닫고는 그리스식 커피에 빠져들게 된다.[6]

이어서 아부는 '아테네 최초의 커피 전문가'이자 그의 하인이었던 페트로의 커피 제조법을 이렇게 설명한다.

생두는 타지 않을 정도로 볶는다. 그런 다음, 절구나 세밀하게 갈아 주는 분쇄기를 이용해 고운 모래 입자 정도로 원두를 빻는다. 물은 불 위에 올려놓고 끓기 시작하면 주전자를 불가에서 치운 후, 커피 한 잔당 원두 가루 한 스푼, 설탕 한 스푼씩을 넣고 조심스럽게 섞는다. 그러고는 주전자를 다시 불 위에 올린다. 다시 끓기 시작하면 불가에서 꺼냈다가 한 번 더 불 위에 올린다. 그런 다음, 커피를 재빨리 잔에 따른다. 커피 애호가들 중에서는 끓이기 과정을 다섯 번 반복하는 이들도 있다. 페트로의 경우, 세 번 이상은 끓이지 않는다는 원칙이 있다. 커피를 따를 때에는 주전자 위로 보이는 선명한 거품, 즉 커피의 카이마키('크림'을 의미하는 그리스어)가 모두의 잔에 똑같이 담기도록 조심스럽게 따른다. 카이마키가 없는 커피는 진정한 커피라 할 수 없다.

자, 커피를 대접받았다면, 뜨겁고 탁한 커피를 그대로 마실 것인지, 아니면 식혀서 맑은 커피를 마실 것인지는 마시는 사람의 선택이다. 초보자들은 대개 기다리지 않고 뜨거운 커피를 바로 마신다. 반면에 커피 속의 침전물이 모두 가라앉기를 기다렸다가 마시는 이들도 있다. 그런데 이들은 침전물이 싫어서 기다리는 것이 아니다. 오히려 커피를 다 마신 후에 침전물을 손가락으로 긁어모아 조심스럽게 맛보는 재미를 즐기기 위해 기다리는 것이다.

그리스 사람들은 이렇게 만든 커피를 하루에 열 잔가량 마신다. 프랑스 커피라면 다섯 잔을 넘기기 힘들 것이다. 다섯 잔 이상을 마시면 탈이 나기 십상이다. 터키와 그리스의 커피는 희석된 상태로, 묽은 데 반해 프랑스 커피는 농축된 커피이기 때문이다.

한편 파리 사람 중에는 설탕을 넣지 않고 커피를 마시는 이들도 꽤 있다. 아랍 세계를 동경하는 이들이 대개 그렇다. 그러나 우리끼리 하는 얘기지만, 이곳 아테네의 유명 커피하우스에서는 어디서건 커피와 함께 설탕이 따라 나온다는 점을 이들에게 꼭 전하고 싶다. 뿐만 아니라 대상隊商들이 묵는 칸을 비롯해 평범한 커피하우스에서는 아예 설탕이 첨가된 커피가 나온다. 스미르나(터키 이즈미르의 옛 지명)나 콘스탄티노플에서도 어딜 가든 설탕을 넣은 커피가 나왔다.

이탈리아 : 이탈리아에서는 커피 도소매점뿐 아니라 가정에서도 직접 원두를 볶는다. 프랑스, 독일, 네덜란드, 이탈리아산 기구를 모두 이용하고, 풀시티나 이탈리안로스팅 수준, 즉 중강 단계로 원두를 볶는다. 프랑스를 비롯한 다른 유럽 대륙 국가와 마찬가지로 이곳에서도 카페를 쉽게 볼 수 있다. 또한 프랑스식 제조 방식에 따라 커피를 만드는 것이 일반적이다. 레스토랑과 호텔에서는 프

랑스인과 이탈리아인이 처음으로 개발한 급속 여과식 제조기를 사용하고, 가정에서는 퍼컬레이터나 여과식 기구를 사용한다.

이탈리아인들은 원두를 볶고 냉각하는 과정에서 특히 온도에 신경을 쓴다. 원두의 표면에 투명한 시럽 따위를 바르는 경우(글레이징)가 많고, 커피에 넣어 마시는 첨가물도 다양한 편이다.

프랑스에서와 마찬가지로 아침식사 때는 카페오레를 마시고, 저녁식사 때는 카페누아를 마신다.

로마의 코르소, 나폴리의 톨레도, 밀라노의 갈레리아 비토리오 엠마누엘 2세 아케이드와 대성당 앞 광장, 그리고 베네치아 산마르코 광장 주변의 아케이드에서는 프랑스식 카페를 구경할 수 있다. 특히 산마르코 광장에서는 여전히 번창하고 있는 플로리안 카페를 만날 수 있다.

네덜란드 : 네덜란드에서도 프랑스식 카페를 빼놓고는 대도시의 활기찬 일상을 논하기 어렵다. 이곳에서는 원두를 적당히 볶은 다음 능숙하게 커피를 만든다. 완성된 커피는 전용 주전자에 담아 대접하거나 데미타스 잔에 담은 후 은, 니켈, 황동 쟁반에 받쳐 대접한다. 여기에 크림(대부분이 휘핑크림)이 가득 담긴 작은 주전자와 설탕 세 조각이 담긴 작은 접시, 또 물이 든 가느다란 잔이 함께 나온다. 커피에 물잔이 따라 나오는 것은 만국 공통이다. 미국인들 역시 보통 때는 몰라도 커피를 마실 때면 언제나 물을 찾는다. 네덜란드에서는 저녁식사 후에 실내 카페나 야외 카페에 들러 커피를 마시는 것이 관례로 자리 잡았다. 저녁식사를 한 곳에서 커피까지 마시는 경우는 드물다. 네덜란드에도 물론 다양한 카페가 있는데, 그중

스웨덴에서 커피를 끓이는 데 사용하는 주전자.
왼쪽: 석탄이나 숯 위에 세울 수 있도록 금속 다리를 단 주전자.
몸체는 구리로, 손잡이는 목재로 되어 있다. 가운데: 유리로 만든
구형 주전자로, 펠트를 덧댄 황동 보온커버에 싸여 있다. 스토브
에 올려놓고 사용한다.
오른쪽: 스토브용 수제 주전자. 놋쇠를 두들겨 만들었다.

에는 소품이나 내부 인테리어에 공을 들인 카페도 꽤 있다. 인테리어가 가장 재밌는 곳을 꼽는다면 전통 네덜란드 스타일로 꾸민 헤이그의 신트요리스 카페가 있다. 네덜란드 사람들이 가장 선호하는 커피 제조 방식은 프랑스식 드립 제조 방식이다.

노르웨이와 스웨덴의 로스팅, 분쇄, 커피 제조 및 접대 과정은 프랑스와 독일의 영향을 많이 받았다고 할 수 있다. 또 대개의 경우, 치커리를 넣어 마시기보다는 휘핑크림을 듬뿍 올려 마신다. 노르웨이에서는 주로 끓임법으로 커피를 만든다. 뚜껑이 없는 대형 구리 주전자에 물을 가득 채운 후, 커피를 넣고 끓인다. 커피가 완성되면 시골 지역의 서민층 가정에서는 이 주전자를 식탁 위로 가져와 나무 쟁반 위에 올려놓고 여기서 바로 커피를 따라 마신다. 부유층 가정에서는 주방에서 커피를 만든 다음, 은제 주전자에 옮겨 담은 후 이 주전자만 식탁에 올린다. 한편, 수도 오슬로에서 커피하우스를 찾는다면 다방 정도를 찾을 수 있다. 작은 홀 하나가 전부인 이곳에서는 커피와 함께 죽과 같은 간단한 음식을 판다. 가격이 저렴한 까닭에 가난한 학생들에게 인기가 많다. 다방에서 커피를 마시며 공부하는 학생들을 자주 볼 수 있다.

러시아와 스위스에서도 프랑스와 독일의 커피 제조 및 접대 방

식을 따른다. 러시아에서는 커피보다는 차를 더욱 즐기는 편인데, 터키식으로 차를 끓여 마신다. 러시아에서는 커피가 저렴한 차 대용품으로 통한다. 한편 러시아 귀족들이 즐겨 마신다는 카페아라뤼스는 레몬을 첨가한 진한 블랙커피를 말한다. 이와 더불어 또 하나의 러시아식 커피라면, 큰 펀치 잔에 커피를 따른 후 그 위에 잘게 썬 사과와 배를 한 겹씩 쌓아올린 다음 코냑을 붓고 불을 붙여 만든 커피가 있다.

루마니아와 세르비아에서는 커피를 즐기는 계층과 장소에 따라 터키식으로 커피를 만들 때도 있고, 프랑스식으로 만들 때도 있다. 커피 대용물이 다양하다는 점이 두 나라의 공통점이다.

스페인과 포르투갈에서는 이탈리아에서처럼 프랑스식 카페가 주를 이룬다. 마드리드 중심지, '태양의 문Puerto del Sol' 부근에 가면 활기 넘치는 카페들을 구경할 수 있다. 커피와 초콜릿 음료가 이곳의 인기 메뉴다. 스페인과 포르투갈에서는 일반적으로 드립식으로 커피를 제조하고 프랑스식으로 접대한다.

4 커피로 시작하고 마치는 북아메리카의 하루

북아메리카 지역에 커피와 차가 전래되면서 식사 때 즐기는 음료의 메뉴가 크게 변했다. 처음에 맥주를 마시던 이들은 도수 높은 술이나 사과주로 메뉴를 바꾸었고, 그 이후에는 차와 커피가 이를 대체했다.

캐나다의 커피 제조 및 접대 방식을 보면 프랑스와 영국, 두 나라의 영향을 모두 받았다고 할 수 있다. 여기에 국경 너머의 미국 북부 문화가 더해졌다. 1910년경에는 캐나다 국세청의 화학국장 A. 맥길이 폰 리비히의 커피 제조 방식을 발전시켜 이상적인 커피 제조법을 캐나다에 보급했다. 널리 알려진 두 가지 제조법을 결합한 방법으로, 우선 커피를 마실 때 양질감을 최대한 느낄 수 있도록 다량의 원두를 끓여 커피의 지방질과 불용해성 고형 성분 혹은 용해성 고형 성분을 충분히 얻는다. 더불어 같은 양의 원두를 드립식으로 추출해 카페올(커피 향의 한 종류) 역시 충분히 얻는다. 그런 다음, 끓여서 얻은 액과 드립식 추출액을 합하면 양질감과 향이 모두 뛰어난 커피를 맛볼 수 있다. 그런데 캐나다의 경우, 최근 들어 커피 소비량이 증가하고 있지만 아직까지는 대다수 국민이 커피보다는 차를 더 즐겨 마신다.

멕시코 원주민들의 커피 제조법은 상당히 독특하다. 원두를 볶아 가루로 빻은 다음, 이를 천 주머니에 넣고 물이나 우유가 끓고 있는 주전자에 담근다. 반면에 목동들은 컵에 원두 가루를 넣고 여기에 끓는 물을 붓고 막대 모양의 흑설탕을 넣어 마신다. 멕시코 상류층에서는 다음과 같이 재밌는 방식으로 커피를 만든다.

우선 생두 1파운드를 준비한다. 그 다음 생두 안쪽이 갈색을 띨 때까지 볶는다. 여기에 버터 한 스푼, 설탕 한 스푼과 소량의 브랜디를 섞고, 두꺼운 천으로 싼다. 이 상태로 1시간 정도 식힌 다음 빻는다. 그러고는 물 1쿼트quart(약 946ml)를 끓이는데, 물이 끓기 시작하면 빻은 원두를 넣고 바로 불가에서 치운다. 이 상태로 몇 시간

재운 후에 플란넬 천으로 거른 액을 돌 항아리에 넣어 보관한다. 필요할 때마다 조금씩 데워 마신다.

미국만큼 커피 제조법이 획기적으로 향상된 나라도 없을 것이다. 물론 미국에서도 국민 음료인 커피를 대충 만들어 마시는 지역이 아직까지도 상당히 많다. 그러나 최근 몇 년간의 눈부신 발전을 감안한다면 머지않아 미국의 커피 제조법은 미국의 자랑거리로 자리매김할 것이고, 이로써 지난날의 오명을 모두 씻어낼 수 있으리라 충분히 기대해 봄직하다. 이미 좀 더 앞서 나가는 가정과 최고급 호텔 및 레스토랑에서는 훌륭한 커피를 한결같이 대접하고 있고 서비스 또한 나무랄 데가 없다.

미국인들은 아침식사 때 커피에 우유나 크림, 설탕을 넣어 마시는데, 이렇게 마시는 커피는 마실거리이자 먹을거리라고 할 수 있다. 또한 유럽에서와는 달리 점심과 저녁식사 때에도 이처럼 속이 든든해지는 커피를 빠뜨리지 않고 마신다.

금주법 시행 기간(1920~1933) 동안에는 커피가 맥주와 도수 높은 술을 대신했기 때문에 커피 소비가 증가했다. 호텔에 다방이 생겨난 것도 이때고, 오후에 커피 타임이 생긴 것도 이때부터다. 또한 공장과 가게, 사무실에서 무료로 커피를 대접하는 문화가 생겨난 것도 이때부터다.

식민지 시기에는 초기에는 과실즙과 에일 맥주가 유행하다가 어느덧 차에 자리를 내주었고, 그 이후에는 차 대신 커피가 아침 식탁을 책임지는 음료로 자리 잡았다. 특히 보스턴 '차茶 사건'은 미국에 커피를 뿌리 내리게 한 결정적인 계기였다. 그러나 당시까지만 해도 커피는 식후에 마시는 음료나 또는 유럽에서처럼 아침과 점심, 저녁식사 사이에 마시는 음료 정도로 인식됐다. 워싱턴 대통령 재임 중에는 보통 오후 3시에 정찬 모임이 시작돼 비공식 파티가 일몰 때까지 이어졌는데, 파티의 마무리는 커피로 했다고 한다.

19세기 초가 되면 커피는 미국인의 아침 식탁을 책임지는 음료로 확실히 자리매김한다. 이 입지는 앞으로도 계속 유지될 듯하다.

오늘날에는 전 계층이 커피와 함께 하루를 시작하고 커피와 함께 하루를 마친다. 미국 가정에서는 대개 끓이기 방식, 우려내기 방식, 또는 여과 방식percolation, and filtration으로 커피를 만든다. 호텔과 레스토랑에서는 우려내기 방식, 여과식으로 커피를 만든다. 이 가운데 미국에서는 정통 퍼컬레이션percolation(프렌치 드립) 또는 여과식이 최고의 제조법으로 통한다.

우려내기 방식은 다분히 영국식 전통이라 할 수 있는데, 가정에서는 자기나 토기 주전자를 이용해 커피를 우려낸다. 우선 주전자에 분쇄한 원두를 넣고 끓는 물을 주전자의 절반 정도 부은 후, 물과 원두가 잘 섞이도록 빠르게 젓는다. 그런 다음, 남은 물을 마저 붓고 한 번 더 저은 후에 내용물이 모두 가라앉을 때까지 기다린다. 마지막으로 거름망이나 헝겊 여과지를 이용해 커피액을 거른 다음 커피 잔에 따른다.

펌핑 퍼컬레이터(펌프식 삼출기)나 이중 유리 여과기로 만들 때에는 시작 단계에서 찬물을 이용해도 좋고 뜨거운 물을 이용해도 좋다. 각자의 기호에 따라 선택 가능하다. 일부에서는 커피 가루 위에 찬물을 부은 다음 본격적인 제조 과정에 들어가기도 한다.

정통 퍼컬레이터나 드립식 커피 추출기의 경우, 다양한 미국산 제품이 시장에 출시돼 있다. 외형이 아름답고 정확하다는 점이 미국산 제품의 강점이다. 좀 더 다양한 여과식 제조기에 관해서는 뒤에서 다시 다루기로 한다.

뉴올리언스의 오랜 자랑거리인 크리올 커피 또는 프렌치마켓 커피는 드립식 주전자로 추출한 진한 커피액으로 만든다. 우선 분쇄된 커피 가루에 끓는 물을 부어 커피를 충분히 적신다. 그런 다음 5분 간격으로 끓는 물을 한 스푼씩 커피 가루에 끼얹는다. 이 과정을 몇 번 반복한 후 추출액을 병에 담아 코르크 마개로 단단히 봉한다. 이렇게 보관하고 있다가 카페오레나 카페누아를 만들 때 이액을 쓴다. 크리올 커피를 만드는 또 하나의 방법은 다음과 같다. 우선 설탕 세 스푼을 팬 위에 올려놓고 갈색을 띨 때까지 가열한다. 그 다음, 물 한 컵을 팬에 붓고 설탕이 모두 녹을 때까지 약한 불로 조린다. 다음으로, 커피 가루를 드립식 커피 주전자에 올리고 그 위에 이 설탕물을 붓는다. 기호에 따라 끓는 물을 더 부어도 상관없다. 이렇게 추출한 커피는 그대로 마셔도 좋고, 크림이나 따뜻한 우유와 함께 먹어도 좋다.

뉴올리언스 사람들은 보통 일어나자마자 침대에서 커피 한 잔을 즐기는데, 이른 아침에 마시는 식사 대용 음료라 하겠다.

한편 1876년 필라델피아 박람회를 통해 비엔나 카페가 미국에 전래되었다. 이 미국 최초의 세계 박람회장에서 플라이슈만의 비엔나 카페 겸 베이커리는 큰 선풍을 일으켰다. 그 후 이 카페를 본떠 만든 카페가 뉴욕 브로드웨이 그레이스교회 바로 옆에 등장했고, 수년 동안 뉴욕 시민들에게 훌륭한 비엔나 커피를 제공했다.

만일 누군가가 미국 대도시에서 이러한 비엔나 카페를 또 한 번 개점하거나, 아니면 미국인들의 입맛에 맞게 변형한 유럽 대륙식 카페나 차와 커피, 초콜릿 음료를 전문적으로 파는 노상 카페를 개점한다면 관심을 끌 만하다.

1919년에는 시어도어 루스벨트 대통령 일가가 브라질식 커피하우스를 미국에 설립했다. 폴리스타 카페란 상호를 내걸고 출발한 이 가게는 이후 더블 R 커피하우스, 또는 클럽오브사우스아메리카로 널리 알려졌다. 또 40번 가에 '브라질 지점'을, 렉싱턴 가에는 '아르헨티나 지점'을 개점하기도 했다. 물론 이곳의 커피는 브라질식 커피였고, 접대 방식도 브라질식이었다. 즉 풀시티 단계로 원두를 볶아 완전히 분쇄한 다음 여과식 제조법에 따라 커피를 만들어, 블랙커피로 내놓거나 아니면 뜨거운 우유를 넣어 손님들에게 내놓았다. 손님들은 커피와 함께 샌드위치, 케이크, 도넛을 즐겼다. 그러나 사업이 그리 번성하지는 못했다. 뉴욕만 보더라도 브라질 커피만을 파는 가게의 단골이 될 만한 라틴계가 그리 많지는 않기 때문이다.

뉴욕의 회원제 고급 클럽인 '더 커피하우스'는 웨스트 45번가에 자리한 클럽으로, 1915년 12월에 비공식적 연회를 개최하며 문을 열었다. 이 자리에서 창립 회원이었던 조지프 초트는 클럽의 설립 목적과 방침을 간단히 밝혔다. 더 커피하우스 창립자들은 당시의 뉴욕 클럽의 회비가 너무 비싸고, 절차와 규율이 과도하게 복잡해지고 있음을 지적하며, 뉴욕에서도 합리적인 가격으로 식사와 모

임을 즐길 수 있는 공간, 또 격식과 비용을
최소화하는 클럽이 있어야 한다는 데 뜻을
모았다. 이 취지에 따라 더 커피하우스는
"임원, 드레스 코드, 팁, 정식 연설, 외상 및

규칙은 일절 없다"라는, 원칙 아닌 원칙을 개점 이래 지금껏 고수
하고 있다. 화가, 작가, 조각가, 건축가, 배우가 이 클럽의 주요 회
원이고, 클럽의 창립 취지에 공감하는 사람이 있으면 클럽에서 초
대하는 방식으로 새 회원으로 맞이한다. 한편 이곳에서는 현금 계
산만 가능하다.

　뉴욕 월도프아스토리아 호텔에서는 1인용 접대에 적합한 커피
제조법을 개발했는데, 다른 일류 호텔과 레스토랑으로까지 이 방
법이 전래됐다. 이곳에서는 프렌치 드립식 커피 추출을 기본으로
하되, 그 밖의 다른 부분까지 세심하게 신경을 썼다. 아래는 호텔
지배인의 설명이다.

　우리 호텔에서는 프렌치 드립식 자기 주전자를 쓴다. 주전자를 히
　터 위에 올려놓고 미리 데워둔다. 손님이 커피를 주문하면 뜨거운
　물로 주전자를 데운다. 그런 다음 과립 설탕 크기로 분쇄한 커피
　를 한 스푼 정도 주전자의 상단과 퍼컬레이터 부분에 넣는다. 그러
　고는 방금 끓인 물을 그 위에 부어 주전자 하단 쪽으로까지 서서
　히 퍼지도록 한다. 그간의 경험으로 보건대, 맛 좋은 커피를 만드
　는 비법은 갓 빻은 원두 가루를 쓰고, 또 전 과정에서 끓기 직전의
　물을 사용하는 데 있다고 하겠다. 이 때문에 커피 주전자를 가스난

로나 가스레인지 위에 올려둔다. 투입하는 커피의 양은 개인의 기호에 따라 조절한다. 보통 저녁식사 후에 마실 커피를 만들 때에는 아침식사 때보다 원두를 10% 더 많이 넣는다. 마지막으로, 우리 호텔에서는 자바와 보고타 커피를 배합해 쓰고 있다.

뉴욕 앰버서더 호텔 요리사 스코티는 이곳의 커피 제조법을 이렇게 설명한다.

무엇보다 최고급 커피여야 합니다. 프렌치 필터나 1회 분의 커피 봉지Coffee bag를 이용하는 것도 중요한 비법이죠. 아침식사 때는 물 1갤런당 커피 12온스를 준비합니다. 저녁 때는 같은 양의 물에 커피 16온스를 준비합니다. 그런 다음 끓는 물을 커피 가루에 붓고 가루 구석구석까지 침투하도록 기다립니다. 그리고 다시 물을 붓고 또 기다립니다. 이 과정을 몇 차례 반복합니다. 단 15~20분을 넘기지 않는 것이 중요하죠.

최고급 호텔에서는 일반적으로 은제 커피 주전자와 은제 물 주전자를 쓴다. 여기에 갓 만든 신선한 커피를 담고, 뜨거운 우유나 크림(혹은 둘 다), 각설탕을 함께 대접한다. 또 미국의 일류 호텔과 일부 대형 철도 회사에서는 손님이 아침식탁이나 식당 칸에 착석하면 데미타스 한 잔을 서비스로 제공하는 것이 관례다. 손님이 착석하자마자 종업원들은 주방에 '스몰 블랙' 또는 '커피 칵테일'을 주문한다.

5 커피와 함께하는 남아메리카의 일상과 모임

아르헨티나에서도 커피는 인기 있는 음료다. 우유를 첨가한 커피, 카페콘레체는 아르헨티나의 대표적인 아침식사 음료다. 커피와 우유의 혼합 비율은 1:4에서 2:3까지, 각자의 입맛대로 조절 가능하다. 식사 후에는 보통 작은 잔에 담긴 커피를 마신다. 이 때문에 식후에는 꽤 많은 사람들이 카페를 찾는다.

브라질에서는 남녀노소 모두가 시시때때로 커피를 마신다. 리우데자네이루, 산투스, 상파울로에서는 커피만을 전문적으로 파는 유럽 대륙식 카페를 많이 볼 수 있다. 브라질에서는 원두를 거의 탄화될 정도로 강하게 볶아 곱게 분쇄한 후, 터키식으로 끓이거나 프렌치 드립식으로 추출한다. 또는 찬물에 몇 시간 우려내거나, 추출액을 필요한 양만큼 걸러낸 후 데워 마신다. 또는 원두 가루를 원뿔형 리넨 주머니에 넣고 철사 고리에 매단 다음 걸러낸 후 마시기도 한다.

브라질 사람들은 카페에서 커피를 마시며 여유를 만끽하는 것을 삶의 낙으로 여긴다. 이 점은 유럽 대륙인들과 비슷하다. 언제나 활짝 열려 있는 출입문, 둥근 대리석 테이블과 그 위에 놓여 있는 작은 커피잔과 잔 받침, 설탕 그릇은 상당히 매력적인 장면을 연출한다. 의자에 앉아 테이블 위의 찻잔에 분말당soft sugar을 반 정도 채우고 있으면 어느새 웨이터가 다가와 커피를 따라 준다. 커피 한 잔 가격은 동전 한 닢인데, 미국 돈으로 약 1.5센트다. 브라질 사람들은 하루에 블랙커피를 12잔에서 24잔 가량 마신다. 국가 원수나 정부 관료가 참석하는 모임이나 사교 모임, 사업 미팅 자리에서는 모임 주선자가 손님들에게 커피를 대접하는 것으로 본 행사나 회의의 시작을 알린다. 브라질에서는 아침에 마시는 카페오레를 제외하면, 우유나 크림을 넣지 않는 것이 일반적이다. 또 이곳에서도 동양에서와 마찬가지로 커피는 후한 대접을 의미한다.

콜롬비아에서도 여느 남미 국가와 마찬가지로 사교 모임과 사업 미팅에 커피가 빠지는 법이 없다. 콜롬비아 사람들은 주로 클럽과 레스토랑, 호텔, 노상 카페에 앉아 작은 잔에 담긴 블랙커피를 즐겨 마신다.

칠레, 파라과이, 우루과이 이 세 나라의 커피 제조 및 접대 방식은 상당히 유사하다.

6 호주, 뉴질랜드, 쿠바, 필리핀

호주와 뉴질랜드에서는 영국식 로스팅, 분쇄, 제조 방식이 일반적인 방식으로 통한다. 또 치커리를 30~40% 정도 첨가한 커피를 즐긴다. 시골에서는 야영용 주전자에 물을 끓인 후 커피 가루를 넣는다. 그 다음 한 번 더 끓어오를 때까지 기다렸다가 완성된 커피를 마신다. 도시에서도 같은 방식으로 커피를 만든다. 도시든, 시골이든, 한 가지 원칙이 있다면 '끓을 때까지 기다리다가' 끓고 나면 주전자를 불가에서 치운다는 것이다.

쿠바에서는 원두를 곱게 빻은 다음, 용기에 매단 플란넬 주머니에 넣고 그 위로 차가운 물을 붓는다. 커피가 흠뻑 젖을 때까지 물을 계속해서 붓는다. 처음 내린 액은 다시 플란넬 주머니에 붓는다. 이 과정을 몇 차례 반복해 진하게 농축된 원액을 얻은 다음에 기호에 따라 카페오레나 블랙커피를 만들어 마신다.

중앙 아메리카 지역과 필리핀에서는 프랑스식이나 미국식으로 커피를 만들어 마신다.

★ 주석

1) 브리태니커 백과사전(원서), 11판 (11권 285쪽).
2) 런던 ; 1888 (1권 222쪽, 224쪽)
3) 드 사시de Sacy. 바롱 앙투안 아이작 실베스트르. Chresto mathie Arabe. 파리, 1806, (2권).
4) 스크라이브너스 매거진Scribner's magazine, 1913 (53권: 5호: 620쪽); H. G. 드와이트, 콘스탄티노플의 어제와 오늘, 뉴욕. 1915. 이에 대한 저작권은 찰스 스크라이브너스 선스Charles Scribner's Sons에 있음.
5) 존 카르네John Carne. 성스러운 땅, 시리아(Syria, the Holy Land). 런던. 1836 (69쪽).
6) New York, 1857 (p. 276).

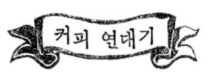

커피 연대기

1840	엘살바도르에서 커피 재배를 도입하였다.
1840	중앙아메리카에서 미국으로 커피 운송을 시작하였다.
1840	로버트네이피어앤선즈 소유의 클라이드공업사 대표 로버트 네이피어가 진공 증류·여과식 추출기를 발명하였다. 그러나 특허 취득에는 실패하였다.(1870년도 참고)

1840	뉴욕 주 폴란드의 아벨 스틸만이 로스팅 과정을 확인할 수 있도록 운모(유리 대용으로 쓰이는 광물) 창이 부착된 가정용 커피 로스터를 개발해 미국 특허를 취득하였다.
1840	영국 정부의 관리 하에 인도에서 커피 재배가 시작되었다.
1840	스코틀랜드 애버딘의 윌리엄매키넌앤코에서 플랜테이션용 기계 생산에 착수하였다.(회사 설립년도는 1798년)
1842	리옹의 베시외 부인이 프랑스 최초로 유리 커피 제조기에 관한 특허를 취득하였다.
1843	파리의 에드워드 루아젤 드 상테가 개량 커피 추출기로 특허를 취득하였다. 이후 이 추출기의 원리를 응용한 유체정역학적hydrostatic 삼출기가 발명돼 시간당 2천 잔의 커피를 제조했다.
1846	보스턴의 제임스 W. 카터가 '풀아웃pull-out(본체를 서랍식으로 넣고 뺄 수 있는)' 카터커피로스터로 미국 특허를 취득하였다.
1847	볼티모어의 J. R. 레밍턴이 바퀴장치를 단 커피 로스터로 미국 특허를 취득하였다. 바퀴가 회전할 때마다 생두가 한 알씩 숯불로 가열된 통에 떨어지고, 동시에 통 자체가 회전하면서 로스팅이 이루어지도록 설계되었다.
1847~48	윌리엄 데이킨과 엘리자베즈 데이킨이 금, 은, 백금(합금)을 덧댄 로스터와 로스터 본체가 연소실 안팎으로 왕복운동 할 수 있도록 설치한 레일로 영국 특허를 취득하였다.
1848	토머스 존 놀리스가 에나멜을 입힌 원통형의 다공성多孔性 로스터로 영국 특허를 취득하였다.
1848	루크 허버트가 영국 최초로 커피 분쇄 기계에 관한 특허를 취득하였다.
1849	프랑스 아바르 출신의 아폴레옹 프레테르가 하단에 계량기를 단 커피 로스터로 영국 특허를 취득하였다. 로스팅 과정에서 일정량의 무게가 손실되면 자동으로 작동을 멈추도록 설계하였다.
1849	신시내티의 토머스 R. 우드가 주방 난로용 개량 구형球形 커피 로스터로 미국 특허를 취득하였다.
1850	존고든앤코가 런던에서 커피 플랜테이션용 기계 생산에 착수하였다.
1850	과테말라에서 커피 재배를 시작하였다.
1850	존 워커가 본인이 개발한 커피 플랜테이션용 원통 과육 제거기를 선보였다.
1852	에드워드 지가 개량 복합 로스터로 영국 특허를 취득하였다. 원통형의 다공성 로스터와 로스팅 시 원두를 회전시키는 경사 플랜저로 구성되었다.
1852	로버트 보먼 테넌트가 원통 두 개를 부착한 과육제거기로 영국 특허를 취득하였다. 테넌트 외에도 같은 해 여러 명이 관련 특허를 취득하였다.
1852	타베르니에르가 커피 정제로 프랑스 특허를 취득하였다.
1853	라카사뉴와 라트슈가 액상 및 고형 커피 추출물로 프랑스 특허를 취득하였다.
1855	뉴욕 피쉬킬랜딩의 C. W. 반 블릿이 상부에서 원두를 부수고 하부에서 가루로 빻는 가정용 분쇄기를 개발해 특허 취득하였다. 이후 코네티컷 메리던의 찰스 파커에게 권리를 양도하였다.
1856	웨이트와 세너가 올드도미니언(버지니아 주의 별칭) 주전자를 개발해 미국 특허를 취득하였다.
1857	뉴웰이 커피 손질coffee-cleansing 기계로 미국 특허를 취득하였다. 이후 16명이 관련 특허를 취득하였다.
1857	뉴욕 버펄로의 조지 L. 스쿼어가 커피 플랜테이션용 기계 생산에 착수하였다.

1859	런던의 존 고든이 커피 열매 과육제거기로 영국 특허를 취득하였다.
1860	루이스 A. 오즈번이 최초의 포장 원두 가루, '오즈번의 유명한 자바 원두'를 뉴욕 시장에 선보였다.
1860	코스타리카 산호세의 미국인 기계기술자 마커스 메이슨이 메이슨과육제거·손질기를 발명하였다.
1860	존 워커가 날개바퀴를 단 아라비아커피 과육제거기로 영국 특허를 취득하였다.
1860	독일 에머리히에서 알렉시우스 판 흘러펀이 생두 분류grading기를 생산하였다.
1861	전쟁 재원 확보를 위해 미국에서 파운드당 4센트의 커피 수입세를 부과하였다.
1862	미국 커피 수입세가 파운드당 5센트로 인상되었다.
1862	미국 최초의 종이포장지 공장이 브루클린에 설립되어 달아서 파는 커피loose coffee용 봉투 생산에 착수하였다.
1862	필라델피아의 E. J. 하이드가 커피 로스터·난로 복합기로 미국 특허를 취득하였다. 전용 기 중기를 이용해 원통형 로스터를 회전시키고, 로스터를 수평 상태로 난로 안팎으로 움직일 수 있도록 설계한 기계이다.
1864	뉴욕의 자베즈 번스가 번스커피로스터로 미국 특허를 취득하였다. 로스팅 완료 후 원두 배출을 위해 로스터를 불가에서 꺼내야 하는 번거로움을 해결한 기구로, 로스터 분야의 획기적인 기술 발달을 보여주는 사례이다.
1864	미국 뉴저지 호보큰의 제임스 헨리 톰슨과 모리스타운의 존 리저우드가 커피 껍질 제거기로 영국 특허를 취득하였다.
1865	존 아버클이 피츠버그에서 개별 포장된 커피 원두를 판매하였다. 이후 시판된 '아리오사 Ariosa 포장 커피의 원조 격이다.
1866	자베즈 번스가 커피 냉각기와 혼합기 및 분쇄기(또는 제립기)로 미국에서 복수의 특허를 취득하였다.
1868	뉴욕의 토머스 페이지가 카터로스터와 유사한 풀아웃 로스터를 생산하였다.
1868	알렉시우스 판 흘러펀과 동업자 J. H. 렌싱과 테오도어 폰 짐보른이 독일 에머리히에서 커피 로스터 생산에 착수하였다.
1868	코네티컷 미들타운의 E. B. 매닝이 차·커피 겸용 주전자로 미국 특허를 취득하였다.
1868	존 아버클이 볶은 원두에 주름진두발Irish moss(홍조류의 일종), 부레풀, 젤라틴, 설탕, 계란을 입히는 제조방식으로 미국 특허를 취득하였다.
1869	뉴욕의 엘리 몽외즈와 L. 뒤르파케가 순주석판을 내벽에 덧댄 동판 커피 주전자(항아리)를 개발해 3건의 미국 특허를 취득하였다.
1869	뉴욕의 B. G. 아놀드가 역사상 최초로 대규모 생두 투기를 조장하였다. 투기에 성공한 아놀드는 커피 무역의 제왕이란 별칭을 얻었다.
1869	헨리 E. 스마이저가 양념통 겸용 커피통으로 이 분야 최초의 미국 특허를 취득하였다. 이후 필라델피아의 웨이케앤스미스스파이스 사에 권리를 양도하였다.
1869	런던의 커피 판매 허가제가 폐지되었다.
1869	실론 섬에 커피녹병coffee-leaf disease이 창궐하였다.
1870	펜실베이니아 엔터프라이즈매뉴팩처링 사의 공동창립자인 존 굴릭 베이커가 시중에 판매되고 있던 자사의 '최우수' 커피 분쇄기로 미국 특허를 취득하였다.
1870	델핀(Senior)이 불 위에서 회전하는 관 모양의 커피 로스터로 프랑스 특허를 취득하였다.

1870	독일 에메리히의 알렉시우스 판 홀러펀이 배기장치를 부착한 구형의 다공성 커피 로스터를 독일 시장에 출시하였다.
1870	스코틀랜드 글래스고의 토마스스미스앤선(엘킹턴앤코로 계승)에서 증류식 추출기의 일종인 네이피어 진공 커피 추출기를 생산하였다.
1870	오하이오 콜럼버스, 이어하트앤코의 버틀러가 미국 최초로 커피 추출물essence of coffee에 관한 상표를 등록하였다.
1870	브라질 최초의 커피 가격 안정책이 실패로 돌아갔다.
1871	뉴욕에서 J. W. 질리스가 로스팅 과정 중 중간 냉각 과정을 거치는 로스팅 처리 방식으로 2건의 미국 특허를 취득하였다.
1871	오하이오 콜럼버스, 이어하트앤코의 버틀러가 미국 최초로 커피 상표를 등록하였다. 1870년에 출시한 '버크아이Buckeye'로 등록하였다.
1871	G. W. 헝거포드가 커피 손질 · 광택(polishing ,생두 표면의 은피silver skin 제거 작업)기계로 미국 특허를 취득하였다.
1871	미국 커피 수입세가 파운드당 3센트로 인하되었다.
1872	뉴욕의 자베즈 번스가 개량 커피 분쇄?과립기를 개발해 미국 특허를 취득하였다. 1874년에 추가 특허를 취득하였다.
1872	과테말라 초콜라의 J. 과르디올라가 커피 과육제거기와 커피 건조기로 생애 최초로 미국 특허를 취득하였다.
1872	미국에서 커피 수입세를 폐지하였다.
1872	뉴욕의 로버트 휴잇 Jr.가 미국 최초의 커피 관련 저작물『커피–역사, 재배, 이용』을 출간하였다.
1873	필라델피아의 존 굴릭 베이커가 커피 분쇄기로 미국 특허를 취득하였다. 베이커는 이 권리를 자사인 엔터프라이즈매뉴팩처링 사로 양도하고, 이후 '세계 0순위 최우수' 분쇄기란 이름으로 출시하였다.
1873	마커스 메이슨이 미국에서 커피 플랜테이션용 기계 생산에 착수하였다.
1873	피츠버그의 존 아버클이 미 전역에서 큰 성공을 거둔 최초의 포장커피인 '아리오사'를 출시하였다.(1900년도에 등록)
1873	볼티모어의 H. C. 록우드가 내부를 알루미늄 호일로 덧댄 종이 재질의 커피 포장지를 발명해 미국 특허를 취득하였다.
1873	세계 최초의 커피 관리 국제 신디케이트가 독일 동아프리카회사German Trading Company에 의해 프랑크푸르트에 설립되었다. 이후 8년간 성공적으로 운영하였다.
1873	유명 투자회사 제이쿡상사의 파산으로 뉴욕 시장의 리우데자네이루 커피 가격이 하루만에 24센트에서 15센트로 폭락하였다.
1873	조지아 그리핀의 E. 더그데일이 커피 대체식품에 관한 2건의 미국 특허를 취득하였다.
1873	최초의 '커피 궁전'인 '에든버러 성'이 노동자 계층을 위한 선술집으로 개조돼 런던에서 개점을 하였다.
1874	존 아버클이 커피 손질·분류기로 미국 특허를 취득하였다.
1875	과테말라에 커피 재배를 전래하였다.
1875~78	펜실베이니아 뉴브라이턴의 터너 스트로우브리지가 박스형 커피 분쇄기로 3건의 미국 특허를 취득하였다. 이 분쇄기는 로건앤스트로우브리지 사에서 처음 제작되었다.

1876	존 매닝이 밸브형 삼출기를 미국 시장에 선보였다.
1876~78	헨리 B. 스티븐스가 커피 손질?분류 기계를 발명해 복수의 미국 주요 특허를 취득하였다. 이후 이에 관한 권리를 버펄로의 조지 L. 스퀴어에게 양도하였다.
1877	베를린의 G. 투베르만의 아들이 독일 최초로 상업용 커피 로스터에 관한 특허를 취득하였다.
1877	파리의 마르샹과 이뉴에트가 구형球形 커피 로스터로 프랑스 특허를 취득하였다.
1877	마르세유의 루르가 프랑스 최초로 가스 커피 로스터에 관한 특허를 취득하였다.
1878	영국이 중앙아프리카에 커피 재배를 전파하였다.
1878	뉴욕의 자베즈 번스가 미국 최초의 커피 · 향신료 무역 기관지인 《향신료 분쇄기The Spice Mill》를 창간하였다.
1878	뤼돌퓌스 L. 베브가 성능을 개선한 가정용 박스형 커피 분쇄기로 미국 특허를 취득하였다. 이후 코네티컷 뉴브리튼의 랜더스프레리앤클라크 사에 특허권을 양도하였다.
1878	보스턴의 커피 로스팅 업체 체이스앤샌본에서 처음으로 볶은 원두를 밀폐용기에 넣어 배로 운송하였다.
1878	필라델피아의 존 C. 델이 업소용 커피 분쇄기로 미국 특허를 취득하였다.
1879	영국 랭커스터 스톡포트의 H. 폴더가 최초의 영국식 가스 로스터로 영국 특허를 취득하였다. 이 로스터는 현재에도 그로서즈엔지니어링앤휘트미 사에서 제조되고 있다.
1879	플러리앤바커 사에서 신형 가스 커피 로스터를 영국에서 개발하였다.
1879	리우데자네이루의 C. F. 하그리브스가 껍질제거·광택·분리기로 영국 특허를 취득하였다.
1879	뉴욕의 찰스 할스테드가 내벽에 사기를 덧댄 금속 주전자를 처음으로 시장에 출시하였다.
1879~80	코네티컷 서딩턴의 펙스톤앤윌콕스 사의 오슨 W. 스토가 개량 커피·향신료 분쇄기로 미국 특허를 취득하였다.
1880	미국 커피 무역업계의 파탄은 기업들이 담합해 브라질, 멕시코 등 중남미에서 커피를 공동 재배?수입한 것이 그 원인으로 지목되었다.
1880	뒤파르케후오트앤몽외즈 사가 미국에서는 처음으로 용기 상단에 모슬린(부드러운 면직물) 바닥을 부착한 여과 추출기를 개발했다.
1880	영국 맨체스터의 피터 피어슨이 석탄 대신 가스를 열원으로 하는 커피 로스터를 개발해 영국 특허를 취득하였다.
1880	필라델피아의 헨리 E. 스마이저가 중량 측정 포장 기계의 원형이라 할 수 있는, 포장지 제작과 내용물 삽입이 동시에 이루어지는 기계를 개발해 미국 특허를 취득하였다. 참고로 이에 대한 독점권을 행사한 존 아버클 때문에 헤이브마이어 가와 커피용 슈가 분쟁이 일어났다.
1880	무늬가 가미된 커피용 종이봉투가 독일에서 첫 선을 보였다.
1880~81	G. W. 헝거포드와 G. S. 헝거포드가 커피 손질·광택기로 복수의 미국 특허를 취득하였다.
1880~81	북미 최초의 대규모 커피무역조합인 '트리니티'(삼위일체. 뉴욕의 O. G. 킴볼, B. G. 아놀드, 보위 데쉬로 구성)가 파탄하였는데, 브라질, 멕시코 등 중남미에서 담합해 커피를 공동 재배·수입한 것이 그 원인이다.
1881	시카고의 스틸과 프라이스가 100% 종이(마분지)로 만든 커피통을 처음으로 선보였다.
1881	브루클린의 C. S. 필립스가 커피 숙성기aging and maturing로 3건의 미국 특허를 취득하였다.

1881	독일 에머리히의 에머리허마시넨파브리크운트아이젠기세라이 사에서 가스난로 연결 장치가 부착된 지붕 달린 구형球形 커피 로스터를 생산하였다.
1881	자베즈 번스가 자신이 개발한 기존 로스터를 개선해 미국 특허를
1881	에드거 H. 모건과 찰스 모건 형제가 가정용 커피 분쇄기를 생산하였다. 이후 일리노이 프리포트의 아케이드매뉴팩처링 사에 이에 대한 권리를 양도하였다.(1885)
1881	뉴욕의 프랜시스 B. 서버가 미국에서 출간된 커피 관련 저작물 중 두 번째로 중요한 저작물로 꼽히는 『커피, 농장에서 한 잔의 커피에 이르기까지』를 출간하였다.
1881	브루클린의 하비 리커가 '1분' (미닛) 커피 추출기 출시. 처음에 '보스' 추출기로 출시됐다가 이후 '1분' 추출기로 상품명 변경하였다. 1901년에는 기능이 한층 개선된 '30초' (하프 미닛) 커피주전자로 특허를 취득하였다. 바닥이 두꺼운 면 여과망이 부착된 여과식 추출기였다.

7
커피 기구의 발달

커피를 처음으로 먹었던 서기 800년경의 에티오피아 사람들에게 커피는 음료가 아니라 음식이었다. 잘 익은 커피 열매를 껍질째로 사발에 넣어 으깬 다음, 기름을 넣어 동그랗게 빚었다. 이후에는 말린 커피 열매도 이같은 방식으로 조리해 먹었다. 당시의 원시적인 석재 절구와 절굿공이가 오늘날의 커피 분쇄기의 원형이라 하겠다.

말린 껍질과 생두를 처음으로 볶아 먹었던 때는 1200~1300년 사이로, 투박한 질그릇이나 석재 용기에 올려놓고 모닥불과 같은 덮개 없는 불 위에서 직접 볶았다. 이것이 최초의 원두 볶기 기구, 로스팅 기구다.

그런 다음 원두는 작은 맷돌 사이에 넣고 갈았다. 맷돌의 아랫부분은 고정돼 있고 윗부분을 돌려 원두를 으깼다. 그 이후에 등장한 것이 그리스인과 로마인이 사용한 제분기다. 원뿔형 돌 두 개로 만든 제분기는 속이 텅 빈 위쪽 돌과 아래쪽 돌이 맞닿아 있는 구조다. 폼페이에 가면 당시의 제분기 원형을 몇 점 볼 수 있다. 최근에 출시된 금속제 분쇄기에도 이 제분기의 기본 원리가 그대로 적용되고 있다.

최고最古의 커피 분쇄기. 고대 이집트의 절구와 절굿공이. 원두를 빻는 데 사용한 듯하다.

1400~1500년경에는 원두 볶기 전용 질그릇과 금속제 그릇이 등장한다. 직경이 4~6인치, 두께가 1/16인치인 약간 오목한 원형 그릇으로, 중간에 작은 구멍이 여러 개 뚫려 있었다. 오늘날의 그물 국자와 유사한 형태. 이 기구는 오스만투르크와 페르시아에서 소량의 원두를 화로에서 볶을

그리스와 로마의 곡물 제분기. 원두 분쇄기로도 쓰였다.

최초의 원두 볶기용 기구. 1400년 경

때 이용했다. 참고로 이 지역의 화로는 발이 달려 있었고, 그 외관이 상당히 화려했다.

우리에게 친숙한 터키의 휴대용 원통형 커피 분쇄기와 '이브릭'이라는 일종의 금속제 커피 솥이 처음 등장한 때도 이 무렵이다. 여기에 작은 중국 도자기 컵 몇 개를 갖추면 커피 도구 세트로 완벽했다. 이브릭은 영국식 맥주잔과 모양이 유사했다. 뚜껑이 없고, 하단보다는 상단이 좁았다. 또 상단 가장자리에는 내용물을 따르기 쉽게 홈이 패여 있었고, 쭉 뻗은 긴 손잡이가 달려 있었다. 대개 놋쇠로 만들어졌고, 용량은 작은 커피 잔을 기준으로 한 잔에서 여섯 잔 정도를 끓일 수 있었다. 이후에 등장한 이브릭은 물주전자 형태를 하고 있었고, 몸체는 전구형에 뚜껑이 달려 있었다. 한편

1650년경에 상용화된, 원통형의 원두 볶기 전용 기구의 원형이 아마도 오스만투르크의 커피 분쇄기가 아닐까 한다. 뿐만 아니라 오늘날 상업적 용도로 쓰이는 원통형의 대형 로스팅 기계 역시 오스만투르크의 커피 분쇄기를 그 원형으로 삼고 있다 하겠다.

초기 문명사회에서는 투박한 토기 사발이나 토기 그릇을 커피 전용 잔으로 썼다. 한편 페르시아와 이집트, 오스만투르크에서는 일찍이 1360년경부터 커피를 대접할 때 도기 물병을 이용했다. 17세기에 이르면 이와 유사한 금속제 물병이 동양뿐만 아니라 유럽에서도 커피 대접용으로 널리 이용된다.

1428~1448년경에는 다리가 네 개 달린 스탠드형 향신료 분쇄기가 처음으로 등장한다. 이 분쇄기는 이후에 커피 분쇄기로도 이용된다. 18세기에는 원두 가루를 보관할 수 있는 서랍이 달린 분쇄기가 첫 선을 보였다.

1500~1600년경에는 바그다드와 메소포타미아에서 긴 손잡이와 발판이 달린, 얇은 철판으로 만든 국자를 이용해 커피를 볶기 시작했다. 발판이 달려 있었기에 불가에 세워두고 커피를 볶을 수 있었다. 손잡이 길이는 34인치, 국자의 직경은 8인치였다. 원두를 살살 저을 수 있는 금속제 주걱과 함께 사용했다.

1600년경에는 다른 종류의 원두 볶기용 기구가 등장한다. 발이 달린 철제 프라이팬 모양의 기구로, 역시 덮개 없는 불가에 앉힐 수 있도록 만들어졌다. 백랍으로 만든 접대용 주전자가 처음 등장한 때도 이 무렵이다.

유럽에서 목재 및 철제, 놋쇠, 청동 절구와 절굿공이가 보편화된 때는 1600년~1632년 사이로, 이를 이용해 볶은 원두를 빻았다. 이 방식은 그 이후로도 몇 세기 동안, 커피 애호가들 사이에서는 성능 좋은 분쇄기를 이용해 원두 가루를 만드는 것보다 우월한 방식으로 인정받았다. 1620년에는 페레그린 화이트의 부모가 메이플라워호를 타고 미국으로 건너오면서 커피 '가루'를 만드는 데 쓰는 목재 절구와 절굿공이를 싣고 왔다.

라 로크는 그의 부친이 1644년에 콘스탄티노플에서 마르세유로 돌아오면서 아랍의 커피 제조 기구를 전래했다고 설명하면서 거기에는 원두 볶기용 접시, 원통형 제분기, 긴 손잡이가 달린 소형 주전자와 작은 도자기 잔이 있었다고 전했다.

한편 17세기에 카이로를 방문한 베르니에는 1천여 곳에 달하는 커피하우스가 이집트 전역에서 번성하고 있었지만 원두 볶는 기술을 제대로 알고 있는 사람은 겨우 두 명에 불과했다고 전했다.

1650년경에는 원통형의 원두 볶기 전용 철제 기구가 등장한다. 양철판이나 주석 도금을 한 동판으로 만든 것이 일반적이었고, 앞서 설명한 오스만투르크의 휴대용 분쇄기와 그 형태가 유사했다. 화롯불 위에서 직접 볶을 수 있게 만들어진 기구였다. 커피 제조 및 접대 겸용 금속제 주전자가 등장한 것도 이 무렵이다. 오늘날 흔히 볼 수 있는 커피 주전자의 원형이라 하겠다.

영국에서 엘포드Elford가 백주철(주석 도금을 한 철판) 기구를 발명한 때는 1660년경이었다. '쇠꼬챙이에 꽂아 회전'[1] 시키면서 원두를 볶는 기구였다. 원통형의 원두 볶기 전용 기구와 비교할 때 크

최초의 원통형 원두 볶기용 기구, 1650년경

기만 컸을 뿐, 형태는 유사했다. 가정용, 상업용으로 만들어진 기구였다. 이후에 프랑스와 네덜란드에 전래되면서 형태가 변했다. 17세기에는 영국에서뿐만 아니라 이탈리아에서도 연철로 만든 수려한 원두 볶기용 기구가 발명됐다.

엘포드의 로스팅 기구가 등장하기 전, 또 등장 후 2세기 동안은 각 가정에서 뚜껑이 없는 흙 접시나 낡은 푸딩 그릇, 프라이팬을 이용해 원두를 볶는 것이 일반적이었다. 또한 현대식 요리용 스토브가 가정에 보급되기 전까지는 대개 숯불 연기를 피워 커피를 볶았다.

1665년에는 접이식 손잡이와 원두를 담는 용기가 부착된, 기능이 한층 개선된 다용도의 오스만투르크식 커피 분쇄기가 다마스쿠스에서 첫 선을 보였다. 원두를 분쇄하고, 커피를 끓이고, 또 대접하는 용도로 활용 가능했다. 이 시기에는 또한 긴 손잡이가 달린 커피 제조용 주전자와 놋쇠 손잡이가 달린 도자기 잔으로 구성된 오스만투르크 커피 도구 세트가 크게 유행했다.

런던 '세인트툴리즈 가에 자리한 프라이팬이란 가게'의 니콜라스 북Nicolas Book이 "원두 빵기용 분쇄기 제조업자

미국국립박물관 피터 컬렉션에 전시된 커피 기구
1. 바그다드의 원두 볶기용 팬과 주걱 2. 철제 사발과 막자사발. 원두 빻기용
3. 워싱턴 장군이 사용한 커피 분쇄기
4. 마운트버넌 지역에서 사용한 원두 볶는 팬 5. 까마귀 부리 모양의 주둥이
가 달린 바그다드의 커피 주전자

중 나만큼 유명 인사도 없다. 내가 만든 분쇄기는 40~45실링에 팔린다"며 광고를 했던 때도 1665년이었다.

얇은 강판으로 만든, 뚜껑 달린 소형 원통에 긴 손잡이를 부착해 불 위에서 회전 가능하도록 제작한 원두 볶기용 기구가 처음으로 등장한 것은 네덜란드에서였다. 긴 손잡이가 부착된 바그다드의 원두 볶는 기구에서 아이디어를 얻은 발명품이었다. 이 기구는 가정용으로 제작되어 1670년부터 19세기 중반까지 네덜란드를 비롯해 프랑스, 영국, 미국에서 큰 사랑을 받았다. 특히 시골 지역에서 크게 유행했다. 유럽과 미국의 박물관에서 이 기구를 몇 점 소장하고 있다. 이 원통형 기구는 직경이 5인치, 높이가 6~8인치이고, 원통 끝에 3~4피트 가량 되는 철 막대기가 달려 있고, 그 끝에는 나무 손잡이가 달려 있었다. 화로 위에서 쓸 때는 균형을 잡기 위해 원통의 반대쪽에 삐죽이 돌출된 철 막대기를 불가의 갈고리에 끼워놓고 사용했다. 가정에서는 원두의 색깔이 적당히 변할 때까지 천천히 이 기구를 회전시키며 원두를 볶았다.

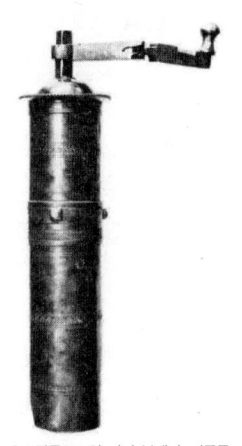

1691년에는 주머니에 휴대 가능한 커피 제조 도구 세트가 프랑스에서 크게 유행했다. 원두 볶기용 기구, 분쇄기, 등불, 기름, 컵, 받침 접시, 숟가락, 커피와 설탕으로 구성된 세트였다. 원두 볶는 기구의 경우, 처음에는 주석을 입힌 철판이나 구리로 만들다가 이후에는 귀족층을 위해 금제나 은

오스만투르크의 커피 분쇄기. 미국국립박물관의 피터 컬렉션에 전시

초기 프랑스의 벽면 부착형, 탁자용 분쇄기
왼쪽부터— 17세기의 커피 분쇄기, 모르트드알 박물관 소장. / 18
세기의 벽면 부착형 분쇄기 / 18세기의 철제 분쇄기

제 기구가 등장하기도 했다. 1754년에는 백은으로 만든, 높이 8인치, 직경 4인치짜리 원두 볶기 기구가 베르사유 궁의 루이 15세의 부대로 보내졌다고 한다.

'런던의 커피 상인'인 험프리 브로드벤트는 1722년에 다음과 같은 기록을 남긴 바 있다.

커피 열매를 가장 맛있게 볶기 위해서는, 우선 다공성 철제 기구에 열매를 넣고 기구를 숯불 위의 쇠꼬챙이에 끼운 다음, 계속해서 회전시킨다. 이때 열매가 타지 않도록 가끔씩 흔들어 주는 것이 중요하다. 원두가 적당히 익으면 기구에서 꺼내 주석판이나 철판 위에 펼쳐 놓고 열기가 가실 때까지 기다린다. 나는 가능하면 각 가정에서 원두를 직접 볶아 먹기를 권한다. 왜냐하면 집에서 상한 열매를 골라낼 수도 있고, 또 상인들 가운데는 원두의 중량을 불리기 위해 우리 몸에 유해한 첨가물을 넣는 이들이 있는데 이러한 유해 원두의 섭취를 피할 수 있기 때문이다. 네덜란드에서는 유명 인사 대부분이 원두를 손수 볶아 먹는다.

1700~1800년 사이에는 휴대 가능한 가정용 소형 석탄·숯불 스토브가 등장하는데, 이 철제 스토브에는 수평으로 회전하는 원통형 원두 볶는 기구가 부착돼 있었다. 원통형 기구에는 철제 손잡이

가 달려 있어 직접 손으로 돌릴 수 있었다. 이후에는 덮개가 씌워진 3면체 형태로 바뀌고, 여기에 발을 세 개 부착해 덮개 없는 불가에 앉히거나 연기가 나는 재 위에 세울 수 있었다. 이 기구의 경우, 대량의 원두를 한 번에 볶을 수 있었기 때문에 주로 여관이나 커피하우스에서 사용한 것으로 보인다. 18세기 후반에는 또 다른 형태의 장치가 등장하는데, 키가 큰 상자 형태의 철제 스토브와 그 꼭대기에 매달린 원두 볶기용 기구가 첫선을 보였다. 이 역시 대량의 원두를 볶기에 적합했고, 발이 달린 것도 더러 있었다.

수려함을 뽐내는 은제 커피 주전자와 '은으로 만든 각종 커피용품'을 처음으로 선보인 이는 1672년 파리 생제르맹 시장에서 커피 판매를 개시한 파스칼이었다.

한편 아랍의 접대용 주전자는 대개가 금속제였고 키가 꽤 컸다. 초기 주전자의 경우에는 몸체는 우아한 곡선을 그리고 있었고, 몸체의 중간 바로 아래에 S자 형태로 살짝 꼬아 만든 주둥이가 달려 있었다. 손잡이 또한 주둥이와 동일하게 디자인되어 전체적으로 균형미를 느낄 수 있었다.

1692년에는 랜턴 모양의 직선형 접대용 주전자가 아랍의 곡선형 주전자의 뒤를 이어 영국에서 첫 선을 보였다. 뚜껑은 완벽한 원뿔형이었고, 뚜껑을 밀어 올릴 수 있도록 엄지손가락을 대는 장치 thumb-piece가 부착돼 있었으며, 주둥이 직각 방향에 손잡이가 달려 있었다. 1700년에 이르면, 일반 가정에서는 주석이나 브리타니아 합금으로 만든 좀 더 값싼 주전자를 이용하기 시작한다. 1701년에는 이전의 주전자에 비해 상하 직경이 꽤 비슷해진, 완벽한 반구형 뚜

껑이 달린 은제 커피 주전자가 영국에 처음으로 등장한다. 1700년
~1800년 사이에는 금·은 커피 잔과 정교한 도자기 잔이 유럽의 귀
족층 사이에서 큰 유행을 일으킨다.

1704년에는 불Bull이 로스팅 기계를 개발해 영국에서 특허를 취
득한다. 석탄을 동력으로 한 세계 최초의 상업용 로스팅 기계가 아
닌가 한다.

1710년경, 프랑스 가정에서는 원두 볶기용 기구로 유약 처리한
토기 접시가 큰 유행을 일으켰다. 원두 가루를 우려낼 수 있는 퍼
스티언(능직 면직물) 주머니, 혹은 리넨 주머니가 프랑스에 전래된 때
도 이 무렵이었다.

1714년이 되면 엄지손가락으로 누르는 장치나 주둥이의 직각 방
향에 손잡이가 달려 있는 이전의 영국식 접대용 주전자의 유행이
주춤하기 시작한다. 1725년경이 되면 주전자 모양이 좀 더 변화하
는데, 입구로 올라갈수록 좁아지던 몸통이 이 무렵에는 거의 일자
형에 가까워졌다.

1720년의 프랑스에서는 커피 분쇄기grinder가 상당히 보편화되어
1달러 20센트 정도에 값싸게 구입할 수 있었다. 향신료 분쇄기를
응용해 만든 프랑스의 커피 분쇄기는 단기간 내에 그 성능 및 형태
가 개선됐다. 대부분 철제 분
쇄기였고, 고대인들이 밀을
제분할 때 사용한, 한쪽 돌이
고정되고 수평으로 움직이
는 맷돌과 그 원리가 동일했

미국의 초기 로스팅 기구. 1770년 이전까지 발 달린 주철 프라이
팬과 손잡이 달린 로스팅 기구를 덮개가 없는 화로 위에 올려놓
고 사용했다.

다. 외관은 땅딸막한 상자 같았고, 가운데 철제 손잡이가 달려 있고 그 아래 골함석판이 고정돼 있었다. 그중에는 벽면에 부착 가능한 분쇄기도 있었다. 분쇄한 원두를 담을 수 있는 서랍과 같은 용기는 초기 분쇄기에는 없었으나 이후 발전을 거듭하면서 장착돼 나왔다. 서랍이 없던 시절에는 기름칠을 한 가죽 주머니나 표면을 밀랍 처리한 주머니에 원두 가루를 넣어 보관했다. 아마도 이것이 원두의 풍미를 보존하기 위해 개발된 이중 종이 봉투의 시초가 아닌가 한다.

이러한 프랑스의 커피 분쇄기에는 프랑스제 로스터나 접대용 주전자와 마찬가지로 프랑스인 특유의 예술적 취향이 고스란히 녹아 있었고, 은이나 금으로 도금한 분쇄기가 상당히 많았다.

한편 1750년경이 되면 영국에서는 주둥이가 구부러진, 전구 모양의 곡선형 주전자가 다시 등장하면서 기존의 직선형 주전자가 서서히 밀려나기 시작한다.

1760년경에는 프랑스 발명가들이 커피 추출기의 성능 향상을 위해 열을 올리기 시작한다. 예컨대 파리의 양철공 동마르팅은 1763년에 원두를 우려내는 플란넬 주머니가 달린 커피 추출기를 선보였고, 또 한 명의 파리 양철공 렌L' Aine 역시 같은 해에 딜리장스 diligence라는 원두 우리기용 기구를 선보였다.

1770년은 영국 접대용 커피 주전자의 발달사에 있어서 일대 변혁이 일어난 시기라고 할 수 있다. 강한 복고풍이 일어나 오스만투르크식의 곡선형 주전자가 다시 등장한 것이다. 이 기세를 몰아 19세기에는 주전자의 손잡이 역시 이전과 마찬가지로 주둥이의 직각

커피 로스팅 및 제조, 접대용 기구. 17
세기 초. 출처: 뒤푸르의 저서

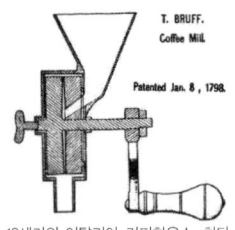

18세기의 이탈리아 커피하우스. 차타
가 그린 골도니 풍의 작품

19세기 영국과 프랑스의 커피 분쇄기

방향에 부착돼 나오기 시작했다.

1775년은 브라질에서 커피 재배가 본격
적으로 시작된 때이자, 영국의 윌리엄 팬터
가 '열매 채로 말린 커피husking coffee용 분쇄
기'를 개발해 이 분야 최초의 영국 특허를
취득한 해이다.

1779년에는 리처드 디어만이 커피 분쇄
기 신기술을 개발했다. 1798년에는 토머스
브러프가 개량 커피 분쇄기를 개발해 미국
최초의 커피 분쇄기 분야의 특허를 취득한
다.

토머스가 개발한 분쇄기는 벽면 부착형
철제 분쇄기로, 톱니가 달린 너비 3인치의
둥근 나사 두 개를 이용해 원두를 분쇄했
다. 다시 말하면 각 나사의 중간에 투박한
톱니를 달고, 나사 주위에도 정교한 톱니를
달아 원두를 분쇄하도록 설계한 기구였다.

1 프렌치 드립 주전자의 시작

드 벨루아De Belloy(또는 Du Belloy)가 자신이 개발한 커피 주전자를 파리에서 선보인 때는 1800년경이었다(그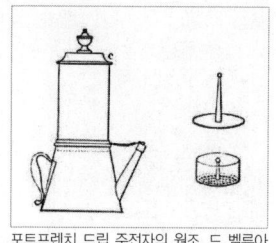
림 참조). 프렌치 드립 주전자의 시초라
할 수 있는 주전자로, 초기에는 주석으
로 생산하다 이후에 자기나 은으로도 생
산했다. 특허 취득품은 아니었지만 프
랑스, 영국, 미국의 발명가들이 이 주전

포트프렌치 드립 주전자의 원조, 드 벨루아
의 프레스

자에서 다양한 아이디어를 얻었다. 프랑스에서 커피 제조기로 최
초의 특허를 취득한 이들은 '약화학적 우려내기식 커피 제조기'를
개발한 데노브, 앙리옹, 루슈였고, 그때가 1802년이었다.

같은 해 런던에서는 찰스 와이엇Charles Wyatt이 커피 증류기를 개발
했다.

1806년에는 프랑스의 아드로Hadrot가 '끓이지 않고 수증기를 이용
해 여과filtering식으로 커피를 추출' 하는 기구를 개발해 프랑스 특허
를 취득했다. 그런데 당시에는 여과란 개념을 혼동하는 경우가 많
았다. 프랑스, 영국, 미국의 특허 목록에서 여과를 삼출percolation이라
든지, 혹은 그와는 동떨어진 의미로 사용했기 때문에 개념의 혼동
이 있었다.

엄밀히 말해서 삼출이란 자기나 철제 용기의 정교한 구멍을 통
해 적하하는 방식을 일컫는다. 반면에 여과란 투과성이 뛰어난 천
이나 거름종이를 이용해 적하하는 방식을 일컫는다.

따라서 드 벨루아의 주전자는 정확히 말하면 삼출기이고, 아드
로의 주전자 역시 삼출기다. 아드로는 '기존의 여과식 주전자에 부
착된 백주철 여과기를 떼어내고 대신에 단단한 양철이나 창연蒼鉛

18세기 커피 로스팅 기구. 매사추세츠,
세일럼 에식스학회 박물관에 전시

으로 만든 여과기와 또 구멍이 여러 개 뚫
린 래머rammer(다지기 봉)를 부착'한 주전자로
특허를 취득했다. 래머의 부착으로 원두 가
루를 균일하게 압착함으로써 가루를 평평
하게 고르는 것이 가능해졌다. 또한 아드로
가 발명 설계서에서 제시하고 있듯이 "원두
가루가 놓인 바닥에서 0.5인치 되는 지점에 물이 흐르는 유리관을
달아 끓는 물이 아래로 떨어질 때 원두 가루가 옆으로 튀는 문제를
보완했다."

같은 해에 영국의 제임스 헨켈은 커피 건조기를 개발했다. "한
외국인이 제조 기술을 제임스에게 전수했다"고 전해진다.

미국계 영국인이자 자선사업가, 또 행정관리였던 벤저민 톰프
슨Benjamin Thompson이 파리에서 커피 삼출기(퍼컬레이터)를 발명한 때는
1806년경이었다. 벤저민은 럼퍼드 백작으로도 유명했는데, 교황에
게서 럼퍼드란 이름을 하사받았다. 그가 개발한 삼출기는 1812년
런던에서 처음으로 대중에게 공개됐다. 삼출기 공개와 더불어, 파
리에서 집필한 『최고의 커피와 최고의 제조법The execelent qualties of coffee
and the art of making it in the highest perfection』이란 정교한 에세이를 런던에서 때
마침 출간해 큰 명성을 얻었다.

럼퍼드의 삼출기는 온수 덮개를 부착한 단순한 삼출식 주전자
로, 드 벨루아의 프렌치 드립 주전자를 실질적으로 보완한 기구였
다. 그러나 아드로의 주전자와는 상당히 달랐다. 럼퍼드 백작은 꽤
독창적인 인물로, 홍보에도 능한 인물이었다. 이런 이유로 커피 삼

출기 발명가라고 하면 흔히 럼퍼드 백작을 떠올리지만, 그가 만든 삼출기를 엄격하게 평가하자면 6년 전에 개발된 드 벨루아의 주전 자보다 훨씬 못했다.

드 벨루아의 주전자는 원두 가루에 뜨거운 물을 부어 적하시키는 방식의 기구로, 이를 위해 주전자 내부에 다공성 금속제 망이나 사기로 된 망을 부착해 그 위에 원두 가루를 담을 수 있도록 했다. 따라서 드 벨루아의 주전자는 엄밀한 의미의 삼출기라 할 수 있다. 아드로 역시 이와 같은 방식을 그대로 유지하면서 위에서 설명했 듯이 기존의 문제점을 보완했다. 럼퍼드 백작 역시도 이 추출 방식을 차용했다고 인정했다. 그러면서도 자신이 개발한 삼출기는 이전의 삼출기와 비교할 때 획기적으로 개선된 제품이라고 홍보했다. 그 역시도 래머를 부착해 주전자 상단, 혹은 삼출 장치에 담은 원두 가루를 진하게 압축 가능하도록 했다. 또한 구멍이 무수히 뚫린 원반 형태의 양철 물 분무기 아래쪽에 네 개의 돌기를 달아 원두 가루를 담은 망과 이 분사기와의 거리를 0.5인치 내로 유지하게 하여 온수가 분사되면서 원두 가루가 튀는 문제를 보완했다.

럼퍼드는 그가 개발한 삼출기를 이용할 경우 3분의 2인치 두께로 담은 원두 가루를 2분의 1인치로 균일하게 압축한 다음에 온수를 붓는 것이 가능하다고 설명했다. 그런데 드 벨루아와 아드로의 주전자에도 물 분사기와 압축기가 부착돼 있었기 때문에 이 과정이 가능했다. 다만 원두 가루를 정확히 2분의 1인치로 압축 가능했는지는 미지수이다. 또한 럼퍼드 백작 역시 문제로 지적했듯이, 드 벨루아의 주전자에는 물 분사기 아래쪽에 돌기가 달려 있지 않았다는 단점이 있었다. 럼퍼드 백작을 추종하는 발명가들은 백작이 커피 제조에 과학적 정밀함을 적용했다는 점을 상당히 강조했다. 그러나 정교한 현대식 커피 제조기나 특히 대부분의 여과식 추출기에는 럼퍼드 백작의 공법뿐만 아니라 드 벨루아나 아드로가 개발한 공법 역시 널리 적용되고 있다.

이들의 뒤를 이은 프랑스 발명가들은 계속하여 커피 로스팅 기구의 개발이나 기존 기구의 문제점 보완에 심혈을 기울였고, 새로운 아이디어를 꾸준히 제시했다. 네덜란드, 독일, 이탈리아 발명가들도 커피 기구의 개선에 일조했다. 그러나 세월의 검증을 이겨내고 오늘날까지 살아남은 기구를 개발한 이들은 정작 영국과 미국 발명가들이다.

1815년에는 센Sene이 '끓이지 않고 커피를 추출하는 기구'를 개발했다. 1819년에는 뜨거운 물이 관을 따라 위쪽으로 올라와 원두 가루에 분무되는 방식의 삼출기를 로랑스가 최초로 개발했다. 같은 해 파리의 양철공이자 램프 제조업자 모리즈는 거꾸로도 사용 가능한 이중 드립 주전자를 개발했다. 이는 이후에 유럽과 미국에서 개발된 거꾸로 사용 가능한 여과식 주전자의 원조 격이라고 하겠다.

1820년에는 고데라는 또 한 명의 양철공이 천으로 만든 여과기를 부착한 삼출기를 개발했다. 수증기의 압력과 부분 진공 원

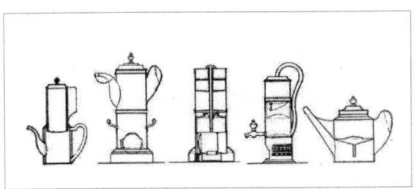

특허 인정을 받은 초창기의 프랑스 커피 제조기
왼쪽부터 1806년의 드립식 주전자/ 두 번째와 세 번째, 1827년에 뒤랑이 개발한, 내부에 튜브가 장착된 주전자 / 네 번째, 1827년에 강데가 개발한, 실용성을 갖춘 최초의 펌프식 삼출기 / 마지막, 1832년에 그랑댕과 크레포가 개발한 삼출기

리를 이용한 펌프식 삼출기는 1825년까지 프랑스와 네덜란드, 독일, 오스트리아에서 널리 사용됐다.

커피 주전자가 이처럼 발전하고 있을 무렵, 영국에서는 '철제 팬이나 강판으로 만든, 속이 빈 원통'을 이용해 원두를 볶는 방식이 보편화됐다.

반면에 이탈리아에서는 원두를 유리병에 넣고 코르크 마개를 느슨하게 닫은 뒤, '활활 타는 석탄불 위에서 끊임없이 흔들어가며' 볶는 방식이 일반적이었다. 앤서니 시크가 원두 볶기 과정으로 영국에서 특허를 취득한 때는 1812년이었다. 그러나 발명 명세서를 작성하지 않았기 때문에 어떤 제조 과정으로 특허를 취득했는지는 알 수 없다. 한편 당시 영국에서는 원두를 볶은 후에 절구를 이용해 빻거나 프랑스 분쇄기에 넣어 가루로 만들었다.

1822년에는 미국 최초의 커피 제조기 발명가인, 메인 주 벨파스트의 네이선 리드가 커피 껍질 제거기coffee huller(더 정확하게는 생두를 둘러싸고 있는, 단단한 속껍질인 파치먼트(내과피)와 실버스킨(은피)을 제거하는 기계)를 개발했다.

럼퍼드 백작이 개발한 삼출기

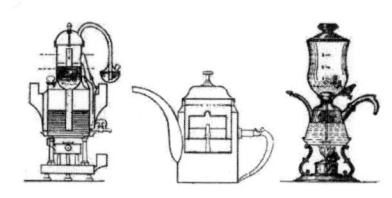

프랑스 여과식 추출기의 초기 모델.
(왼쪽부터) 여과지를 부착한 카세뉘에브의 여과기, 1824년 / 천으로 만든 여과 장치를 부착한 고데의 주전자 1820년 / 라파르리에의 삼출기

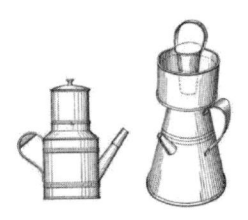

역시 1822년에 루이 베르나르 라보는 수증기의 압력을 이용해 끓는 물을 위로 순환시켜 원두 가루에 침투시키는 방식의, 즉 역방향의 프렌치 드립 방식의 기구를 개발했다. 1824년에는 파리 양철공 카세뉘에브Casseneuve가 이와 동일한 방식의 드립 주전자를 개발해 특허를 받았다고 전해진다. 카세뉘에브의 경우, 여과지를 부착한 점이 차이점이라면 차이점이다.

특허 취득한 초창기 미국 커피 제조기. 왼쪽: 웨이트와 세너가 발명한 올드도미니언 주전자/ 오른쪽: 벤시니가 개발한 증기 응축기

미국에서는 1813년에 뉴헤이븐의 알렉산더 덩컨 무어가, 1815년에는 영국의 아치볼드 캔리치가 '원두를 가루로 빻아 주는 분쇄기'를 개발했다.

2 토기 주전자로 시작한 커피 비긴

비긴Biggin이란 사람이 발명했다고 전해지는 커피 제조기의 일종인 '커피 비긴Coffee Biggin'은 1817년경에 영국에서 상용화됐다. 당시의 커피 비긴은 대개 토기 주전자였다. 초기 모델에는 프렌치 드립 주전자처럼 상단부에 금속제 여과기가 달려 있었다. 반면에 후기 모델에는 원두 가루를 담는 플란넬이나 모슬린으로 만든 주머니가 가장자리에 달려 있었고, 여기에 끓는 물을 부어 여과장치처럼 활용했다. 커피 비긴은 1717년에 등장했던 원두 우리기용 퍼스티언

주머니와 초창기의 프렌치 드립 기구, 여과기의 원리를 응용한 기구로서 당시에 큰 인기를 얻었다. 이후에는 주전자 입구 안쪽에 이러한 주머니가 부착돼 있는 커피 주전자를 커피 비긴이라고 통칭했다. 천 주머니 대신에 철망을 부착한 금속제 주전자도 등장하기 시작했다. 이러한 커피 비긴은 오늘날의 영국에서도 여전히 큰 사랑을 받고 있다.

프랑스 발명가들이 커피 추출기 개발에 열심이었다면, 영국과 미국의 발명가들은 커피 로스터 개량에 심혈을 기울이고 있었다. 1820년에는 볼티모어의 페레그린 윌리엄슨은 개량 커피 로스터로 미국 최초의 로스트 관련 특허를 취득했다. 1824년에는 영국의 리처드 에번스가 상업용 커피 로스터를 개발했다. 에번스는 얇은 강판으로 된 원통형 로스터에 개량 플랜지(관과 관, 또는 관과 다른 기계 부분을 결합할 때 쓰는 부품)를 부착해 다른 부분과 결합시켰고, 속이 빈 튜브와 시험관을 달아 로스팅 과정 중에 원두를 시식할 수 있도록 제작했다. 또한 로스터를 완전히 회전시키는 장치를 부착해 원두의 배출을 쉽게 했다.

1825년에는 로즈웰 애비가 커피 껍질 제조기를 개발했다. 뉴욕의 루이스 마텔리가 커피 주전자로 이 분야 최초의 미국 특허를 취득한 것도 1825년이었다. 이는 수증기와 증류를 압축한 다음에 우려낸 커피액에 다시 주입하는 방식의 기구로, 미국인이 만든 최초의 커피 주전자로 손꼽힌다.

1838년에는 밀턴의 안토니 벤시니가 이와 유사한 기구를 개발한바 있다. 이어서 1844년에는 롤랜드가 이와 유사한, 즉 주전자 상

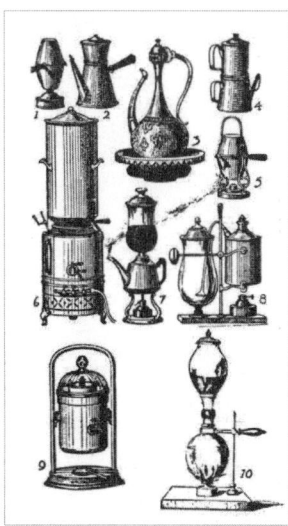

19세기 프랑스에서 사용한 커피 제조기. 1, 2—개량 프렌치 드립 주전자 3. 페르시아 주전자 4. 드 벨루아의 주전자 5. 거꾸로 사용 가능한 러시아 주전자 6. 신식 여과식 추출기 7. 유리 여과 주전자 8. 사이펀 추출기 9. 독창적인 비엔나 추출기 10. 이중 유리 "풍선" 추출기

단부에서 증기 압축이 가능한 장치를 선보였고, 1856년에는 웨이트와 세너 역시 이러한 기구의 일종인 올드도미니언(버지니아 주의 별칭) 주전자를 선보였다.

이 시기에 프랑스 발명가들은 커피 추출기 개발에 몰두했다. 1827년에는 파리의 귀금속 도금업자 자크 오귀스탱 강데Jacque Augustin Gandais가 상당히 실용적인 펌프식 삼출기를 개발했다. 수증기의 상승 통로 역할을 하는 튜브를 외부에 부착한 것이 이 삼출기의 특성이었다. 같은 해 샬롱쉬르마른의 제조업자 니콜라 펠릭스 뒤랑은 내부 튜브를 이용해 원두 가루에 물을 분사하는 삼출기를 최초로 개발했다.

미국 코네티컷 메리던의 찰스 파커가 파커 커피 분쇄기의 모델 제조 작업을 개시한 시기는 1828년이었다. 파커는 이 분쇄기의 개발로 훗날 부와 명예를 동시에 거머쥐게 된다.

이듬해인 1829년에는 프랑스 몰생Molsheim에서 프랑스 최초의 커피 분쇄기 특허가 나왔다. 파리의 로잔느 사社가 손으로 회전시키는 원통형 철제 커피 로스터를 파리에서 생산하기 시작한 때도 1829년이었다.

1835년에는 미국 보스턴의 아이작 애덤스와 토머스 딧슨이 개량 커피 껍질 제거기를 시장에 출시했다.

파리의 프랑수와 레네 라쿠가 커피 로스터·분쇄기 복합기를 개발해 프랑스에서 이 분야 최초의 특허를 취득한 때는 1836년이었다. 로스터는 자기로 제작됐는데, 이에 대해 프랑수와는 금속 로스터를 사용할 경우에는 원두의 맛이 저하된다고 설명했다.

1839년에는 제임스 바르디와 모리츠 플라토우가 상단에 유리 용기가 달린, 진공 방식의 항아리형 삼출기를 개발했다. 1842년에는 리옹의 베시외 부인이 프랑스 최초의 유리 커피 추출기를 개발했는데, 바르디와 플라토우의 항아리형 삼출기와 동일한 원리를 적용한 추출기였다. 이 두 추출기의 원리를 응용해 이후에 이중 유리 '풍선' 커피 추출기가 등장했고, 20세기 초반에 미국에서 큰 인기를 끌었다.

1839년에는 또한 필라델피아의 존 리튼하우스가 개량 주철 분쇄기, 즉 커피 분쇄 과정에서 발생하는 징과 숫돌 문제를 보완한 개량기를 개발했다. 분쇄기 정지시 발생하는 분쇄용 톱니바퀴의 마모 문제를 보완한 분쇄기였다.

1840년에는 뉴욕 주 폴란드의 아벨 스틸만이 운모(유리 대용으로 쓰이는 광물) 창을 부착한 가정용 커피 로스터를 개발했다. 운모 창이 달려 있어 원두를 볶으면서 로스팅 상태를 확인하는 것이 가능했다.

역시 1840년에 윌리엄 매키넌은 스코틀랜드 애버딘의 수프링가든 철공소에서 커피 플랜테이션용 기계를 생산하기 시작했다. 수프링가든 철공소는 매키넌이 1789년에 설립한 공장으로, 1873년에 매키넌이 사망한 이후에도 윌리엄매키넌앤코Wm. Mckinnon&Co., Ltd.로 사명을 변경해 명맥을 이어갔다.

런던의 존고든앤코가 세계적으로 유명한 '고든메이크'라는 플랜테이션용 기계 생산을 개시한 때도 역시 1840년이었다.

1841년에는 역시 영국에서 윌리엄 워드 앤드류가 펌프를 부착한 개량 커피 주전자를 개발했다. 펌프를 이용해 끓는 물을 주전자 상부로 순환시켜 원두 가루에 분사시키는 기구로, 원두 가루를 담는 다공성多孔性 원통형 장치는 주전자 바닥에 고정돼 있었다. 그런데 이 아이디어는 사실 19년 전에 라보가 이미 선보였던 아이디어였다. 라보의 원리를 그대로 적용한 제품은 한참 후인 1906년에도 뉴욕 시장에서 출시된다.

파리의 클로드 마리 빅토르 베르나르가 개량 커피 로스터, 즉 원통형 로스터를 불가에 좀 더 가깝게 밀착시킨 로스터를 개발해 프랑스 특허를 취득한 때도 역시 1841년이었다. 원통형 로스터 하단에는 길이 조정이 가능한 네 개의 다리가 부착돼 있었고, 또한 베르나르가 설명하듯이 "화로의 상단 가장자리에는 철판 벽을 덧대었기 때문에 화력의 효과를 두 배로 높일 수 있었다." 발명품의 특성을 설명하면서 베르나르는 "따라서 이러한 개선점을 감안한다면 특허를 취득하는 것이 당연하지 않나 하고 생각한다"고 자신의 의견을 덧붙이기도 했다.

그런데 프랑스에서는 커피 추출기가 아닌 로스터의 개발은 개인 발명가들의 취미 정도로만 인식했다. 이때까지만 해도 프랑스에서는 로스터를 전문적으로 생산하는 업체가 없었다. 반면에 영국과 미국에서는 상업용 커피 로스터의 개발과 생산에 일찍이 눈을 떴고, 여기에 심혈을 기울인 결과 미국에서는 1846년에, 영국에서는 1847년에 그 결실을 거두게 된다.

프랑스 발명가들은 이후에도 커피 추출기 개발에 더욱 심혈을 기울였다. 1843년에는 파리의 에드워드 루아젤 드 상테가 개량 커피 추출기를 개발했

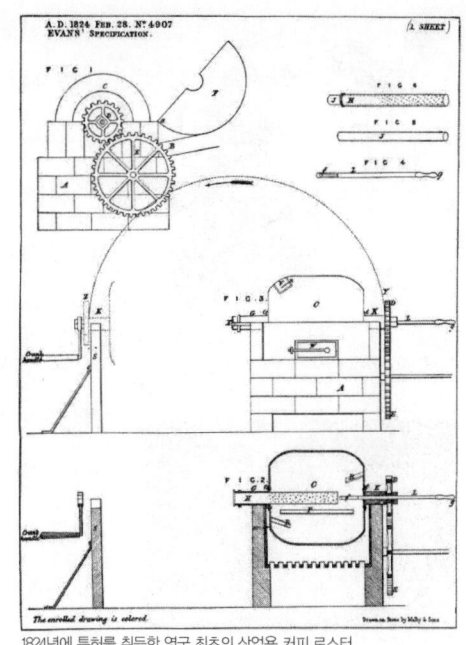

1824년에 특허를 취득한 영국 최초의 상업용 커피 로스터
FIG.1. 단면도 / FIG.2. 정면도 / FIG.3. 정면도, 원통형 로스터를 완전히 뒤집어 원두를 배출하는 과정을 설명. / FIG.4. 견본 추출용 관 / FIG.5 튜브 J / FIG.6 튜브 H. 원두 향의 손실을 방지하기 위해 튜브 J를 튜브 H에 삽입

는데, 이후에 이 기구의 원리를 그대로 적용한, '시간당 2천 잔의 커피 추출'이 가능한 유체정역학적 삼출기가 개발돼 1855년의 파리 만국박람회에 출시됐다.[2] 이 삼출기에 착안해 이후 이탈리아에서는 고속 여과추출기를 개발했다. 그런데 여기서 말하는 '시간당 2천 잔'이란 에스프레소 잔인 경우를 의미한다. 최신식 이탈리아 고속 여과기의 경우에는 큰 커피잔을 기준으로 시간당 1천 잔 정도를 추출할 수 있다.

1845년에는 자메이카 킹스턴의 제임스 미콕이 영국에서 자급식 커피 과육제거pulping · 분류기를 개발했다.

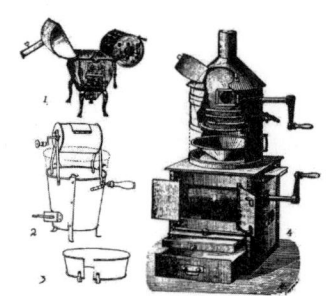

초창기 프랑스의 커피 로스터
1. 델핀의 석탄 로스터 2,3. 베르나르가 개발한 로스터
와 원형 철판. 1841년 4. 포스튀라르의 가스 로스터

미국의 초창기 공장에 도입된 카터의 "풀아웃"(pull-
out, 본체를 서랍식으로 넣고 뺄 수 있는) 로스터

발 달린 주철 프라이팬 이후에 등장한 모델로, 기중기 등을 이용해 잿불 위에 매달아 사용했다.

1846년에는 보스턴의 제임스 W. 카터가 '풀아웃pull-out(본체를 서랍식으로 넣고 뺄 수 있는)' 로스터를 개발해 미국 특허를 취득했다. 이 로스터는 그 후 20년간 미국을 대표하는 로스터로 통할 정도로 큰 인기를 끌었다. 카터는 자신의 발명품이 원통형 로스터와 화로를 결합한 기구라기보다는, 화로와 로스팅 통, 또한 이 장치들을 둘러싸고 있는 기실氣室을 결합한 기구라고 설명하면서 "기실에 공기가 주입되고 배출될 때 화로의 열기가 급격히 손실되는 것을 방지할 수 있는 로스터"라고 말했다. 이 로스터를 '풀아웃' 로스터라 명명한 이유는 축 위에 놓인 화로에서 원통형 철판 로스터를 서랍처럼 잡아뺄 수 있었기 때문이었다. 로스터를 이와 같이 꺼낸 후에는 양 측면에 달린 미닫이 문을 열어 원두를 채우거나 배출하는 것이 가능했다. 보스턴 헤이브릴 25번가에 있던 드위넬라이트 공장을 포함한 미국의 초창기 공장에서 이 로스터를 수년 간 이용했다.

1847년에는 볼티모어의 J. R. 레밍턴이 카터의 뒤를 이어 미국에

서 로스터 분야 특허를 취
득했다. 생두를 투입하는
원통에 바퀴 장치를 달고,
숯불로 데워진 나무통에
생두가 한 알씩 떨어지도
록 설계한 로스터였다. 그
러나 상업적으로 성공을
거두지는 못했다.

1847~1848년에는 영국
에서 윌리엄 데이킨과 엘
리자베즈 데이킨이 '원두

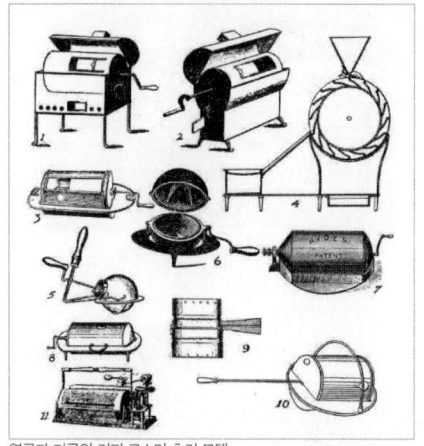

영국과 미국의 커피 로스터 초기 모델.
1, 2.영국의 석탄 로스터, 3,5,8. 미국의 석탄 스토브 로스터, 4.레밍턴의
바퀴통(미국식) 로스터, 1841년 6.우드의 로스터, 7.하이드의 스토브 로
스터, 9.거꾸로도 사용 가능한 스토브 로스터, 10.아벨 스틸만의 스토
브 로스터.

손질cleansing과 로스팅 기구'와 '커피 추출기'를 개발했다.

발명 설계서에 따르면, 로스터는 원통형으로, 금, 은, 백금에 합
금을 덧대어 제작했고, 이와 더불어 공중에 레일 및 좌우 이동식
운반대를 설치한 후에 이를 로스터와 연결함으로써 연소실(가마) 안
팎으로 왕복 운동을 할 수 있게 설계한 기계였다. 추출기는 일종의
개량된 커피 비긴으로, 원두 가루를 담는 천주머니를 비틀거나, 혹
은 원두를 담는 다공성 원통 내부에 나선 운동 원리를 적용해 원두
를 우려낸 다음에 추출액을 짤 수 있도록 설계한 기구였다. 그런데
로스터는 시장에서 살아남은 반면에 커피 추출기는 그다지 인기를
얻지 못했다.

데이킨의 기본적인 아이디어는, 로스팅 과정에서 원두가 철에
직접 닿을 경우에 원두의 품질이 상당히 저하된다는 것이었다. 따

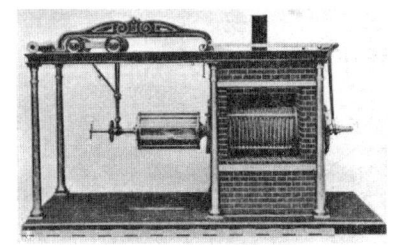
데이킨이 개발한 커피 로스터, 1848년

라서 이들은 원통형 로스터를 불에 직접 노출시키지 않고 가마에 집어넣는 방식을 택했다.

또한 이들은 로스터에 '시식용 기구'를 처음으로 부착해 로스터가 가동되는 동안에도 원두를 시식할 수 있도록 했다. 이들이 개발한 로스터는 독창성과 우수성을 두루 갖춘 제품이었다. 데이킨앤코는 오늘날에도 런던에서 명맥을 이어가고 있고, 현재 이 공장에서 사용 중인 로스터는 1848년에 등장한 원조 모델과 별반 다르지 않다.

1848년에는 토마스 존 놀리스가 다공성 원통형 로스터에 에나멜을 입혀 영국에서 특허권을 취득했다.

프랑스와 미국의 생두 다루는 방식을 간략히 살펴보면, 프랑스에서는 생두를 아주 조심스럽게 취급했던 반면에 미국에서는 이 점을 그리 개의치 않았다. 따라서 미국 발명가들이 제작한 로스터를 사용할 경우에는 생두를 비교적 거칠게 볶는다는 느낌이 들었다.

코스타리카의 커피 세척기

1848년에는 루크 허버트가 커피 분쇄기를 개발해 영국에서는 처음으로 분쇄기 분야의 특허를 취득했다.

1849년에는 프랑스 아브르의 아폴레오니 피에르 프레테르가 영국에서 하단에 계량기를 부착한 로스터를 개발했다. 로스팅 과정에서의 원두의 무게 변화를 알려주면서 일정량의 무게가 손실되면 자동으로 작동을 멈추는 기구였다. 프레테르는 또한 이보다 앞서 1827년에는 뒤랑의 추출기와 유사한 진공 삼출기를 개발한 바 있다.

1849년은 또한 미국 신시내티의 토머스 R. 우드가 주방 난로형 구형球形 커피 로스터를 개발해 미국에서 특허를 취득한 때이기도 하다. 직접 로스팅한 원두를 선호하는 가정에서 상당한 인기를 끈 제품이다.

1850년경에는 영국 커피 플랜테이션용 기계 발명 분야의 선구자로 인정받는 존 워커가 실론(현재의 스리랑카)에서 아라비아 커피용 원통 과육 제거기를 선보였다. 제거기 표면은 구리로 돼 있었고, 여기에 반달 모양의 펀치로 여러 군데 구멍을 뚫어 절단된 부위가 돋을새김 장식처럼 반원 모양으로 솟아나 있었다.

1852년에는 에드워드 지가 경사진 플랜지를 부착한 로스터를 개발해 영국에서 특허를 취득했다. 이 플랜지 덕분에 로스팅 과정에서 원두를 뒤집는 것이 가능했다.

1852년은 또한 로버트 보면 테넌트가 원통을 두 개 부착한 과육 제거기를 개발했다.

1855년에는 뉴욕 피쉬킬 랜딩의 C. W. 반 블릿이 가

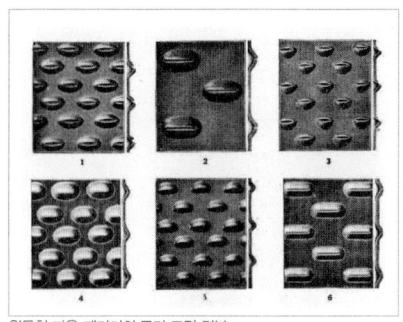

원통형 과육 제거기의 구리 표면 견본
1. 아라비카 커피용 2. 라이베리아 커피(리베리카)용 3. 아라비카 커피용 4. 카네포라용 5. 로부스타용 6. 알이 굵은 아라비카 커피와 마라고지페용

"그라나다" 커피 열매 분리기. 과테말라 커피 과육 제거기와 함께 사용

정용 개량 커피 분쇄기를 개발해 미국에서 특허권을 취득했다. 위쪽에서는 원두를 부수고 아래쪽에서는 가루 형태로 빻는 분쇄기였다. 블릿은 이후에 코네티컷 메리던의 찰스 파커에게 이 기구를 양도한다.

조지 L. 스퀴어가 뉴욕 버펄로에서 커피 플랜테이션 기계 생산에 착수한 것은 1857년이었다. 스퀴어는 그 후 1893년까지 사업에 전념하다, 1910년에 세상을 떠났다. 그가 설립한 조지 L. 스퀴어 매뉴팩처링 사는 오늘날에도 미국의 대표적인 커피 플랜테이션 기계 생산 업체로 명성을 이어가고 있다.

1860년에는 코스타리카 산 호세의 미국인 기계기술자 마커스 메이슨이 커피 과육 제거와 손질 겸용 기계를 발명했다. 메이슨은 이를 발판으로 삼아서, 훗날 1873년에 매사추세츠 우스터에서 마커스메이슨앤코라는 플랜테이션용 기계 공장을 설립했다.

같은 해 영국에서는 존 워커가 날개바퀴를 단 과육 제거기를 발명했다. 구리로 된 제거기 표면에는 달걀 형태의 무늬가 열을 맞춰 불룩 솟아나 있었다. 그러나 구리판에 구멍을 뚫은 것은 아니었기 때문에 날카로운 절단면은 없었다. 아시아의 차와 커피 생산국인 스리랑카에서 커피 플랜테이션이 발전하기까지는 워커가 발명한 다양한 기계들의 역할이 컸다.

"나이아가라" 동력 커피 껍질(파치먼트 및 은피) 제거기

수도 콜롬보에 자리한 워커선즈앤코에서
는 오늘날에도 워커가 발명한 기계들을
제조하고 있고, 여타의 커피 생산국으로
수출하고 있다.

1860년에는 독일 에머리히에서 알레시
우스 판 흘러펀이 생두 분류기 생산에 착
수했다.

1860년에 워커가 개발한 날개바퀴 달린
과육제거기. 스리랑카와 인도에서 큰 인
기를 끌었다.

한편 뉴웰이 1857~1859년에 걸쳐 커피 손질기를 개발해 다수의
미국 특허를 취득한 이후에 미국에서는 다양한 커피 손질기가 등
장했고, 16건의 특허가 발행됐다. 그중에는 플랜테이션용 커피 손
질기도 있었고, 수입 커피용 손질기도 있었다.

1860~1861년에는 존과 에드먼드 파커가 가정용 커피 분쇄기를
여러 대 개발했다.

1862년에는 필라델피아의 E. J. 하이드가 개발한 커피 로스터·난
로 복합기의 원통형 로스터에는 기중기가 달려 있어 원두를 투입
하고 배출할 시에 로스터를 회전시키고 수평으로 이동시키는 것이
가능했다. 이 기계는 시장에서도 큰 호응을 얻었다.

하이드가 개발한 로스터 · 난로 복합기.
1862년

영국의 원통형 과육제거기

3 자베즈 번스의 획기적인 커피 로스터

1864년에 뉴욕의 자베즈 번스Jabez Burns는 번스 커피 로스터를 개발한다. 번스 로스터는 로스팅 완료 후에 원두 배출을 위해 로스터를 불가에서 꺼내지 않아도 되게끔 제작한 최초의 기계였다. 로스터 분야의 획기적인 기술 발달을 보여주는 사례였다고 하겠다. 벽돌 화덕의 내부에는 뚜껑 달린 철제 원통이 설치돼 있었다.

미국 커피 업계에 한 획을 그은 이 로스터를 발명하기 전까지, 번스는 뉴욕에서 20년간 커피 로스팅을 공부했다. 영국 출신인 번스는 영국에서 커피 업계를 접하고는, 처음에는 호텔이나 하숙집, 또는 각 가정을 대상으로 자바 커피와 수마트라 커피를 판매했다. 자바 커피는 14센트에, 수마트라 커피는 11센트에 팔았다.

남북전쟁 이전까지만 해도 볶은 원두를 끄집어내기 위해서는 커피 로스터를 불가에서 꺼내야 했다. 프라이팬 로스터든, 구형 로스터든, 원통형 로스터든, 로스터 종류에 상관없이 모두가 그러했다. 따라서 원통형 로스터가 가동되고 있는 가운데, 로스터의 끝부분에서 다 볶아진 원두를 꺼내는 방식은 당시로서는 획기적이었다.

번스 로스터, 1864년

이것이 가능했던 이유는 이중 플랜지 세트 덕분이었다. 번스는 또한 원두가 원통형 로스터에 골고루 퍼지도록 설계했는데, 이 점 역시 상당히 획기적인 아이디어였다.

번스는 로스팅 작업이 각 가정에서 이루어지던 시절부터, 즉 뜨거운 돌 위나 철제 접시, 냄비, 프라이팬을 이용해 원두를 볶던 시절부터 커피 산업의 발전 상황을 유심히 지켜본 사람이었다. 이러한 가정용 로스팅 기구 중 일부는 번스가 첫 번째 로스터를 출시한 이후에도 20여 년간 더 미국인들의 사랑을 받았다. 그가 보기에는 이러한 가정용 기구를 이용해 골고루 볶은 원두 역시 최근에 발명된 우수한 로스팅 기계를 이용해 볶은 원두만큼이나 훌륭했다. 그는 또한 "원두는 상당히 단순한 기구로도 볶을 수 있다. 예컨대 옥수수 볶기용 냄비로도 환상적인 로스팅이 가능하다. 특허를 취득한 휴대용 로스터는 이제 쥐덫이나 버터 제조기만큼 보편화됐다"고 말한 바 있다.

하지만 번스는 원두를 직접 볶아 먹는 가정이 점차 줄어들고 있음을 누구보다 먼저 감지했다. 시간과 힘을 들여 직접 생두를 볶지 않아도, 볶은 원두를 생두보다 값싸게 구매하는 일이 가능해졌기 때문이다. 미국의 대도시뿐 아니라 중소도시에서도 로스팅 업체가 번성했다. 이런 가운데 번스의 로스팅 기계는 몇 년도 안 돼 주요 로스팅 업체를 장악했다. 뉴욕의 퍼프케앤리드 사, 세인트루이스의 플린트에번스앤코와 제임스 H. 포브스, 피츠버그의 아버클즈앤코, 필라델피아의 웨이켈앤스미스스파이스 사 등이 그의 첫 번째 고객이었다.

1845년경이 되면 뉴욕과 그 일대의 로스팅 업체에서 생산한 볶은 원두의 양이 당시 영국의 커피 소비량과 맞먹는 수준이 된다. 증기력이 널리 이용됐고, 로스팅 산업은 미국에서 큰 비중을 차지했다. 전국 단위에서는 커피 및 향신료 제조업체에서 볶은 원두를 몇 자루씩 대량으로 구입하는 것이 관례였다. 지역에서는 식료품

점이나 소규모 찻집에서 볶은 원두를 한번에 25파운드 이상 구입했다. 이러한 구매 방식 덕분에 볶은 원두를 1파운드당 0.5센트라는 저렴한 가격으로 구매하는 것이 가능했다.

번스의 로스터가 출시되기 전까지는, 대부분의 로스터가 원통형 용기를 축에 꿰어 회전시키는 방식이었다. 다른 방식의 로스터가 등장하기도 했지만 큰 성공을 거두지는 못했다.

이런 가운데 번스는 커피와 커피 로스팅에 관한 전문적인 지식을 바탕으로 로스팅 업계에서 독보적인 입지를 구축했다. 그는 미국 로스팅 분야의 기초를 다진 스승이라 할 만하다.

4 가스 로스터의 진화

특허 발급 기록상 가스 커피 로스터를 처음으로 개발한 이는 프랑스 마르세유의 루르Roure로, 1877년의 일이다.

루르의 뒤를 이어 1879년에는 영국 스톡포트의 H. 폴더가 외부 공기 분사 버너를 부착한 원통형 가스 로스터를 개발했다. 런던의 휘트미엔지니어링 사에서는 최근까지도 이 로스터를 생산하고 있다. 1880년에는 런던의 플러리앤바커 사에서 원통형 로스터 위에 가스 가열 장치를 장착한 기구를 개발했고, 이어서 1881년에는 맨체스터의 피터 피어슨이 쇠그물로 된 원통과 가스로 데우는 금속판을 결합한 로스터를 개발했다. 원통 로스터가 가열된 금속판 아래에서 회전하도록 설계된 기구였다.

영국에서는 1887년 런던의 비스턴 투폼이 직화식 가스 로스터를 개발했다. 투폼은 이 특허권을 조지프베이커앤선즈 사에 양도했다.

네덜란드 헤이그의 카럴 F. 헤네만이 직화식 가스 로스터를, 포스튀라르 역시 1888년에 가스 커피 로스터를 개발했다.

1880년대에는 독일 발명가들 역시 급속 가스 로스터의 개발에 본격적으로 뛰어들었다. 예컨대 1889년에는 드레스덴의 칼 알렉산더 오토가 3분 30초 내에 로스팅 작업이 가능한 나선형 관식tubular 기계를 만들었고, 이 로스터는 그 후 1891~1893년에 드레스덴의 막스 튜머에 의해 본격적으로 생산, 판매됐다. 이러한 급속 가스 로스터의 등장에 독일과 프랑스의 커피 상인들은 열광했다.

오토에 따르면, 대형 로스팅 기계로 원두를 대량으로 볶을 때보다 샘플 로스터로 적은 양(예를 들면 50g 가량)을 볶을 때 원두의 풍미와 향이 훨씬 풍부해진다고 한다. 이에 오토는 적은 양의 원두를 단시간에 연속적으로 로스팅하는 기계 생산에 착수하여 1893년에 처음으로 상업용 로스터를 개발해 그 이듬해에 드레스덴에서 개최된 국제식품박람회에서 공개했다.

오토의 동업자인 막스 튜머 역시 나선 길이가 5m에 달하는, 시간당 약 450파운드(약 204kg)의 원두 로스팅이 가능한 최신식 로스터를 개발했다. 이 '튜머 머신'은 1914년부터 본격적으로 시판됐다.

이러한 급속 로스터는 독일 전역으로 확산되어 대규모 로스팅 공장에서는 이 기계를 이용해 대개 10분에서 17분 내에 로스팅 작업을 완료할 수 있었다. 튜머는 로스팅 작업이 단시간에 이루어지는 것에 반해서 냉각 작업은 자연스럽게, 천천히 이루어져야 한다

연속 작동식 수평형 커피 세척기

고 설명했다. 반면에 파리의 A. 모탕은 급속 로스팅과 더불어 급속 냉각이 중요하다고 설명했다.

이외에도 독일산 급속 로스터로는 '콤비네이터' '토네이도' '레코르드' 등이 있다.

1912년 10월 24일에는 윌리엄 로튼이 런던 보건당국관리자협회 회원들을 대상으로, 직접 개발한 다공성 가스 로스터를 이용해 원두를 3분 내에 로스팅하는 시범을 보였다.[3]

미국에서는 1893년에 F. T. 홈즈가 처음으로 뉴욕의 포터파린 사 공장에 직화식 가스 로스터를 도입했다. 1887년에 영국 특허를 받은 투폼의 로스터였다. 포터파린 사는 지금 휘트미엔지니어링 사가 된 당시의 웨이굿투폼 사와 로스터의 사용에 관한 미국 독점권 계약을 체결하여 한 도시당 한 회사에 한정해 일일 단위로 이를 대여하며 미국 전역에 이 로스터를 선보였다.

1905년에는 C. A. 크로스앤코가 네덜란드의 헤네만이 개발한 직화식 가스 로스터를 처음으로 미국에 들여와 매사추세츠 피츠버그 도매시장에 출시했다. 그러나 상업적으로 큰 성공은 거두지 못했다.

미국에서 천연가스가 로스팅의 연료로 처음 사용된 때는 1896년 이었다. 펜실베이니아와 인디애나에서 임시 가스버너를 이용해 석탄용 원통 로스터를 가열한 것이 그 시초다.

1897년에는 기존의 직화식 가스 기구와는 다른 특별한 가스버너

"엘 모나르카" 커피 분류기

가 번스 로스터에 장착됐다. 번스는 이후에 이 버너를 좀 더 보완
해 출시했다.

1897~1899년에는 뉴욕의 데이비드 프레이저가 중앙집중식 가
스 로스터를 시장에 출시했다. 내부에 쇠그물로 만든 원통을 장착
해 원두가 가스 불 속으로 빠지는 것을 방지한 기구였다. 이 기구
는 1897년에 미국 특허품으로 인정받은 뉴저지 호보큰의 칼 H. 뒤
링이 개발한 로스터를 보완한 제품이었다.

1899년에는 뉴욕의 엘리스 M. 포터가 기존의 직화식 가스 로스
터의 단점을 보완한 제품을 출시했다. 가스 불꽃이 넓게 분사되어
원두를 태우지 않고 골고루 볶을 수 있는 로스터였다. 투폼의 로스
터가 한쪽 끝에서 가스 불꽃을 분사하고, 꼭대기의 배기구를 통해
연기와 열기가 빠져나가는 구조였다면, 포터의 로스터는 배기구가
꼭대기가 아니라 가스 불꽃 분사구의 반대편에 장착돼 있고, 송풍
기를 달아 불꽃을 로스터에 골고루 분사시키는 구조였다.

1900년에는 특허 인정을 받은, 원두 투입·배출용 여닫이문swing gate이 부착된 번스 직화식 가스 로스터가 시장에 출시됐다. 번스 가스 샘플 로스터 또한 그 뒤를 이어 시중에 선보였다.

1901년에는 미시건 마셜의 조지프 램버트가 간접 가열식 가스 로스터의 원형이라 할 만한 신제품을 시장에 선보였다.

같은 해 영국에서는 브렌트포드의 T. C. 모어우드가 가스 로스터에 개폐식sliding 버너와 탈부착이 가능한 샘플링관을 장착한 기구를 개발했다.

1901년은 또한 F. T. 홈즈가 포터파린 사를 떠나 뉴욕 실버크리크의 헌틀리매뉴팩처링 사로 적을 옮겨 '모니터' 직화식 가스 로스터의 제작에 착수한 때이기도 하다. 홈즈는 계속해서 투폼식 로스터를 보완해, 원두를 담는 원통 양쪽 끝에 각각 가스버너를 장착하고, 또 분사관을 아래쪽으로 구부러뜨려 불꽃이 아래쪽에서부터 점차 위쪽으로 상승하게 하는 로스터를 개발했다.

1908년에는 미시건 배틀크리크의 J. C. 프림스가 소매점용 가스·석탄 로스터에 장착 가능한 주름진 원통(실린더)을 개발했다. 그 이듬해에 이 발명품에 대한 권리를 양도받은 뉴욕의 A. J. 디어 사는 '로열' 커피 로스터란 상표로 이를 시장에 출시했다.

1915년과 1919년에는 뉴욕의 자베즈번스앤선즈에서 '환희Jubilee' 로스터를 개발했다. 이 로스터는 내부 가열 기기로, 원두와의 직접 접촉을 방지한 연소실에 원두를 담는 회전식 원통을 장착하고 그 통 내부에서 가스 불꽃이 타오르게 했다. 불꽃은 아래쪽으로 분사된 다음에 원두 쪽을 관통하며 점차 위로 올라갔다.

1922년에 제작된 번스의 "환희" 가스 로스터

1919년에는 필라델피아의 윌리엄 풀러드가 '고온 청정 공기 시스템'을 개발했다. 전기 송풍기의 힘을 빌려 외부의 신선한 공기를 관으로 보낸 다음에 가스 불꽃이나 석탄, 석유 불꽃 위에 장착된 코일로 전달되도록 설계한 시스템이었다. 코일 상단에는 매니폴드(하나의 본줄기 관으로부터 여러 개의 지관이 갈라져 있는 관)가 있어, 가열된 공기가 여러 개의 작은 구멍을 통해 빠져나가 원통형의 다공성 로스터 내·외부를 순환하게끔 설계됐다. 흡입된 공기와 증기는 위쪽의 배기관을 통해 배출됐는데, 이 배기관은 외부의 신선한 공기를 흡입하는 관과 연결돼 있었다. 따라서 새로이 흡입된 공기와 코일에 데워진 공기가 섞여 원통형 로스터를 반복적으로 순환하는 시스템이었다.

풀러드가 이 시스템을 개발한 가장 큰 이유는 가스와 접촉하지 않은 고온의 청정 공기만으로 로스팅이 가능하도록 하기 위해서였다. 그러나 커피 전문가들은 이 시스템이 연료 경제성을 충분히 갖추고 있는지, 또한 원두의 품질을 얼마나 개선할지에 대해 의문을 표하고 있다.

1925년에는 뉴욕의 윌리엄 G. 번스와 인디애나 먼시의 해리 러

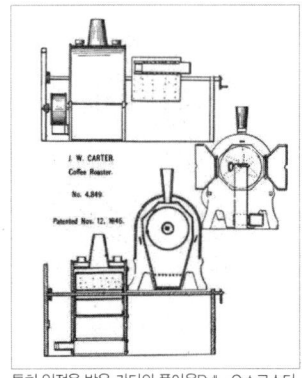

특허 인정을 받은 카터의 풀아웃Pull—Out 로스터

셸 맥슨이 로스터에 원두 배출 장치와 불길을 골고루 분사하는 장치를 장착, 개발했다. 같은 해 리처드 그린은 원두를 담는 원통을 여러 대 부착한 로스터를 개발했다. 통 하나씩을 개별적으로 이용할 수 있고, 원두 배출을 동시에 할 필요가 없다는 점이 이 기계의 장점이었다. 이에 대한 특허권 역시 자베즈번스앤선즈 측에 양도됐다.

1927년에는 뉴저지 이스트오렌지의 J. L. 코프는 커피의 겉껍질을 제거한 뒤에 미세한 가루로 빻은 후, 이를 보통 크기의 자연산 커피와 다시 혼합하여 과립화한 상품을 개발했다.

1932년에는 윌리엄 G. 번스와 리처드 그린이 개발한 교반 커피 냉각기는 균질한 차가운 공기를 원두 구석구석으로 동시에 전달되도록 설계한 기구였다.

같은 해 조지 C. 헤르츠는 커피 등의 열매에서 돌멩이와 같은 이물질을 걸러내는 개량 기압식 분리기를 개발했다. 공기의 흐름을 자동으로 조정해 이물질을 정밀하게 제거한 다음, 손질된 열매를 기계의 상단부로 이동시키는 기계였다.

1935년에는 이스트오렌지

영국의 가스 로스팅 공장. 사진 속의 기계는 모어우드가 폴더의 가스 로스터를 보완해 만든, 개폐식 버너를 장착한 간접 가열식 로스팅 기계다.

1922년에 제작된 램버트의 "빅토리" 가스 로스터

프랑스의 더블 아로마틱 가스 로스팅 장비.

의 J. L. 코프와 서밋의 레슬리 베커, 호보큰의 조지프 H. 키넌이 원두 등의 열매에 관한 새로운 로스팅 방식을 고안했다. 열 매체가 열원을 거쳐 원두에 전달된 후에 다시 열원으로 돌아가는 재순환식의 로스팅 과정이었다.

5 커피 분쇄기와 추출기의 변천

커피 분쇄기와 추출기의 발전사로 다시 돌아가면, 1875년과 1876년, 1878년에는 펜실베이니아 뉴브라이턴의 터너 스트로우브리지가 박스형 커피 분쇄기를 개발한다. 이 분쇄기는 로건앤스트로우브리지에서 생산, 판매됐다.

1878년에는 또 뤼돌퓌스 L. 베버가 기존 제품의 문제점을 보완한 가정용 박스형 커피 분쇄기를 개발했다.

1878년과 1880년에는 필라델피아의 존 C. 델이 업소용 커피 분쇄기를 제작했고, 1879년과 1880년에는 코네티컷 서딩턴의 펙스토

앨윌콕스 사의 올슨 W. 스토가 가정용 커피 분쇄기를 개발했다.

뉴욕의 찰스 할스테드가 내벽에 자기를 입힌 금속 커피 주전자를 개발한 것은 1879년이었다. 이 주전자는 주로 가정에서 커피를 우려낼 때 사용되었다.

1880년에는 뉴욕의 뒤파르케후오트앤몽외즈 사에서 주전자 상단에 모슬린(부드러운 면직물) 바닥을 부착해 커피를 걸러내는 커피 주전자를 미국 최초로 선보였다.

미국의 특허 발명품 연대표에 헝거포드 부자父子의 이름이 처음 등장한 때는 1880~1881년이었다. 이 해에 G. W. 헝거포드와 G. S. 헝거포드는 커피 정제·손질기를 개발해 미국 특허를 처음으로 취득했다. 이 부자는 그 이듬해에는 커피 로스터를 개발해 시중에 판매했다. 그런데 이들의 로스터와 뉴욕의 크리스 아벨르가 특허 인정을 받은 커피 로스터는 번스가 1864년에 특허 인정을 받은 로스터와 상당히 유사했는데, 번스의 로스터에 관한 특허가 소멸되었기 때문에 이 두 제품의 시장 출시와 특허 취득이 가능했다. 1881년에는 이외에도 자베즈 번스가 기존의 번스 로스터를 보완한 제품을 내놓았다. 로스터의 앞부분을 여닫이식으로 설계해 원두 투입 및 배출을 용이하게 한 제품이었다. 1886년에는 스코틀랜드 글래스고에서 미국으로 이주한 데이비드 프레이저가 헝거포드 부자의 가업을 이어받아 1889년에 헝거포드 사를 설립한다. 헝거포드 사는 1910년까지 뉴욕에서 사업을 확장하다가, 프레이저가 저지 Jersey City로 활동 무대를 옮기면서 프레이저매뉴팩처링 사로 계승되어 1918년까지 운영됐다.

당시 헝거포드 부자와 프레이저매뉴팩처링 사의 강력한 적수였던 크리스 아벨르는 '니커보커'(뉴욕에 이주한 네덜란드계 사람을 의미) 로스터를 생산해 미국 각지에서 판매했다. 1910년에 아벨르가 사망하자 그의 사위인 고트프리트 바이가 그의 사업을 계승했다.

1881년에는 또한 에드거 H. 모건과 찰스 모건 형제가 가정용 커피 분쇄기 생산에 착수했다. 일리노이 프리포트의 아케이드매뉴팩처링 사는 1885년에 이 분쇄기에 대한 권리를 모건 형제에게서 양도 받아 사업을 이어나갔다. 아케이드매뉴팩처링 사는 또한 1889년에 '파운드' 커피 분쇄기를 처음으로 선보여 미 전역에서 큰 성공을 거두었다. 1900년에는 찰스 모건이 유리 계량컵의 탈부착이 가능한 커피 분쇄기를 개발했다.

1881년은 또 브룩클린의 하비 리커가 '1분(미닛) 커피 추출기'를 시장에 출시한 때이기도 하다. 처음에 '보스' 추출기로 출시했다가 이후에 '1분' 추출기로 상품명을 변경했다. 이후 1901년 이 추출기의 기능을 한층 향상시킨 '30초' 추출기는 두툼한 바닥의 면주머니가 부착된 여과식 추출기였다.

1884년에는 스타 커피 주전자, 이후에 매리언할랜드로 통한 주전자가 시장에 출시됐다. '필터'라는 촘촘한 쇠그물로 된 전용 드립식 장치가 부착된 금속 주전자로, 엄청난 광고 덕분에 상당한 인기를

영국의 로스팅 및 분쇄 장비: 168파운드(약 76kg) 짜리 '심플렉스Simplex' 가스 로스터와 원반 모양의 바퀴disk가 달린 '고속'분쇄기

프랑스의 '매직' 가스 로스터

끈 제품이었다. 같은 해에 필라델피아의 핀리 애커는 가정용 개량 커피 주전자를 출시한 바 있다. 애커는 그 이후에도 시식용 테이블에 적합한 1회용 사기 드립 주전자 등을 계속해서 개발했다.

1885년에는 뉴욕의 F. A. 코코이스가 내벽에 자기를 입힌 개량 주전자를 선보였다.

1887~1888년에는 필라델피아의 에트루스캔 커피 주전자 공장에서 '에트루스캔' 주전자를 개발해 시장에 출시했다. 가장자리에 금속 테를 두른, 원통형의 모슬린(평직으로 직조한 면직물)을 부착해 '교반, 증류, 우려내기' 겸용 기구로 사용할 수 있도록 만든 주전자였다. 데이킨이 1848년에 개발한 주전자와는 꽤 다른 제품이었다.

프랑스 바르르뒤크Bar-le-Duc의 A. 모탕이 커피 로스팅 기계 생산에 착수한 때는 1890년이었다. 그중 하나가 구체와 원통을 수직으로 통합한 로스터로, 목재나 석탄, 가스를 연료로 움직이는 기기였다. '매직' 로스터와 '시로코' 로스터가 가장 유명했다.

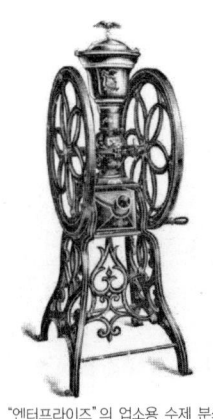

"엔터프라이즈"의 업소용 수제 분쇄기 초기 모델

한편 프랑스에서는 1895년까지만 해도 상업용 로스터를 보기 힘들었다. 그러다가 1895년을 기점으로 관련 사업이 발전했다. 그렇다고 해서 상업용 로스터의 등장으로 가정용 소형 로스터가 사라진 것은 아니었다. 가게에서는 주로 구형球形 로스터를 이

용했는데, 특히 파리의 로존 사 제품과 전
기모터가 부착된 '아로마틱' 로스터가 큰
사랑을 받았다.

이 외에도 증기 응축기가 장착된, 램버트
의 로스터와 원통형 로스터에 철망을 덧댄
판 덴 브룩의 로스터, 레송이 개발한 도매
업체용 로스터 등이 프랑스에서 큰 인기를
얻었다.

"엔터프라이즈" 원조 분쇄기, 1870년

1870년대 초에 프랑스에 등장한 가정용 유리통(유리 실린더) 로스터
는 오늘날에도 그 인기를 이어가고 있다. 최근 10년간 출시된 유리
로스터 가운데는 시계태엽 원리를 적용한 '비쥬'(보석)라는 로스터
도 있다. 1908년에는 뉴욕에서도 이와 유사한, 유리로 된 자동 로
스터가 '홈' 로스터라는 이름으로 생산, 판매됐다. 1914년에는 난
로 입구에 걸어두고 사용 가능한 가정용 로스터가 미국에서 개발
됐다. 로스터 뚜껑 내부에 달린 교반기를 이용해 손으로 직접 돌리
는 로스터였다. 1917년에는 이와 유사한 로스터가 '사보'라는 이
름으로 출시됐다. 그러나 미국에서는 가정에서 손수 로스팅을 하
는 이들이 줄고 있는 추세이다.

1897년에는 버몬트의 조지프 램버트가 미시건 배틀크리크에서
벽돌 화덕이나 연소실이 별도로 필요 없는 자체 완비형self-contained
로스터를 생산, 판매했다. 연소실이 필요 없다는 점에서 기존의 로
스터와는 확연히 다른 제품이었다. 램버트는 또한 앞서 언급했듯
이, 1901년에는 간접 가열식 가스 로스터의 원조 격에 해당하는 로

스터를 개발했다. 이 밖에도 '이코노믹'이라는, 최신형 회전 냉각기가 연결된 자체 완비형 소형 로스터도 선을 보였다. 1922년에는 가스 불꽃이 분사되는, 600파운드(약 272.16kg) 용량의 전동 '빅토리' 로스터와 소매점용으로 제작된 50파운드(22.68kg) 용량의 소형 로스팅 장비가 각각 출시됐다.

1897년에는 또한 펜실베이니아의 엔터프라이즈매뉴팩처링 사가 벨트풀리(벨트바퀴)를 이용해 상업용 커피 분쇄기에 처음으로 전동 모터를 연결했다.

그 뒤를 이어 오하이오 트로이의 호바트매뉴팩처링 사에서는 이 듬해에 벨트풀리를 이용해 전동 모터와 분쇄기를 연결한 또 하나의 초기 모델을 시장에 내놓았다.

1902년에는 필라델피아의 콜스매뉴팩처링 사(이후에 브라운 사로 계승)와 헨리 트로임너가 기어 구동식 전기 커피 분쇄기를 생산, 판매했다.

1905년에는 뉴욕 버펄로의 A. J. 디어 사(현재의 로열일렉트릭픽스처)가 자사의 커피 분쇄기를 커피 상인들에게 할부로 직접 판매하기 시작했다. 장비 전문 중개상을 거쳐 판매가 이루어지던 당시로서는 상당히 획기적인 시도였다.

찰스 루이스가 거꾸로도 사용 가능한 여과식 추출기인 '킨히'Kin Hee를 개발해 미국 특허를 취득한 때는 1900년이었다. 프렌치 드립 추출기에 부착하던, 금속 또는 사기

초창기 전동 분쇄기

거름망 대신 여과천을 부착해 만든 추출기였다. 이 추출기는 출시된 이후에도 기능을 꾸준히 보완하고 있고, 관련 특허권을 여러 나라에 판매해 오고 있다.

1901년 프레리앤클라크 사가 개발한 '유니버설' 삼출기는 미국 소비자들이 가장 애용하는 삼출기 중 하나다. 이 회사에서 1916년에 출시한 '유니버설 카페누아라cafenoira' 라는 이중 유리 여과기는 그 디자인과 구조를 인정받아 1916년과 1917년에 특허품으로 인정받았다.

역시 1903년에 존 아버클John Arbuckle은 송풍기를 이용해 뜨거운 가스 불꽃을 원통형의 로스터 내부로 전달하도록 설계한 로스팅 기계를 내놓았다. 이 모델을 발전시킨 것이 현재 아버클 공장에 설치된 점보 로스터다. 아버클 공장에서는 시간당 1만 파운드(약 4535.92kg)의 원두를 로스팅하고 있다.

6 전기 로스팅 기술의 발달

뉴욕의 조지 C. 레스터가 전기 커피 로스터, 즉 전기 가열장치로 원두를 볶는 기계를 개발해 미국 특허를 취득한 것은 1903년이었다. 이 로스터에는, 내벽은 쇠그물로, 외벽은 구리와 석면으로 된 원통이 두 개 장착돼 있었고, 두 원통 사이에 전기 가열장치 네 대가 장착돼 있었다.

독일에서는 1906년에 두께 2.5mm, 너비 5mm, 길이 13.5mm의

크루프 금속 띠로 만든 저항용 코일을 사기 관에 감아 원통형 로스터 내부의 공기를 가열하는 전기 기구의 시연회가 있었다. 이 기구는 1900년경에 카를 모에글링이 발명한 로스터로, 관련 연구에 따르면 석탄으로 볶은 원두보다 전기로 볶은 원두에 수용성 물질 및 에테르 용해 물질이 더 많이 함유돼 있다고 한다.

1911년에는 볼티모어의 로버트 H. 톨버트가 원통형 로스터 중앙에 전기 가열기를 장착한 전기 연료 로스터를 개발해 미국 특허를 받았다. 1918년에는 '벤 프랭클린'이라는 전기 로스터가 뉴욕에서 시범적으로 선보였다.

한편 피닉스전기난방 사가 제작한 전기 가열 로스터를 런던의 우노컴퍼니가 시장에 출시한 때는 일찍이 1909년이었다. 그러나 제품 만족도가 전반적으로 낮았고, 생산자조차 불만족스러워한 제품이었기 때문에 현재 우노컴퍼니에서는 신형 모델을 생산 중에 있다. 1909년형 로스터의 경우, 일련의 고정 발열체 주위를 회전하는 두 개의 원통으로 구성된 기구였다. 원통은 기계의 중심에 위치했다. 발열체는 내화 점토 절연기에 일련의 나선형 전선을 배치한 것으로, 이들 절연 전선은 한쪽 끝에 위치한 단자에 연결돼 있었다. 접촉 브러시나 접촉 링 없이 사용이 가능한 기구였다. 또한 이 기계의 한쪽 끝에는 샘플링 장치가 부착돼 있어 원두를 볶을 때마다 몇 알씩 바깥으로 배출됐는데 배출된 원두는 로스터 안으로 다시 집어넣을 수 없었다.

이 구형舊型 모델을 대신해 현재 우노컴퍼니에서 생산한 로스팅·냉각 복합기는, 내부 원통(실린더)의 중앙에 매개체가 장착돼 있고 그 위에 나선 형태로 빽빽하게 감긴 전기 발열체가 부착돼 있는 기구로, 내부 원통과 이를 둘러싸고 있는 외부 드럼통 사이에 원두를 투입하면 가열 장치에서 발생한 열이 고스란히 원두에 전달된다. 발생한 열이 몇몇 부분에만 집중되던 이전 모델의 단점을 보완한 제품으로, 은은한 열기가 로스터 곳곳으로 확산되어 한층 효율적인 로스팅이 가능한 제품이다.

1921년에는 뉴욕의 마크 T. 시모어가 커피·땅콩 로스터로 미국 특허를 취득했다. 원통 내부에 발열체와 철제 로스터roasting cage를 장착한 기구로, 원통의 내벽은 시멘트 코팅 처리를 했다.

같은 해에 아이오와 벌링턴의 프레드 J. 쿨메이어와 랠프 J. 켈은 전기로 가열하는 가정용 소형 커피 로스터를 개발했다.

★ 주석

1) 쇠꼬챙이를 이용해 회전시키는 방식은 한 소년이 고안한 것으로 전해진다.
2) 에델스탕 자르뎅, Le Caféier et le Café, 파리, 1895 (p.290)
3) 《차·커피 저널The Tea and Coffee Journal》, 1912년 (vol. xxiii: no. 6: p. 592)

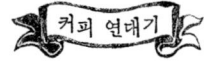

커피 연대기

1881	뉴욕커피거래소가 설립되었다.

1882	니커보커(현재의 뉴욕에 이주한 네덜란드계 사람)로 알려진 크리스 아벨르가 원조 번스로스터와 유사한 개량 커피 로스터로 미국 특허를 취득하였다. (원조 번스로스터는 1864년에 특허품으로 인정받았으나 1882년 당시에는 특허권이 소멸된 상태였다)
1882	헝거포드 가 부자가 원조 번스로스터와 유사한 커피 로스터를 판매 개시하였다. 이로써 크리스 아벨르와 경쟁 관계를 형성하였다.
1882	베를린의 에밀 네버슈타트가 커피 추출액 제조 기계를 최초로 개발해 독일 특허를 취득하였다.
1882	르 아브르에 프랑스 최초의 커피거래소(정기 시장)를 개설하였다.
1882	뉴욕커피거래소가 개장하였다.
1883	자베즈 번스가 번스 고성능 샘플 로스터(생두 테스트 및 최적의 로스팅 조건 확인을 위해 사용)로 미국 특허를 취득하였다.
1884	'스타' 커피 주전자(이후 '매리언할랜드' 주전자로 알려짐)가 출시되었다.
1884	시카고 리퀴드색 사가 미국에서는 처음으로 양철 테를 두른 종이 재질의 커피통을 선보였다.
1885	F. A. 코코이스가 내부에 자기를 입힌 개량 커피 추출기를 미국에 출시하였다.
1885	뉴욕 시 커피거래소(특별 허가에 의거해 설립)가 기존의 뉴욕커피거래소를 승계하였다.
1885	벨기에령 콩코에서 커피 재배를 시작하였다.
1886	워커선즈앤코가 실론 섬에서 날개바퀴가 달린 라이베리아커피 과육제거기 생산 시험에 착수하였다. 1898년에 시험이 완료되었다.
1886~88	'엄청난 커피 열풍'으로 리우 No. 7 커피 가격이 7.5센트에서 22.25센트로 폭등했고, 그 후 뒤따른 공황으로 9센트로 떨어졌다. 1887~88년 뉴욕거래소에서 거래된 총 커피 양은 약 4,786만여 자루이고, 1886~87년 주가는 1,485포인트 상승했다.
1887	런던의 비스턴 투폼이 직화식 가스 로스터를 개발해 영국 특허를 취득하였다.
1887	인도차이나 통킹에 커피 재배를 전래하였다.
1887	네덜란드 암스테르담과 독일 함부르크에 커피거래소를 개장하였다.
1888	브라질의 노예제도가 폐지됨으로써 브라질 커피 산업이 큰 타격을 입었다. 더불어 군주제의 몰락을 촉발해 1889년에 브라질연방공화국이 수립되었다.
1888	브라질 상파울로 피라시카바의 에바리스토 콘라두 엔젤베르그가 커피 껍질(파치먼트) 제거기를 개발해 미국 특허를 취득하였다.(1885년에 발명). 같은 해 뉴욕 시러큐스에 엔젤베르그 껍질제거기 제조사가 설립돼 엔젤베르그가 개발한 기계를 생산·판매하였다.
1888	네덜란드 헤이그의 카럴 F. 헤네만이 직화식 가스 로스터를 개발해 스페인 특허를 취득하였다.
1888	포스튀라르가 가스 로스터에 관한 프랑스 특허를 취득하였다.
1889	1886년에 미국으로 이주한, 스코틀랜드 글래스고 출신의 데이비드 프레이저가 헝거포드 가의 기업을 계승해 헝거포드 사를 설립하였다.
1889	일리노이 프리포트의 아케이드매뉴팩처링 사에서 처음으로 '파운드' 커피 분쇄기 판매를 개시하였다.
1889	네덜란드 헤이그의 카럴 F. 헤네만이 직화식 가스 로스터로 벨기에, 프랑스, 영국 특허를 취득하였다.

1889	C. A. 오토가 3분 30초 만에 커피를 볶는, 나선형 코일 가스 기계로 독일 특허를 취득하였다.
1890	프랑스 바르르뒤크의 A. 모탕이 커피 로스팅 기계 생산에 착수하였다.
1890	커피거래소가 벨기에 앤트워프와 영국 런던, 네덜란드 로테르담에서 개장되었다.
1890	지그문트 크라우트가 내부에 납지를 덧댄 화려한 커피 봉투를 베를린에서 생산하였다.
1891	보스턴의 뉴잉글랜드자동계량기제조사가 커피 중량 측정·포장 기계 생산을 개시하였다.
1891	과테말라 안티과의 R. F. E. 오크라사가 커피 과육제거기로 영국에서 주요 특허를 취득하였다.
1891	영국 켄트 블랙히스의 존 리스트가 증기 커피 주전자로 영국 특허를 취득하였다. 네이피어 시스템을 한 단계 발전시킨 주전자로 평가받는다.
1892	독일 에머리히의 T. 폰 짐보른이 회전식 원통(cylinder) 내부에서 가스 불꽃이 직접 분사되는 커피 로스터로 영국 특허를 취득하였다.
1892	독일 마크데부르크 부카우의 프리드리히 크루프 A. G. 그루손베르크 사에서 커피 플랜테이션용 기계 생산에 착수하였다.
1893	뉴올리언스의 시릴로 밍가가 생두를 자루째로 적셔 숙성시키는 습식 공정으로 미국 특허를 취득하였다.
1893	F. T. 홈스가 미국에서는 처음으로 뉴욕의 포터파린 사 공장에 직화식 가스 로스터(영국에서 투폼이 개발)를 설치하였다. 포터파린 사는 런던 웨이굿투폼 사(현 휘트미엔지니어링 사)와 직화식 가스 로스터 사용에 관한 미국 독점권 계약을 체결해 미국 내 각 도시별로 한 회사에 한정해 일일 단위로 대여하며 이를 미 전역에 전래하였다.
1893	네덜란드 헤이그의 카럴 F. 헤네만이 자신이 개발했던 직화식 가스 로스터로 미국에서 특허를 취득하였다.
1894	대형 상자에 든 상품 중량을 측정하는 자동계량기가 개발돼 보스턴 체이스앤샌본 공장에 처음 설치되었다.
1894	필라델피아의 조셉 M. 월시가 『커피, 그 역사와 종류, 특성에 관해』를 출간하였다.
1895	네덜란드 헤이그의 헤릿 C. 오텐과 카럴 F. 헤네만이 커피 로스터에 관한 미국 특허를 취득하였다.
1895	아돌프 크라우트가 독일제 이중 커피 종이봉투(납지를 속지로 씀)를 미국에서 출시하였다.
1895	뉴욕의 마커스 메이슨이 커피 과육제거기와 정제기를 개발해 미국 특허를 취득하였다. 이에 대한 권리는 마커스메이슨앤코에 양도하였다.
1895	필라델피아의 토머스 M. 로열이 미국에서는 처음으로 포장용 이중 종이봉투를 생산하였다.
1895	에델스탕 자르뎅이 『Le Caféier et le Café』를 파리에서 출간하였다.
1895	매사추세츠 퀸시의 일렉트릭스케일 사에서 기압식pneumatic 계량기 생산을 시작하였다.
1895	매사추세츠 피치버그의 C. A. 크로스가 헤네만이 개발한 네덜란드제 직화식 가스 커피 로스터를 미국에 도입하였다.
1896	미국에서 처음으로 천연가스가 로스터 연료로 사용하였다. 펜실베이니아와 인디애나에서 임시 가스버너를 이용해 석탄용 원통 로스터를 가열한 것이 그 시초이다.
1896	케냐에서 커피 재배 시험에 착수하였다.
1896~97	비스턴 투폼이 자신이 개발했던 직화식 가스 로스터로 미국 특허를 취득하였다.

1896	호주 퀸즐랜드에서 소규모 커피 재배를 시작하였다.
1897	버몬트의 조지프 램버트가 당시 유행하던 로스터와는 달리, 벽돌 연소실 등이 별도로 필요 없는 일체 완비형 램버트로스터를 생산, 판매하였다.
1897	번스 로스터에 특별 가스버너 부착. 후에 이 버너를 보완한 제품으로 특허를 출원하였다.
1897	펜실베이니아 엔터프라이즈매뉴팩처링 사가 전동 모터를 장착해 벨트바퀴로 가동시키는 상업용 커피 분쇄기를 처음으로 제조하였다.
1897	뉴저지 호보큰의 칼 H. 듀링이 커피 로스터에 관한 미국 특허 취득 후 이에 대한 권리를 뉴욕 D. B. 프레이저에게 양도하였다.
1898	오하이오 트로이의 호바트매뉴팩처링 사가 전동 모터를 연결해 벨트바퀴로 가동시키는 커피 분쇄기를 최초로 출시하였다.
1898	브룩클린의 밀라드 F. 햄슬리가 개량 직화식 가스 커피 로스터로 미국 특허를 취득하였다.
1898	뉴욕의 에드윈 노턴이 통조림 식품 진공공정에 관한 미국 특허 취득. 이후 커피 제조 과정에도 이 공정이 적용되었다. 노턴 외에도 다수가 관련 특허를 취득하였다.
1898	베네수엘라의 J. A. 올라바리아가 커피 생산 규제안 및 커피 과잉생산국의 수출에 대한 규정안을 최초로 주창하였다.
1898	맥주 캠페인의 영향으로 뉴욕거래소의 리우 No.7 커피 거래가가 4.5센트로 하락하였다.
1899	흑사병의 유행으로 커피 가격 하향세가 일시적으로 주춤하였다.
1899	뉴저지 필립스버그의 캐니스터 사에서 양철로 끝처리한, 섬유 재질의 사각형 커피통 생산을 개시하였다.
1899	도쿄 출신 화학자 사토리 카토 박사가 인스턴트커피soluble coffee(물에 녹는 분말 커피)를 시카고에서 개발하였다.
1899	뉴욕의 데이비드 B. 프레이저가 커피 로스터와 커피 냉각기로 2건의 미국 특허를 취득하였다.
1899	뉴욕의 엘리스 M. 포터가 직화식 가스 로스팅 기계로 미국 특허를 취득하였다. 이 기계는 투폼의 직화 가스 로스터를 상당 부분 개선한 것으로, 불꽃이 넓게 분사돼 원두를 태우지 않고 고르게 볶을 수 있다는 것이 장점이다.
1900	번스가 직화식 가스 로스터에 자신의 특허 발명품인 원두 투입·배출용 여닫이문swing gate을 부착해 시장에 출시하였다.
1900	펜실베이니아의 엔터프라이즈매뉴팩처링 사가 기어 구동식gear-driven 전기 커피 분쇄기를 미국 시장에 최초로 출시하였다.
1900	번스가 여닫이문이 달린 샘플 로스팅 기구로 미국 특허를 취득하였다.
1900	샌프란시스코의 힐즈 형제가 노턴이 특허 획득한 진공공정을 도입해 처음으로 커피 진공 포장에 착수하였다.
1900	일리노이 프리포트의 찰스 모건이 유리 계량컵의 탈부착이 가능한 유리 용기 커피 분쇄기로 미국 특허를 취득하였다.
1900	과테말라 안티구아의 R. F. E. 오크라 사가 커피 껍질 제거기shelling와 건조기로 영국과 미국에서 특허를 취득하였다.
1900	화학적으로 정제·중화한 송진rosin을 로스팅한 원두의 글레이즈harz-glasur(겉 입히는 재료)로 이용할 시 원두의 신선도와 맛이 유지됨을 보여주는 최초의 연구 결과가 독일에서 발표되었다. 그리고 실용화에 착수하였다.

| 1900 | 찰스 루이스가 자신이 개발한 여과식 커피 추출기 '킨히(Kin Hee)'로 미국 특허를 취득하였다. |

8
커피의 제조 과정

커피의 제조에 관한 이야기를 시작하기 전에 알아두면 좋은 몇 가지 관련 용어들을 정리하면 다음과 같다..

달이기decoction 용해 성분이 추출될 때까지 끓이는 방식으로, 초기의 커피 제조 방식이 여기에 해당된다. 오늘날에도 우리네 어머니들이 그랬던 것처럼 조상의 지혜가 담긴 이 전통적인 방식을 고수하는 이들이 꽤 있다.

우려내기infusion 담금법steeping, 즉 끓이지 않고 커피를 추출하는 방식을 의미한다. 끓는 점(100도) 이하의 어떤 온도에서도 추출이 가능하고, 동일한 우려내기라고 해도 그 방법에 따라 세분화된다. 정석대로 한다면, 커피 주전자나 주전자의 아래쪽 용기에 원두 가루를 넣고 그 위에 뜨거운 물을 부어 추출한다. 엄밀한 의미에서는, 물을 끓이지 않고 원두 가루에 스며들게 하는 여과나 삼출 역시 우려내기에 속한다고 할 수 있다.

삼출percolation 드 벨루아의 프렌치 드립 주전자의 방식과 마찬가지로, 자기나 철제 주전자의 미세한 구멍을 통해 적하하는 방식이다.

여과filtration 투과성이 높은 천이나 종이를 이용해 적하하는 방식이다. 천이나 거름종이 위에 원두 가루를 넣고, 가루의 상단부에 물을 따라 부음으로써, 추출액은 여과 장치를 통과하는 반면에 원두 가루는 이를 통과하지 못하는 원리를 이용해 커피를 추출한다. 삼출과 여과는 실질적으로는 같은 말이지만, 미묘한 의미 차이가 있는데, 논리적으로 보면 삼출 과정 뒤에 여과가 이어진다고 할 수 있다. 삼출이 커피 가루에 물을 천천히 통과시키면서 커피를 추출하는 과정이라면, 여과는 거름종이 등의 매개체를 이용해 추출물의 고형 성분이나 반고형 성분을 걸러내는 과정이다. 실제로 커피를 만드는 과정에는 이러한 다양한 제조법이 혼재돼 있다. 예컨대 우려낸 커피 추출액을 다공성 자기나 철제 주전자에 적하시켜 원두 가루를 제거할 경우에는 삼출법 역시 적용되는 것이다. 물론 하나의 제조법만으로 커피를 만드는 것 역시 가능하다.

펌프식 삼출기pumping percolator 추출물의 농도가 어느 정도 진해질 때까지 데워진 물이 반복적으로 상승하면서 주전자 상단의 철제 바구니 속의 원두 가루에 분사되는 삼출기를 통해서는 그 이름과는 달리 진정한 삼출을 기대하기 어렵다. 이 과정은 삼출이라기보다는 물을 끓여 수증기의 힘으로 순환시킨다는 점에서 정확히는 달이기와 우려내기의 중간 형태라고 볼 수 있다.

1 원시적 커피 제조 과정

커피 문화가 발전해 온 역사는 꽤 흥미롭다. 커피를 처음부터 음료로 마시게 된 것은 아니었다. 처음에는 식량으로 이용됐고 그 후에 와인의 일종으로 커피를 마시기 시작하면서 음료로 점차 자리 잡았다. 문명사회에서는 커피가 약재의 일종으로 먼저 소개됐다. 원기 회복에 좋은 음료로 널리 알려지기 전에 커피 열매는 당제糖劑의 재료로 한동안 애용됐다. 이러한 커피를 음료로 마시기 시작한 것은 약 600여 년 전부터다.

그런데 문명사회에서는 커피에 함유된 단백질과 지방을 거의 다 걸러서 마신다. 반면에 수용성 성분, 즉 뜨거운 물을 이용해 쉽게 추출 가능한 성분만을 중시한다. 드립식이나 삼출법, 여과법의 정석대로 커피를 추출할 경우, 커피 가루와 뜨거운 물의 접촉 시간은 수분 내로 제한된다. 따라서 불수용성일 뿐 아니라 열에 의해 응고되는 성질이 있는 단백질의 대부분이 원두 가루에 그대로 남아 있게 된다. 커피 원두에 함유된 단백질의 비율은 총 14%로, 꽤 높은 편이다. 완두콩의 단백질 함유 비율은 21%, 렌즈콩lentil의 경우에는 23%, 일반 콩이 26%, 땅콩이 24%, 밀가루가 11%, 흰 빵이 9%임을 감안하면 커피 가루와 함께 그대로 버리는 단백질의 양은 상당하다.[1]

프랑스 브르타뉴 해안에서 멀리 떨어진 그루아 섬 거주민들을 제외하고는, 문명인들은 커피에 함유된 단백질을 음식으로 섭취하지 않았다. 반면에 아프리카 일부 지역에서는 커피의 단백질 성분을 아주 오래전부터 섭취해 왔다.

제임스 브루스라는 스코틀랜드 탐험가는 1768년에서 1773년까지 나일 강의 근원을 찾아 떠난 여행에서 그곳의 원주민들이 수세기 전부터 신기한 방식으로 원두를 섭취하고 있음을 발견했다. 브루스가 갖고 온 관련 자료와 견본을 보면, 이 지역에서는 볶은 원두를 돌 사이에 넣고 곱게 간 다음 여기에 지방을 첨가해 공 모양으로 빚어 끼니로 활용하고 있었다.

몇몇 작가들에 따르면 아프리카의 갈라족 역시 길고 고된 유랑 길을 떠날 때 농축 식품을 반드시 챙겨 갔다고 한다. 참고로 갈라족은 유목 부족으로, 대부분의 유목 부족이 그렇듯이 호전적이었다. 이들은 약탈 여행을 떠나기 전에 원두로 만든 공 모양의 식품을 얼마간 챙겼다. 오늘날 볼 수 있는 영양제의 원형으로, 가루 상태의 커피에 지방을 섞어 당구공 크기 정도로 둥글게 만든 식품이었다. 유랑길에서는 이를 하루에 하나씩 섭취했다.

문명인들의 입에는 맞지 않을 수도 있지만 생리학적인 관점에서 보자면 이는 뛰어난 농축 식품이면서 훌륭한 자극제인 카페인이 함유돼 있어서 전사들의 사기를 극대화하는 데 그만인 식품이었다. 요컨대 아프리카 부족들은 두 가지 고민, 즉 커피의 단백질을 활용하는 문제와 농축 식품을 마련하는 문제를 이와 같이 해결한 듯하다.

이에 대한 추후 연구를 살펴보면, 일찍이 기원후 800년경부터 잘 익은 커피 열매와 껍질을 절구에 넣고 빻아 지방을 섞어 둥글게 빚었다고 한다. 후에는 말린 커피 열매를 이용해 이처럼 만들어 먹었다고 한다. 그루아 섬에서도 볶은 원두를 넣은 요리가 유행했다.

기원후 900년경, 아프리카에서는 잘 익은 커피 열매 과육과 껍질을 발효시켜 향이 탁월한 일종의 와인을 만들어 마셨다.[2]

페옝Payeon의 설명에 따르면, 처음에 커피 음료를 음용한 이들은 원두를 볶은 다음에 음용할 생각은 하지 못했지만 말린 원두의 향에 반한 나머지 원두를 차가운 물에 담가 두었다가 향이 충분히 배어나면 음용했다고 한다. 생원두와 그 껍질을 빻은 뒤에 물에 담가 두는 방법은 그 이후에 등장한 제조법이다.

현대인들은 질색하는, 끓여 만든 커피boiled coffee가 처음 등장한 시기는 1000년경이다. 심지어 이때까지도 로스팅은 도입되지 않았다. 이 당시에는 원두를 달인 즙을 약재로 음용했는데, 돌솥이나 진흙솥에 말린 원두와 껍질을 통째로 넣어 즙을 내 마셨다. 오늘날에도 아프리카와 아라비아, 또 일부 남아시아 지역에서는 커피 열매 껍질을 햇볕에 잘 말린 뒤 로스팅 과정 없이 그대로 이용한다. 한편 수마트라 원주민들은 커피 열매 대신에 커피나무의 잎을 볶은 후에 고운 가루로 빻아 차처럼 마신다. 기아나에서는 커피나무의 어린 싹을 말린 후, 살짝 데운 구리판 위에서 둥글게 만 다음 상쾌한 차를 만들어 마신다고 자르뎅은 전한다. 우간다 원주민들은 커피 열매를 가공하지 않고 그대로 먹는데, 생커피 열매와 바나나로 멩하이menghai라는 달콤하고 향긋한 음료를 만들어 마신다.

1200년경이 되면 말린 커피 열매의 껍질만을 달여 마시는 방식이 보편화된다. 커피를 볶으면 그 향미가 더욱 풍부해진다는 사실을 발견한 것은 이로부터 얼마 후였다. 아라비아에서는 오늘날에도 술탄, 또는 술타나 커피, 카페 아 라 술탄Café à la sultane, 키셔로 통하는 이 껍질만을 달인 즙을 즐겨 마신다. 그런데 일부 프랑스 작가들 때문에 세간에는 파리 의과대학 학장인 앙드리 박사가 이 음료를 개발한 것으로 잘못 알려지기도 했다. 물론 앙드리 박사만의 카페 아 라 술탄 제조법이 있기는 했다. 커피 열매 껍질을 30분가량 끓인 다음에 레몬빛을 띠는 이 음료에 소량의 설탕을 넣어 마시는 방식이 그만의 비법이었다.

한편 아랍에서는 커피 열매 껍질과 생두 표면의 은피silver skin를 흙주전자에 담아 숯불로 살짝 볶은 다음 이용했다. 이때 껍질과 은피의 비율은 4:1로, 적당히 볶아졌으면 이를 끓는 물에 넣어 다시 30분 이상을 끓였다. 이렇게 만든 음료의 색깔은 영국의 최상급 맥주와 비슷했다. 그 맛은 라 로크가 인정했듯이 '쓰다는 느낌이 전혀 없었기 때문에' 감미료가 따로 필요 없었다. 라 로크 일행이 저 유명한, '행복한 아라비아로의 여행'을 떠난 1711~1713년 즈음에도 이 음료는 예멘 왕실과 레반트 지역 귀족들이 즐겨 마시는 커피로 명맥을 이어갔다.

커피 열매의 껍질을 제거한 후, 말린 원두를 볶아 먹기 시작한 것은 13세기 들어서였다. 처음에는 투박한 돌쟁반이나 흙쟁반을 이용해 원두를 볶다가, 점차 금속 쟁반 위에 원두를 올려놓고 볶기 시작했다. 그 당시에는 원두가 적당히 볶아졌으면 이를 통째로 물에 넣고 끓였다. 절구와 절굿공이

페르시아 지역의 초기 커피 제조 도구. 생두를 담은 가죽 주머니와 로스팅 접시, 분쇄기, 주전자, 커피 잔이 보인다

로 원두를 빻기 시작한 것은 그 이후의 일이다. 또한 여기서 한 단계 더 발전한 것이 원두 가루를 끓는 물에 넣어 달여 마시는 방식이었다. 당시 사람들은 커피를 한 방울도 남기지 않고, 원두 가루까지 모두 마셨다. 이로부터 이후 4세기 동안은 커피를 일종의 달인 즙처럼 음용했다.

긴 손잡이가 달린, 금속제의 아라비아 커피 주전자가 등장한 때는 16세기 초반 무렵이었다. 이 시기는 또한 커피 제조 방식과 접대 방식이 획기적으로 발전한 시기이기도 하다. 이후 아랍인과 오스만투르크인들에게 커피 음용은 사회생활의 일부였다. 의사나 종교인들이 커피 음용을 좌지우지하던 시대는 지나갔다. 커피는 이제 모두를 위한 원기 회복 음료로 통했다. 뿐만 아니라 아라비아와 오스만투르크의 상류사회에서는 일본의 다도 문화에 견줄 만큼 훌륭한 커피 문화를 발전시켜 나갔다.

레반트 지역에서 유행한 초창기 커피 제조법을 소개하면 이렇다. 우선 원두 가루를 하루 동안 물에 담근 다음, 부피가 절반으로 줄 때까지 이를 불 위에서 끓인다. 그런 다음, 끓인 액체를 한번 걸러낸 후에 토기 주전자에 담아 보관하면서 마시고 싶을 때마다 꺼내 마신다. 그러다가 16세기 이후, 즉 소형 커피 주전자, 또는 이브릭이 등장하면서 즉석에서 커피를 만들어 마시는 것이 가능해졌다. 원두를 빻아 끓는 물에 넣고, 물이 끓어 넘칠 때마다 주전자를 불가에서 내려놓기를 수차례 반복하며 커피를 만들었다. 때로는 시나몬과 클로브를 끓는 커피 속에 넣기도 했다. 그런 다음, 작은 사기잔에 커피를 따르고 호박琥珀 에센스 한 방울을 첨가해 손님들에게 대접한다. 오스만투르크에서 설탕을 첨가해 마시기 시작한 것은 이후의 일이다.

이브릭이 처음 등장했을 때는 뚜껑이 없는, 단순한 형태의 주전자였지만 점차 발전을 거듭하면서 17세기 중반쯤 되면 뚜껑이 달린, 제법 커다란 이브릭이 첫 선을 보인다.

이는 오늘날 볼 수 있는 커피 제조·접대 겸용 주전자의 원조 격이라고 하겠다. 구리판으로 만든 이 주전자는 동양의 물주전자와 형태가 흡사했다. 넓은 바닥에, 몸체는 둥그스름했고, 입구는 좁았다. 커피잔을 기준으로 물 1.5잔을 이브릭에 붓고 잉걸불로 데운다. 물이 끓기 시작하면 커피 가루를 이브릭에 넣는다. 다시 한 번 끓기 시작하면 이브릭을 불가에서 내린 후 식히고, 다시 끓이기를 12번 정도 반복한다. 그런 다음에 주전자를 뜨거운 재 위에 올려놓고 커피 가루가 가라앉을 때까지 기다린다. 이제 완성된 커피를 대접하면 된다.

뒤푸르는 오스만투르크와 아라비아 지역의 커피 음용 방식을 다음과 같이 전했다.

커피를 마실 때는 들이켜지 않고 가능한 한 뜨거운 상태로 빨아들인다. 이때 입을 데지 않으려면 혀를 컵에 갖다 대지 말고, 윗입술과 아랫입술로 컵 끝을 물어 혀를 보호하면서 입술이 데지 않을 정도로 커피를 조금씩 빨아들인다. 즉 한 모금씩 삼키도록 한다. 커피의 쓴맛이 싫다면 설탕을 넣어 마셔도 좋다. 그러나 주전자 속의 커피는 젓지 않도록 한다. 바닥에 가라앉은 커피 가루는 찌꺼기일 뿐이다. 레반트 지역에서 커피 가루까지 마시는 사람은 거지밖에는 없을 것이다.

라 로크 역시 『행복한 아라비아로의 여행』에서 아라비아의 커피 제조와 음용 방식을 이렇게 전했다.

아라비아에서는 커피 용기를 불가에서 내리자마자 젖은 천으로 감싼다. 이 덕분에 끓어오르던 커피는 곧 가라앉고 상단에는 크림이 만들어진다. 또한 이 때문에 커피의 향이 더욱 강해져 커피를 따르는 동안 풍성한 향을 만끽할 수 있다. 아랍의 다른 지역에서와 마찬가지로 이곳에서도 커피에 설탕을 넣지 않는다.

아랍의 일부 지역에서는 그 후에 가루 형태의 커피를 접대용 컵에 담고는 여기에 끓는 물을 붓는 방식으로 초기의 커피 제조법을 변형시켜 음용했다. 자르뎅의 말을 빌리면, 이 지역에서는 이런 식으로 거품이 일어난, 향이 좋은 음료를 만들어 마셨다. 자르뎅은 덧붙여 "하지만 가루가 둥둥 떠다니는 그 음료는 우리(프랑스인들)에게는 꽤 생소했다. 그러나 아랍에서도 부유물이 없는 맑은 커피를 음용하는 듯하다. 메카에서는 커피 병 입구에 말린 풀로 만든 마개를 끼워 넣어 커피를 걸러내 마신다"고 전했다.

한편 커피에 설탕을 넣어 마시기 시작한 것은 1625년경으로, 카이로에서였다. 베슬링기우스는 당시 카이로에서 영업 중이던 3천여 곳의 커피하우스 손님들이 "커피의 쓴 맛을 중화시키기 위해 설

340

탕을 넣어 마시기 시작했고, 몇몇은 커피 열매로 사탕과자를 만들어 먹었다"고 전한다. 이 사탕과자는 후에 파리로 전래됐다. 참고로 이것이 전래된 무렵(1700) 프랑스 몽펠리에는 커피 워터라는, '볶은 원두 향이 살짝 나는 향긋한 음료'가 첫선을 보였다. 그런데 커피를 이용한 이러한 신제품들은 역설적이게도 '소문난 커피 애호가'들을 만족시키기 위해 등장한 것이었다. 커피를 물릴 정도로 즐겨 마셨던 이들에게 기존에는 맛볼 수 없었던 새로운 메뉴가 필요했기 때문이다.

끓이기 방식은 18세기 후반까지 보편적인 커피 제조법으로 통용됐다. 영국의 몇몇 문헌에 따르면, 당시에는 약방에서 원두를 구입해 오븐으로 건조시키거나 낡은 푸딩 접시나 프라이팬을 이용해 볶았다고 한다. 그런 다음, 절구와 절굿공이를 이용해 가루로 빻은 후에 명주 체에 거른 다음 생수와 함께 15분가량 끓였다고 한다. 아래는 1662년에 런던에서 출간된 귀한 문헌에 소개된 커피 제조법으로, 17세기의 커피 제조법을 상세히 전하고 있다.

1662년 유행한 커피라는 음료의 제조법

우선 커피 열매를 약제상에게 구입한다. 1파운드에 3실링이면 구입 가능하다. 원하는 만큼 구입한 후에 낡은 푸딩팬이나 프라이팬에 열매를 넣고 숯불 위에서 볶는다. 이때 열매가 검은색을 띨 때까지 계속 저어 준다. 검은색을 띠면 열매를 하나 골라 깨물어 본다. 그런 다음 안쪽까지 검은색을 띠는지 확인한다. 안쪽이 너무 타버렸거나 커피가 하얗게 될 때까지 볶을 경우에는 짠맛만 날 뿐, 커피를 만들기에는 부적합해진다. 열매가 제대로 볶아졌다면 이를 으깬 다음, 명주 체에 걸러서 끓이기 적합한 형태로 준비한다.

그 다음으로는 깨끗한 물을 준비한다. 물의 양과 상관없이 3분의 1가량이 증발할 때까지 물을 끓인다. 그리고는 끓인 물 1쿼트를, 준비한 커피 1온스에 붓고 중간불로 15분가량을 더 끓인다. 이제 1 파인트짜리 컵을 준비하고 커피를 4분의 1가량 부은 후, 가능한 한 뜨거운 상태로 한 모금씩 마신다.

이 무렵 영국에서는 커피에 사탕이나 심지어는 머스터드를 곁들여 마시는 사람들이 적잖이 있었다. 그러나 커피하우스에서는 설탕이나 우유를 첨가하지 않은 블랙커피를 제공하는 것이 일반적이었다.

커피에 우유를 넣어 마시기 시작한 때는 1660년경으로, 중국에 파견된 네덜란드 대사 니외호프가 차에 우유를 넣어 마시는 것을 보고 시험 삼아 커피에 우유를 넣어서 마셨다고 한다. 1685년에는 프랑스 그로노블의 명의 시외르 모닝이 카페오레를 약으로 복용할 것을 처음으로 권고했다. 그의 제조법은 이러했다. 우선 우유 한 사발을 불 위에 올려놓고 끓기 시작하면 커피 가루 한 사발과 모이스트 설탕(부드럽고 촉촉한 갈색 설탕으로, 무스코바도 설탕으로도 불림) 한 사발을 넣는다. 그런 다음 얼마간 더 끓여 카페오레를 완성한다.

안젤로 람발디는 1691년에 출간한 자신의 저서 『신들의 음료 아라비카, 카페 담론Ambrosia arabica, caffè discorso』에서 이탈리아와 다른 유럽 국가의 커피 제조법을 소개했다.

1702년 식민지 시절 미국에서는 커피가 '여느 증류주처럼' 식사 후 마시는 기분 전환용 음료로 자리 잡았다.

프랑스에서 우려내기 방식의 커피 제조법이 처음으로 등장한 때는 1711년이었다. 커피 주전자에 부착된 퍼스티언(천) 주머니에 원두 가루를 담고 그 위에 뜨거운 물을 붓는 방식이었다. 그런데 프랑스에서 개발된 이 제조법은 분명히 획기적이었음에도 불구하고 영국과 미국에는 더디게 전파됐다. 이 두 나라에서는 여전히 많은 이들이 볶은 원두를 통째로 물에 넣고 끓이는 방식을 선호했기 때문이다.

그러나 영국 내에서도 1722년에 이같은 끓이기 방식의 커피 제조법을 조목조목 반대하는 이가 등장했으니, 험프리 브로드벤트라는 커피 상인이었다. 그는 『진정한 커피 제조 비법』이란 자신의 저서에서 당시의 런던 커피하우스에서 보편화된 '1쿼터의 물에 1온스의 원두 가루를 넣고 끓이는 방식' 만큼 '잘못된' 방식도 없다고 비난하며, 우려내기 방식으로 커피를 만들 것을 강조했다. 그가 선호한 제조법은 다음과 같다.

우선 원두 가루를 원하는 만큼 주전자에 넣는다(주전자는 석제 주전자나 은주전자를 준비한다. 주석이나 구리 주전자를 사용할 경우, 커피의 향미와 영양분이 상당히 파괴된다). 그런 다음 뜨거운 물을 원두 가루의 위에 바로 붓고, 5분 정도 그대로 두어 커피를 잘 우려낸다. 그러고는 불 위에 올린다. 이렇게 커피를 만들 경우 탁월한 커피를 맛볼 수 있고, 또한 현재 유행하고 있는 끓이기 방식보다 훨씬 뛰어난 방법이라고 하겠다. 단 우려내기 방식으로 커피를 만들건, 끓이기 방식으로 만들건 간에 종종 걸쭉하고 상태가 나쁜 커피가 나올 수 있는데, 이때는 차가운 물 한두 스푼을 커피에 넣는다. 그러면 무거운 고형 성분이 침전되면서 맑은 커피를 마실 수 있다.

한편 샘물로 커피를 만드는 이들도 있는데, 템스 강물을 이용하는 편이 훨씬 좋다. 샘물로 만든 커피는 뻑뻑할 뿐 아니라 맛 또한 좋지 않다. 반면에 강물로 만든 커피는 훨씬 부드럽고 맛이 뛰어나며 위장을 편하게 한다. 가정에서 맛좋은 커피를 만들고 싶다면, 1쿼터의 물에 2온스가 채 안 되는 원두 가루를 넣는다거나, 1파인트의 물에 원두 가루 1온스를 넣는다거나, 혹은 1쿼터의 물에 2온스의 가루를 넣고 끓이는 일만 피하면 된다.[3]

프랑스에서는 1760년경이 되면 기존의 달이기 또는 끓이기 방식이 사라지고 우려내기 방식이 보편적으로 자리 잡는다.

이어서 1763년에는 프랑스 생방디 지역의 양철공 동마르팅 Donmartin이 '고급 플란넬 주머니로 채워진' 커피 주전자를 선보였다. 꼭지를 통해 커피를 따라 마시도록 설계된 주전자였다. 이즈음 프랑스에서는 끓이지 않고 커피를 제조할 수 있게 설계된 제조 기구가 앞다퉈 나왔다. 그러다가 드디어 1800년에 프렌치 드립 기법을 처음으로 응용한 드 벨루아의 주전자가 첫선을 보인다. 이는 한 단계 진화한 커피 제조법, 즉 삼출법의 도입을 알리는 신호탄이었다.

2 드 벨루아와 럼퍼드 백작

드 벨루아의 주전자는 처음에는 철이나 주석으로 만들다가 언젠가부터 자기 주전자로 생산한 것으로 보인다. 드 벨루아가 발명한 이 주전자는 이후 백 년 동안 커피 삼출기percolation device의 훌륭한 모델이었다. 그렇지만 특허 취득품은 아닌 듯하고, 발명가에 대해서도 그다지 알려진 내용이 없다. 한편 이 무렵 영국에서는 전통적인 끓이기 방식에 따라 커피를 만든 다음, 이를 부레풀로 정화시켜 음용하는 것이 일반적이었다. 당시 파리에 거주하고 있던 미국계 영국인 과학자 럼퍼드 백작(벤저민 톰프슨)이 과학적인 커피 제조법을 연구해 럼퍼드 삼출기로 알려진 개량 드립 추출기를 발명한 것도 바로 이러한 상황 때문이었다. 1812년에 런던에서 출간된 『최고의 커피와 최고의 제조법』이란 장황한 에세이에서 럼퍼드 백작은 자신의 연구 결과와 함께 럼퍼드 삼출기를 상세하게 설명하고 있다. 그런데 커피 삼출기 발명가 하면 흔히 럼퍼드 백작을 떠올리지만 실상은 드 벨루아가 원조였다.

다음은 프랑스의 유명한 미식가 브리야 사바랭Brillat-Savarin이 자신의 저서 『제6의 명상』에서 커피에 관해 설명하면서 드 벨루아의 주전자를 설명한 부분이다.

이제까지(1825년) 주위에서 추천한 커피 제조법과 내가 알고 있는 커피 제조법을 통틀어서 가장 맘에 드는 것을 하나 고르라면 나는 드 벨루아의 제조법을 꼽겠다. 자기나 은으로 된 다공성 용기에 커피를 담고 그 위에 뜨거운 물을 붓는 방식이다. 압력을 가한 후에 커피를 끓이는 방식도 일전에 시도해 봤지만, 코사크 사람의 목을 메이게 할 만큼의 진하고 쓰디쓴 커피가 나올 뿐이었다.

브리야 사바랭은 커피 분쇄에 관해서도 몇 마디 덧붙였는데, "커피를 가는 것grind보다 빻는 것pound이 훨씬 좋다"고 결론 내렸다.

그는 또한 파리의 대주교 뒤 벨루아Du Belloy를 '좋은 물건을 알아볼 줄 아는, 미식가 기질이 있는 사람'으로 소개하며, 나폴레옹 역시 대주교에게 경의와 존경을 표했다고 전했다. 사바랭이 말한 뒤 벨루아는 장 밥티스트 드 벨루아로, 디드로에 따르면 1709년에 태어나 1808년에 사망했다고 한다. 아마도 이 대주교가 드 벨루아 주전자를 발명한 인물인 것으로 보인다.

럼퍼드 백작은 커피를 끓이는 동안 가루를 젓는 것은 잘못된 방식이라고 봤고, 이 부분에 있어서는 드 벨루아와 의견이 같았다. 그는 또한 이름을 명시하지는 않았지만 드 벨루아의 삼출 방식을 가리켜 "오늘날 대다수 사람들에게 그 유용함을 인정받고 있다"고 평한 바 있다.

커피 감식가이기도 했던 럼퍼드 백작은 이상적인 커피 맛을 음미하려면 설탕과 더불어 크림을 추가해 마실 것을 처음으로 제안한 인물이기도 하다.

3 19세기 유럽의 커피 제조법

  영국 : 앞서 언급했듯이 럼퍼드 백작은 19세기 초반에 영국인들의 커피 제조법을 한 단계 향상시키기 위해 공을 기울인 인물이다. 이 외에도 당시 많은 전문가들이 제조법 향상을 위해 애를 썼는데, 그중 한 명이 도너번 교수다. 도너번 교수는 1826년 5월자 《더블린 철학저널》에서 커피 열매에 들어 있는 갖가지 좋은 성분을 모두 추출하기 위해 진행한 다양한 실험을 소개했다. 1834년 6월 14일자 《페니매거진Penny Magazine》에서는 "영국에서는 지푸라기 색 음료가 커피로 잘못 알려졌다"고 유감을 표하며, 도너번 교수의 연구 결과를 이렇게 요약했다.

  도너번은 수차례의 연구를 통해 소위 커피 열매의 의학적 우수성이란 것이 커피 본연의 풍미와는 무관함을 발견했다. 다시 말해 커피 열매에서 신체의 기운을 돋우는 성분을 얻을 수는 있되, 이 경우 커피 본연의 풍미는 살리지 못한다. 반대로 커피의 탁월한 향을 최대한 살릴 수는 있되, 이 경우에는 우리 신체에 득이 되는 성분은 추출하지 못할 수 있다. 도너번의 연구 목적은 이 두 가지, 즉 커피의 의학적 효능과 커피 본연의 향을 동시에 추출하려는 것이었다.
  로스팅 작업은 이 두 가지를 얻기 위한 필수 단계다. 단, 커피의 의학적 효능과 고유의 향을 최대한 유지하기 위해서는 얼마간의 로스팅 기술이 필요하다. 우선 뚜껑이 없는 용기에 생 커피를 넣고 중간불로 익힌다. 이때 노르스름한 색을 띨 때까지 커피를 계속 젓는다. 노르스름한 색을 띠기 시작하면 커피는 쉽게 부서져 열매 한 알당 보통 네댓 개의 조각으로 부서진다. 이때 커피 열매를 로스팅 기구로 옮긴다. 오늘날 가장 보편화된 로스팅 기구는 원통형의 철판 로스터로, 기능이 뛰어남은 말할 것도 없고 가격 면에서도 부담이 없다. 그러나 일반 철제나 토기 주전자로도 얼마든지 훌륭하게 커피를 볶을 수 있다. 로스팅 과정을 계속 주시하고, 한 부분만 타지 않도록 계속 저어 준다면 말이다. 그러나 무엇보다 탁월한 커피를 마시기 위해서는 갓 볶은 신선한 원두를 이용하는 것이 필수적이다.

다음으로, 원두를 분쇄할 때는 아주 곱게 분쇄하는 것이 중요하다. 또 필요할 때마다 즉시 분쇄해 이용하도록 하는데, 미리 분쇄할 경우 원두의 향이 휘발되기 때문이다. 그런데 커피에 함유된 각종 유용한 성분을 온전히 추출하기 위해서는 다소 상반된 두 가지 작업이 필요하다. 여기서 말하는 상반된 작업이란 커피를 끓이면 커피 본연의 풍미가 사라지지만, 의학적으로 훌륭한 성분을 추출하기 위해서는 그 정도의 열을 가해야 한다는 얘기다. 이 두 가지 문제를 동시에 해결하기 위해 도너번 교수는 여러 차례 실험을 거듭했고, 결국 간단하면서도 효과적인 다음과 같은 제조법을 발견했다.

우선 준비한 물을 절반으로 똑같이 나눈다. 그런 다음, 물 절반을 차가운 상태로 커피 가루에 붓고 불 위에 올려 막 끓기 시작할 때에 불 위에서 즉시 내린다. 이 상태로 몇 분간 두면 커피가 가라앉으면서 맑은 커피액을 얻을 수 있다. 그러는 동안 나머지 절반의 물을 불 위에 올려놓고 물이 끓기 시작하면 끓는 상태로 커피 가루에

17~18세기의 백랍 주전자
왼쪽부터 독일, 플랑드르, 영국, 네덜란드 커피 주전자 견본으로,
뉴욕 메트로폴리탄 미술관에 소장돼 있다.

붓고 이를 3분간 더 끓인다. 이는 몸에 좋은 성분들을 추출하기 위한 과정이다. 그런 다음에 앞서와 마찬가지로 용액이 가라앉기를 기다렸다가 맑은 용액만을 떠서 미리 만들어둔 커피에 붓는다. 이런 두 가지 과정을 거쳐, 커피에 든 갖가지 탁월한 성분을 남김없이 추출하는 것이 가능하다. 만약 불순물을 없애기 위한 재료를 첨가할 경우에는 처음 단계에서 커피 가루와 섞도록 한다.

현재의 다양한 커피 기구 가운데는, 본래의 용도에 맞게 그 형태가 독창적인 기구도 있지만 모두가 커피의 풍미 추출만을 고려해 만들어졌다는 한계가 있다. 반면에 도너번 교수의 연구 결과는 커피의 탁월한 풍미 추출뿐 아니라, 우리의 입과 코로 쉽게 감지할 수는 없지만 그만큼 중요한 의학적 성분을 함께 추출하는 것이 가능함을 보여주고, 또 이를 고려한 커피 기구의 개발이 가능함을 보여준다.

1844년 런던에서 『국내 경제 백과사전Encyclopedia of Domestic Economy』을 출간한 웹스터Webster와 파크스Parkes는 '영국에서 가장 보편화된 커피 제조법'을 소개하면서, 당시에 말이 많았던 커피 정화 방식을 이렇게 전했다.

커피를 정화할 때는 각별히 신경을 쓴다. 무거운 커피 가루가 침전한 후에도 미세한 가루가 한동안 부유하는데, 이 가루가 모두 침전하기 전에 커피를 따르면 커피의 투명도는 떨어진다. 투명도는 커피의 완벽함을 측정하는 한 가지 기준이다. 투명하지 않은 커피는 떨떠름한 맛을 낸다고 보면 된다. 앞서 이야기했듯이, 커피를 맑게 하려면 몇 분간 그대로 두는 것이 가장 일반적인 방법이다. 그러나 커피의 투명도를 극대화하려는 이들은 인위적인 방법을 동원한다. 예컨대 부레풀이나 숫사슴 뿔 가루, 장어나 서대기(양서댓과, 참서댓과의 바닷물고기를 통틀어 이르는 말) 껍질, 달걀 흰자와 달걀 껍질 같은 재료를 동원해 커피를 정화한다. 하지만 이 경우 제대로 효과를 보기 위해서는, 맥주나 와인의 청징 원리와 마찬가지로 이 재료들을 미리 용해한 다음에 이용하도록 한다. 재료의 용해 과정에 꽤 많은 시간이 걸리기 때문에 미리 준비해 두지 않으면 커피의 향이 휘발될 수밖에 없다.

이 당시에 영국에서 널리 이용한 커피 추출기로는, 럼퍼드식 삼출기와 큰 인기를 끈 커피 비긴 외에도 존의 펌프식 삼출기와 뜨거운 물을 용기 상단부로 순환시켜 원두 가루에 분사되게 한 파커의 증기 분수식 커피 추출기, 플라토가 특허를 취득한, 유리 용기를 부착한 단일 진공 유리 삼출기가 있었다. 그 밖에도 브라이언이 개발한, '모슬린, 리넨, 샤무아 가죽 여과장치' 및 배기펌프를 활용한 주방용 진공·기압식 여과기와 또한 이와 유사한 파머와 바트의 기압식 여과기가 있었다.

차갑게 우려내는 방식 또한 보편화됐다. 커피 추출액을 하룻밤 동안 그대로 둔 다음, 아침에 여과하여 끓이지 않고 살짝 데우는 방식이었다.

커피 분쇄의 경우, 철제 분쇄기 덕분에 사람들의 다양한 입맛을 충족시킬 수 있었다. 가정에서는 간편한 상자형 분쇄기가 큰 인기를 끌었다. "마호가니나 옻칠한 철로 만든 정사각형 분쇄기로, 내부에는 속이 빈 강철 원뿔이 부착돼 있었고 원뿔 내부에는 날카로운 톱니바퀴가 달려 있었다." 이 분쇄기에는 원두 가루를 담을 수 있는 서랍과 같은 용기도 부착돼 있었다. 이보다 좀 더 큰 벽면 부착형 분쇄기도 당시에 선을 보였는데, 분쇄 원리는 상자형과 동일했다.

아래 글은 런던의 의사 G. W. 푸어가 1883년에 남긴 기록으로, 19세기 후반 영국의 커피 제조법을 살짝 들여다볼 수 있다.

진정으로 탁월한 커피를 즐기고 싶다면 원두는 갓 볶은 것을 이용하라. 전통과 법도를 중시하는 유럽 대륙의 가정에서는 아침마다 그날 먹을 만큼의 커피를 볶아 이용한다. 영국에서는 좀처럼 볼 수 없는 광경이다.

또한 볶은 커피를 보관할 때는 반드시 밀폐용기에 담아 보관한다. 프랑스에서는 밀랍을 입힌 가죽 포장지로 볶은 커피를 싼 뒤 꽁꽁 묶어 보관했다. 이러한 식으로 커피와 공기와의 접촉을 막았다.

비엔나 사람들은 커피를 유리병에 담은 후 반드시 마개로 봉한다. 이들은 양철 깡통에는 절대로 보관하지 않는다고 한다.

커피를 볶은 후에는 굵게 빻아 가루를 우려낸다. 단, 커피를 갈거나 빻는 작업은 우려내기 직전에 하도록 한다. 커피 열매를 통째로 둘 경우에도 그 향이 쉽게 휘발되는데, 미세한 가루로 부수면 그 향이 얼마나 빨리 휘발되겠는가? 커피 분쇄기에 대해서는 크게 신경 쓸 것이 없다. 어디서든 쉽게 구할 수 있을 뿐만 아니라, 종류나 가격대가 다양하기 때문에 각자의 취향에 맞게 고르면 된다.

진정으로 탁월한 커피를 즐기고 싶다면 아래의 사항을 따르도록 한다.

1. 커피의 품질을 확인하고, 갓 볶은 커피, 갓 분쇄한 커피를 이용한다.

2. 분쇄한 커피는 넉넉히 준비한다. 커피 양과 관련하여 몇 차례 실험을 한 결과, 물 1파인트에 1온스의 커피를 넣었을 때는 맛이 형편없었다. 두 번째로, 물 1파인트에 1.5온스의 커피를 넣었을 때는 그럭저럭 먹을 만했고, 물 1파인트에 2온스의 커피를 넣었을 때는 그 맛이 환상적이었다.

3. 커피 주전자의 모양에 대해서는 달리 할 말이 없다. 종류도 다양할뿐더러, 없어도 그만인 커피 주전자가 태반이기 때문이다. 어쨌든 커피 주전자가 커피 제조 과정에 반드시 필요하다고는 볼 수 없다. 브라질에서는 철제 주전자는 절대로 사용하지 않고, 자기 주전자나 토기로만 커피를 추출한다고 한다. 내 경우에는 최근에 거름망이 부착된 일반 주전자를 사용하고 있는데, 주전자에 한해서는 어느 것이 더 좋다고 말하기가 어렵다.

4. 주전자는 데운 다음, 그 안에 분쇄한 커피를 넣는다. 물을 끓이고, 펄펄 끓는 상태로 주전자에 부으면 작업이 끝난다.

5. 커피는 절대로 끓이지 않는다. 단, 필요한 경우라면 요리사들의 표현대로 '끓기 직전'에 불에서 내린다. 커피를 펄펄 끓이면 향이 모두 날아갈뿐더러 풍미가 형편없어진다.

가장 경제적으로 커피를 만드는 방법은 커피 가루를 주전자에 넣고 찬물을 붓는 것이다. 단, 커피 음용 몇 시간 전에 여유 있게 이 작업을 한다. 예컨대 아침에 커피를 마시고 싶다면 전날 밤에 준비하도록 한다. 시간이 흐르는 동안 가벼운 커피 입자가 점차 물을 흡수하여 바닥으로 가라앉게 된다. 그런 다음, 주전자를 통째로 물이 든 소스 냄비나 중탕 냄비에 넣고 냄비에 든 물이 끓을 때까지 불로 달군다. 이런 식으로, 끓는점까지 온도를 천천히 높여 커피가 갑자기 끓어 넘치는 일이 없도록 한다. 또한 이렇게 만들 경우, 커피 본연의 향을 그대로 보존하면서 최고의 추출액을 맛볼 수 있다.

또한 커피는 항상 진하게 만들도록 한다. 카페오레를 만들 때도 연한 커피와 우유를 절반씩 혼합하는 쪽보다 진한 커피 4분의 1과 우유 4분의 3을 혼합하는 쪽이 훨씬 맛좋은 카페오레를 얻을 수 있다. 이 점에 관해서는 누구도 이견을 달 수 없다.

벨기에, 러시아, 프랑스의 접대용 백랍 주전자
19세기형 주전자로, 뉴욕 메트로폴리탄 미술관에 전시돼 있다.

마지막으로, 고가의 복잡한 제조 기구 없이는 커피를 만들 수 없다는 생각은 오산임을 명심해야 한다.

유럽 대륙 : 로시뇽은 19세기 중반 유럽 대륙 국가의 커피 제조법을 다음과 같이 개괄적으로 전한다.

예전에는 녹색 모직 천으로 만든 작은 여과망을 이용해 커피를 여과시켰다. 여과망 위에 물을 붓는 식이었는데, 주머니가 새 것일 때는 여과가 잘 됐지만 몇 번 사용한 후에는 주머니가 끈적끈적해져서 청소하기가 여간 힘든 것이 아니었다. 지저분해진 주머니 때문에 커피의 질은 떨어졌고, 또 아무리 깨끗하게 쓰더라도 이렇게 걸러진 커피는 외관상 상당히 지저분했다. 이런 이유로 오늘날에는 이 여과망을 사용하는 이들을 찾아보기 힘들다. 대신에 상하로 구분된 양철 커피 주전자를 사용하는 경우가 대부분이다. 여과기나 체가 부착된 주전자의 윗부분에 커피 가루를 담고 여과된 커피 추출액을 적하시킨다. 가루에 뜨거운 물을 부으면 여과가 이루어지면서 아래에 놓인 용기로 떨어진다. 그러면 윗부분의 용기를 치우고 커피를 즐길 준비를 한다.

이러한 커피 주전자의 종류는 실로 다양하다. 그 가운데 최고의 주전자를 꼽으라면 러시아 주전자를 꼽을 수 있다. 이 주전자는 양분형 주전자로, 외관은 꼭 반쪽짜리 달걀 두 개를 이어놓은 듯하다. 한쪽에는 뜨거운 물을 붓고, 다른 한쪽에는 커피 가루를 담아 이용한다. 여과장치는 두 반구 사이에 있어, 주전자를 거꾸로 뒤집

으면 여과가 상당히 천천히 진행된다. 커피 향이 휘발되지 않는다
는 점도 장점 중 하나다.

그런데 오늘날 주전자의 재료로 널리 쓰이는 양철판의 경우, 몇
가지 결함이 있는데 그중 하나가 얼마 안 가 철이 용해된다는 점이
다.

한편 커피 추출액의 품질은 대체로 물의 온도에 따라 좌우된다.
한 실험 결과에 따르면, 품질이 중간 정도인 커피에 적당히 데운
물을 부으면 상당히 훌륭한 커피가 추출되는 반면에 커피의 품질
이 최상급이라고 해도 뜨거운 물과 결합하면 훌륭한 커피를 맛보
기 어렵다고 한다. 따라서 자기나 은 주전자로 완벽한 커피 한 잔
을 추출하고 싶다면 섭씨 100도의 뜨거운 물이 아니라 60도에서
75도 사이의 따뜻한 물을 이용해 커피를 추출하도록 한다.

프랑스 : 프랑스 박물학자 뒤 투르Du Tour는 19세기 중반 프랑스의
커피 제조법 중 하나를 이렇게 기록했다.

물을 가득 채운 주전자가 끓을 때 커피 가루를 넣는다. 이때 커피
가루의 양은 2.5온스, 물의 양은 2파운드 또는 영국식 단위로 2파
인트가 적당하다. 숟가락으로 내용물을 잘 저은 다음, 주전자를 즉
시 불가에서 내린다. 그런 다음에 뚜껑을 꽉 닫은 채로, 열기가 남
은 잿불 위에 최소한 두어 시간 정도 둔다. 이렇게 커피를 우려내
는 동안 거품기 같은 것으로 여러 차례 저어 주고, 내용물이 가라
앉을 때까지 15분가량 그대로 둔다.

카페오레는 처음에는 카페누아의 일종으로 선보였다. 차이가 있다면 카페오레가 좀 더 진했다. 진하게 만든 이 커피를 원하는 만큼 잔에 따르고 끓인 우유를 채워 만든 것이 카페오레였다. 카페 아 라 크렘Café a la créme은 진한 블랙커피에 끓인 크림을 넣은 후 데워서 마시는 커피였다. 19세기에 프랑스에서 첫선을 보인 커피 아 라 미뉘트Coffee à la minute는 달이기 또는 우려내기 방식으로 만드는 커피였다. 내부에 압지나 모직으로 만든 여과천을 깐 다공성 깔때기를 이용해 커피를 추출했다. 자르뎅은 이 원리를 활용한다면 상당히 경제적인 커피 추출기를 제작할 수 있을 것이라고 말했다.

19세기 후반에는 커피를 토기 접시나 소스 냄비에 담아 숯불 위에 올려놓고 나무 주걱으로 계속 저어 주면서 커피를 볶는 것이 일반적이었다. 혹은 철로 만든 작은 원통형 로스터나 구형 로스터를 이용해 커피를 볶는 것이 일반적이었다. 가스 로스팅 역시 이 무렵이 되면 실용화된다. 대량으로 로스팅을 한 후에는 원두를 버들가지 바구니에 담아 공중에 던지면서 열을 식혔다. 분쇄 과정에서는 주로 절구를 이용하거나, 피라미드 모양의 상자형 분쇄기를 이용했다. 이 분쇄기에는 가루를 담을 수 있는 용기도 부착돼 있었다. 그러나 원두를 그다지 곱게 분쇄하지는 못했다.

한편 이 당시의 프랑스 상류사회에서는 성능을 한 단계 개선시킨 드 벨루아의 드립 추출기나 이중 유리 진공 여과기, 펌프식 삼출기(이중 순환 장치), 러시아산 계란형 주전

큰 인기를 끈 독일의 드립 주전자

자, 비엔나산 추출기를 이용해 커피를 추출했다.

1892년에는 프랑스 전쟁성minister of war이 군부대에서 로스팅과 분쇄 작업 후에 나오는 커피 열매 껍질을 함부로 버리지 말 것을 명하는 사건도 있었다. 커피 열매 껍질에 카페인과 방향족 성분이 다량으로 함유돼 있다는 연구 결과가 제시된 직후의 일이었다.

독일과 폴란드 : 19세기 후반, 독일에서는 주둥이에 마개가 달린 드립 주전자가 인기를 끌었다. 마개를 닫아 주전자 내부의 압력을 높여 아주 천천히 커피를 우려내도록 설계된 기구였다. 우려내기가 끝나면 마개를 뽑아 이용했다.

폴란드 국왕의 주치의였던 피에르 요세프 부츠호스는 1787년에 소량의 볶은 원두를 개별 포장해 판매했다. 한 봉지면 커피 한 잔을 추출하기에 충분했다. 이 사업은 나날이 번창하다가, 볶은 호밀을 볶은 원두로 속여 판 것이 들통나면서 내리막길로 접어들었다. 아래는 부츠호스식 커피 제조법으로, 폴란드 서민층 사이에 널리 퍼진 방식이다. 그 이유는 서민층에게 부츠호스는 커피의 대가처럼 통했기 때문이다.

커피 주전자에 물을 넣고 끓인다. 물이 끓으면 한동안 식힌 다음, 물 1파운드당 커피 가루 1온스를 넣는다. 그런 다음, 숟가락으로 내용물을 젓고 다시 불 위에 올린다. 끓기 시작하면 불가에서 내린 다음, 부글부글 끓는 채로 8분간 둔다. 마지막으로, 설탕이나 수사슴 뿔 가루를 넣어 정화시킨 후 마신다.

4 미국의 초창기 커피 제조법

커피가 식민지 미국에 전래된 때는 1668년경으로, 당시에는 부유층을 위한 음료로 소개됐다. 일반 대중에게까지 보급된 것은 1700년경으로 커피하우스의 공이 컸다. 영국에서와 마찬가지로, 당시 사람들은 커피를 작은 접시에 담아 한 모금씩 홀짝이며 마셨다. 하지만 그 제조법에 큰 관심을 기울이는 이는 드물었다. 그러다가 반세기가 흐르는 동안, 커피가 맥주와 차를 제치고 미국인의 아침 음료로 자리 잡게 되면서 상류층을 중심으로 올바른 커피 제조법에 대한 논의가 시작됐다. 그러나 이에 대한 과학적인 연구가 이루어진 것은 19세기에 이르러서였다.

커피가 보급된 초기에는 각 식민지를 연결하는 교통수단이나 통신수단이 미미했기 때문에 새로운 커피 제조 기구나 제조법이 더디게 확산됐다. 또한 초창기 이주자들을 통해 전래된 유럽의 커피 문화가 그대로 이식된 지역이 많았다. 이 때문에 좋지 못한 관습 역시 그대로 정착된 탓에 아직까지도 미국의 몇몇 시골 지역에서는, 전 세계적인 커피 문화의 발전에도 불구하고 200년 전의 문화를 여전히 고수하고 있다.

식민지 시절에는 달이기 방식으로 커피를 만드는 것이 일반적이었다. 에스더 싱글턴은 뉴암스테르담에서는 주석을 덧댄 구리 주전자로 커피를 만들어 가능한 뜨거운 상태에서 설탕이나 꿀, 향신료를 첨가해 마셨다고 전한다. "또는 신선한 우유를 1파인트 끓인다음, 커피 추출액을 넣어 마시기도 했다. 차가운 물에 커피와 우유를 함께 붓고 이를 끓여서 음용하는 이들도 있었다. 또한 부유층 가정에서는 정향, 계피, 또는 설탕과 용연향(향유고래에서 얻는 향료)의 혼합물을 첨가해 마셨다."[4] 이외에도 커피의 풍미를 한층 살리기 위해 카르다몸 씨앗을 갈아 넣기도 했다.

뉴잉글랜드에서는 원두를 통째로 물에 넣어 몇 시간 동안 끓였다고 한다. 이렇게 만든 커피는 음료인지, 음식인지도 모를 기묘한 것이었다고 한다.[5]

뉴올리언스에서는 프랑스 문화의 영향으로 주석이나 백랍으로 만든 드립식 기구에 커피 가루를 넣고 끓는 물을 조금씩 부어 커피를 추출했다. 당시에는 커피잔에 얼룩이 남을 정도로 진한 커피가 아니면 제대로 된 커피가 아니라고 생각했다. 오늘날에도 전통을 고수하는 크리올(스페인인을 부모로 하여 스페인령 아메리카에서 태어난 백인) 가정에서는 이러한 방식으로 커피를 추출한다.

1800년 이전까지만 해도 미국에서는 굵게 분쇄한 원두를 15분에서 30분가량 끓여 커피를 만드는 방식이 일반적이었다.

19세기 초반에는 벽난로 가에 세워둔 철제 원통형 기구에 원두를 넣고 볶는 것을 정도로 여겼다. 참고로 이 기구는 손잡이를 이용해 회전시키거나 꼬치 돌리개처럼 통 자체를 회전시켰다. 분쇄 작업 시에는 소형 분쇄기나 벽면 부착형 분쇄기를 이용했다. 여러 분쇄기 중에서도 켄릭, 윌슨, 울프, 존 루서, 조지 W. M. 밴더그리프트 사 제품과 찰스 파커 사의 '베스트 퀄리티' 분쇄기가 유명했다. 커피 추출과 관련해서는, 당시의 요리책에서는 끓이지 않고 커피를 추출하기 위해서는 '커피 비긴'을 구입하는 것이 좋다고 주부들에게 권했다. 더불어 '프랑스 최고의 비긴은 그레크Grecque'라고 소개했다.

1844년도에 출간된 『주방 관련 지침서와 미국 주부』에서는 올바른 커피 제조법을 이렇게 전했다.

로스팅에 앞서 철제 주전자에 커피를 넣고 은은한 불가에서 몇 시간 건조시킨다. 그런 다음, 주전자를 뜨거운 석탄불 위에 놓고 커피를 계속 저어가며 볶는다. 커피가 적당히 볶아졌는지 확인하려면 색이 가장 옅은 알갱이를 하나 골라 깨물어 본다. 이때 잘 부서지면 충분히 볶아진 것이다. 원두를 볶을 때는 덮개가 없는 주전자보다는 로스팅 기구를 이용할 것을 권한다. 그런 다음, 끓는 물 1파인트에 커피를 한 스푼 가득 넣고 양철 주전자를 이용해 20분~25분간 끓인다. 이보다 더 오래 끓이면 신선한 맛이 떨어진다. 끓인 후에는 부유물이 가라앉도록 4~5분 정도 그대로 둔다. 커피를 끓일 때 생선 껍질이나 부레풀을 넣는다든지, 커피 2리터당 달걀 흰자와 달걀 껍질 반쪽을 넣으면 맑은 커피를 즐길 수 있다. 프렌치 커피는 독일 여과기로 제조 가능한데, 물이 펄펄 끓기 시작하면 일반 커피를 만들 때보다 커피를 3분의 1가량 더 넣도록 한다.

『실용 요리 대백과Encyclopedia of Practical Cookery』(1890년에 출간. 저자는 Theodore Francis Garrett)에서는 19세기 중반의 '미국 일류 요리사들' 사이에서 유행한 로스팅 및 커피 추출법을 소개하고 있다. 아래는 그중 일부를 발췌한 것이다.

원두 볶기

로스터에 원두를 넣고, 중간 정도의 불 위에 올린 뒤 보기 좋은 갈색을 띨 때까지 로스터를 천천히 회전시킨다. 여기까지 대략 25분이 소요된다. 그런 다음, 뚜껑을 열고 로스팅 상태를 확인한다. 갈색을 띠면 용기에 담아 밀봉한 뒤 필요할 때마다 꺼내 쓴다.

그런데 이보다 더 간단하면서도 실패 확률이 좀 더 낮은 방법이 있다. 우선 제빵용 양철 그릇을 준비하고 바닥에 버터를 잘 바른 후, 그 위에 커피를 올린다. 그런 다음에 중간불로 데워진 오븐에 넣고 진한 금색을 띨 때까지 익힌다. 여기까지 20분이면 충분하다. 단, 중간중간 나무 주걱을 이용해 잘 저어 준다.

또 한 가지 방법은 작은 프라이팬에 생두 1파운드를 넣고 불 위에서 익히는 방법이다. 생두가 노랗게 변할 때까지 계속해서 젓거나 흔들어 준다. 그런 다음에 프라이팬의 뚜껑을 덮고 짙은 갈색이 될 때까지 불 위에서 팬을 위아래로 움직인다. 이제 프라이팬을 불가에서 내리고 뚜껑은 닫은 채로 얼마간 둔다. 원두가 약간 식은 듯하면, 달걀을 그 위에 깨뜨린 다음 달걀이 원두 표면에 잘 입혀지도록 저어 준다. 마지막으로, 깡통이나 단지에 이를 단단히 봉해 보관하고 필요할 때마다 분쇄해 이용한다.

한편 커피를 구입할 때는 반드시 원두나 분쇄된 원두를 구입한다. 치커리가 다량으로 함유된 커피를 사고 싶지 않다면 말이다. 물론 치커리가 들어간 커피를 선호하는 사람들도 있지만, 진정한 커피 애호가라면 이러한 첨가물이 전혀 달갑지 않다.

아침식사용 커피 만들기

1인 기준으로 커피를 한 스푼 가득(분쇄한 커피 기준) 준비한다. 주전
자에 넣고 가루를 넣고 그 위에 뜨거운 물을 붓는다. 이때 물의 양
은 커피 한 스푼당 4분의 3파인트가 적당하다. 그런 다음, 주전자
를 불 위에 올린다. 내용물이 끓기 시작하면 주전자를 불가에서 치
우고 뚜껑을 연 채로 1~2분간 둔다. 그리고 다시 뚜껑을 덮고 불
위에 올린다. 내용물이 끓기 시작하면 불가에서 주전자를 치우고
부유물이 침전할 때까지 5분간 기다린다. 이제 완성된 커피를 마신
다.

위 책에서는 커피 제조법과 더불어 우수한 성능을 자랑하던 당
시의 최신식 커피 추출기를 몇 가지 소개하고 있다. 미 전역에 출
시된 애덤스앤선 사의 커피 제조 기구, 잉글리시 커피 비긴, 드 벨
루아와 럼퍼드 백작의 아이디어를 결합시켜 만든 허친슨 장군의
대형 커피 주전자, 증류법과 증기 압력을 이용해 추출한 커피를 커
피잔에 바로 담을 수 있도록 설계된 르 브륀의 '카페티에르(프레스 포
트)', 비엔나 커피 추출기, 거꾸로도 사용 가능한 러시아산 커피 추
출기 '포츠담' 등이 여기에 수록돼 있다.
　한편 커피 추출물, 커피 얼음, 커피 캔디, 커피 케이크 등 커피를
활용한 40가지 요리 비법을 소개하고 있는 한 책자에는 프랑스인
플뤼하르Pluehart가 개발했다는, 커피 맥주라는 기이한 메뉴가 등장한
다.

커피 맥주 제조에 필요한 재료와 비율은 다음과 같다. 완성된 커피 맥주를 1000이라고 할 때, 진한 커피: 300, 럼주: 300, 세네갈 고무 gum senegal로 만든 걸쭉한 시럽: 65, 오렌지 껍질 알코올 추출물: 10, 마지막으로 물: 325가 필요하다.

하지만 이 책자의 편집자는 커피 맥주가 "대중적으로 큰 성공을 거두지는 못한 듯하다"고 덧붙였다.

가디Godey가 1861년에 출간한『숙녀를 위한 책과 잡지Lady's Book and Magazine』에서는, 저녁식사를 위해 호텔과 레스토랑을 찾는 손님 중에서 와인이나 다른 증류주를 찾는 손님보다 커피를 찾는 손님이 점차 늘고 있다는 내용이 나온다. 다음은 이 책에 소개된 '커피 한 잔을 만드는 방법'이다.

최고의 커피 제조법은 무엇일까? 이 질문에는 갖가지 대답이 가능하다. 예컨대 오스만투르크에서는 미국에서처럼 커피에 설탕을 넣어 쓴 맛을 중화시킨다든지, 우유를 넣어 커피 본연의 풍미를 없애지 않는다. 대신에 커피를 끓일 때 호박琥珀 에센스 한 방울이나 클로브 두어 개를 넣는다. 하지만 이 향이 서구인들의 입맛에 맞을지는 의문이다. 완벽을 기해 만든 최고급 커피 한 잔이라도, 방 한가운데 탁자 위에 두고 식을 때까지 기다린다면 방안 가득히 커피 향이 퍼지는 동안에 커피 고유의 풍미는 달아나게 된다. 식은 커피를 다시 데우면 향과 맛은 더욱 저하된다. 만약 데운 커피를 또 데울 경우에는 그 맛이 형편없다 못해 역겹기까지 하다. 커피 향이 방안 가득히 퍼진다는 것은 커피에 함유된 휘발성 성분이 상당량 날아가고 있다는 증거로, 다시 말해 커피만의 가치가 사라지고 있다는 얘기다. 커피의 풍미를 가능한 한 오래 보존하기 위해서는 분쇄한 커피에 끓는 물을 붓고 이 추출액을 담은 병을 뜨거운 물속에 넣어 보관한다.

커피 주전자로 커피를 끓이는 방법은 경제적이지도 않을뿐더러 바람직하지도 않다. 이 과정에서 상당량의 커피 향이 손실되기 때문이다. 커피 제조의 대가인 럼퍼드 백작은 분쇄한 고급 모카 원두 1파운드(454g 정도)로 최고급 커피를 5~6잔 정도 만들 수 있다고 했다. 단, 이때 원두를 아주 곱게 분쇄하는 것이 중요한데, 그렇지 않으면 원두 알갱이의 표면만 뜨거운 물에 살짝 녹을 뿐, 주요 성분이 전혀 추출되지 못한 채 커피 찌꺼기로 버려지기 때문이라고 설명했다.

아랍에서는 커피가 각성 효과를 지닌 음료로 통한다. 또한 허기를 완화하고 활력과 원기를 주는 동시에 마음을 진정시키는 효과를 지닌 음료로 통한다. 아랍인들은 커피를 끓인 후에 젖은 헝겊으로 주전자를 감싼 뒤 불가에서 내린다. 이렇게 하면 부글부글 끓는 커피가 즉각적으로 진정되고 또한 커피 상단에 크림이 형성된다. 커피 제조와 관련해서 한 가지 이야기할 것은 원두를 미리 분쇄하지 말라는 것이다. 가루 상태에서는 커피에 함유된 각종 유용한 성분이 더욱 쉽게 휘발되기 때문이다.

여기서는 일반적인 커피 추출법에 대해서는 설명을 생략하기로 한다. 주부들이 익히 알고 있을 뿐만 아니라 최근의 파리식 커피 추출법에 대다수 사람들이 만족하고 있기 때문이다. 단, 탁월한 커피 추출법으로 알려진 방법을 간단히 소개하면, 커피 2온스(약 56.7그램)에 물 1쿼트(약 946밀리리터)를 준비한 다음, 10분간 여과식으로 추출하거나 끓인 후 부유물이 가라앉을 때까지 10분간 두면 된다.

프랑스에서는 상당히 진한 커피를 즐긴다. 아침식사 때는 우려낸 커피 3분의 1에 뜨거운 우유 3분의 2 정도를 부어 마신다. 저녁식사 후에는 카페누아라는 커피 열매의 원액을 마신다. 이를 작은 잔에 담아 백설탕이나 고급 캔디로 단맛을 추가하거나 또는 커피잔 위에 설탕을 담은 숟가락을 올린 뒤, 그 위에 브랜디를 부은 다음 데워서 마신다. 그러고는 샤스카페Chasse-Café 라는, 아주 작은 잔에 담긴 알코올 음료를 곧바로 들이켜기도 한다.

프랑스인들이 생각하는 최고의 커피 추출법은 대형 커피 주전자를 이용한 추출법이다. 상단에는 바닥에 구멍이 촘촘히 뚫린 전용 용기가 부착돼 있고, 그 안에 조정이 가능한 금속 여과기 두 개가 장착돼 있는 기구다. 이 주전자로 커피를 추출하기 위해서는 우선 분쇄한 원두를 2층 여과기 위, 3층 여과기 아래에 담고, 3층 여과기 위에 뜨거운 물을 천천히 붓는다. 여과기 위로 거품이 몽글몽글 솟아나면, 이제 주전자 뚜껑을 단단히 닫고 불가로 가져간다. 물이 원두 가루를 통과해 적하하면 적당량의 추출액을 얻을 때까지 이 과정을 반복한다. 정화 작업을 따로 할 필요는 없다. 기분 상태를 진정시키면서도 동시에 자극시키는 풍미 좋은 커피는 이런 식으로 추출이 가능하다. 보라, 이것이 바로 진정한 파리지앵 커피, 탁월한 커피 한 잔이 만들어지기까지의 과정이다.

이 글은 끓이기 제조법이 미국에서 유래한 방식이 아니라는 점과 이 나라의 선각자들이 원두를 곱게 가는 작업을 무엇보다 중시했음을 보여준다는 점에서 매우 흥미롭다.

한편 커피 로스팅과 추출을 다룬 미국 최초의 과학적 연구 논문이라면 1885년도 7~8월호 《프랭클린 연구소 저널》에 실린 오거스트 T. 도슨과 의학박사 찰스 M. 웨더릴의 논문을 꼽을 수 있다. 아래는 그 요약문이다.

음료에는 두 가지 종류가 있다. 하나는 알코올 음료이고, 다른 하나는 질소화합 음료이다. 질소를 함유한 음식물은 생명 활동으로 인해 피로해진 인체 내 여러 장기의 물질 교환을 촉진시킨다. 이러한 질소 함유 음료 중 하나가 바로 커피다.

커피 열매에는 타닌 외에도 다음과 같은 두 가지 성분이 함유돼 있다. 하나는 질소화합물인 카페인이다. 함유량은 약 1%이고 로스팅 후에도 그 성질이 변하지 않는다. 다른 하나는 휘발성 오일로, 로스팅 과정에서 활성화되어 커피 고유의 풍미를 만들어낸다. 율리우스 레만 박사Dr. Julius Lehman는 커피를 섭취하면 인체 조직의 노화 속도가 지연돼 생명 유지에 필요한 음식의 섭취량이 줄어든다고 설명했다. 이러한 효능은 커피에 함유된 오일에 기인하는 것이다. 그런데 유럽식 커피 제조법에 따라 커피를 만들 경우, 이러한 영양분의 상당량이 손실된다.

질 좋은 커피는 상당히 귀하다. 본 실험에서는 생두나 원두의 가격 수준으로, 즉 저렴한 가격대로 일반 대중에게 즉석 커피portable coffee를 공급하는 것이 가능한지를 알아보고자 했다. 가정에서 추출할 때보다 영양분을 더 많이 추출할 수 있다면 가능하다는 쪽에 무게가 실린다. 그러나 실험 결과 이는 현실적으로 어려워 보인다.

로스팅과 추출법에 관한 실험을 수차례 거듭한 결과, 다음의 제조법이 가장 간단하면서도 최선임이 입증됐다. 이 방식대로 한다면 언제라도 탁월한 커피를 추출할 수 있다. 우수한 생두를 골라 적당히 볶은 다음, 적절한 강도로 추출한다면 커피 추출에 실패할 리 없다. 그러기 위해서는 우선 질 좋은 모카커피를 엄선해 7~8파운드씩(약 3~3.3킬로그램) 원통형 용기에 넣고 볶는다. 그런 다음, 주둥이 지름이 3인치가량 되는 돌단지에 볶은 원두를 넣고 밀봉한다. 이만한 양이면 약 6개월 동안 매일 두 잔씩의 커피를 추출할 수 있다. 원두를 분쇄할 때는 한 번에 1쿼트 정도를 덜어내 곱게 간다. 분쇄한 후에는 뚜껑이 있는 유리 용기에 담아 보관한다.

커피 주전자 중에서는 일반적인 커피 비긴biggin, 즉 상단부의 바닥에 미세한 구멍이 여러 군데 뚫려 있고 그 위에 원두 가루를 담도록 설계된 기구가 가장 우수한 것으로 입증됐다. 커피 한 잔을 추출하기 위해서는 커피 0.5온스를 상단 용기에 넣고 아랫부분에 물 6온스를 채운다. 그런 다음, 커피 비긴을 가스램프에 올린다. 3분 후 물이 끓기 시작하고, 김이 나면 비긴을 불 위에서 내리고 물을 컵에 따른다. 그러고는 즉시 커피 비긴의 상단부에 물을 따라부어 추출을 시작한다.

본 실험 결과는 또한 커피의 중량 변화, 원두의 빛깔, 온도, 소요 시간을 통해서는 로스팅의 정도를 파악하기 어려움을 보여준다.

이어서 다음 실험을 통해서는 로스팅 과정에서 활성화되는 커피 향과 휘발되는 향을 채집한 다음, 이를 임의로 커피에 첨가하는 것이 가능한지를 알아봤다. 이를 위해 증기를 이용해 볶은 원두에서 휘발성 오일을 제거한 후 원두를 건조 추출물 형태로 만들고, 여기에 휘발성 오일을 첨가했다. 두 차례 실시한 시험은 모두 실패로 돌아갔다. 이 실험 결과로 보건대, 로스팅 과정에서는 소량의 방향 성분이 휘발되지만 이것이 냄새가 고약한 증기와 결합하면서 따로 분리해 내기가 불가능하다는 결론을 내릴 수 있다.

다음으로는, 생두에서 수분 함유 성분을 추출해 내고 이를 증발 시킨 후 남은 잔여물을 볶아서 즉석 커피를 제조할 수 있는지 실험해 봤다. 이 실험 역시 성공하지 못했다. 이 과정에서 가장 큰 골칫거리는 광택이 나는 어두운 잔여물이었다. 아무 맛도 나지 않았지만 겉모양이 보기에 역겨울 정도였다. 이 잔여물을 이용해 끓이기 방식으로 커피를 추출할 경우, 커피 비긴으로 추출할 시보다 두 배 반 많은 양의 커피를 추출할 수 있었다.

올바른 로스팅 방법을 정리하면 다음과 같다. 원통형 기구에 커피를 넣고 활활 타는 불 위에 올린 뒤, 골고루 익도록 끊임없이 기구를 돌린다. 흰 연기가 나면 원두의 상태를 꼼꼼히 살피며 알맞게 익었는지 몇 차례 테스팅한다. 가벼운 입김에도 쉽게 금이 가고 옅은 밤색을 띠면 충분히 볶아진 것이다. 볶은 원두는 주석 잔에 담아 위로 던지고 받기를 몇 번 반복하면서 식힌다. 무더기 상태로 식힐 때 나타나는 과열 현상을 막기 위해 이같이 털어 주면서 식힌다. 원두를 보관할 때는 반드시 밀폐용기를 이용한다. 커피를 추출할 때는 커피 한 잔당 물 6온스에 커피 0.5온스를 넣는다.

　마지막으로, '커피 추출액'이라고 세간에 알려진 것은 모두 무익
하다고 보면 된다. 탄 설탕, 치커리, 당근 등의 첨가물이 들어가지
않는 커피 추출액을 찾기란 정말로 힘들기 때문이다.

　미국 뉴어크Newark 공공도서관의 존 코튼 다나는 버몬트 우드스
톡의 고향집에서는 생두를 돌단지에 담아 다락에 보관했다고 회
상한다. 추수감사제나 크리스마스 등 특별한 날을 위해 이곳에 보
관해 두었다가 축제 기간이 다가오면 필요한 만큼 생두를 꺼내 납
작한 철판 위에 놓고 스토브 위에서 볶았다고 한다. 볶는 동안에는
행여나 커피가 타지 않을까 조심스럽게 계속 저어 주었다고 한다.
그러면서도 그는 "그렇다고 해서, 늘 집에서 원두를 볶아 먹었던
건 아닌 것 같아요. 우리 아버지께서는 시내에서 잡화점을 운영하
셨지만 저 멀리 보스턴이나 뉴욕에서 볶은 원두를 사 오셨던 걸로
기억해요"라고 덧붙였다.

　19세기 말까지도 끓이기 방식을 고수하는 미국인들이 꽤 많았
다. 이 그릇된 방식을 두고 당시의 커피 업계에서는 입장 표명에
주춤하고 있었지만, 선각자들 중에서는 이 낡고 그릇된 방식을 타
파하고자 적극적으로 나선 이들도 있었다. 아서 그레이Arther Gray가
1902년에 출간한 『블랙커피에 관해서』란 책을 보면 '미국 최대의
커피 수입업체'에서조차 커피에 달걀을 껍질째 넣은 다음 10분간
끓여내는 방식을 적극적으로 권장하고 있다는 대목이 나온다.

5 커피 제조법을 개선하기 위한 노력

커피 제조법을 향상시키기 위해 미국의 커피 관련 업계가 조직적으로 움직이기 시작한 것은 1912년의 전미커피로스팅업자협회 총회를 통해서였다. 총회의 논의 결과를 바탕으로, 커피제조법개선위원회가 구성됐다. 제조법에 관한 연구와 조사를 전담하는 위원회였다.

이듬해 개최된 총회에서는 뉴욕의 에드워드 어본Edward Aborn이 커피제조법개선위원회에서 작성한 연구 보고서를 발표했고, 이 내용을 바탕으로 미국의 커피업계는 끓이기 방식에 반대한다는 입장을 명확히 밝혔다. 더불어 개선위원회의 권고안을 승인하고 이를 인쇄해 미국 전역에 배포할 것을 명시한 결의문을 채택했다.

커피제조법개선위원회에서 수행한 연구는 분쇄법에 관한 연구와 더불어 네 가지 방식의 추출법을 비교 분석한 것으로, '커피 추출액에 관한 최초의 화학적 연구로 기록' 됐다. 연구 결과와 제안 사항은 전미커피로스팅업자협회에서 발간한 「커피, 나무에서 한 잔의 커피가 되기까지」에 상세히 실려 있다.

1916년에 캔자스대학 가정학연구소에서 수행한 실험 역시 커피 제조의 과학화에 크게 기여했다. 1년여에 걸친 이 실험을 통해서는 커피 추출액의 농도와 색은 원두의 블렌딩이나 가격과는 무관하고, 가루 형태로 분쇄한 원두를 이용할 때 그 정도가 가장 진해진다는 것이 밝혀졌다. 다시 말해 분쇄 정도에 따라 농도와 색의 깊이가 결정된다는 것이다. 또한 소비자들은 추출한 커피의 맛을 중시하는데, 여과식으로 추출한 커피의 맛이 가장 우수한 것으로 밝혀졌다. 참고로 프렌치 드립 또는 트루 퍼컬레이션은 이 실험에서 제외됐다.

한편 1915년도 전미커피로스팅업자협회 총회에서 어본은 커피 제조법개선위원회에서 발간한 커피 분쇄 및 추출에 관한 실험 보고서가 4천 부 배포됐고, 지난 2년간 관련 연구 결과가 200만여 권의 책자에 수록돼 대중에게 배포됐다고 보고했다. 어본은 위원회의 실험 결과를 설명하며, 분쇄된 커피를 포장해서 파는 것이 상업적으로는 득이 될지 몰라도 커피의 품질을 보장하기는 어렵다고 했다. 또한 롤러 형태의 분쇄기보다 판금 분쇄기plate-grinder로 원두를 분쇄하는 것이 훨씬 능률적이고, 스틸컷 처리 과정steel cut(분쇄 과정에서 커피의 껍질을 제거한 후에 체에 골라 크기와 형태가 균일한 알갱이를 골라내는 과정)을 통해 불순물을 제거한다는 주장은 어불성설이라고 밝혔다. 그가 보기에 "미세하게 분쇄한 원두는 불순물이 아니라, 그것이야말로 최상의 커피 추출에 꼭 맞는 형태"였다. 덧붙여 그는 "기존의 실험 보고서를 통해서, 로스팅 작업 중 생두에서 떨어져 나간 껍질chaff을 제거할 필요가 없다는 것이 확인됐기 때문에 이 실험에서는 껍질 제거에 관해서는 일절 다루지 않았다"고 했다. 여기서 말하는 기존의 실험 보고서란 어본이 1913년과 1914년에 발표한 보고서로, "스틸컷 처리 과정에서 커피 껍질을 제거한다고 해서 타닌 성분이 제거되지는 않기 때문에 이 과정은 그야말로 비효율적인 과정이고, 비용만 늘릴 뿐이다. 뿐만 아니라 껍질을 제거하면 커피의 풍미가 손실돼 추출액의 질만 저하시킬 뿐"이라고 명시하고 있다.

이 보고서에서는 또한 펌프식 삼출기로 커피를 추출하는 과정은 비효율적이고 문제가 많다는 기존의 연구 결과를 거듭 강조한다. 아래는 어본이 제시한 보고서의 결론이다.

전통적인 끓이기 방식을 고수하는 사람들이 이제는 거의 없을뿐더러 간혹 있다고 해도 일종의 미신처럼 따르고 있기 때문에 끓이기 방식은 이제 폐기됐다고 봐도 무방하다. (…) 기존의 연구보고서에서도 수차례 밝히고 있듯이, 여기서도 가루 형태로 분쇄한 원두가 가장 뛰어남을 강조하려 한다. 가루로 빻은 원두를 사용할 때 추출한 커피의 질이 가장 우수하고 또한 적은 양으로도 깊은 맛을 낼 수 있다. 즉 가장 경제적이면서도, 추출법과 상관없이 가장 탁월한 커피를 선사한다. 단, 갓 분쇄한 신선한 원두를 쓰는 것이 중요하다. 여러 가지 추출법 중에서는 여과법이 커피 제조의 기본 원칙에 가장 부합한다. 모슬린 여과망을 이용할 경우, 가장 순수하고, 풍미가 탁월한, 또한 영양학적으로도 가장 우수하며 경제적이기까지 한 커피를 만끽할 수 있다.

1917년도 《차·커피 저널》에는 커피 끓이기용 주전자, 펌프식 삼출기, 이중 유리 여과기, 여과천, 여과지를 이용한 커피 추출물 비교 실험 결과가 실렸다. E. M. 프랭켈 박사와 미국 농무부 소속의 커피 전문가 윌리엄 B. 해리스가 추출액 시음을 위해 이 실험에 함께했다. 평가 기준은 색과 풍미(맛과 부드러움), 양질감body(풍부함), 향이었다. 실험 결과, 여과지로 추출한 커피가 가장 탁월한 것으로 입증됐고, 그 다음이 여과천, 유리 여과기, 삼출기, 끓이기용 주전자 순이었다.

1934년에는 미국커피산업협회에서 커피업계 종사자들을 위한 실질적인 서비스의 일환으로, 커피와 커피 추출에 관한 연구 보고서 시리즈의 제 1권을 발간해 회원들에게 배부했다. 이 연구는 협회 산하 연구소 소장 매리언 G. 프랭크 박사가 수행한 연구로, 콜롬비아커피생산자조합의 지원을 받아 진행됐다. 식품화학 분야의 권위자인 프랭크 박사는 '커피 추출에 적합한 분쇄 과정'이라는 제목으로, 커피 추출 시에 적합한 원두 입자의 크기에 관한 연구 결과를 소개했다. 다음은 보고서의 일부 내용이다.

커피 본연의 풍미를 온전히 추출하기 위해서는 커피를 알맞게 분쇄하는 일이 필수적이다. 더군다나 대개의 가정에서 커피 추출 도구를 완벽하게 갖추고 있지는 않다는 점을 감안하면 원두를 균일하게 분쇄하는 작업은 더더욱 중요할 수밖에 없다. 이 실험에서는 분쇄 입자의 중요성을 증명하기 위해서 입자의 크기를 달리하여 커피를 추출했다. 이 실험에서 사용한 분쇄기는 일반 소매점에서 흔히 볼 수 있는 모델로, 분쇄 정도를 '미세하게'에서 '굵게'까지 조정이 가능한 모델이다. 조절 손잡이에 새겨진 숫자 3, 4, 5, 6, 7을 임의로 설정해 미세하게 분쇄(작은 숫자)하거나 굵게 분쇄(큰 숫자)하는 것이 가능하다. 각 숫자에 맞춰 분쇄한 원두를 우선 8잔 용량의 드립식 추출기를 이용해 8잔씩 추출해 봤다. 다음으로는 6잔 용량의 드립식 추출기를 이용해 동일한 방법으로 추출했고, 마지막으로는 6잔 용량의 추출기를 이용하되 커피를 4잔씩 추출했다. 커피와 물의 비율은 커피 한 잔당 물 150cc에 커피 8그램으로 일정하게 유지했다. 블렌딩과 로스팅 수준도 일정하게 유지했고, 매 실험을 수행하기 직전에 원두를 볶아서 이용했다. (…) 실험 결과를 정리하면 다음과 같다. (1) 분쇄한 원두의 입자가 클수록 커피의 풍미는 약해진다. (2) 용량이 적은 커피 주전자일수록 입자 크기의 증가에 따른 풍미의 약화 정도가 더욱 뚜렷하게 나타난다. (3) 커피 주전자의 용량보다 적은 양의 커피를 추출할 경우, 커피 본연의 풍미를 온전하게 추출하기 어렵다. (4) 커피 주전자의 용량보다 적은 양의 커피를 추출할 경우에 입자 크기의 증가에 따른 풍미의 약화 정도가 가장 뚜렷하게 나타난다.

따라서 로탑Ro-Tap, 즉 분쇄 입자의 균일성과 분쇄기의 일정성을 검증하는 이 기구야말로 탁월한 발명품이라 할 수 있다. 정밀한 세부 분석이 가능해진 것도 로탑 덕분이다. 그러나 로탑을 갖추고 있는 공장이 그리 많지는 않다. 대개의 공장에서 로탑 대신에 좀 더 단순하고 저렴한 '로터리 애널라이저Rotary Analyzer'를 이용해 분쇄기의 상태를 점검하고 있다. 그러나 로탑보다는 검증의 정밀성이 확실히 떨어지기 때문에 한 달에 한 번씩 로탑을 이용해 분쇄한 원두 입자의 균일성과 로터리 애널라이저의 상태를 확인하는 것이 좋다. 로탑의 분석 결과가 지난달의 결과와 동일하다면 로터리 애널라이저가 보여주는 분석 수치를 앞으로 한 달간의 기준치로 설정하면 된다. 이에 미국커피산업협회에서는 회원들이 로터리 애널라이저를 원가에 구입할 수 있도록 방안을 강구하고 있다.

한편 1920~1930년 미국에서 커피 추출 방식과 관련해 주목할 만한 발전이 있었다면, 로스팅 업체에서 자사 브랜드의 추출기를 출시해 관련 제품을 묶어 팖으로써 각 가정에서 한층 손쉽게 정확한 커피 추출을 할 수 있게 됐다는 점을 꼽을 수 있다. 다양한 추출기가 시판됐는데, 그중에서도 드립식 또는 여과식 추출기가 큰 사랑을 받았다. 사실 이전의 커피 상인들은 소비자들에게 최상의 커피 제조법을 알려주기를 꺼려했다. 아니, 좀 더 정확하게는 업계 내에서도 올바른 커피 제조법을 놓고 의견이 분분했다. 그러나 이제는 제조 방식에 따라서 커피의 질이 천차만별이 됨을 절실히 깨닫고 커피 제조의 마지막 단계인 추출 과정을 좌우하는 추출기의 생산에 더욱 더 심혈을 기울이고 있다.

6 과학적인 커피 추출법의 탄생

다음은 필자의 원고 요청에 따라 찰스 W. 트리그가 보내온 과학적인 커피 추출에 관한 글이다.

과학적인 커피 추출법

탁월한 커피 한 잔을 추출하기 위해서는 우선 생두를 꼼꼼하게 선별, 혼합하고 능숙하게 로스팅해야 한다. 그러나 로스팅 작업까지 완벽하게 마쳤다고 하더라도 추출 과정에서 문제가 생기면 그간의 노력은 물거품이 되고, 형편없는 커피를 추출하기 십상이다. 볶은 원두는 그 성질이 민감하기 때문에 제대로 다루지 않으면 풍미가 상당히 쉽게 변질되어 추출 재료로서의 가치가 저하된다.

아마도 커피만큼 사람의 입맛에 딱 들어맞는 음료도 없을 듯하다. 제대로만 만든다면 이보다 더 매혹적인 음료도 없다. 반면에 잘못 만들면 마시기 고역스러운 음료 역시 커피다. 커피는 이처럼 다루는 방법에 따라 그 풍미가 상당히 달라지지만, 최상의 커피 제조법을 따르는 것만큼 쉬운 일도 없다.

고급 원두로 형편없이 만든 커피보다 저렴한 원두로 제대로 만든 커피가 훨씬 탁월하다는 사실을 명심하자.

성분 정리

로스팅 과정은 커피 생두의 성분을 변화시킨다. 예컨대 수용성 성분이 불용성 성분으로 변화하거나, 반대로 불용성 성분이 수용성 성분으로 변화한다. 또 카페인 성분의 일부가 승화되어 사라지고, 방향족 복합체인 카페올이 생성된다. 더불어 상당량의 기체도 생성되는데, 이 기체의 일부가 원두의 세포 내 압력을 높임으로써 세포를 팽창시킨다. 로스팅 과정에서 원두가 부푸는 것은 바로 이 때문이다. 로스팅 후에 원두에 남아 있는 수용성 성분은 일반적으로 다음의 두 가지로, 즉 무거운 추출물과 가벼운 방향족 물질로 구분 가능하다. 이 두 물질의 구성비와 특성은 원두의 종류와 로스팅 방법에 따라 다르다. 그런데 일반적으로는, 또는 추출 방식을 비교

볶은 원두의 단면(1000배 확대)

하는 실험에서는 이 구성비와 특성이 커피 종류와 무관하게 동일하거나 또는 상당히 유사하다고 전제하는 경우가 많다.

무거운 추출물에는 카페인, 미네랄, 단백질, 캐러멜, 당류, 카페타닌산과 구조를 알 수 없는 다양한 유기물이 속한다. 종종 일부지방이 커피 추출액에 함유되는 경우도 있는데, 이는 지방이 수용성 물질이기 때문에 용해된 것이 아니라 원두에 함유된 지방이 뜨거운 물에 녹아서 추출액 속으로 떨어지기 때문이다.

이 가운데 카페인은 각성 효과를 일으키는 성분으로, 커피 소비에 이바지하는 일등 공신이다. 카페인 자체는 약간의 쓴 맛을 띠지만 커피 한 잔에 함유된 카페인의 양은 미미하기 때문에 커피의 풍미와는 무관하다. 다음으로, 미네랄은 조섬유(식품 및 사료의 일반 분석에서 시료를 뜨거운 황산 및 수산화나트륨용액에 넣었을 때 용해되지 않는 유기성분)의 가수분해 산물과 클로로겐산과 결합해 커피 고유의 쓴 맛과 떨떠름한 맛을 결정한다. 단백질의 경우에는 함유량이 워낙 미미해서 커피 추출액의 영양가를 아주 근소하게 높인다는 것 외에는 별다른 역할이 없다. 커피의 양질감body을 결정하고, 또한 감초와 유사하다 할 수 있는 풍미를 전하는 성분은 커피에 함유된 글리코시드 결합물과 캐러멜이다.

한편 일찍이 누군가가 지적했다시피 '카페타닌산'이란 용어는 잘못된 용어다. 카페타닌산으로 추정되는 성분은 다름 아니라 클로로겐산과 코팔릭산coffalic acids의 화합물일 가능성이 크다. 이 두 성분 모두 순수 타닌산은 아니지만, 타닌산 고유의 반응적 특성을 미미하게 보인다. 중성 커피 중에는 산도가 높다고 알려진 커피와 유사한 정도로 '카페타닌산'을 상당량 함유하고 있는 커피도 있다. 바르니르Warnier[6]는 정밀한 실험을 통해 일부 동인도산 커피의 산도가 0.013%~0.033%임을 밝혀냈다. 원두에 함유된 산의 실제량을 비교적 정확하게 측정한 결과로 보인다. 또한 그 수치가 상당히 미미하다고 볼 수도 있지만, 이 산이 커피 한 잔의 산도(신맛)를 결정한다는 데는 이견이 없을 듯하다. 원두에 함유된 산은 대부분이 휘발성 유기 산성 물질과 로스팅 과정에서 생성된 여타의 산성 물질의 결합체인 것으로 추정된다.

과일 주스나 맥주를 마시면서도 우리는 그 속에 함유된 극소량의 산 또는 신맛을 단번에 느낀다. 또 각 음료에 함유된 산의 양이 얼마나 다른지도 쉽게 느낀다. 함유된 산의 양이 소량에 불과하더라도 이를 중화시키면 음료 고유의 풍미가 사라지고 밋밋함만 남는다는 사실 또한 잘 알고 있다. 따라서 커피 또한 이와 마찬가지로 소량의 산이 커피 추출액의 신맛을 좌우한다고 볼 수 있다. 커피 중화에 관한 몇 가지 실험 결과 역시 커피 추출액을 중화하면 커피 고유의 풍미가 사라진다는 데 힘을 실어주고 있다. 요컨대 이러한 커피의 산도를 결정하는 성분은 클로로겐산과 코팔릭산의 화합물이지, 명칭부터 잘못된 '카페타닌산'이 아니다.

한편 가벼운 방향성 성분과 수증기 증류가 가능한stream-distillable 성분, 예컨대 끓임법으로 커피를 농축할 때 휘발되는 성분은 각 커피의 특성을 좌우한다. '카페올'로 통칭되는 이러한 성분은 커피 종류마다 함유량이 천차만별이다. 우리가 커피 한 잔을 맛보고 어떤 원두에서 추출했는지 구분할 수 있는 것도 바로 이 때문이다.

이 카페올이 우리의 기분을 풀어 주고, 침샘을 자극하는 커피 고유의 향을 만들어낸다.

단백질을 제외한, 커피에 함유된 전 성분은 뜨거운 물에서나 찬 물에서나 쉽게 용해된다. 뜨거운 물로 추출한 맑은 커피를 식힐 때 침전물이 바로 생기지 않는 것으로 보건대 찬 물로도 충분히 추출이 가능함을 알 수 있다. 그러나 추출 속도는 온도가 높을수록 확실히 빠르다. 온도가 높을수록 용해도와 속도가 증가하고, 커피의 세포벽을 뚫고 확산되는 물의 속도가 증가하기 때문이다. 또한 커피가 축축해지는 것을 방지하려는 지방의 작용과 카페올을 보존하려는 지방의 '냉침' 작용이 물의 온도가 높을수록 둔화되는 것도 한 요인이다. 따라서 물의 온도가 높을수록 추출 속도가 빠르고, 단위 시간당 물이 침투되는 정도를 나타내는 추출 효율도도 높아진다.

추출 시간이 길어지면 불용성 성분 중 일부가 가수분해되어 커피 추출액에 섞이게 된다. 가수분해율 역시 물의 온도가 높을수록 증가한다. 또한 가수분해되는 불용성 성분은 텁텁하고 쓴 맛을 띠기 때문에 끓여 만든 커피에서는 불쾌한 맛이 날 수밖에 없다. 그러나 그 정도가 미미해서 커피 전문가들이 아니면 알아차리기 어렵다.

우려낸 커피 추출액에서 원두 가루를 제거한 다음, 다시 끓이는 것 역시 커피의 질을 저하시킨다. 열을 가하는 순간에 발생하는 부분적 과열로 인해 커피가 변질되기 때문이다. 특히 추출액이 기화될 때 얇게 형성된 고체막이 열에 의해 순간적으로 파괴되면서 커피의 질이 상당히 떨어진다. 또한 커피에 함유된, 민감한 성분 중 일부가 이 과정에서 변질되고, 가수분해 및 산화된다. 커피를 이와 같이 만들 경우에는 끓이는 과정에서 수반되는 증기 증류로 인해 방향성 성분이 휘발되어 불쾌한 맛이 더욱 두드러진다.

익히 알려졌듯이 커피 추출액을 다시 데우면 커피의 풍미는 저하된다. 아마도 수용성 단백질의 일부가 물에 녹아 침전하고, 또 추출액을 가열하는 과정에서 수용성 단백질이 열에 직접 노출되면서 추가로 분해되는 것이 이러한 풍미 저하의 한 원인으로 추측된다. 또한 추출액을 냉각할 때는 추출액의 공기 흡수 작용이 일어나고, 산화작용이 연쇄적으로 일어나는데, 재가열 과정에서 열을 가할 때 이 작용이 한층 활발히 일어난다. 더불어 끓이기 방식이 미치는 다른 영향과 함께 커피 주전자의 원료가 커피에 미치는 영향 역시 고려되어야 한다.

물리적 분석

커피 원두는 지방과 방향족 성분을 포함하고 있는 수많은 세포로 이루어져 있다. 그런데 이들 세포는 보호막으로서 기능하고 있기 때문에 원두에 함유된 가용성 고형 성분을 충분히 추출하기 위해서는 원두를 분쇄해 이 보호막을 제거해야 한다. 이 과정에서 무거운 불용성 성분이 상당히 제거된다. 그러나 동시에 세포가 파괴되면서 카페올 역시 함께 휘발된다. 또한 보통 곱게 분쇄한 후 살짝 열을 가할 때 카페올의 휘발 가능성은 더욱 증가한다. 따라서 원두 가루로 블라인드 테스트를 실시하면 커피 감별사cup-tester마저도 난색을 표한다. 하긴 어느 커피 감별사가 원두 가루로 커피를 선별하겠는가?

이번에는 갓 분쇄한, 입자가 굵은 원두와 보통의 원두 가루(가루 커피)를 비교해 보자. 가루 커피나 그 추출액보다 갓 분쇄한, 굵은 원두의 풍미가 훨씬 풍성함을 알 수 있다. 이 차이는 카페올의 함유량 때문이다. 분쇄 입자가 미세할수록 수용성 물질의 추출은 더욱 쉬워진다. 그러나 카페올은 수용성이면서 또한 상당히 쉽게 휘발되는 성질이 있기 때문에 미세하게 분쇄할수록 추출 단계로 넘어가기 전에 이미 상당량의 카페올이 휘발되고 만다. 따라서 모든 세포가 파괴될 정도로 극도로 미세하게 분쇄하지는 않되, 원두에 함유된 성분을 충분히 추출할 수 있도록 적당히 분쇄하는 것이 중요하다. 이런 측면에서 볼 때, 킹[7]이 제안한 커피 분쇄법은 상당히 설득력이 있다. 물론 비휘발성 성분이나 카페올을 최대한 추출할 수 있는 방식은 아니지만 전반적으로 봤을 때 가장 고품질의 커피를 추출할 수 있는 것으로 보인다.

요컨대 원두는 분쇄되면서 각 커피의 풍미와 특성을 결정하는 휘발성의 방향족 성분 등을 잃어버리기 때문에 분쇄 작업은 반드시 추출 직전에 하도록 한다.

추출법의 종류

추출 방식을 분류할 때는 일반적으로 끓이기boiling, 담그기 steeping, 삼출percolation, 여과filtration 방식으로 분류한다. 트루 퍼 컬레이션true percolation은 업계에서는 여과로 통하는 간단한 추출 방식인데, 여기서 말하는 삼출 혹은 퍼컬레이션은 펌프식 삼출기를 이용한 추출 방식을 가리킨다.

끓이기 방식으로 만든 커피는 일반적으로 탁하다. 물이 펄펄 끓는 과정에서 원두 가루가 분해, 분산되어 한층 미세해진 입자가 부유하기 때문이다. 이 커피를 정화시킬 때는 보통 달걀 흰자나 달걀 껍질을 넣는데, 달걀의 알부민이 추출액의 높은 온도에 의해 원두 입자의 표면에 응고되고, 그 무게 때문에 입자가 아래로 가라앉게 된다. 그러나 이같은 정화 과정을 거친다고 해도, 다른 방식으로 추출한 커피에 비해서는 탁할 수밖에 없다. 뿐만 아니라 끓이기 과정에서는 가수분해와 산화 작용, 부분적 과열이 상당히 발생하고, 카페올은 수증기로 증류된다. 그럼에도 불구하고 이 추출 방식을 오랫동안 고집하는 사람들은 상대적으로 쓴 커피 맛에 익숙해져 있기 때문에 다른 방식으로 추출한 커피를 달가워하지 않는다. 잘못 길들여진 입맛이라고밖에는 달리 할 말이 없다. 미식가의 입장에서는 끓여 만든 커피의 미덕을 전혀 찾을 수 없기 때문이다.

커피에 찬물을 붓고 이를 가열하는 담금법의 경우, 급격한 상태 변화가 발생하지는 않는다. 부분적 과열과 가수분해가 일어나기는 하지만 끓이기 방식만큼은 아니다. 또한 산화 작용 역시 활발하지 않고 휘발되는 카페올도 없다. 다만 커피와 물이 완벽하게 혼합되지 않기 때문에 추출이 불완전하게 이루어진다는 단점이 있다.

완벽한 커피 한 잔을 추출하기 위해서는 물의 온도와 추출 후의 커피의 온도를 유지하는 것이 관건이다. 그런데 펌프식 삼출기의 경우, 담금법으로 추출할 때와 마찬가지로 추출 전후의 온도차가 상당하다는 단점이 있다. 또 열을 가함으로써 부분적 과열이 일어나고, 원두에 물을 침투시키는 방식 때문에 추출이 비효율적으로 이루어진다는 단점이 있다. 다시 말해 원두 가루 위에 물을 분사하는 방식으로는 물이 한 번에 원두에 침투할 수 없을뿐더러 분사 횟수가 늘어날수록 가루에 홈이 파여 추출이 비효율적으로 이루어진다. 완벽한 추출의 정도正度는 추출 성분이 빠져나갈수록 신선한 용매를 넣는 것이다. 그런데 펌프식 삼출기로 추출할 경우, 원두의 추출 성분이 빠져나갈수록 원두 표면에 분사되는 용매의 농도는 더욱 진해진다. 따라서 일정한 추출 수준에 소요되는 시간도 길어지고, 뿐만 아니라 원두 농축액의 상당량이 원두 가루에 스며들어 나중에 찌꺼기로 버려지게 된다.

가장 간단한 방법은 여과 매체 위에 원두 가루를 담고 그 위에 끓는 물을 붓는 방법이다. 이렇게 하면 물이 원두 가루에 천천히 스며들면서 하단의 용기로 적하되고, 이렇게 추출된 커피는 원두 가루와 재차 섞일 일이 없다. 물이 원두 가루에 침투하면 원두의 수용성 성분이 추출되고, 중력에 의해 용매인 물과 함께 아래로 떨어진다. 이때 물은 신선한 물을 사용하며, 여과 매체 역시 성능이 우수한 제품을 택한다. 이 경우 물은 적당한 속도로 원두 가루를 통과해 완벽한 추출이 이루어지면서 투명도가 높은 커피를 추출할 수 있다. 또한 단시간 내에 커피에 함유된 유용한 성분을 최대한 추출하면서 산화와 가수분해, 카페올 손실은 최소화할 수 있다. 이렇게 추출한 커피를 바로 마시거나, 또는 중탕 장치에 보관해 온도를 유지하면 부분적 과열 또한 방지할 수 있다. 게다가 이와 같이 커피를 추출할 경우에는, 여과기만 우수하다면 여느 추출 방식에 비해 더욱 미세한 원두를 사용할 수 있고, 따라서 한층 맑은 커피를 추출하는 것이 가능하다. 탁월한 커피 한 잔을 추출하기 위해서는 각 과정을 정확히 따르도록 한다.

다양한 여과지와 여과천을 시중에서 쉽게 구할 수 있으므로 위에서 제시한 방법에 따라 커피를 추출하면 상당히 훌륭한 커피를 맛볼 수 있다. 여과지의 경우 추출할 때마다 새 여과지를 사용하기 때문에 위생적으로 우수하다. 반면에 여과천의 경우, 이와는 달리 부패를 방지하기 위해 사용하지 않을 때는 물에 담가 보관해야 한다는 번거로움이 있다.

이러한 여과 장치의 대부분이 대용량 커피 주전자coffee urn에 장착 가능하게 만들어졌고, 또 사용해 본 사람이라면 잘 알다시피 원두 가루에 홈을 만들지 않고 물 전체를 천천히 투과시키기 때문에 여과기를 이용하면 완벽한 커피를 추출할 수 있다. 대용량 주전자 중에는 여과망이 부착된 주전자가 상당히 많다. 여과망은 양쪽 가장자리가 묵직한 것이 좋다. 그래야만 물이 가장자리로 새는 일 없이 주머니 가운데 담긴 원두 가루로 침투하기 때문이다. 이같은 주머니로 추출의 효율성을 극대화하기 위해서는 원두 가루에 물을 두 번 따라 부어 물이 두 번 침투되도록 한다. 단, 그 이상 물을 부으면 가수분해가 촉진돼 커피의 떠름한 맛이 강해진다. 여과망을 보관할 때는 건조한 상태로 두지 말고, 주전자에 찬 물을 받아 물 속에 담가 보관한다. 한편 물 재킷(과열을 냉각시키는 장치)이 장착된 주전자를 이용하면 커피 추출 후에도 온도를 일정하게 유지시켜 온도 변화로 인한 커피의 풍미 저하를 방지할 수 있다.

커피 추출액의 구성 성분

앞서 언급한 다양한 추출 방식을 비교하는 실험에서는 커피 추출액의 풍미를 비교하고, 일정한 농도의 커피를 몇 잔이나 추출 가능한지, 또는 일정량의 커피를 추출할 경우 상대적인 농도가 어떠한지를 비교한다. 그러나 화학적 분석 수준이 아직까지는 미미하기 때문에 이 결과만으로 각 추출 방식의 등급을 확정짓기는 이르다. 예컨대 카페올의 함유량은 너무나 미미하기 때문에 이 수치를 비교하기는 어렵다. '카페타닌산' 측정 역시 현실적으로 큰 의미가 없다. 카페타닌산의 경우, 구성 성분이나 생리학적 작용이 명확히 규명되지 않았고, 또 측정 방식과 결과 해석에 있어서도 이견이 분분하기 때문에 추출 방식별 카페타닌산 함유량을 비교해 보아야 큰 의미가 없다. 현재로서 정확한 비교 분석이 가능한 것은 카페인 함유량이 유일하다.

상당수의 커피 광고에서 자사 커피의 카페인 함유량이 적음을 거듭 강조한다. 그런데 사람들이 커피를 소비하는 주된 이유가 무엇인가? 당연히 카페인 때문이다. 따라서 특정 추출기가 카페인을 비교적 적게 추출한다고 해서 여타 추출기보다 뛰어나다고는 할 수 없다. 또한 카페인을 원하지 않는 소비자를 위해서 시장에는 이미 디카페인 커피가 출시되지 않았던가.

한편 커피 추출액과 금속과의 접촉 역시 커피의 질을 떨어뜨리는 한 요인이기 때문에 금속, 그중에서도 특히 철제 도구는 가능한 한 쓰지 않도록 한다. 대신에 토기나 유리 추출기를 사용한다. 이 둘 중에서 더욱 안전한 것을 고르라면 유리보다는 토기다.

금속 중에서도 은, 알루미늄, 모넬메탈(니켈과 구리로 만들어진 합금의 일종, 산에 강함), 주석은 나열한 순서대로 커피 추출물에 잘 견디는 편이다. 이외에도 니켈, 구리, (표면에 기표가 전혀 없는) 법랑철기 등도 불순물의 형성 없이 추출액에 잘 견디는 편이다. 여과망이 부착된 커피 주전자를 구입할 때는 여과망의 고리가 주석을 도금한 구리나 모넬메탈, 알루미늄으로 만들어졌는지 반드시 확인한다. 또 커피 추출 과정에서는 금속 추출기를 사용하더라도 추출액을 담는 용기는 토기나 유리로 된 것을 이용한다.

제조 기구의 관리에도 각별히 신경을 쓰는 것이 좋다. 기구의 청결도가 커피 추출액의 질을 좌우하므로 언제나 청결히 관리한다. 먼지나 미세 가루, 금방 부패하는 지방이 도구의 가장자리나 바닥, 손이 잘 닿지 않는 구석에 남지 않도록 꼼꼼히 정리한다. 또 금속 불순물이건, 외부의 오염물이건 이물질이 생기면 즉시 제거하도록 한다.

7 완벽한 커피 한 잔을 만드는 비결

커피 애호가들이 완벽한 커피를 즐길 수 있는 환경을 만들기 위해서는 생두 수입을 엄격하게 통제하지 않으면서 또한 소비자들이 불량품을 구매하는 일이 없도록 정부 차원에서 대대적인 현장 점검을 실시해야 한다. 순정식품법pure food laws에 의거해 가짜 상표 부착이나 바꿔치기 등의 불법 행위를 철저하게 단속하는 것이다. 미 농무부에서는 커피를 '여타 첨가물 없이 로스팅한 원두만을 물에 우려내 만든 음료'로 규정하고 있다.

오늘날에는 제 아무리 평판이 좋은 상인일지라도 원산지 등을 표시하지 않고서는 달아서 파는 커피loose coffee를 판매하지 않는다. 또한 소비자들은 포장된 커피를 구입하면서 부착된 라벨의 내용을 믿고 커피를 구입한다.

커피는 전 세계 20여 개 국가에서 생산되고 있고 그 종류만도 100여 종에 이른다. 뿐만 아니라 여러 종의 원두를 다양하게 블렌딩할 수 있기 때문에 단종 커피straight coffee를 즐기는 사람이나 블렌드 커피를 즐기는 사람이나 모두 제 입맛에 맞는 커피를 즐길 수 있다. 혹시라도 커피 마시기가 곤혹스럽다면 섣불리 커피 대용 음료를 찾기보다는 다양한 커피를 마셔 볼 것을 권한다.

한때는 모카자바 커피만을 탁월한 블렌드 커피로 취급하기도 했다. 그러나 오늘날에는 다양한 블렌드 커피가 출시돼 사람들의 입맛을 사로잡고 있다. 뿐만 아니라 카페인에 민감한 사람들은 푸에르토리코에서 재배되는 몇몇 커피처럼 카페인 함유량이 적은 커피를 마시거나, 제조 과정에서 카페인을 제거한 커피를 골라 마실 수 있다.

커피 전문가들 중에는 아직까지도 자바 3분의 2와 모카 3분의 1을 배합하는 전통 블렌딩 방식을 고집하는 이들도 있다. 필자의 경우에는 콜롬비아 메데인산 커피 2분의 1과 만델링(인도네시아 수마트라산) 커피 4분의 1, 모카 커피 4분의 1을 배합한 커피를 수년째 즐기고 있다. 그러나 이 역시 모두의 입맛에 맞을 거라고 확신하기는 어렵다. 또한 이 세 원두를 구입하기가 늘 쉬운 것만도 아니다.

또 하나 추천할 만한 블렌딩 방식이 있다면 콜롬비아산 고급 커피와 습식 가공washed coffee(열매 수확 후 외과피를 제거하고 발효 및 세척 과정에서 점착성 물질을 제거한 다음 파치먼트(내과피) 상태로 건조)한 마라카이보, 산토스를 동일한 비율로 배합하는 방식이다. 한 대형 커피 체인점에서는 버본 산토스 60%와 콜롬비아산 커피 40%를 배합한 최고급 블렌딩 커피를 판매하고 있다. 미식가들이라면 멕시코산 커피와 과테말라의 코반, 인도네시아의 수마트라, 베네수엘라의 메리다, 하와이의 '코나'산 커피와 같은 고급 커피를 연구하고, 또 시음해 보고 싶은 마음이 굴뚝 같을 것이다.

완벽한 커피 한 잔을 만들기 위해서는 원두가 탁월해야 할뿐더러 신선해야 한다. 가능하면 추출 직전에 원두를 분쇄한다. 또한 필자의 경험상, 가는 알갱이 설탕 크기로 원두를 분쇄할 때 커피의 맛이 가장 탁월했다. 분쇄 작업이 끝났다면, 가정에서 커피를 추출할 때는 여과지나 여과천이 부착된 추출기를 사용할 것을 권한다. 최고의 커피만을 고집하는 미식가라면 이보다 성능이 뛰어난, 자기로 만든 프렌치 드립 추출기나 여과천 중에서도 한층 정교하게 만든 여과천을 사용할 것을 권한다. 커피를 추출한 다음에는, 우선 블랙커피 상태로 잔에 담아 취향에 따라 크림이나 데운 우유를 넣어 마신다.

여기서 한 가지 명심할 점은, 값비싼 커피 주전자나 추출기가 있어야만 훌륭한 커피를 만들 수 있는 것은 아니라는 점이다. 일반

자기 용기와 모슬린 한 장으로도 탁월한 커피를 얼마든지 추출할 수 있다. 완벽한 커피 한 잔을 만들기 위해서는, 이보다는 로스팅 과정에서부터 커피를 잔에 따르기까지, 매순간 정성을 다하는 것이 더욱 중요하다.

한편 홀링워스Hollingworth[8]는 맛으로만 구분한다면 퀴닌(기나나무 껍질에서 얻는 알칼로이드로, 말라리아 치료제 등으로 쓰임)과 커피, 또 사과와 양파를 구분하는 것이 어렵다고 했다. 그러나 커피에는 카페인의 각성 효과와 혀의 미뢰를 자극하는 특유의 맛 이외에도 다른 무언가가 있다. 바로 커피 고유의 향과 시각적인 즐거움이다. 커피 한 잔을 마시며 이 모든 즐거움을 만끽하기 위해서는, 커피의 탁월한 맛이 우리의 미각을 사로잡기 전에 시각적으로나 후각적으로도 뛰어나야 한다. 우리의 후각을 유혹하는 기가 막힌 향은 커피의 거부할 수 없는 매력 중 하나다.

커피를 만드는 과정에서 커피 향의 보존에 심혈을 기울여야 하는 이유가 바로 여기에 있다. 갓 추출한 커피에서 퍼져 나오는 향에 긴장을 풀게 되는 그 한순간 때문이다. 이를 위해서는 추출 직전에 원두를 로스팅하고 분쇄한다. 오래 전에 분쇄해 둔 원두로는 풍성한 풍미를 기대하기 어렵다. 또한 커피 추출액을 끓이면 집안 전체를 커피 향으로 채울 수는 있지만 한 번 날아간 향은 되돌릴 수 없기 때문에 생기 잃은 커피가 되고 만다.

요컨대 올바른 커피 끓이기를 정리하면 다음과 같다.

1. 품질 좋은 원두를 구입하고, 분쇄할 때에는 추출 도구에 적합한

크기로 분쇄한다.

2. 분쇄한 원두를 커피 한 잔당 큰 스푼으로 한 스푼 가득 준비한다.

3. 프렌치 드립 추출기나 여과기를 이용해 갓 끓인 물을 원두 가루에 붓고 골고루 스며들도록 한다. 단, 이 과정은 한 번이면 족하다.

4. 펌프식 삼출기나 또는 데워진 물을 원두 가루에 반복 분사하도록 설계된 기구는 사용하지 않는 편이 좋다. 또한 커피는 절대로 끓이지 않는다.

5. 커피를 대접할 때는 뜨거운 '블랙' 커피 상태로 대접하고 설탕이나 데운 우유 혹은 크림을 함께 내놓는다.

8 커피 플레이크

멜론산업기술연구소는 콘티넨털캔 사의 지원 하에 커피에 관한 연구를 수행하던 중에 우연히 '커피 플레이크'를 개발했고, 덕분에 미국 특허까지 취득했다(등록번호 1,903,362).

커피 플레이크는 과립 형태의 원두를 압축한 후에 둥글게 말아 박편 형태로 만든 커피다. 제조 과정에서 원두의 각 조직이 눌러지고 파괴되면서 원두 입자가 원판으로 압축되거나 달걀형의 박편이 된다. 커피 플레이크는 일반 원두 가루보다 살짝 어두운 색을 띠는데, 이는 일반 원두에 비해 농도가 강하고 원두에 함유된 오일이 표면에 살짝 배어 나오기 때문이다. 세포의 부피가 줄어들기 때문에 커피 플레이크의 부피는 일반 원두의 절반 정도다. 완성된 플레이크의 크기는 모두 동일하고, 그 두께가 0.5밀리미터 안팎에 불과하다. 이처럼 각각의 두께가 동일하면서도 굉장히 얇기 때문에, 커피 플레이크는 균질적이고 빠른 커피 추출에 적합하다. 농도 면에서 보자면, 커피 플레이크 10온스(약 283.5g)의 농도는 일반 분쇄 커피 1파운드(453.6g)의 농도와 비슷하다. 추출 방식과 도구에 상관없이 어떤 방법으로든 커피 추출이 가능하다.

공장에서 생산되는 플레이크는 '순환' 공정을 거쳐 보존된다. 생산업체의 말에 따르면 '순환' 공정이란 플레이크를 담는 캔 내부를 소량의 순수 이산화탄소로만 채운 다음, 이 상태로 밀봉하는 작업이다. 주위 압력과 무관하게 플레이크를 보존하기 위해 필요한 작업이다. 이때 캔 내부에 들어 있는 소량의 이산화탄소는 플레이크 내부에서 다시 녹는다고 한다. 소규모 공장에서는 이러한 플레이크 캔 10온스짜리를 1분당 20~24개 정도 생산한다.

그런데 이 제품은 아직까지는 제한된 양만을 시판하고 있기 때문에 소비자들의 반응이 어떠한지 정확하게 말하기가 어렵다.

9 향미료로서의 커피 활용

아이다 C. 베일리 앨런 여사는, 1919~1923년의 미국 커피업계공동홍보위원회의 브라질 커피 홍보 활동을 지원할 목적으로 집필한 한 소책자에서 커피를 향미료로 활용하는 방법을 이렇게 제시했다.

커피가 미국인의 국민 음료로는 확고한 자리를 잡았지만, 그에 비해 탁월한 향미료로서의 커피 활용법을 알고 있는 요리사는 많지 않은 듯하다. 커피와 궁합이 잘 맞는 요리는 상당히 많다. 그중에서도 디저트와 소스, 단 음식과 커피는 특히 잘 어울린다. 풍부하고 진한 향미를 선호하는 사람이라면 커피를 첨가한 이러한 요리에 더욱 매료될 것이다.

향미료로 활용할 커피 추출액을 만들 때에도 보통의 커피 추출액을 만들 때와 마찬가지로 정성을 쏟는다. 갓 추출한 커피를 이용하는 것이 가장 좋기는 하지만 경제적인 측면을 고려해 식사 때 마시고 남은 커피를 이용하는 것도 좋은 방법이다. 단, 남은 커피 안에 원두 찌꺼기를 넣는 일은 없도록 한다. 이 경우 쓴 맛이 증가하기 때문이다. 커피 추출액 외에도 물 등의 액체가 들어가는 요리라면 첨가한 커피 양을 고려해 액체의 양을 줄인다.

요리에 따라서는 적정량의 커피 가루를 요리의 바탕이 되는 용액에 섞거나 또는 이를 중탕 가열하는 것이 요리의 향미를 더욱 배가시키기도 한다. 이 경우에는 커피의 향미를 그대로 더하면서도, 커피 추출액을 첨가하는 경우와는 달리 물을 넣지 않아도 되기 때문에 완성된 요리의 고유한 맛을 망치는 일이 없다. 특히 우유를 주 재료로 하는 각종 디저트, 예컨대 커스터드류와 몇몇 바바리아 크림, 아이스크림 등을 만들 때는 이 방식을 추천한다. 이때 적절한 커피 가루의 양은 보통 주 용액 한 컵당 한 스푼으로, 커피를 한 스푼 가득 떠서 찬 우유나 크림 한 컵과 섞은 다음, 중탕 주전자에 담아 뜨거운 물로 가열하고 이를 미세한 거름망이나 무명천에 걸러서 찌꺼기를 모두 제거한 다음 이용한다.

거의 모든 디저트와 과자에 커피를 향미료로 첨가해 볼 만하다. 더불어 커피 시럽 조리법을 소개하면 다음과 같다.

커피 시럽 : 상당히 진한 커피 2쿼트(약 1.89리터)와 설탕 3.5파운드(약 1.59킬로그램)를 준비한다. 커피를 진하게 추출하는 이유는 나중에 시럽이 대부분 희석되기 때문이다. 이를 위해서 커피 1파운드(약 453.59그램)당 물 1.75쿼트(약 1.656리터)를 준비하고, 각자 선호하는 방식으로 추출한다. 그런 다음 찌꺼기를 걸러낸 커피에 설탕을 넣고 끓인다. 펄펄 끓기 시작하면 2~3분간 더 끓인 후, 그 상태로 소독한 병에 밀봉한다. 포도 주스나 다른 밀봉 주스와 마찬가지로 가능한 한 내용물을 가득 채운 후 봉한다.

★ 주석

1) Frankel, F. Hulton. Ph.D. 《차 · 커피 저널》, 1917 (vol. xxxii: p. 142)
2) 1장 참조.
3) 험프리 브로드벤트Humphrey Broadbent, 「런던의 한 커피 상인The Domestick Coffee Man」, London, 1722
4) Dutch New York, 1909 (p.132)
5) 앨리스 모스 얼Alice Morse Earle, 「옛 뉴잉글랜드의 문화와 풍습Customs and Fashions of New England」, 1909
6) Pharm. Weekbl. voor Nederl, No. 13, 1899. Apoth. Ztg., 1899 (p. 14).
7) 《차 · 커피 저널》, 1917년 (vol. xxxiii: pp. 552~55)
8) Hollingworth, H. L. and Poffenberger, A. T., Jr. 《미각(The Sense of Taste)》, 1917 (p.13)

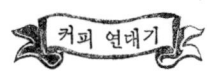

1900	케냐에서 상업적 커피 재배를 시작하였다.
1900~1901	브라질 산투스가 리우데자네이루를 누르고 세계 최대의 커피 공급처로 부상함에 따라 새로운 커피 시대가 개막되었다.
1901	버펄로에서 개최된 전미박람회에서 카토커피 사가 카토 박사의 인스턴트커피를 출시하였다.
1901	아메리칸캔 사가 미국 시장에서 양철 커피통을 생산·판매하였다.
1901	세인트루이스의 J. H. 쿠헬마이스터가 성능이 한층 개선된 100% 종이 재질의 커피통(마분지, 칩보드, 마닐라지를 속지로 이용)을 미국 시장에 선보였다.
1901	차·커피 업계의 기관지 격인 《차·커피 저널》 창간호가 뉴욕에서 발행되었다.
1901	레위니옹 섬에서 영국령 동아프리카로 커피 재배를 전래하였다.
1901	뉴욕의 로버트 번스가 커피 로스터 겸용 냉각기로 2건의 미국 특허를 취득하였다.
1901	미시건 마셜의 조지프 램버트가 간접indirect 가열식 가스 로스터 초기 모델을 미국 시장에 출시하였다.
1901	영국 미들섹스 브렌트포드의 T. C. 모어우드가 샘플링관의 탈부착이 가능한 가스 커피 로스터를 개발해 영국 특허를 취득하였다.
1901	F. T. 홈스가 뉴욕 실버크리크의 헌틀리매뉴팩처링 사와 함께 업소용 '모니터' 커피 로스터 조립에 착수하였다.
1901	랜더스프레리앤클라크 사가 '유니버설' 여과식 커피 추출기로 미국 특허를 취득하였다.
1902	필라델피아의 콜스매뉴팩처링 사(이후 브라운 사로 계승)와 헨리 트로임너가 기어 구동식 전기 커피분쇄기를 생산·판매하였다.
1902	멕시코시티에서 열린 범미주회의Pan-American Congress에서 국제커피연구회의를 같은 해 10월 뉴욕에서 개최할 것을 제의하였다.
1902	국제커피회의가 10월 1일에서 30일까지 뉴욕에서 개최되었다.
1902	브뤼셀 식물원에서 자바로 '로부스타' 커피가 전래되었다.
1902	유니언백앤페이퍼 사가 기계를 이용해 무늬가 가미된 이중 종이봉투를 처음으로 생산하였다.
1902	야겐베르크머신 사가 일련의 독일제 자동 커피 포장·라벨 부착기를 미국에 전래하였다.
1902	미니애폴리스의 T. K. 베이커가 천 필터cloth-filter를 부착한 커피 추출기로 2건의 미국 특허를 취득하였다.
1903	시카고의 사토리 카토가 커피 농축 및 농축 제조 방식(인스턴트커피)으로 미국 특허를 취득하였다. 이후 시카고 카토커피 사에 권리를 양도하였다.
1903	F. A. 코코이스가 '코피표' 인스턴트 커피를 미국에 출시하였다. 볶은 원두와 설탕을 분말로 만든 상품이다.
1903	브라질산 커피의 과잉 생산으로 뉴욕거래소의 산토스 No.4

1903	뉴욕의 존 아버클이 원통형 로스터 내부로 '뜨거운 연소 가스'가 효율적으로 전달되도록 선풍기를 부착한 커피 로스팅 기계로 미국 특허를 취득하였다.
1903	뉴욕의 조지 C. 레스터가 전기 커피 로스터에 관한 미국 특허를 취득하였다.
1904	E. 데네캠프 박사가 볶은 원두용 송진 글레이즈로 미국 종이봉투 특허를 취득하였다. 원두 향미 보존에 효과적이었다.
1904	D. J. 쉴리의 주도로 이른바 목화 상인들의 커피 사재기가 시작돼 생두 가격이 11.85센트로 인상되었다. 2월 5일 하루 동안 백만 포대 이상이 거래돼 기존의 뉴욕커피거래소의 기록을 모조리 갈아치웠다(목화 상인들이 커피를 사재기 한 이유는 역설적이게도 예상치 못할 정도로 낮았던 당시의 커피 가격 때문이었다).
1904	지그문트 슈테른과 J. P. 슈테프, L. 슈트라스베르거가 커피 삼출기로 미국 특허를 취득하였고, 뉴욕 S. 슈테른앤코에 권리를 양도하였다.
1904~05	더글러스 고든이 커피 과육 제거기와 건조기로 복수의 미국 특허 취득 후 뉴욕 마커스메이슨앤코에 권리를 양도하였다.
1905	버펄로의 A. J. 디어 사가 자사의 '로열' 전동 커피 분쇄기를 상인들에게 할부로 직접 판매하였다. 장비중개상을 거치던 기존 판매 방식에 일대 변혁을 일으켰다(A. J. 디어 사는 현재는 뉴욕 호넬에 위치한다).
1905	H. L. 존스턴이 커피분쇄기에 관한 미국 특허 취득 후 오하이오 트로이의 호바트매뉴팩처링 사에 특허권을 양도하였다.
1905	프레데릭 A. 코코이스가 일본 여과지를 이용한 '사유재Private Estate'라는 여과식 커피 추출기를 선보였다.
1905	필라델피아의 핀리 애커가 커피 삼출기로 미국 특허 취득하였다. '흡수성이 뛰어난 종이'를 여과매개체로 활용한, 측면에 구멍을 낸 삼출기이다.
1905	오스트리아-헝가리 제국의 트리에스테에 커피 거래소가 개장되었다. 오스트리아-헝가리 제국은 양국이 대타협을 통해 수립한 합스부르크 왕가의 제국이다 (1867~1918).
1905	독일 브레멘의 카피헨델스아크틴게젤샤프트에서 카페인 제거 공정으로 독일 특허를 취득하였다.
1906	캔자스시티의 H. D. 켈리가 '켈럼 열 자동' 커피 추출기로 미국 특허를 취득하였다. 진공 원리를 이용해, 삼출 작업 전에 원두가루를 골고루 섞이도록 설계한 추출기이다. 이후 16건의 관련 특허가 발행된다.
1906	벨기에 태생의 미국 화학자 G. 워싱턴이 정제된 인스턴트커피를 개발하였다(참고로 워싱턴의 부모는 영국인이고, 워싱턴은 한때 과테말라시티에서도 거주하였다).
1906	브루클린의 프랭크 T. 홈스가 개량 커피 로스팅 기계로 특허를 취득하였다. 이에 대한 권리는 헌틀리매뉴팩처링 사에 양도하였다.
1906	모에글링 선장이 1900년에 개발한 전기 커피 로스터를 독일에서 실연하였다.
1906	루드비히 슈미트가 커피 로스터에 관한 미국 특허를 취득하였다. 특허권은 세인트루이스의 에스뮐러밀퍼니싱 사에 양도하였다.
1906	제1회 브라질 커피 생산 주 회의가 2월 29일에 상파울로 타우바테에서 개최되었다.
1906~07	브라질 커피 수확량이 2,019만 자루를 달성하며 대기록을 수립하였다. 상파울로 주정부에서 커피 가격 안정책을 도입하였다.
1907	미국에서 순정식약품법(Pure Food and Drug Act)이 발효됨에 따라 정확한 커피 라벨 부착이 의무화되었다.

1907	밀라노의 데시데리오 파보니가 베차라Bezzara 커피 제조 시스템을 개선해 이탈리아 특허 취득하였다. 한 컵 분량의 커피를 고속으로 우려내도록 개선하였다.
1907	시카고의 P. E. 에트바우어(E. 에트바우어의 부인)이 이중 자동계량기로 미국 특허를 취득하였다. 단순하면서도 빠르고 정확하며 가격이 합리적인 커피 계량기를 처음으로 선보였다는 평가를 받았다.
1908	존 프리데릭 메이어 Jr.박사와 루드비히 로셀리우스, 칼 하인리히 윔머가 카페인 제거 공정으로 미국 특허를 취득하였다.
1908	브라질이 영국 커피 선전 회사를 재정 지원하는 방식으로, 영국에서 커피 선전 활동을 개시하였다.
1908	(미국 자치령) 푸에르토리코 커피 생산자들이 수입산 커피 전체에 파운드당 6센트의 보호 관세를 부과할 것을 요청하는 의견서를 미국 의회에 제출하였다.
1908	브라질 정부 및 은행가 연합의 주도 하에 커피 가격 안정책이 재시행되었다. 이 과정에서 영국, 독일, 프랑스, 벨기에 및 미국 은행이 헤르만 시엘헨을 통해 7,500만 달러의 차관을 제공하였다.
1908	미시건 배틀크리크의 J. C. 프림스가 소매점용 소형(50~130파운드) 가스·석탄 로스터에 장착 가능한 개량 주름 실린더를 개발해 특허를 취득하였다.
1908	개량 번스로스터가 미국 특허품으로 등록하였다. 뚜껑이 없는 다공성 실린더로, 유연성이 뛰어난 후면과 안정적인 프론트베어링front bearing이 특징이다.
1908	시카고의 I. D. 리히하이머가 일본 여과지를 이용한 개량 추출기의 일종인 '트리콜레이터'를 선보였다.
1908~11	과테말라 안티과의 R. F. E. 오크라사가 커피 껍질제거기, 세척기, 건조기 및 분리기로 복수의 영국 특허를 취득하였다.
1909	G. 워싱턴이 개발한 정제된 인스턴트 커피가 미국 시장에 출시되었다.
1909	프림스가 개발한 커피 로스터에 관한 권리를 양도 받은 A. J. 디어 사가 '로열' 커피 로스터란 상표로 이를 재출시하였다.
1909	번스가 틸팅형tilting 샘플 커피 로스터를 개발해 가스·전기 가열장치에 관한 미국 특허를 취득하였다.
1909	뉴욕의 프레데릭 A. 코코스가 재주입re-pouring용 원심 펌프를 장착한 커피 추출기로 미국 특허를 취득하였다.
1909	세인트루이스의 C. F. 블랭크가 드립용 주머니를 부착한 사기 주전자로 2건의 미국 특허를 취득하였다.
1910	뉴욕의 멀크앤코에서 '디카파Dekafa' 라는 상표명으로 독일산 디카페인 커피를 미국에 첫 출시하였다. 이후 '디코파Dekofa' 로 상표명을 변경하였다.
1910	이탈리아 밀라노에서 B. 벨리가 『커피』를 출간하였다.
1910	프랭크 바르츠가 중심이 같은concentric 톱니바퀴열이 달린 평면형·오목형 커피 분쇄 날 개바퀴disk를 개발해 2건의 미국 특허 취득 후 이 권리를 뉴욕 호넬의 A. J. 디어 사에 양도하였다. 이 발명품은 전동 커피 분쇄기에 장착되었다.
1911	아메리칸캔 사에서 용기 내부에 황산지(진한 황산 용액으로 처리한 종이로, 방수 및 방지 효과가 뛰어나 식품과 약품의 포장지로 쓰임)를 덧댄 100% 섬유 재질의 '댐프타이트' 커피통을 출시하였다.

9

문학과 커피

문학작품 속의 커피에 관해 연구한다는 것은 결국 라제스(850~922)가 살았던 시대부터 프랜시스 살터스 살터스Francis Saltus Saltus(19세기 미국 시인, 1849~1889)가 살았던 시대까지 문명화된 사회의 사고의 진수를 엄선해 살펴보는 것과 마찬가지다. 1장에서 살펴봤듯이, 커피를 소개한 최초의 저자는 의학자이자 철학자였던 라제스다. 그 뒤를 동시대의 위대한 의학자 벤지아즐라와 아비센나(980~1037)가 잇고 있다.

그 이후 커피에 관한 갖가지 전설이 널리 알려지게 되었고, 아라비아와 프랑스, 이탈리아, 영국 시인들은 이 전설을 모태삼아 시를 썼다.

속설에 따르면 모카의 이슬람 율법학자 게마레딘 교주가 1454년경 커피의 특성을 발견해 아랍권에서의 커피 문화를 확산시켰다고 한다. 이 새로운 음료에 관한 지식이 16세기 말경 유럽으로 전래될

수 있었던 데에는 두 식물학자, 라
우볼프와 알피니의 공이 컸다.

커피의 기원에 관한 기록물 가
운데 현존하는 최고最古의 문헌은
압달 카디르 이븐 모하메드(이하, 압
달 카디르)가 1587년에 쓴 문헌이다.
커피의 음용을 권하는 이 유명한
아랍어 필사본은 현재 프랑스국립
도서관에 '아랍어, 4590' 문서로
보관돼 있다. 아랍어 표제는 아래
와 같은데, '커피(4)의 합법성(3) 논

커피에 관한 현존하는 세계 최고最古의 필사본. 1587년.
압달 카디르의 아랍어 수기 일부로, 프랑스 국립도서관
에서 촬영.

쟁과 관련해 무결함(2)을 주장함(1)' (숫자는 대응하는 단어를 의미)이라고 해
석할 수 있다. 혹은 '커피 음용의 합법성을 옹호하는 주장' 정도로
의역할 수 있다.

القهوة   حل في   الصفوة   عمدة
   4   3   2   1

이것은 다음과 같이 발음한다 (오른쪽에서 왼쪽으로) :

omdat   as   safwa   fi   hall   al   kahwa
  1   2   3   4

압달 카디르는 기원후 16세기 인물로, 헤지라 996년(이슬람력, 기원
후 1597년)에 이 글을 집필했다. 아랍권에서는 1450년 이후에 커피가
대중적으로 보급됐다. 예언자 마호메트(632년 사망)가 살았던 당시에
는 커피를 음용하지 않았다. 그러나 마호메트가 두뇌 활동에 영향

을 미치는 자극적인 음료의 음용을 종교적으로 금기시했기 때문에 이를 근거로 자극제의 일종인 커피 역시 합법적이지 않다는 주장이 제기되기 시작했다. 오늘날에도 와하브파 이슬람교에서는 커피를 금기시하고 있다. 참고로 와하브파는 19세기 초반에 아랍권을 장악했고, 현재도 일부 지역에서 강력한 영향력을 행사하고 있는 종파다.

압달 카디르는 시하바딘 아마드 이븐 압달가파르 알 말리키의 글을 토대로 이 글을 집필했다. 설령 그렇더라도 시하바딘의 글은 기록상의 문헌일 뿐, 지금은 찾아볼 수 없다. 라 로크는 오스만투르크의 한 역사학자의 말을 인용해 시하바딘이 아랍의 역사학자였다고 설명한다. 그러나 오스만투르크 역사학자 역시 시하바딘이 압달 카디르보다 100여 년 앞서 이 글을 썼다는 것 외에는 달리 더 밝혀낸 것이 없다.

앞의 사진에서는 압달 카디르의 필사본 표지와 1쪽, 3쪽의 내용, 그리고 라틴어본 표제 등이 씌어 있는 면지面紙를 볼 수 있다. 면지의 내용은 이 문헌을 발견했을 당시에, 혹은 이후 문헌 분류 작업을 하면서 기록한 것이라고 한다. 라틴어 설명을 해석하면 다음과 같다.

카페café라 불리는 음료의 합법성에 대하여, 압달 카디르 씀. 이 책은 총 7장으로 구성되어 있고, 헤지라 996년, 따라서 아라비아펠릭스Arabia Felix(라틴어로 '행복한 아라비아', 혹은 '번성하는 아라비아'라는 뜻으로, 고대 아라비아 남서부와 남부의 비교적 비옥한 지역을 지칭—옮긴이)에서 커피가 대중화되고 120년이 지난 후에 나온 책이다.

1 커피를 찬미한 시

압달 카디르의 글은 커피에 영원성을 부여했다고 할 수 있다. 1
장에서는 커피cahouah(kahwa)의 어원과 의미, 원두의 특성, 커피를 처
음으로 음용한 곳과 커피의 장점을 다루고 있다. 나머지 장에서는
1511년에 메카 사원에서 시작된 커피 논쟁과 종교계의 커피 반대
론에 대한 자신의 견해를 제시하고 있으며, 논쟁이 일 무렵 당대
최고의 아랍 시인들이 쓴 커피에 관한 시를 소개하며 글을 마무리
하고 있다.

이 필사본을 콘스탄티노플에서 파리로 가져온 이는 드 누안텔De
Nointel이다. 드 누안텔은 루이 14세의 특사로 오스만투르크에 파견
됐다가 본국으로 돌아오면서 이 문헌을 가져왔다. 그는 오스만투
르크의 재무장관 3인 중 한 명이었던 비쉬빌리가 쓴 문헌 역시 파
리로 가져왔다. 비쉬빌리의 문헌은 압달 카디르의 필사본 이후에
나온 것으로 이집트, 시리아, 다마스쿠스, 알레포, 콘스탄티노플에
커피가 전래된 역사를 다루고 있다.

다음의 시 두 편은 커피를 찬미하는 현존 최고의 아랍어 시로,
메카에서 최초의 커피 박해가 있던 무렵(1511년경)에 쓴 작품으로 추
정된다. 당대의 가장 정제된 사고를 엿볼 수 있다.

커피 찬가

오, 커피! 모든 번뇌를 잊게 하는 그대는 학자들에게는 갈망의 대상. 신의 벗이 마시는 음료, 지혜를 쫓는 자들에게 건강을 선사하는 음료.

열매의 껍질에서 태어나 사향 냄새를 풍기며 잉크빛을 띠는 음료.

거품이 인 커피를 마시는 지성인만이 홀로 진리를 깨우친다네.

쓸데없는 고집으로 커피를 비난하는 자의 커피는 신께서 빼앗아 가시길.

커피는 금은보화. 어디서 커피를 마시든, 가장 고매하고도 점잖은 신사들과 어울릴 수 있다네.

오, 커피! 순수한 우유만큼 무결한 커피. 다만 검은색을 띠고 있다는 것이 다를 뿐.

— In Praise of Coffee

커피와 벗하기

커피집으로 가서 커피의 벗들과 어울리시게. 이 향연의 참석자들에게 신의 축복이 내려질 것이니.

우아한 양탄자가 깔려 있고, 인생의 달콤함이 있으며, 사람 간의 교류가 있는 바로 이곳이 천국이라네.

커피잔이 돌고 돌다 당신 앞에 오면 모든 슬픔이 사라지지.

아덴(예멘의 도시)에서 태어난 지 얼마 안 된 커피라네. 의심스럽다면 이 반짝반짝 윤이 나는 신선한 열매를 보시게나.

여기서는 근심일랑 일절 없다네. 성가신 문제도 이곳에서는 맥을 못 추지.

커피는 신의 아이들의 음료요, 건강의 원천이라네.

커피는 개울이 되어 우리의 슬픔을 씻어 보내고, 또 어떤 때는 불이 되어 우리의 근심을 태워 없앤다네.

풍로 달린 커피 주전자를 아는 사람이라면 큰 통에 담긴 와인과 술을 보고 질색할 뿐.

향기로운 커피, 그 빛깔 뒤에 숨겨진 커피의 순수함.

이성은 커피의 합법성을 선언한다네.

당당하게 커피를 마시게나!

이성을 잃고 커피를 비난하는 우매한 무리에 휩쓸리지 말고.

— Coffee Companionship

16세기 후반 이슬람 성직자들은 또 한 차례 커피 박해를 주도했지만 아랍 시인들은 여전히 커피를 찬미했다. 박식했던 파크레딘 아부베크르 벤 아비드 이에시는 『커피의 승리』라는 책을 썼고, 시인이자 교주였던 쉐리프에딘 오마르 벤 파레드는 커피를 예찬하는 아름다운 시를 썼다. 이 시에서 쉐리프에딘은 자신의 연인을 칭송하기에 커피보다 더 훌륭한 비유 대상은 없다고 노래했다. "그녀 때문에 나는 열기를, 사랑의 커피를 길게 한 모금 마셨다네!"라고 노래했다.

앞서 수백 년의 커피 역사를 훑어봤듯이, 문학과 커피에 관해 이야기하면서 초기 여행가들이 기여한 점을 빠뜨릴 수 없다. 라우볼프와 알피니를 필두로, 영국의 안토니 셜리 경과 패리, 비덜프, 존 스미스 선장, 조지 샌디스 경, 토마스 허버트 경, 프랑스의 타베르니에, 테베노, 베르니에, 피에르 드 라 로크와 갈랑, 이탈리아의 델라 발레, 독일의 올레아리우스, 니부어와 네덜란드의 니우호프 등이 커피에 관한 정보를 확산시키는 데 큰 기여를 했다.

프랜시스 베이컨 또한 『삶과 죽음의 역사와 숲들의 숲Sylvia Sylvarum』에서 커피를 소개했다. 1671년에는 (이탈리아의 동양언어학자인) 파우스투스 나이론이 커피를 주요 주제로 한 논문 인쇄본을 세계 최초로 출간했다. 같은 해 뒤푸르는 커피에 관한 최초의 프랑스어 논문 「커피와 차, 초콜릿의 이용에 관해」를 발표했고, 이어서 1684년에는 커피와 차, 초콜릿에 관한 새롭고 흥미로운 논문을 발표했다. 1686년 존 레이는 런던에서 출간한 『식물의 일반사Universal History of Plants』에서 커피의 미덕을 기리고 있다. 1699년에는 갈랑이 압달 카디르의 필사본을 프랑스어로 번역했고, 1715년에 장 드 라 로크는 『행복한 아라비아로의 여행』을 파리에서 출간했다.

17~18세기의 프랑스와 이탈리아, 영국의 시인과 희곡 작가들은 커피에 관한 기존의 작품에서 무수한 영감을 얻을 수 있었다. 물론 커피를 즐기면서 당시의 카페 모임을 통해서도 무한한 자극을 받을 수 있었다.

커피를 시의 소재로 처음 활용했던 이들은 라틴어로 시를 쓰던 프랑스 시인들이었다. 예컨대 바니에르는 『시골 장원Praedium rusticum』 제8편에서 커피를 예찬했고, 리용의 트리니티칼리지 예수회 교수였던 펠롱은 「아라비아 원두, 카르멘Faba Arabica, Carmen」이라는 교훈시를 쓴 바 있다. 아베 기욤 마쇠는 1718년에 「카르멘 카파욍Carmen Caffaeum」이라는 시를 썼고, 이 시는 프랑스 금석학아카데미Academy of Inscriptions에서 낭송됐다. 마쇠의 추종자였던 드 보즈는 「마쇠를 추도하며」에서, 로마 시인 호라티우스와 베르길리우스가 커피를 알았더라면 시 창작이 좀 더 쉬웠을 것이라고 했다. 마쇠의 시를 프랑스어로 옮긴 떼리Thery는 "이 시는 귀중한 보석상자 안에 든 우아한 진주와도 같다"고 찬양했다.

교훈시를 쓴 자크 델유(1738~1813)는 『3대에 걸친 자연의 통치Three Reigns of Nature』 6절(chant vi)에서 커피를 신성한 음료라 강조하며 제조과정을 이렇게 노래했다.

신성한 커피

여기, 시인들에게는 무엇보다 소중한 음료가 있다네.

베르길리우스는 맛보지 못한, 볼테르가 찬양하는

그대는 신성한 커피, 그대는 예술 그 자체다.

정신을 교란하는 일 없이 환희를 가져다 준다네.

나이를 먹으면서 내 미각은 점점 둔해지지만

나에게는 이 소중한 음료를 마시는 즐거움이 있네.

이 소중하고도 음료를 준비하는 과정은 또한 얼마나 즐거운가.

어떠한 영혼도 이 달콤한 의식을 빼앗을 수 없다네.

(중략)

향기로운 김은 금방 사라지고

성미가 급한 그대는 끓어오르기를 멈추고 어느새 따뜻함으로 나를 감싼다.

유익한 생각이 공기처럼 가볍게 떠오르고 움직이는구나.

감각은 깨어나고, 근심은 수그러든다.

그대를 알기 전에 내 생각은 무디고 어두웠지만

지금은 보라, 근사한 옷을 입고 미소를 띠며 다가오는 생각들을!

눈부신 햇살 아래서 그대, 이 신성한 음료를 한 모금씩 마시자

비범함이 나를 깨웠고, 내 여행은 이제 막 출발하기 시작했다.

—Divine Coffee

뿐만 아니라 프랑스 브레스트 도서관에 소장된 브르타뉴 지방 노래 모음집에서도 커피 예찬 구절을 종종 볼 수 있다. 이 지방의 한 시인은 96연으로 이뤄진 짧은 작품을 발표함으로써 여성의 마음을 사로잡은 커피의 강렬한 매력과 커피가 가정의 행복에 알게 모르게 끼치는 영향에 관해 노래했다. 이 지역의 고전가요에 따르면, 브르타뉴에 커피가 전래될 무렵에는 귀족층만이 커피를 마셨다고 한다.

한편 비엔나의 시인 페테르 알텐베르크(1859~1919)는 비엔나의 카페를 이렇게 예찬했다.

카페로

걱정이 있거나 일이 잘 안 풀릴 때는 카페로!

이유는 알 수 없지만 애인이 약속을 어겼다면 카페로!

신발이 닳고 닳은 자, 카페로!

월급은 400크라운인데 지출이 500크라운이라면, 카페로!

현실에선 보잘것없는 일개 노동자이지만 영예로운 장인을 꿈꾼다면, 카페로!

맘 통하는 친구가 없다면, 카페로!

자살 충동이 인다면, 카페로!

사람들이 꼴보기 싫으면서도 또 그들 없이는 즐겁지 않다면, 카페로!

친구 앞에서도 발표할 수 없는 형편없는 자작시가 있다면, 카페로!

석탄도 떨어지고 가스도 떨어졌다면, 카페로!

담배 살 돈이 없다면 수석 웨이터에게 돈을 뜯어내기 위해, 카페로!

현관문이 잠겼는데 자물쇠 장수를 부를 돈이 없다면, 카페로!

새로운 애인이 생겨 옛 애인을 약올리고 싶다면, 새 애인과 함께 옛 연인의 단골 카페로!

어딘가로 잠적하고 싶은 자, 카페로!

새로 산 옷을 자랑하고 싶은 자, 카페로!

어디서도 외상이 통하지 않는다면, 카페로!

—To The Coffee House!

밀턴에서 키츠에 이르기까지 영국 시인들 역시 커피를 예찬했다. 밀턴(1608~1674)은 가면극 『코머스Comus(음주와 향연을 주관하는 젊은 신)』에서 커피를 이렇게 예찬했다.

커피 한 모금.

그것은 축 늘어진 영혼을 환희에 젖게 한다,

꿈결보다 더 행복하게.

영국 시인이자 풍자가인 알렉산더 포프(1688~1744) 역시 커피에 관한 유명한 시구를 남겼다(포프의 유명한 시 「머리타래의 강탈」에 나오는 구절이다).

커피는 정치가에게 지혜를 선사해

저 반쯤 감긴 눈으로도 세상 만사를 통찰케 한다.

아래는 영국의 유명한 시인이자 에세이스트, 유머 작가, 평론가인 찰스 램(1775~1834)이 쓴 시로, 클리외 장교의 공을 유쾌하게 기리고 있다.

커피나무 가지

향이 좋은 커피를 마실 때마다

나는 자비로운 한 프랑스인, 고결한 인내심을 갖고

커피나무를 마르티니크 섬으로 가져온 한 사람을 떠올린다.

신생 식민지였던 그곳은

얼마 안 되는 물품을 생산해 내는 섬에 불과했지만

그는 커피나무에서 어린 가지 두 개를 꺾어 바다를 건너온다.

배로 여행하는 동안 그는 그 어리고 여린 나뭇가지에 날마다 물을 줬다.

어린 가지를 돌보면서 바다 한가운데서 작은 커피나무 숲을 키우고 있다고 느꼈다.

그 숲의 그늘은 까무잡잡한 식민지 소녀를 가려 주기에 충분하다.

그러나 그도 잠시, 아아, 이 소중한 보물을 지켜보는

그의 즐거움이 사라지려 했다. 배에 물이 부족했던 것이다.

물 저장고의 문은 닫혔고 승무원들은 식수를 조금씩 배급했다.

승객들의 몫은 얼마 되지 않았다.

그렇다면, 이 가여운 커피 가지에 돌아갈 몫은 거의 없을 것이다.

그러나 커피 가지가 원하는 만큼,

자신의 입술은 바싹 말라 갈지라도

그는 커피 가지를 생각하며 조금이라도 물을 아꼈다.

소중한 어린 가지에게 물을 먼저 준 다음

자신의 깊은 갈증을 달랬다.

그렇지 않고서 그의 입으로 먼저 가져간다면

바싹 마른 입술이 욕심을 부릴 것이 뻔했다.

어린 가지들은 물을 더 마시고 싶어 축 늘어져 있었다.

하지만 목적지에 도착하여 이 영웅적인 보호자는

여전히 생기가 남아 있는 어린 가지들을 대견스럽게 지켜볼 수 있었다.

섬 주민들은 큰소리로 그를 찬양했고, 섬 곳곳에서 커피 재배가
이뤄졌다.

마르티니크 사람들은 끝끝내 살아남은 이 소중한 가지에서 나온
수확물을 싣고 출항을 준비했다.

—The Coffee Slips

유럽뿐만 아니라 미국의 수많은 시인들 역시 커피를 찬미했다.
그중 가장 매혹적인 영시를 꼽으라면 프랜시스 살터스의 '관능적
열매'에 관한 소네트를 꼽을 수 있다. 이 작품은 『술병과 술 주전자
Flasks and Flagons』에 수록된 시다.

커피

관능적 열매! 당신과 견줄 만한 신성한 음료를
우리가 어디서 찾을 수 있을까?
저녁 식탁에 둘러앉아 당신의 진귀한 에센스를 한 모금씩 들이
켜면
유머와 재치 있는 답변이 피어난다네.

당신의 유일한 벗, 시니컬한 볼테르를
당신은 비웃었지. 한편 당신은 발자크에게는 그 마음을 일깨워
찬란한 역작을 탄생시키게 했네. 분명 신은
당신의 추종자들이 여름밤 별빛 아래서 당신의 향을 들이켤 때

마다

　다함께 누릴 수 있는 고상한 즐거움을 계획하셨네.

　동방의 눈부신 경관이 내 눈 앞에 펼쳐지네.

　다마스쿠스, 반짝이는 이슬람 서원의 첨탑을 셀 수 없이 볼 수 있는 곳!

　모락모락 김을 내뿜고 있는 당신도 보이네, 중동의 무수한 시장에서.

　아니, 어쩌면 어슴푸레한 후궁의 방에서

　요염한 꿈을 꾸느라 창백해진 금발머리 술탄의 발치에 있는 당신을 본다네!

—Coffee

　1909년에는 《차 · 커피 저널》에 윌리엄 A. 프라이스의 탁월한 커피 송시가 실렸다.

커피 송시

　오, 그대, 가장 감미롭고 향기로운 즐거움이여.

　한때 비난받고, 배신당하고, 종종 분쟁에 휩싸였지만

　모든 축복이

　이 작은 잔 속에 응축돼 있다!

　그대의 경멸, 위엄 있는 경멸을 잠잠케 하라.

　왜냐하면 그대는 아직 태어나지도 않은 이들을 영원히 지배할 것이기 때문이다!

전설은 말한다, 고대의 한 아랍인이 처음으로

그대를 발견했다고.

그의 기억에 신의 축복을!

오늘날 그대는 전 세계인의 형제애를 보여주는 증표가 되었고,

동양과 서양을 하나로 이어 준다네!

사막을 홀로 여행하는 외로운 자일지라도,

저녁 무렵에 그대가 함께 한다면 미소 지을 거라네.

선원들은 그대의 향기가 모락모락 피어오르면,

한껏 사나워진 바다 한가운데서도 웃는다네.

전쟁터 숙소에서도

공기 중에 스며든 그대의 향기를 맡을 수 있네.

"이용하라, 이 삶에 주어진 훌륭한 것을. 단 남용하진 말지어다",

예언자 마호메트의 시절의 격언이라네,

이 한 격언을 새기고 그대를 대하는 한, 우리는 절대

시련을 겪지 않을 것이네, 또한 그 길로 빠지지 않을 것이네.

그대, 커피나무의 값지고 위풍당당한 열매

그대와 함께라면 편안함과 위안이 영원할지어다!

—An Ode to Coffee

이어서 소개할 시는 미국 시인 버튼 브레일리Berton Braley가 1935년에 발표한 모닝 커피 예찬시다.

불평의 씨앗

아연으로 만들어진 내 뱃속은
나약한 근심과 후회를 낳는 음식을 소화시키지.
아침, 저녁, 티타임, 혹은 점심시간에
염소가 우적우적 씹어 먹는 것이라면 무엇이라도
즐겁게 맛보고 소화시킬 수 있지.
구식 접시에 놓인
색소로 멋을 낸 젤리와 금박 장식을 두른 케이크와 파이도
그 맛을 음미하며 즐겁게 소화시킬 수 있네.
단, 아침에 남부럽지 않은 커피를 마실 수 있다면.

나는 낙관적 신사, 내 심장은 어떤 상처에도 회복이 빠르지.
그리고 최대한 인생을 긍정적으로 보려 한다네.
행운의 여신이 찡그린 얼굴을 하고 나를 일으켜 세우더니
털썩 내던져 버린대도
나는 기꺼이 그 운명을 받아들일 수 있네, 내 과거가 증명하지.
혼란스러운 사랑도 툭툭 털고 일어날 수 있고
한 여인의 고상한 냉소도 견딜 수 있다네.
그러나 아침에 남부럽지 않은 커피를 못 마시면
나는 그저 쓸모없는 존재요, 내 삶은 하찮아질 뿐.

여인과 와인, 노래 없이도 나는 즐겁게 나아갈 수 있네.

우정과 돈이 없더라도 괜찮네.

그림 전시회나 책, 공연을 자주 보지 못하더라도

온종일 속은 끓겠지만 적당히 밝은 성격으로 버틸 수 있네.

나는 내 영혼의 선장, 모든 것에서 자유롭지.

그러나 내 안에서 솟아나려던 자유와 용기는 곧 죽어버리고

나는 혼수상태가 된다네,

아침에 일어나 커피에서 피어오르는 신선한 향을 맡지 못하면.[1]

—Grounds for Complaint

2 희곡 작품에 나타난 커피

커피는 영국에서 처음으로 무대에 올려졌다고 할 수 있다. 1667년에 찰스 2세와 요크 주 공작이 〈타루고의 계략 혹은 커피하우스 Tarugo's Wiles, or the Coffee House〉라는 희극의 초연을 관람했다고 한다. 새뮤얼 피프스는 이 작품을 두고 "내 인생에서 가장 우스꽝스럽고 지루하기 그지없는 연극"이라 평했다. 작가는 토머스 세인트 서프였다. 이 극은 멋쟁이 주인공이 옷을 갈아입겠다는 요청과 함께 활기찬 분위기에서 시작한다. 주인공 타루고는 조끼와 모자, 가발, 칼을 내려놓고 커피하우스 손님들에게 커피를 접대한다. 그 가운데 극작가의 도제생은 점잖은 손님으로 분해 가게에 앉아 있었다. 얼마 후 다양한 직업군의 손님들이 들어왔다. 이들은 주인에게 늘 점잖지

만은 않다. 한 손님은 커피가 "그저 볶은 콩을 넣고 끓인 따뜻한 물일 뿐"이라고 불평했다. 다른 손님은 "초콜릿 음료를 가져오시오. 나는 달걀과 함께 마시길 권하는 이 음료를 싫어하오"라고 다그쳤다. 한편 극중 학자는 현학적이고 쓸모없는 말만을 늘어놓고 있는데 이는 현실과는 다소 다른 설정이다. 손님 가운데 누구도 정치적 현안을 논하지 않는다는 점 역시 현실과는 사뭇 다르다. 종반부에 이르자 무례한 손님들에게 지친 주인공은 이렇게 털어놓았다. "이런 무례함은 우리 커피하우스가 아니라 변두리 선술집에나 어울립니다." 그러고는 학자와 손님 무리가 계산을 마치자마자 하인과 함께 문 밖으로 모두 쫓아냈다.

1694년에는 장 밥티스트 로소가 희극 〈카페Le Caffe〉를 발표했다. 이 작품은 파리에서 단 한 차례 상연됐을 뿐이지만 후세의 한 영국 극작가는 프랑스 수도에서 박수갈채를 이끌어낸 공연이었다고 전했다. 로소는 이 작품을 로랑의 카페에서 집필했는데, 퐁트넬(프랑스의 문인이자 사상가로, 계몽사상의 선구자), 우다르 드 라 모트, 도슈, 알라리 부안딩 대수도원장 등이 즐겨 찾던 곳이었다. 볼테르는 이 작품을 두고 "문학과 연극판 경험이 전무한 이 젊은 작가의 작품을 통해 새로운 천재 작가의 탄생을 기대해도 좋을 듯하다"고 평했다.

한편 이 무렵의 파리 카페 주인과 웨이터들 사이에서는 아르메니아풍 복장이 유행이었다. 파스칼(파리에서 처음으로 커피를 판매한 아르메니아인)이 끼친 영향이 꽤 컸기 때문이다. 1696년에 상연된 당쿠르의 희극 〈생제르맹 시장La Foire Saint-Germain〉에서도 주요 인물 중 하나로 아르메니아풍 복장을 한 커피 상인인 늙은 로랑주가 등장한다. 로랑주는 제 5장에서 일상복 판매상 무셰 양에게 "지난 3주간은 프랑스로 귀화한 아르메니아인 같았다"라고 말하기도 했다.

수잔나 센트리브르(1667~1723)가 1719년경에 발표한 희극 〈아내를 위한 대담한 노력A Bold Stroke for a Wife〉은 당시의 조너선 커피하우스를 배경으로 한 작품이다. 그중 2막 1장을 보면 이야기를 나누고 있는 는 증권 거래인들에게 웨이터 소년이 이렇게 묻는 장면이 나온다. "신사분들, 신선한 커피를 갖다 드릴까요? 아니면 무이차(중국산의 질이 낮은 홍차—옮긴이) 갖다 드릴까요?"

1737년에는 제임스 밀러의 희곡 〈커피하우스The Coffee House〉가 드루어리레인의 왕립극장에서 상연됐다. 인쇄본 속표지에는 딕 커피하우스의 풍경이 수록돼 있었다. 제임스 밀러는 서문에서 "이 작품은 프랑스의 저 유명한 작가 로소가 수년 전에 쓴 1막짜리 희곡, 〈카페〉의 내용을 일부 차용하고 있다. 〈카페〉는 파리에서 엄청난 박수갈채를 끌어낸 작품이다"고 밝혔다. 작품 속 커피하우스 운영자는 유명한 미망인으로, 여느 훌륭한 어머니와 마찬가지로 아리따운 외동딸이 좋은 집안으로 시집 가기를 학수고대하는 인물이었다.

1장에서는 정치인 퍼즐과 시인 베이즈가 신랄한 논쟁을 펼친다. 무대의 다른 쪽에서는 철없는 멋쟁이 신사와 엄숙한 멋쟁이 신사가 말다툼을 벌였고, 다른 단골손님들도 몇 명 보인다. 퍼즐은 희곡작가와 배우들이 이곳에 머물고 있는 것을 보고는 이들을 쫓아내야 한다고 우겼다. 이에 미망인은 방향제를 뿌리며 성난 목소리로 이렇게 답했다.

배우들을 묵게 하지 말라고요? 왜죠? 7년 단골인 선생님보다 저들이 7일간 우리 집에 머무르는 것이 더 수지 맞는 걸요. 선생님은 가게에 오셔서 한 시간 동안 신문을 보십니다. 그러고는 당신의 정치 철학을 강요하며 손님들과 말다툼을 벌이죠. 펜과 잉크를 갖다 달라, 종이와 밀랍을 갖다 달라, 담배 한 대를 부탁한다……. 그러는 동안 촛불은 반 토막 정도 녹아내리고, 설탕은 반 파운드가 없어지죠. 그러고는 선생님은 커피 한 잔 값으로 2펜스만 내고 가버리시죠. 선생님 때문에 제가 손해 본 것을 메워 주는 훌륭한 손님들을 받지 말라 하시면 저는 아마 가게 문을 닫아야 할 겁니다.

커피하우스에 있던 사람들은 퍼즐을 조롱하는 미망인을 거들며, 어쩔 줄 몰라 하는 퍼즐을 쫓아낸다. 한편 미망인의 아리따운 딸 키티는 배우들의 도움으로 어머니를 속이고 자신이 원하는 사람과 결혼한다. 그런데 그가 템플 법학원 사람임이 밝혀지면서 미망인과도 결국 화해한다.

단막극인 이 작품에는 다양한 노래가 등장하는데, 마지막 곡은 5절로 구성된 시의 한 절에 '카렛의 곡'을 붙인 노래다.

노래

커피하우스는 매일 우리에게 어떤 즐거움을 선사하는가?

유쾌하게 돌아가는 세상사를 읽고 듣는 즐거움,

이것, 저것, 요것에 대해 흥겨워하고, 노래 부르고, 재잘대는 즐거움,

또 누군가 나를 추켜세워 주고, 유혹하고, 그에게 키스 받는 즐
거움. 어머니가 내게 그러시듯.

밤새 술에 절어 길거리를 헤맨 자라면

아침에 푼돈으로 제정신을 찾을 수도 있다네.

돈 때문에 체면 한번 구긴 적 없는 멋쟁이 신사도 여기 있지,

커피 잔을 조용히 응시하고서는 그 대가로 6펜스를 낼지도 모르
지.

언제라도 누군가를 죽일 수 있는 의사 양반도 여기 있네,

마음만 먹는다면, 매일 여기서 수술대를 펼칠 수도 있다네.

안보를 걱정하며 허세를 부리는 군인은

이곳에서 더 큰 소리 칠지도 모르지, 왜냐하면 당신이 옳다고 우
리 모두 부추길 테니.

먹이를 찾아 늘 어슬렁거리는 변호사가 이곳에 온다면

돈줄이 될 만한 어리석은 자를 발견할지도 모르지.

소문난 커피하우스에는 현명한 정치인도 있네,

군주의 운명에 대해서는 속속들이 알고 있을지언정, 정작 자신의
운명에 대해서는 까막눈이라네.

마지막으로 멋쟁이 신사들이여, 당신들이 이곳에 온다면

그대들의 환상이 충족되고 마음이 윤택해질걸세.

그러니 모두 여기로 와 어리석은 환희의 음료를 한 잔씩 마시라.

매일 밤 우리 커피하우스로 오시라.

—Song

그런데 존 팀스(영국의 고고학자, 골동품 수집가— 옮긴이)에 따르면, 이 작품은 "특정 가문(애로 Yarrow 부인과 그 딸)을 의도적으로 부각시켰다는 이유로 상연을 금지하라는 압박에 엄청나 게 시달렸다"고 한다. "애로 부인은 실제로

희곡 〈커피하우스〉에 수록된 노래

딕 커피하우스를 운영하고 있었다. 하지만 딕 커피하우스 풍경을 속표지에 수록한 것은 그저 우연일 뿐이었다. 애로 부인과 그 딸은 단골손님인 템플 법학원생들 사이에서 미인으로 명성이 자자했던 지라 이 문제가 크게 불거지자 법학원생들은 공연 당일 밤에 함께 모여 상연을 반대했다. 이들의 압박은 상당기간 계속됐고, 이후에 는 작가(제임스 밀러)와 관련 있다고 의심되는 매 사안을 비난하고 나 섰다"고 팀스는 덧붙였다.

이탈리아의 몰리에르로 통하는 카를로 골도니가 〈커피 집La Bottega di Caffé〉을 집필한 시기는 1750년이었다. 베니스의 부르주아 사회를 다룬 사실주의 희극으로, 추문과 도박을 비꼬는 작품이다. 극중 배 경은 베니스의 한 카페로, 갖가지 사건이 일제히 벌어지는 공간이 다. 아마도 당시의 플로리안 카페를 모태로 삼은 것이 아닐까 한다. 극중 인물의 하나인 돈 마르치오는 저명한 평론가들 사이에서 가 장 말 많은 비방가이자 무대를 장악하는 독보적인 인물로 평가받 고 있다. 시카고극협회에서는 1912년 이 작품을 영어로 번안해 상 연했다. 채프필드 테일러(인기 소설가이자 전기 작가—옮긴이)는 볼테르가 이 작품을 모방해 〈무곡이 흐르는 카페Le Café, ou l' Ecossaise〉를 쓴 듯하다고 말한 바 있다. 커피 애호가였던 골도니는 카페의 단골손님이었고

카페에서 많은 영감을 얻었다.[2] 베네치아의 호가스(18세기 영국 사회의 실상을 신랄하게 고발한 영국의 화가, 판화가—옮긴이)로 불린 피에트로 롱기가, 쇠퇴기에 접어든 베니스의 삶과 풍속을 그린 작품 중에는 골도니가 카페의 손님으로 등장하는 작품도 있다. 적선을 구하는 허름한 한 여성과 함께 골도니가 손님으로 등장하는 이 작품은 현재 이탈리코 브라스 교수가 소장하고 있다.

골도니의 다른 희극 〈페르시아 부인Persian Wife〉에서는 18세기 중엽의 커피 제조법을 살짝 엿볼 수 있다. 노예 쿠르쿠마의 입을 빌려 다음과 같이 설명한다.

숙녀 여러분, 커피 드십시오. 순수 아라비아산 커피입니다.

사막의 대상들이 이스파한으로 싣고 왔지요.

커피는 아라비아산이 단연 으뜸이지요.

한쪽에서 잎사귀가 나면, 다른 한쪽에서는 꽃이 피지요.

기름진 토양에서 자라고 그늘을 좋아한답니다. 햇빛은 그다지 필요 없죠.

이 작은 나무는 3년에 한 번씩 심는답니다.

열매는 처음엔 정말 정말 작지만

조금씩 자라나 푸르스름한 빛을 띠게 되죠.

그렇게 여물면 갓 따온 열매를 빻아

따뜻하고 건조한 곳에 보관해요. 정성을 다해 지켜봐야 한답니다.

(중략)

그러나 커피를 준비할 때는 소량만 준비하세요.

적당한 양을 넣고, 또 불 위에 흘리지 마세요.

거품이 생길 때까지 끓이고, 그 다음

거품이 가라앉도록 불가에서 떼어 놓으세요.

이 과정을 적어도 일곱 번 이상 거치면 어느새 커피가 완성되죠.

1760년에는 〈무곡이 흐르는 카페〉란 희극이 프랑스에서 발표된다. 영국 작가 흄의 희극을 프랑스어로 번역한 것으로 소개된 적도 있지만 실은 볼테르의 작품으로, 볼테르는 이 작품을 발표하기 얼마 전 동일한 표현 양식의 희극 〈소크라테스〉를 발표했다. 〈무곡이 흐르는 카페〉는 같은 해 '커피하우스 혹은 아름다운 도망자The Coffee House, or Fair Fugitive'란 제목으로 영역됐다. 영문판 표지에는 볼테르가 원작자로 프랑스어 원본을 번역한 작품이라고 명시했다. 5막으로 이루어진 이 작품의 주요 등장인물을 소개하면 다음과 같다. 파브리스, 성품이 온화한 남자로 커피하우스 주인장이다. 콘스탄샤, 아름다운 도망자다. 윌리엄 우드빌 경, 기품이 넘치는 신사지만 불운한 인물이다. 벨몽, 콘스탄샤와 사랑에 빠지는 인물로 재력가다. 마지막으로 프리포트, 전형적인 영국인이자 상인이다. 그 외에도 사기꾼 스캉달과 벨몽의 연인 알통 부인이 등장한다.

이탈리아에서는 1762년 갈루피가 악극 〈시골 카페Il Caffé di Campagna〉를 선보인다. 1807년에는 희극 〈영혼의 커피 주전자La Caffettiéra da Spirito〉가 이탈리아에서 상영된다.

미국에서는 메리 햄린과 조지 알리스의 희곡 〈해밀턴Hamilton〉이 조지 타일러의 연출로 1918년 상연된다. 작가인 조지 알리스는 주연 배우로도 활약했다. 1막은 워싱턴 초대 대통령 시절의 필라델피아 익스체인지 커피하우스를 배경으로 전개되고, 제임스 먼로, 탈리랜드 백작, 필립 슐러 장군, 토머스 제퍼슨이 등장한다. 워싱턴 대통령 시절 커피하우스의 분위기를 아주 충실히 재현한 작품이다. 탈리랜드의 대사를 빌려 말하면 당시의 "익스체인지 커피하우스는 만인이 만인을 구경하기 위해 몰려드는 곳이었다 . 이곳은 클럽이면서 레스토랑이요, 상인들의 교역장이자, 그 모든 것이다."

이 밖에도 1921년에 해럴드 채핀의 단막극 〈커피 노점의 독재자 The Autocrat of the Coffee Stall〉가 뉴욕에서 출간됐다.

3 커피가 소설에 주는 아이디어와 즐거움

차와 커피가 작가들의 취향을 어떻게 바꾸어 놓았는지에 관한 책이 나온다면 상당히 재미있을 것이다. 두 음료 가운데 작가들의 기분 전환과 영감 제공에 더 혁혁한 공을 세운 것이 어느 쪽이냐고 묻는다면 커피라고 답할 것이다. 그렇지만 차와 커피 모두 우리의 고매한 영혼이 자극적인 술과 또 술을 탐닉하려는 열망에 휩쓸리지 않게 함으로써 문명화에 기여했고, 그런 의미에서 우리는 차와 커피 양쪽 모두에 빚을 졌다고 할 수 있다.

프랑스 문필가들 중 가장 열렬한 커피 애호가를 꼽으라면 볼테르와 발자크다. 스코틀랜드 철학자이자 정치가인 제임스 맥킨토시

경(1765~1832)은 마음의 힘을 확인하려면 그 사람이 커피를 얼마나 마시는지를 보면 알 수 있다고 말할 정도로 대단한 커피 애호가였다. 한편 맥킨토시 경의 뛰어난 동창이자 친구였던 침례교 목사 겸 설교자 로버트 홀(1764~1831)은 커피보다 차를 선호했는데 하루에 12잔을 마시기도 했다. 그리스의 유명한 학자인 쿠퍼, 파슨, 팔 그리고 영국 작가이자 비평가인 새뮤얼 존슨 박사와 윌리엄 해즐릿 역시 열렬한 차 애호가였다. 반면 버튼, 딘 스위프트, 애디슨, 스틸, 리 헌트 등 대다수의 문필가들이 커피 예찬론자였다.

노스웨스턴 의과대학의 찰스 B. 리드 교수는 커피에 천재성을 촉진시키는 성분이 포함돼 있을 수도 있다고 설명했다. 이제까지의 사례들을 보면 리드 교수의 주장이 맞는 듯하다. 리드 교수는 또 볼테르의 작품을 한 글자도 놓치지 않고 읽어 내려가는 것이 가능했던 데에는 커피의 공이 컸다는 한 비평가의 말을 인용하며, 커피의 본질이 무엇인지 명확하게 보여주는 말이라 덧붙였다. 커피와 차는 균형 잡힌 창조력을 촉발하여 대작 완성에 필수적인 집중력을 만들어 낸다고 하겠다.

위트의 대가였던 볼테르(1694~1778)는 커피의 대가이기도 했다. 노년기에도 커피를 매일 50잔씩 마셨다고 한다. 금욕적 생활을 했던 발자크(1799~1850)에게는 커피가 음식이자 음료였다. 프레드릭 로튼이지가 쓴 『발자크』를 보면 다음과 같은 대목이 나온다. "발자크는 근면한 작가였다. 대개 저녁 6시에 잠들어 자정에 일어났다. 그러고는 쉬지 않고 12시간 가까이 글을 썼다. 그는 글을 쓰는 동안 일종의 각성제로 커피를 마셨다."

「근대 각성제에 대한 논문」에서 발자크는 자신이 가장 사랑한 각성제인 커피를 마신 후의 반응을 이렇게 설명했다.

> 커피가 위장에 침투함과 동시에 총체적 동요가 발생한다. 생각이 전쟁터에 출격한 나폴레옹의 대군처럼 움직이면서 한바탕 전투가 시작된다. 기억은 바람에 휘날리는 깃발을 들고 전속력으로 출격한다. 비유는 경기병이 되어 탄약을 전략적으로 전달하고, 논리는 포병이 되어 수송대와 무기를 신속히 챙기며, 재치는 명사수처럼 사격을 개시한다. 직유가 떠오르고, 어느새 종이는 잉크로 뒤덮인다. 왜냐? 이 전투는 애당초 검은 물(커피)이 도발해 검은 물(잉크)로 종결되는 전투이기 때문이다. 마치 어떤 전투도 무력으로 시작해 무력으로 끝나는 것처럼.

발자크는 또한 소설 『위르쉴 미루에Ursule Miroue』에서 위르쉴 미루에의 보호자 미노레Minoret 박사가 모카 한 잔에 버본(위스키)과 마르티니크 럼주를 섞어 지인들에게 대접하는 장면을 보여준다. 미노레 박사는 항상 은 커피 주전자를 이용해 이 음료를 손수 만들었는데, 그만의 섬세한 준비 절차였다. 또한 버본은 항상 몽블랑 가에서만 구입했고, 마르티니크 럼주는 비에유 오드리에트 가에서만 구입했다. 모카커피는 뤼니베르시테 가에서만 구입했는데 이렇게 장을 보는 데 반나절 정도가 걸렸다.

커피 문학 일반이 발전하는 데에는 특히 프랑스, 이탈리아, 영국, 그리고 미국 문필가들의 공이 컸다. 초기 프랑스와 영국 작가의 작품에 관해서는 앞에서 옛 영국과 파리의 커피하우스의 역사와 커피 음용의 발전과 풍속을 설명하면서 대략 살펴본 바, 커피 문학을 논하면서 프랑스의 뒤푸르, 갈랑, 라 로크를 빠뜨릴 수 없다. 이들을 필두로 영국의 럼퍼드 백작, 존 팀스, 더글러스 엘리스, 로빈슨, 프랑스의 자르뎅, 프랭클린, 이탈리아의 벨리, 미국의 휴이트, 서버, 윌시 등이 커피 문학을 풍성하게 하는 데 큰 공을 세웠다. 또한 오브리와 버튼, 애디슨, 스틸, 베이컨, 디즈레일리는 자신의 작품에서 수많은 커피 관련 문헌을 언급함으로써 문헌사 확립에 기여했다.

커피에 관해서라면 프랑스의 유명한 미식가 브리야 사바랭 (1755~1826)도 빼놓을 수 없다. 그보다 커피를 더 잘 아는 사람은 오늘날에도 아마 찾기 어려울 것이다.『순수 예술로서, 혹은 행복한 삶의 학문으로서의 요리법』에 수록된 역사적 엘레지에서 사바랭은 이렇게 공언했다.

성호를 긋고는 대수도원장과 주교에 임명된 이들이여, 천국의 향기를 나눠 주는 것이 그대들의 임무로다. 그리고 그대, 사라센 제국을 전멸시키기 위해 갑옷으로 무장한 무시무시한 템플 기사단이여, 그러나 그대들은 모두 활력을 선물하는 달콤한 초콜릿이나 영감을 제공하는 아라비아 원두에 대해서는 전혀 알지 못하니, 내 어찌 그대들을 가엾게 여기지 않을 수 있겠는가?

이탈리아 볼로냐에서는 1691년 안젤로 람발디가『신들의 음료

아라비카, 카페 담론』을 출간했다. 18절로 이루어진 이 작품에서는 커피 원두의 기원, 재배, 로스팅뿐 아니라 커피 제조법까지 설명하고 있다.

한편 밀라노가 스페인의 지배하에 있던 시절, 체사레 베카리아(이탈리아의 사상가. 루소 등 프랑스 계몽사상의 영향을 받아 기존의 형벌 제도를 비판하고 근대 형법 이론의 기초를 마련했다―옮긴이)가 총괄, 편집을 맡은 《카페Ⅱ caffè》라는 정기간행물이 1764년 6월 4일에서 1766년 5월까지 발간했다. "잡지의 편집은 브레시아 시의 지안마리아 리차르디가 맡았고, 잡지에 대한 전적인 책임은 한 소규모 친목단체에 있다"고 창간사에서 밝히고 있다. 베카리아 외에도, 피에트로 베리(18세기 밀라노의 급진적 개혁가―옮긴이)와 그의 동생 알렉산더 베리, 바일론, 비스콘티, 콜파니, 롱기, 알베르텡기, 프리시, 세키가 편집자 및 기고가로 참여했다.

1850~1852년에 베니스에서는 《카페Ⅱ caffè》라는 동명의 다른 잡지가 출간된다. 이것은 예술, 문학, 과학계 잡지였다. 밀라노에서도 '카페' 란 표제가 붙은 전국 주간지가 1884년에서 1889년까지 발행됐고, 또한 1829년에는 동명의 표제가 붙은 연감이 발행된 바 있다. 파도바에서는 1846년에서 1848년까지 예술, 문학, 정치 분야 주간지 《페드로키 카페》가 발행됐다. 1885년에는 피에트로 폴리니 교수가 밀라노에서 《커피와 그 대용물(차, 초콜릿, 사프란, 후추와 여타 자극제)》을 창간했으나 얼마 안 가 폐간됐다.

초기의 한 영국 잡지(1731)에는 커피 찌꺼기로 점을 보는 점술가에 대한 이야기가 실렸다. 글쓴이는 비밀리에 커피하우스를 방문해 당시 상황을 이렇게 전했다. "귀부인 손님과 일행은 커피를 앞에 두고 진행되는 은밀한 상담을 받고 놀라워했다. 아마도 머리에 장식을 얹은 부인이 오늘의 손님인 듯한데, 점술가 여성은 그 부인에게 상당히 집중하며 커피 찌꺼기가 보여주는 계시를 전했다. 점술가는 신들린 채로 엄숙하게 컵 주위의 가루를 살폈다. 다른 한쪽에는 한 미망인과 몸종이 앉아 있었는데. 이들은 컵 점괘가 사람들의 미래를 보여주고 사건의 내용과 상황을 아주 선명하게 보여준다고 말했다."

이 점술가는 또 아래와 같이 꽤나 재미있게 자신의 사업을 광고했다.

이 지면을 빌려 충고 한마디 하노니, 최근에 저 유명한 체리 부인께서 이곳(더블린)으로 오셨다. 부인으로 말할 것 같으면, 커피 찌꺼기 점괘라는 점성술을 본격적으로 공부한 유일무이한 귀부인으로, 이제까지 그녀를 찾아온 여성 방문객들은 열이면 열 모두 만족해하며 돌아갔다. 그녀를 만나고 싶다면 성베드로 교회의 예배 시간이 끝나고 오시라. 점괘는 저녁 시간 전까지만 본다.

참고: 복채는 한 사람당 커피 1온스면 충분하다. 2분의 1온스나 3분의 1온스도 괜찮다. 그러나 어떤 경우라도 1온스 이상은 받지 않는다.

미래를 알려주는 대가로 커피 1온스를 지불하는 것은 전혀 밑지는 거래가 아니다.

커피는 17~18세기 영국 문필가들에게 상당한 영향을 미쳤다. 당시의 커피하우스는 이 문필가들 덕분에 불멸의 삶을 얻었다고 해도 과언이 아니다. 반대로 커피하우스와 단골손님 덕분에 영원불멸의 명예를 누리고 있는 문필가들 역시 상당하다.

한편 근대 저널리즘은 1709년 4월 12일, 아일랜드 극작가이자 에세이스트 리처드 스틸 경(1672~1729)의 《태틀러the Tatler》 발행에서 출발한다. 스틸 경은 커피하우스에서 잡지 발행의 아이디어를 얻었고, 《태틀러》 독자 역시 누구보다 커피하우스를 즐겨 찾는 이들이었다. 창간호에서 스틸 경은 다음과 같이 밝혔다.

무용담과 오락기사의 출처는 화이트의 커피하우스이고, 시의 출처는 윌의 커피하우스입니다. 학문적 기사는 그리스 커피하우스에서, 국내외 소식은 세인트제임스 커피하우스에서 수집됩니다. 그 밖의 다양한 이야기는 제 거처에서 나올 겁니다.

《태틀러》는 1711년까지 주 3회 발행되다가 한동안 발행이 중단된 후, '스펙테이터the Spectator'라는 새로운 이름으로 다시 발간된다. 《스펙테이터》의 주요 기고가는 스틸 경의 동창이었던 에세이스트 겸 시인 조지프 애디슨(1672~1719)이었다.

리처드 스틸 경은 《태틀러》 34호에 발표한 견문을 넓히기 위해서는 여행이 필수적임을 강조한 기사를 통해 옛 첼시에 자리한 돈살테로 커피하우스에 불후의 명성을 안겨다 준다. 스틸은 기분 전환을 위해 가까운 첼시로 여행을 나섰다. 길을 나서면서 그는 다섯 곳의 들판에서는 강도가 매복해 기다리고 있었고, 커피하우스에서는 문필가들이 토론을 하고 있었다는 식으로 가벼운 후기를 쓸 수 있을 거라고 생각했다. 그러나 실제 여행 후 그는 이처럼 가까운 곳으로만 길을 나서도 예전에는 미처 알지 못했던 인간사의 거대함이나 현자들을 접할 수 있었다고 밝혔다.

첼시의 돈 살테로 커피하우스는 얼핏 보면 박물관처럼 보였는데, 스틸은 이 가게를 이렇게 묘사했다.

그곳에 들어섰을 때 나는 손님들에게 인사할 틈이 없었다. 룸 주변과 천장에 한가득 전시돼 있는 번지르르한 물건에 시선을 빼앗겼기 때문이다. 정신을 차리고 보니 마른 체구의 현자가 내 앞에 있었다. 그 용모를 보건대, 독서나 고뇌 중 하나를 즐기는 철학자 같았다. 그러나 곧 그가 발치사tooth-drawer(고대로 따지자면 gingivistee)임을 알게 됐다. 이내 존경심이 생겼다. 왜냐하면 이러한 실용적 철학가들은 치료가 아니라 감염 부위 제거를 위해 상당히 실질적인 이론에 따라 움직이기 때문이다. 인류애가 발동한 나는 주인장 살터 씨에게 호감을 느낄 수밖에 없었다. 왜냐? 뛰어난 발치사 겸 이발사(200여 년 전까지 이발사는 수염 깎기 외에도 방혈(정맥의 피를 뽑는 일)과 종기 치료와 같은 간단한 외과수술 등 의사로서의 역할을 톡톡히 해냈다. 영국에서는 18세기 중반 이후 이발사와 외과의사가 서로 다른 전문직으로 갈라졌다―옮긴이)이자 훌륭한 골동품상에게 호감을 갖는 건 당연하기 때문이다.

돈 살테로는 신랄한 풍자와 바이올린 실력으로도 유명했다. 또한 발치사이자 시인이었던 그는 자신만의 박물관을 다양한 시로 표현했다. 그중 일부를 소개하면 다음과 같다.

갖가지 괴물들이 보인다.
　　자연계에서는 불가사의한 것들이 그렇게 자라고 있다.
시바 여왕*의 몇몇 유품과
　　그리고 유명한 밥 크루소의 파편들.

(*솔로몬 왕의 지혜를 시험하기 위해 예루살렘으로 왔다가 왕의 지혜에 반한 시바 왕

국의 여왕—옮긴이)

바빌라드는 살테로가 낡은 회색 토시를 목에 쓰고는 코까지 가리고 다녔기 때문에 멀리서도 그를 알아볼 수 있었다고 한다. 살테로의 부인은 엄청난 잔소리꾼으로 현모양처는 아니었는데, 이 때문에 유리제품을 좋아했던 살테로는 런던으로 한번 여행을 떠나면 좀처럼 돌아오지 않았다.

돈 살테로는 또한 상당히 흥미로운 전시회를 열어 사람들을 커피하우스로 끌어 모았고, 전시품 목록을 적어도 40판까지 찍었다. 소설가 스몰릿은 전시품 기증자 중 한 명이었다. 1760년도 목록에서는 다음과 같은 진귀한 전시품을 확인할 수 있다.

호랑이 엄니, 교황의 양초, 기니피그의 잔해, 실제 십자가 조각, 체리나무 바위에서 처형당한 4대 복음 전도자(Matthew, Mark, Luke, John)의 머리, 모로코 국왕의 파이프 담배, 메리 1세의 바늘방석, 엘리자베스 여왕의 기도서, 수녀의 스타킹 한 벌, 스토퍼(파이프에 담

배를 채워넣는 기구) 속 개구리 등을 비롯하여 500여 개의 진귀한 물건을 보실 수 있습니다.

그런데 1756년에 애덤스가 운영하는 로얄스완의 전시품 목록인 「쇼어디치 교회 정면 킹스랜드 가에 위치」가 등장하면서 살테로에게도 적수가 등장했다. 애덤스 역시 사람들의 관심을 끌 만한 전시회를 열었다.

제니 카메론(스튜어트 왕조 부활을 노리는 찰리 왕자를 위해 300여 명의 장정을 돌보았을 뿐 아니라 1745년 8월 19일 이들을 선동해 스튜어트 왕조 지지 세력인 자코바이트의 기틀을 확립한 여성)의 신발, 아담의 장녀가 썼던 모자, 1736년 또는 1737년 1월 18일 변호사 카가 지켜보는 가운데 런던 사형장에서 처형당한 베스 아담스의 심장, 월터 롤리 경의 파이프 담배, 브레이 교구목사(헨리 8세 시절 브레이 지역의 영국국교회 목사로 임명됐으나 이후 가톨릭교로 개종한 인물)의 나막신, 물고기 위장에서 자라는 이빨, 해적 블랙잭의 늑골, 아들 이삭과 야곱의 머리를 빗길 때 쓴 아브라함의 빗, 와트 타일러의 박차, 로리 선장의 두통, 이통, 치통 및 복통 해소용 끈, 아담이 갖고 있던 에덴동산 앞뒷문 열쇠 등.

여기에 실린 것은 500여 개의 진귀한 전시품 중 일부에 불과하다. 돈 살테로가 전시회를 열어 손님들을 끌어 모으는 데 성공하자, 첼시의 빵가게 주인 역시 비슷한 진품 전시회를 열었고 어느 정도 성공했다.

한편 조지 애디슨은 《스펙테이터》 창간호에서 이렇게 밝힌 바 있다.

대중이 즐겨 찾는 휴식처라면 나는 어디든지 얼굴을 자주 비춘다. 윌의 커피하우스에서는 정치인 모임에 끼어 그들의 이야기를 경청한다. 차일드 커피하우스에서는 파이프 담배를 피우며 『포스트맨』 읽기에 집중하면서도 손님들의 대화를 엿듣는다. 일요일 밤에는 세인트제임스 가게를 찾는데, 대중의 문제제기를 듣고 이를 해결하려는 다른 사람들처럼 골방에서 열리는 소규모 정치위원회에 때때로 참여한다. 이 가게뿐만 아니라 그리스 커피하우스와 코코아트리 커피하우스, 드루어리레인과 헤이마켓 극장에서도 나는 얼굴이 꽤 알려진 단골이다. 그런데 상인들이 즐겨 찾던 익스체인지 커피하우스에서는 지난 10여 년간 상인으로 오해받았고, 조너선에서는 주식거래인 협회 소속의 유대인으로 오해받기도 했다. 말하자면 나는 어디서든 무리 속에 자연스럽게 녹아들지만, 나만의 아지트가 아니면 절대 입을 떼지 않는 부류이다.

애디슨은 또한 《스펙테이터》에 기고한 세 편의 글(402, 481, 568호)에서 당시의 커피하우스를 재치 있게 소개했다. 402호에 실린 글의 일부를 읽어보자.

양국(영국과 프랑스) 왕실은 그다지 다르지 않다. 양국의 법원과 도시, 삶의 방식, 대화 방식이 그다지 다르지 않은 것처럼. 그런데 정작 같은 법률 아래에서 같은 언어를 쓰고 있는 세인트제임스의 단골 손님과 칩사이드의 단골손님은 서로 다르다. 템플 법학원 부근 커피하우스에서는 쫓겨났지만 스미스필드에서는 단골손님이 된 이들처럼. 이들의 사고방식과 대화 방식은 분위기나 온도랄까, 여러모로 다르다.

새뮤얼 피프스(1633~1703)는 대단한 미식가로, 정찬 메뉴가 흡족했던 날이면 빠뜨리지 않고 일기에 기록했다. 그가 상당히 만족해했던 메뉴를 보면, 손님 8명에게 굴과 다진 토끼 요리, 양고기, 진귀한 쇠고기 등심이 나왔고, 다음으로 구운 칠면조 요리와 타르트, 과일, 치즈가 나왔다고 한다. 피프스는 그날의 일기장에 "오늘 저녁은 충분히 고급스러웠다. 이 때문에 체중이 아마 5파운드는 늘 것 같다"고 기록했다. 그런데 여기서 커피가 언급되지 않았다는 점이 눈에 띈다. 피프스는 여러 군데의 커피하우스에 가 봤다고 수없이 기록하면서도 정작 커피에 대해서는 단 한 줄도 언급하지 않았다. 단, 다음의 경우를 제외하면.

아침 일찍 사무실을 나서 7시에 G. 칼트레트 경을 찾아갔다. 그곳에는 J. 미네스 경도 있었다. 그와의 이야기가 끝났지만 우리는 좀 더 머물렀다. 부인이 준비한 정찬을 즐기기 위해서는 아니고, 아침에 와인 몇 잔을 마시기 위해서였다. 나는 와인 대신 커피를 조금 마셨는데 설탕이 조금 첨가된 커피의 맛은 형편없었다.

피프스는 이 일을 기록해 둘 만하다고 판단했을 터인데, 분명히 훌륭한 한 여인이 이른 아침에 대접한 향기로운 커피를 마시고 영감을 받아 쓴 글은 아닌 듯하다.

영국계 미국인 정치가이자 개혁가, 경제서적 저술가였던 윌리엄 코빗(1762~1835)은 커피를 구정물로 매도한 바 있다. 그러나 문필가 가운데 이같은 이들은 극소수에 불과했다. 커피를 예찬한 문필가들을 언급하자면 끝이 없을 것이다. 그 가운데서 영국 풍자문학의 대가이자 세인트패트릭 대성당 참사원장을 지낸 조너선 스위프트(1667~1745)는 일찍부터 이 무리의 선봉에 있었다고 하겠다.

스위프트의 글은 늘 커피에 관한 이야기로 가득했다. 또한 연인이었던 스텔라가 그에게 보낸 편지는 동봉된 상태로 늘 세인트제임스 커피하우스로 전달됐다. 스위프트가 주고받은 편지 중에서 커피가 중요하게 언급되지 않은 것이 있다면 그의 여제자였던 에스더(바네사) 배넘리에게 보낸 편지 정도였다. 이 편지를 통해서는 그가 에스더와 나누었던 우정과 밀회를 추측해 볼 수 있다. 1720년 8월 13일 아일랜드 전역을 여행하던 스위프트는 이렇게 전했다.

우리는 참으로 따분한 마을에서 묵고 있네. 반짝반짝 빛나는 창조물이 부재한 마을이지. 캐드는 이곳이 진절머리가 난다고 하네. 여기서 왕으로 군림하느니, 웨일스의 황량한 산에서 커피를 마시는 것이 훨씬 낫겠다고 말할 정도야.
꿩, 메추라기 따위가 뭔 말이냐,
무슨 맛인지 도통 알 수가 없어.

대신 웨일스에서 제일 높은 산에 올라가

평화롭게 커피를 마시고 싶네.

또 스위프트는 약 2년 후의 한 편지에서 그를 원망하고 빠른 답신을 재촉하는 바네사에게 이렇게 조언한다.

내가 알고 있는 최고의 격언은, 커피를 마실 수 있다면 커피를 마시고, 그렇지 못하다면 커피가 없더라도 여유를 가지란 말이다. 우울함이 가시지 않는다면 커피를 마시라고, 내 항상 설교하거늘. 네 심정을 충분히 이해한단다. 하지만 나도 글을 쓸 기력이 없단다. 아마도 일주일에 한 잔씩 커피를 마셔야 할 것 같구나. 너도 잘 알지 않니, 커피를 마시면 엄격하고, 진중하며, 철학적인 사고가 가능하다는 것을.

스위프트가 이처럼 커피를 수없이 언급한 데에는 바네사와 우정이 싹틀 무렵 생긴 사건 때문인 것으로 보인다. 바네사 가족이 더블린에서 런던으로 여행할 당시 그녀는 여관 벽난로 앞에서 커피를 엎지르는데, 스위프트는 이를 서로 친구가 될 징조로 받아들였다. 아일랜드 클로거에서 쓴 글에서 스위프트는 바네사에게 이렇게 조언한다.

부는 인생의 열 가지 복 가운데 아홉 번째에 해당한단다. 건강이 열 번째 복이지. 커피를 마시는 즐거움은 그 이후의 것이야. 열한 번째 복이지. 그러나 말이다, 앞의 두 가지 복이 없다면 커피를 마음대로 마실 수 없단다.

훨씬 후 또 다른 편지에서는 바네사의 장난기 섞인 야유를 회상하며 이렇게 적고 있다.

은밀한 분위기를 즐기며 커피 한잔 마시고 싶구나. 네가 "커피 드세요, 왜 안 드세요?"라고 재촉하는 목소리를 들으며.

리 헌트Leigh Hunt는 차에서는 발견할 수 없는, 상상력을 자극하는 매력이 커피에는 있다며 다음과 같이 유쾌하게 커피를 예찬했다.

과거에는 저녁을 먹고 얼마 있다가 원기 회복을 위해 차와 커피를 마셨다. 그런데 지금은 커피가 소화제로 인식돼 식사 직후나 와인 음용 직후, 또는 식사 도중에 커피를 마신다. 때로는 커피를 소화시키기 위해 샤스카페(커피를 마시고 입가심용으로 마시는 소량의 술—옮긴이)라는 술을 따로 마시기도 한다. 맛을 놓고 보자면 차보다는 커피가 훨씬 좋다. 반면 차는 그 친숙함 때문에 찾는다. 커피의 맛을 완벽하게 음미하려면(건강하게 마시는 법과는 상관없이) 진하고 뜨거운 상태로, 우유나 설탕을 넣지 않고 마시는 것이 좋다. 일부 유럽에서는 이같은 방식으로 완벽한 커피를 즐기고 있다. 하지만 내가 아는 한 대중들은 그렇지 않다. 바다 건너 다른 나라에서는 식사 시간에 우유를 잔뜩 넣은 커피를 즐기는데, 프랑스에서는 이를 카페오레(우유

를 넣은 커피)라 부른다. 아주 적절한 이름이다. 커피를 마시면서 느
낄 수 있는 한 가지 즐거움이라면, 동방에서도 일상적인 음료로 자
리 잡은 커피이기에 천일야화의 세계가 자연스럽게 떠오른다는 점
이다. 이 지역에서는 커피와 마찬가지로 흡연 역시 즐기는데, 모두
원기 회복을 위해서다. 그런데 이처럼 동방의 대표적인 원기 회복
제라 할 수 있는 커피와 담배가 매혹적인 천일야화에 등장하지 않
는다는 점은 좀 아쉽다. 그렇다고 해도 커피와 담배를 빼놓고 오스
만투르크인과 페르시아인을 상상하기는 어렵다. 마치 아침에 마시
는 차를 빼놓고 청교도 혁명 이전 영국의 신사숙녀를 그리기가 힘
들듯이.

위대한 형이상학자 임마누엘 칸트는 말년에 이르러 커피를 굉장
히 즐겼다고 한다. 토머스 드 퀸시(영국의 작가이자 지식인—옮긴이)는 저녁
식사 직후의 커피 한 잔을 칸트가 얼마나 좋아했는지를 보여주는
일화를 소개한다.

칸트 인생의 마지막 해가 시작될 무렵, 그는 저녁식사 직후에 마시
는 커피 한 잔에 푹 빠져 있었다. 특히 내가 파티에 초대받았던 며
칠 동안 더 그러했다. 그에게는 이 커피가 몹시 중요했던 까닭에
내가 선물한 책의 여백에 미리 메모를 남겨둘 정도였다. 다음날 저
녁에 나와 함께 식사를 할 계획이고, 그 직후 커피를 마실 예정이
라고. 때로는 대화에 심취해 커피를 잊기도 했지만 얼마 안 가 커
피를 찾았다. 그는 노년기의 변덕과 좋지 못한 건강을 고려한다면

꾸물대는 일 없이 즉시 커피를 대령해야 한다고 말했다. 늘 준비는 돼 있었다. 빻은 원두와 끓는 물은 언제라도 있었고, 하인은 커피를 갖고 오라는 말이 떨어짐과 동시에 화살을 쏘는 듯이 원두를 물에 넣었다. 이제 남은 일이라곤 조금 더 끓이는 것뿐이었다. 그런데 칸트는 이 시간조차 기다리질 못했다. "선생님, 커피를 곧 가져다 드릴 겁니다"라고 말했다가는, "곧 가져다 드릴 것이라고? 그게 문제야. 이제 곧 갖다 드릴 것이라니!"라는 호통을 들을 것이 뻔했다. 그러다가도 이내 마음을 가다듬고 "누구나 결국 죽게 마련이지, 아니 죽어가고 있지. 사후 세계에서는, 오! 신이시여 감사합니다, 그곳에는 커피가 없을 테니 이렇게 기다릴 필요도 없겠지"라고 말했다.

하인이 커피를 들고 계단을 오르는 소리가 들리면 우리를 돌아보고 이렇게 말했다. "육지야, 육지, 벗들이여, 저기 육지가 보이네."

반면에 영국 소설가 새커리Thackery(1811~1863)는 차와 커피를 마시고 여러 번 실망했던 듯하다. 『라인강의 키클베리 가』에서 그는 이렇게 묻는다. "왜 증기선에서 주는 커피에는 진흙이 들어 있는 거야? 그리고 차에서는 왜 항상 삶은 부츠 맛이 나는 거니?"

A. 닐 라이언스는 단편소설집 『아서Arthur』에서 런던 커피 노점의 분위기를 시종일관 충실히 담아내고 있다. 이 책에서 그는 "앞으로 일주일간은 아서네 노점에서 런던 최고의 수재들과 밤새 어울리는 일이 없을 거야"라고 말한다. 앞서 언급했듯이 해럴드 채핀 역시

이 생기 넘치는 런던의 명물을 『커피 노점의 독재자』에서 그리고 있다.

미국 호러스 포터 장군의 『그랜트와 함께 출정하다』를 보면 50여 쪽을 넘기는 동안 커피와 관련된 흥미로운 일화 세 가지를 엿볼 수 있다. 배경은 사나운 포효가 선명하게 감지되는 황량한 전쟁터다.

그랜트 총사령관은 커피를 천천히 음미했다. 군인을 진정시키기에 충분한 양이었다. 총사령관은 매우 고단할 하루를 대비하며 손수 식사 준비를 했다. 오이를 얇게 썰어 식초를 뿌린 다음, 진한 커피 한 잔과 함께 먹었다. 다른 건 없었다. 총사령관은 기분이 매우 좋은 듯했다. 어찌 보면 익살맞아 보일 정도였다. 그는 내게 "우리는 방금 커피를 마셨네. 자네 몫이 남아 있을 거야"라고 말했다. 나는 난파당한 선원이라도 된 것마냥 커피를 들이켰다.

커피는 또한 남북전쟁 당시 셔먼 장군이 1865년 3월에 페이엇빌의 병참선에 도착하자마자 윌밍턴으로 즉각 지급을 요청한 품목 중 하나에 포함됐다. 셔먼 장군은 자서전 후반부에서 이 엄청난 전투 경험을 토대로 여러 가지 충고를 전하면서 더욱 직접적으로 커피를 예찬했다.

커피는 이제 절대적으로 필요한 품목이 됐다. 물론 대용물이 있기는 하다. 예컨대 커피처럼 볶은 후 빻아서 끓여 먹는 옥수수, 또 고

구마나 같은 방법으로 조리하는 오크라 씨가 있다. 수년간 커피를 구할 수 없었던 남부 지방 사람들은 대용물을 이용했다. 그러나 남부 여인들은 매일 우리를 찾아와 커피를 구걸했다. 커피는 기존의 습관보다 더 강한 이들의 자연스러운 욕구랄지 열망을 충족시키는 듯했다. 바로 이 때문에 나는 커피와 설탕이 전쟁터에 항상 배급돼야 한다고 제안한다. 설령 빵과 맞바꾸는 일이 있더라도. 빵을 대체할 수 있는 것은 많기 때문이다.

조지 애그뉴 체임벌린은 소설 『집』(1914)에서 오래된 농장을 배경 삼아 커피 만드는 법을 생생하게 묘사했다. 커피 애호가가 아니라면 불가능할 정도로 뛰어난 묘사였다. 미국인 게리 랜싱은 강에 빠져 익사할 위기에서는 벗어나지만 브라질 밀림 속에서 길을 잃고 만다. 그러나 결국은 자신의 오래된 농장으로 돌아가게 된다.

그 석조 건축물에는 난로가 설치돼 있었고, 큰 벽에는 동굴 같은 화덕이 입을 쩍 벌리고 있었다. 난롯가에서는 늙은 흑인 여자가 불안한 자태로 천천히 커피를 만들고 있었다. 소녀와 주름이 가득한 그 흑인 여자는 그를 탁자로 안내한 뒤, 카사바(대극과大戟科 Euphorbiaceae의 덩이줄기가 달리는 식용식물. 아메리카 열대지역이 원산지이다. 열대 전역에서 덩이줄기를 얻기 위해 재배되는데, 덩이줄기로 카사바 가루, 빵, 타피오카를 만들며 알코올 음료도 만든다—옮긴이) 가루로 만든 바삭한 러스크(살짝 구운 빵)와 김이 모락모락 피어오르는 커피를 건넸다. 커피 향이 얼마나 근사했던지 불쾌한 집안 풍경은 더 이상 시야에 들어오지 않았고, 코를 통해 들어온 향기는 그의 미각을 미리 자극했다. 향미가 강한 어두운 시럽을 넣어 달달하게 만든 커피로, 큰 대접에 담겨 검은 빛을 발하고 있었다. 이 불로장생의 음료를 누구도 한 번에 쭉 들이켜지는 못할 것이라고 얘기하고 있는 듯했다. 게리는 러스크를 게걸스럽게 먹어치운 다음 커피를 홀짝였다. 처음에는 아쉬울 정도로 홀짝이더니 탐욕스럽게 마시기 시작했다. 그는 한숨을 내쉬며 빈 대접을 내려놓았다. 러스크 역시 훌륭했다. 신이 마신다는 넥타도 이 커피 앞에서는 맥을 못 출 것이다. 불로장생의 음료가 그의 혈관 속으로 퍼져나갔다.

플로렌스 L. 바클레이는 소설 『로자리오Rosary』에서 스코틀랜드 여인의 입을 빌려 커피 제조법을 설명한다.

주전자를 이용하세요. 무엇을 만드느냐가 아니라, 어떻게 만드느냐가 중요합니다. 뭐니뭐니 해도 신선함이 생명이죠. 갓 볶아 갓 빻은 원두와 갓 끓인 물. 그리고 절대로 금속에 닿지 않게 주의하세요. 토기 주전자에 커피를 넣고, 뜨거운 물을 부은 다음 목재 스푼으로 저어 주세요. 그 다음 벽난로 안 시렁에 주전자를 10분간 올려놓고 가루가 가라앉을 때까지 기다리세요. 여러분의 예상과 달리 커피 가루가 모두 바닥으로 가라앉을 겁니다. 그렇다면 이제 향 좋은, 진하고 깔끔한 커피를 따르세요. 커피 제조의 비법은 첫째도, 둘째도, 셋째도 신선함, 신선함, 신선함입니다. 그리고 커피 가루를 아끼지 마세요.

이 밖에도 제임스 알렌은 『켄터키의 노래하는 새Kentucky Warbler』에서 켄터키 지방의 설화와 새의 울음소리를 뒤쫓는 가운데 낭만과 내면에 숨겨져 있던 본연의 모습을 깨달아가는 한 젊은 영웅의 모험담을 그리고 있다. 다음은 주인공이 처음으로 밀림을 탐험하며 겪는 사건이다.

그는 나무 한 그루를 호기심 어린 눈으로 둘러봤다. 그 나무, 다름 아닌 커피나무에 시선을 뺏길 정도로 운이 좋았다면 당연히 그것이 커피나무란 것도 알아볼 수 있으리라. 이내 그는 그 나무가 커피나무임을 알아차리고, 당장 먹을 수 있는 커피 열매가 달려 있는지 살폈다. 이제까지 단 한 번도 충분하다 싶을 정도로 커피를 마시지 못했다. 길고 험난했던 이제까지의 인생에서 그의 부모님은 단 한 번도 이제는 족하다 싶을 만큼 커피를 주시지 않았다. 언제였던가, 어린 시절에 그는 미국에서 자라는 나무 중에서 이름에 켄터키가 들어가는 나무는 단 하나, 켄터키 커피나무밖에 없다는 이야기를 전해 듣고는 그 나무를 찾아 숲으로 몰래 떠나야겠다고 생각한 적이 있었다. 컵과 설탕 몇 조각을 들고 큰 나뭇가지 아래 앉아 똑똑 떨어지는 커피 열매를 주웠다. 그 누구도 방해할 수 없었다. 그가 원하는 만큼. 자연계에서 그의 사랑을 한몸에 받는 존재, 켄터키 커피나무!

존 켄드릭 뱅스John Kendrick Bangs의 『커피와 재간 넘치는 즉답』에서는 기숙사를 배경으로 벌어지는 바보와 손님 간의 흥미로운 설전을 볼 수 있다. 여기서는 커피가 이들의 설전을 고조시키는 역할을 한다.

"커피 한 잔 더 갖다 드릴 수 있을까요?(Can't I give you another cup of coffee?)" 교장의 부인이 물었다.

"그러시오.(you may)" 교장이 대답했다. 틀린 어법을 구사한 부인에게 슬며시 짜증이 났지만, 교장은 '그러시오(may)'를 크게 말하는 식으로 아주 완곡하게 부인의 잘못을 지적했다(상대의 의향을 묻는 질문에는 may를 쓰는 것이 원칙이나 부인은 can't를 쓰고 있다).

그때 바보가 말했다. "스마이더스 부인, 제 잔도 채워 주십시오."

"이제 없는데요." 부인은 딱 잘라 말했다.

그러자 바보는 품위 있게 하녀를 돌아보며 말했다. "그렇군요. 메리, 그렇다면 얼음물 한 잔 갖다 주세요. 커피만큼 따뜻하고, 맛이 연하지 않은 것으로요."

스마이더스 부인을 꼬집는 장면은 아침식사 시간에도 다시 등장하는데, 여느 때와 다름없이 재간 넘치는 답변이 오가는 아침이었다. 화이트초커 목사가 부인에게 말한다.

"스마이더스 부인, 오늘 아침에는 뜨거운 커피 한 잔 하렵니다." 그러고는 바보 쪽을 흘끗 쳐다보며 "꼭 비가 오는 것 같군요."라고 말했다.

그러자 바보가 물었다. "혹시 커피를 두고 하신 말씀입니까? 화이트초커 씨?"

"오, 무슨 말인지 모르겠소." 목사는 약간 언짢은 듯 대답했다.

"선생님께서 무언가를 가리켜 비가 오는 것 같다고 하셔서, 제가 커피를 두고 그렇게 말씀하신 거냐고 물었습니다. 왜냐하면 저도 그 말씀에 동의하기 때문이죠." 바보가 답했다.

이때 스마이더스 부인이 끼어들었다. "제가 알기로는, 화이트초커 씨처럼 점잖은 신사들은 그런 비유를 쓰지 않습니다. 자기 앞의 음식을 두고 말장난을 하실 분이 아니세요."

그러자 바보가 점잖게 입을 열었다. "부인, 먼저 양해를 구하겠습니다. 저 역시도 음식을 두고 말장난을 하는 사람이 아니길 바랍니다. 제게는 불쾌한 것은 무조건 피한다는 저만의 원칙이 있습니다. 특히 묽은 것은 피하자는 원칙이 있는데, 오늘 부인이 만든 커피가 딱 그러하군요."[3]

4 커피에 얽힌 일화와 명언들

커피에 관한 자료들을 살피다 보면 촌철살인의 수많은 일화와 경구들을 볼 수 있다. 그 가운데 가장 유명한 경구라면 뭐니뭐니 해도 세비네Sévigné 부인의 오판, "라신Racine과 커피는 사라질 것이다"를 들 수 있다. 볼테르는 『이렌Irene』의 서문에서 이 서간문 작가가 오판했음을 지적하고 있다. 이미 세상을 떠난 세비네 부인으로서는 부정할 길이 없었다. 하지만 세비네 부인 역시 한때는 커피를 마셨음을 그녀가 쓴 편지에서 분명히 확인할 수 있다. "그 신사는 커피를 마시면 열정이 살아난다고 하더군요. 그렇지만 전 당신이 보기엔 어리석을지 몰라도 커피를 끊었답니다."

라 로크는 커피를 '향기의 제왕'이라 부르며, 바닐라를 첨가하면 그 매력이 더욱 짙어진다고 했다. 에밀 수베스트르(1806~1854, 프랑스 소설가)는 "커피는 말하자면 육체적 건강과 정신적 건강 사이의 균형을 잡아 준다"는 경구를 남겼다. 부르동Bourdon은 "커피의 발견을 통해 환상의 영역이 넓어졌고, 이로써 희망찬 약속이 하나둘 늘어나고 있다"고 했다. 왕정복고 이전의 부르봉 왕조 시대의 속담 중에는 "노년기에 마시는 커피 한 잔은 낡은 집을 받치는 문기둥과 같다. 원기를 유지시키고 또 북돋운다"는 속담도 있었다.

자르뎅은, 앤틸리스 제도의 신부들은 오렌지 꽃 대신 작은 커피 꽃가지를 들고 결혼식을 올리고, 또 독신으로 남은 처녀를 두고는 자신의 커피 가지를 잃어버렸다고 말한다고 전했다. 반면에 독신 여성을 두고 "프랑스에서는 성녀 카트린의 머리 장식coiffé Sainte-Catherine을 썼다고 말한다(미혼으로 25세가 되었다는 의미)"고 덧붙였다.

퐁트넬과 볼테르는 커피가 잠재적인 독이라는 주장에 대해 다음과 같이 일침을 놓았다고 한다. "커피는 정말이지 잠재적인 독임에 틀림없다. 85년간 커피를 마셨지만 여태껏 죽지 않는 걸 보면." 『독일어 문법』을 쓴 마이딩거에 따르면, 이 둘 중 위와 같은 잠재적인 명언bon mot을 남긴 이는 퐁트넬이라고 말했다. 그도 그럴 것이 볼테르는 84세의 나이에 타계했다. 반면 퐁트넬은 100세 가까이 살았다. 퐁트넬이 남긴 또 하나의 명언은 노년기에 자신보다 몇 살 어린 한 노부인과의 유쾌한 대화 속에서 탄생한다. 부인이 장난기 가득한 목소리로, "선생님, 저와 선생님은 이 세상에 정말 오래 머물고 있네요. 죽음의 신이 우리를 잊었나 봅니다"라고 하자 퐁트넬은 이렇게 답했다. "쉿! 부인, 목소리를 낮추세요. 잘됐지 뭡니까. 죽음의 신에게 우리 존재를 상기시키지 말아요."

프랑스의 외교관이자 현인이었던 탈레랑 공(1754~1839. 프랑스 대혁명과 나폴레옹 시대를 거쳐 부르봉 왕정복고, 루이 필리프 통치에 이르기까지 고위관직을 지낸 정치적 생명력으로 유명)은 최상의 커피를 단 한 문장으로 명쾌하게 정리했다. "악마처럼 검고, 지옥처럼 뜨거우며, 천사처럼 순수하고, 사랑처럼 달콤하다(Noir comme le diable, chaud comme l'enfer, pur comme un ange, doux comme l'amour.)." 그런데 한동안 미식가 브리야 사바랭이 이 명언을 남긴 것으로 잘못 알려지기도 했다. 탈레랑 공의 커피 예찬은 여기서 그치지 않고 계속된다.

질 좋은 우유를 적절히 가미한 커피 한 잔 때문에 지력이 떨어지는 일은 없다. 오히려 그 덕분에 위장은 편안해지고, 머릿속의 번뇌는 사라지며, 또 마음은 교란됨 없이 자유로이 기능할 것이다. 뿐만 아니라 모카커피의 부드러운 분자는 혈액의 흐름을 자극한다. 그렇다고 비정상적인 발열이 나타나지는 않는다. 커피 덕분에 우리의 사고기관은 공감 능력을 얻고, 일하기는 한층 수월해질 것이다. 또한 저녁식사 후 이어지는 불쾌감 없이 휴식을 취할 수 있어 우리의 신체는 피로에서 회복돼 어느새 달달한 숙면으로 빠져들 수 있다.

한편 커피 애호가 가운데 가장 지체 높은 인물을 꼽으라면 비스

마르크 수상(1815~1898)을 들 수 있다. 비스마르크 수상은 다른 것이 전혀 가미되지 않은 순수한 커피를 선호했다. 프로이센 군대가 프랑스에 주둔할 당시, 그는 시골의 한 여관에 들어가 주인에게 치커리(뿌리는 구운 뒤 갈아서 커피 대용으로 씀)가 있는지 물었다. 주인이 그렇다고 하자 비스마르크는 치커리를 전부 가져오도록 했다. 치커리가 가득 든 양철통을 대령하자 비스마르크는 주인에게 "전부 가져온 것이 확실한가?"라고 되물었다. "그렇습니다, 수상님. 남김없이 가져왔습니다"라고 주인은 답했다. 이에 비스마르크는 양철통을 옆에 두고 "그래, 그렇다면 당장 가서 커피를 끓여오너라"라고 명했다고 한다.

그런데 이와 동일한 일화가 1879년에서 1887년까지 프랑스 공화국을 통치한 프랑수아 폴 쥘 그레비 대통령(1807~1891)의 일화로 전래되고 있다. 그레비는 와인을 전혀 마시지 않았고, 만찬에서조차 입에 대지 않았다고 한다. 그러나 커피는 무척 좋아했다. 최상급 커피를 마시기 위해 여건만 되면 항상 손수 커피를 끓였다. 그러던 어느 날이었다. 그레비는 친구 베스몽과 함께, 누아지엘의 유명한 초콜릿 제조업자 메니에르의 사냥 파티에 초대받는다. 사냥을 나선 두 사람은 숲에서 길을 잃고 마는데, 얼마쯤 지나서 작은 와인 가게를 우연히 발견하고는 거기서 잠깐 쉬기로 했다. 그레비와 베스몽은 마실 것을 주문했다. 베스몽은 훌륭한 와인을 마실 수 있었지만 그레비는 여느 때와 마찬가지로 와인을 마시지 않았다. 대신 커피 생각이 간절했다. 하지만 불행히도 수중에 커피가 없었다. 그러나 커피 잔으로 쓰기에 딱 좋은 컵은 가지고 있었기에 그 열망을 이렇게 해결했다.

　　"치커리가 있소?" 주인에게 물었다.

　　"네, 있습니다."

　　"좀 갖다 주시오."

　　얼마 후 주인은 치커리가 든 작은 양철통을 가져왔다.

　　"이게 다요?" 그레비가 물었다.

　　"아뇨, 좀 더 있습니다."

　　"나머지도 갖고 오시오."

　　주인이 다른 양철통을 갖고 오자 이렇게 물었다.

　　"더 이상 없소?"

　　"네, 없습니다."

　　"좋소, 그럼 커피를 만들어 오시오."

　여기서 커피를 몹시 사랑한 루이 15세 역시 빠뜨릴 수 없다. 그
역시도 커피를 손수 끓여 마셨다. 베르사유 궁전의 수석 정원사 르
노르망은 매년 6파운드의 커피를 재배했는데 모두 루이 15세가 마
실 커피였다. 루이 15세의 커피를 향한 열정과 뒤 바리Du Barry 부인
을 향한 열정은 저 유명한 루베시엔느에서의 일화를 탄생시킨다.
상당수 작가들이 실화라 믿었다. 뒤 바리 부인을 비방한 1776년도
팸플릿에서 메로베르Mairobert는 그 일화를 이렇게 전했다.

　국왕 폐하는 커피 끓이기에만 몰두할 뿐 국사는 안중에도 없다. 하

루는 커피 주전자를 불 위에 올려놓고 무언가에 정신이 팔려 있었던지라 커피가 끓어 넘치고 말았다. 이에 "오, 프랑스여, 조심하십시오! 그리고 커피를 저리 치워 주십시오!", 국왕을 단단히 홀린 아름다운 여인의 한 마디였다.

그러나 샤를 바텔은 이것이 실화가 아니라고 부정했다.

다음은 장 자크 루소가 튈르리 궁을 걷고 있을 때의 일이다.

갓 볶은 커피 향을 맡은 루소는 옆에 있던 베르나르디노 드 생 피에르에게 이렇게 말했다. "오, 기분 좋은 향이야. 이웃집에서 원두를 볶고 있으면 나는 재빨리 문을 열어 원두향이 집 전체에 퍼지게 한다네." 이 제네바 출신 철학자의 지독한 커피 사랑은 죽을 때까지 계속되어 "임종 직전까지도 커피 한 잔을 손에 들고 있었지만 결국 마시지 못하고 세상을 떠났다"고 한다.

나폴레옹 1세의 신임을 얻은 의사 바르테즈는 커피를 '지적인 음료'라 부르며 엄청난 양을 마셨다. 보나파르트 역시 "커피를 진하게, 충분히 마시면 의식이 깨어난다. 커피는 열정과 비범한 힘, 또 고통 없는 통증을 선사한다. 무감해지기보다 고통을 예민하게 느끼는 편이 낫다"고 말했다.

에드워드 R. 에머슨은 파리의 프로코프 카페에서 있었던 일화 한 가지를 소개한다. 생 프와Saint-Foix(프랑스 소설가이자 극작가)가 늘 앉던 자리에서 커피를 마시고 있을 때였다. 근위대 장교 하나가 들어와 우유를 넣은 커피 한 잔과 롤빵을 주문했다. 그러고는 "저녁으로 먹을 겁니다"라고 덧붙였다. 이 말에 생 프와는 우유를 넣은 커피 한 잔과 롤빵은 누가 봐도 변변찮은 저녁이라고 큰소리로 말했다. 이에 근위대 장교는 발끈했다. 생 프와는 같은 말을 반복하며, 어떤 말을 덧붙인다 해도 우유를 넣은 커피 한 잔과 롤빵은 변변찮은 저녁이라고 했다. 결국 결투 신청이 오갔고, 카페 손님 모두가 증인이 되어 결투를 지켜봤다. 생 프와가 팔에 상처를 입고서 결투는 끝이 났다. 그럼에도 불구하고 생 프와는 주장을 굽히지 않았다. "좋소. 그러나 내 생각을 굽히지 않겠다는 것만은 똑똑히 알아두시오." 소란을 일으킨 두 사람은 곧 체포되어 노와유 지방 공작 앞에 서게 됐다. 생 프와는 공작이 묻기도 전에 말했다.

"전하, 이 용감한 장교, 제가 볼 때는 존경할 만한 이 사람을 해할 생각은 추호도 없었습니다. 그러나 설령 전하 앞이라고 해도 우유를 넣은 커피 한 잔과 롤빵이 변변찮은 저녁이라는 제 생각을 꺾을 수는 없습니다."

"어째서냐?" 공작이 물었다.

"제 생각이 틀리지 않습니다. 커피 '한 잔'으로는 어림없기 때문입니다." 이 말에 그 자리에 있던 치안판사와 다른 범법자들, 증인들은 큰 웃음을 터트렸고, 잠시 원수지간이었던 두 사람은 친구가 됐다.[4]

영국의 성직자이자 해학가였던 시드니 스미스Sydney Smith(1771~1845)는 "이해력을 높이고 싶다면 커피를 마셔라. 커피는 지적인 음료다"라고 말한 바 있다. 윌리엄 딘 호즈웰(미국의 사실주의 작가이자 문학평론가)은 "커피를 마시면 이제까지의 즐거운 추억이 모두 되살아나고 그 추억들을 얘기하게 된다. 이처럼 커피는 자극 없이 우리를 젖어들게 하고, 둔한 감각을 일깨우면서도 우리를 진정시킨다"고 커피를 예찬했다.

하딩 대통령Harding(미국의 29대 대통령)의 영부인 역시 차보다 커피를 더 좋아했다. 오후의 백악관 방문객들은 원한다면 그곳에서 차 한 잔의 여유를 즐길 수 있었다. 방문객을 위해 차가 준비돼 있었지만 영부인은 자신처럼 커피를 선호하는 이들을 배려해 커피를 따로 준비해 뒀다.

윌 어윈Will Irwin은 휴 L. 스콧 미 육군 대장이 커피를 결정적 카드로 활용해 인디언 항쟁을 잠재운 이야기를 들려준다. 아름다운 산(Beautiful Mountain, 뉴멕시코 산후안에 위치한 산)을 삶의 터전으로 삼았던 나바호 족(뉴멕시코, 아리조나, 유타 주의 원주민)에게는 시팅불(앉아 있는 황소sitting bull, 홍크파파 수족의 대추장으로, 관대하고 용맹한 인디언 전사로 유명)과 같은 주술치료사이자 예언가가 한 명 있었다. 예언가는 어느 날 신께서 대홍수를 내려 백인을 몰아낼 것이라는 계시를 받았다고 전했다. 산꼭대기를 제외하고는 골짜기 전체가 물에 잠길 거라고 했다. 따라서 나바호 족은 산꼭대기로 피신해야 했다. 물이 빠지고 나면 백인이 모두 죽은 채 발견될 것이고, 이 지역은 더 이상 척박한 곳이 아닐 거라고 했다. 나바호 족에게는 평화와 번영이 찾아와 제2의 황금기를 누리게 되고, 이 세계의 주인이 될 것이라고 했다. 예언을 신봉하는 이들이 하나둘 늘어났고, 이들은 환희의 춤을 추기 시작했다. 예언자를 추종하는 무리는 산꼭대기로 대이동을 시작해 그곳에서 경과를 지켜보기로 했다.

그런데 추종자 대부분이 남자였다. 여자들은 집에 남아 천을 짰다. 남아 있는 사람들은 버려지다시피 했고, 부족한 식량이 무엇보다 문제였다. 이즈음 밀조된 소총과 군수품이 이 지역으로 속속 도착했다. 미국 정부가 육군 대장인 스콧 장군 앞으로 보낸 물품이었다. 스콧 장군은 나바호 족을 잘 알았다. 특히 이들이 커피를 좋아한다는 점을 잘 알고 있었다. 이들은 술은 마시지 않았다. 교역장이 서는 날이면 가장은 부인이 짠 직물을 팔고 보통 커피 한 파운드와 소량의 설탕을 구입했다. 그러면 부인들은 특별한 일이 있을 때마다 커피를 대접했다.

스콧 장군은 상황을 살피기 위해 산봉우리에 올랐다. 당번병 두서너 명과 짐을 멘 노새 몇 마리가 그를 따랐다. 노새들의 등에는 커피 20파운드와 설탕, 농축 우유 몇 상자, 대형 커피 주전자 몇 개, 양철 컵 몇 벌이 실려 있었다. 휴전을 알리는 깃발을 꽂고 스콧 장군은 영어와 나바호 족 언어, 바디랭귀지를 동원해 환대를 요청했다. 그러나 부족한 식량으로 버티고 있는 나바호 족에게 후한 대접을 바라는 것은 어찌 보면 억지였다. 물론 스콧 장군 역시 그 사실을 잘 알고 있었다. 그래서 나바호 족을 위해 선물을 가져오지 않았는가. 장군이 커피를 가득 싣고 온 것을 보고 그들이 얼마나 좋아했을까?

커피를 향한 간절한 욕망은 이 부족에게 현실을 직시하게 했다. 부족민 50여 명이 몰려나와 재빨리 불을 지폈다. 이들은 커피 한 잔을 마시고, 마시고, 또 마셨다. 달콤한 평화가 전 부족민에게 퍼졌다. 위대한 백인 아버지, 스콧 장군에게도 마음을 열기 시작했다. 나바호 족은 그가 하는 말에 귀를 기울였다. 밤이 되기도 전에 스콧 장군은 말을 타고 십록(뉴멕시코 주의 방사형 화산암경)으로 향할 수 있었다. 그 뒤를 나바호 항쟁에 참여한 모든 전사들이 따랐다. 모두가 여전히 행복한 얼굴이었다.

5 옛 런던 커피하우스와 작가들

17~18세기 런던 커피하우스의 단골손님에 얽힌 일화를 책으로 엮는다면 그 부피가 상당할 것이다. 그 가운데 시인, 평론가이며 사전 편찬자인 새뮤얼 존슨 박사(1709~1784)는 커피하우스에 상주하다시피 한 단골손님이었다. 기이한 외모의 덩치가 큰(존슨 박사에게는 신체적, 정신적 장애가 있었다) 존슨 박사가 보즈웰이라는 청년을 대동하고 커피하우스에 출입하는 광경은 모두에게 익숙한 광경이었다. 이 청년이 바로 훗날 새뮤얼 존슨이 얼마나 위대한 인물인지를 후대에 전하기 위해 저 탁월한『존슨전(傳)』을 집필한 인물이다. 존슨의 지성과 도덕성은 커피하우스에서 나누는 일상적인 대화에서도 묻어났다. 존슨과 보즈웰은 코벤트 가든에 있는 톰 데이비스의 서점에서 처음 만났는데, 존슨이 45세, 보즈웰이 23세 되던 해였다.

문학적 모험심이 가득했던 보즈웰과 문학적 자유분방함을 추구했던 존슨의 조합은 옛 런던의 자유분방한 선술집, 그리고 커피하우스와 잘 맞아떨어졌다. 당시의 생활상에 대한 이 괴짜 박사의 견해를 보즈웰은 이렇게 기록한다.

오늘은 채플하우스라는 훌륭한 선술집에서 식사를 했다. 식사를 하면서 존슨 씨는 영국의 커피하우스와 선술집을 평하며, 한 가지 점에서는 영국이 프랑스를 눌렀다고 했다. 영국에서와 같은 선술집 문화가 프랑스에서는 무르익지 않았다는 얘기였다. (존슨 씨는) 살롱에서는 런던의 선술집에서처럼 여럿이 어울려 떠들썩하게 즐길 수 없다고 했다. 상류층 객실은 귀한 물건으로 가득하고 화려하고 우아하기 그지없다. 참석자들은 모두 느긋하게 연회를 즐기길 바라지만 그런 분위기에서는 느긋해지기가 쉽지 않다. 늘 조심하고 긴장하게 마련이다. 모임 주최자인 집주인은 손님들이 행여나 따분해할까 걱정한다. 손님들은 또 손님대로 주인에게 불쾌한 인상을 남기는 것은 아닌지 걱정한다. 그 누구도 제 집에서와 달리 마냥 편히 즐길 수 없다. 아주 거만한 개라면 모를까. 그러나 선술집에서는 이렇게 긴장할 필요가 없다. 누구라도 환영받는 곳이 선술집이다. 특히 시끄럽게 떠들수록, 소란을 피울수록, 맛있는 음식을 많이 주문할수록 더욱 큰 환영을 받는다. 선술집에서는 또 손님의 비위를 맞추고자 민첩하게 움직이는 시종도 없다. 반면에 커피하우스 웨이터들은 나중에 받을 팁 때문에 손님의 요구에 척척 응한다. 하지만 선술집에서는 인위적인 무언가를 만들지 않는다. 이 때문에 훌륭한 선술집과 여관에는 행복이 넘친다. 존슨 씨는 영국의 선술집과 커피하우스에 대해 이렇게 평을 한 뒤 감정을 살려 셴스톤의 시구를 읊었다.

인생이라는 여행이 따분한 사람들은

현재 발 딛고 있는 곳이 어디든

안도의 한숨을 내쉬리라,

세상에서 가장 따뜻한 환대를 선술집에서

받을 수 있다는 생각에.

체셔치즈 커피하우스의 존슨 박사 전
용 좌석

　새뮤얼 존슨을 다룬 각종 연구서를 꼼꼼히 뒤져 보면, 이 괴짜
박사와 또한 박사의 천재성을 후대에 알리는 것을 낙으로 삼았던
충직한 전기 작가 보즈웰에 관한 다양한 일화를 접할 수 있다. 예
컨대 보즈웰은 술고래였던 반면, 존슨은 자칭 '뻔뻔스러운 차 중독
자'였다. 어느 날 보즈웰이 금주를 선언하자 존슨 박사는 이런 얘
기를 들려줬다. "절제가 가능하다면 와인은 마셔도 된다고 보네.
하지만 내 경우를 보면 일단 마시기 시작하면 과하게 마시게 되더
군. 그러다 건강상의 이유로 와인을 한동안 끊었는데 그 이후로는
와인을 마시지 않는 편이 좋겠다고 생각했네." 그는 또 차에 관해
서는 이러한 말을 남겼다. "무릇 즐거움을 선사하는 음료란 아침에
입맛이 없을 때에도 모두의 입맛에 딱 들어
맞는 음료라 하겠다."

　존 토마스 스미스는 『골동품 수집가의
런던 거리 산책』(1846)에서 극작가 조지 에
서리즈 경에 관한 흥미진진한 일화를 소개
했다. 당시의 극작가들은 '로켓의 일상'이
라는 커피하우스를 애용했는데, 조지 경 역
시 이곳을 드나들며 외상으로 여러 차례 커

코크 선술집 겸 커피하우스의 난롯가

코크 선술집 겸 커피하우스에서의 오전 한담閑談

피를 마셨다. 그러나 외상값을 갚을 돈이 없었기 때문에 한동안 출입을 자제했다. 로켓 부인은 이에 독촉자를 보내 외상값을 갚지 않으면 고소하겠다고 경고했다. 이 경고에 조지 경은 정 그렇게 나온다면 부인에게 키스해 버리겠노라고 답했다. 사람 좋은 로켓 부인이었지만 이 대답을 듣고는 가만히 있을 수 없었다. 모자와 스카프를 가져오라 이르며, 남편에게 "이 불손한 놈을 내 눈으로 직접 확인해야겠어요"라고 했다. 이에 로켓은 "바라건대, 한숨 돌리시오. 사나이가 격노하면 무슨 짓을 저지를지 아무도 모른다오"라고 달랬다고 한다.

존 팀스는 『런던의 클럽과 클럽 문화』에서 옛 런던의 커피하우스에 얽힌 다양한 일화와 이야기를 전하고 있다. 그중 몇 가지를 소개한다.

콘힐의 거래소 골목에 있던 개러웨이 커피하우스는 세 가지로 이름을 날렸다. 첫째, 영국 최초의 차 판매점으로 유명했고, 둘째, 남해회사 포말 사건(South Sea Bubble, 1720년 영국에서 수많은 투자자들을 파산시킨 투기 사건. 남해회사가 거액의 국채를 인수하는 대가로 스페인령 식민지의 무역독점권을 갖게 되자 주가가 폭등했으나 사업 내용이 부실한 것으로 드러나 주가가 폭락하고 파산자가 속출했다) 당시의 대표적인 모임 장소로 유명했으며, 셋째 그 이후로는 대상인들의 거래 장소로 유명했다. 담배업자 겸 커피 상인이었던 1대 주인장 토마스 갤웨이는 차를 만병통치약으로 소개하며 손님들에게 첫 선을 보였다.

정밀한 도로 지도의 시초라는 평가를 받는 브리타니아 지도의 편찬자 데이비드 오길비David M. Ogilvy는 1673년 4월 7일 이곳에 일종의 책 제비뽑기 기구를 설치하여 책이 모두 팔릴 때까지 운영했다. 개러웨이는 또한 1722년도에 발간된 『잉글랜드 전역 일주』에서 로빈슨, 조 커피하우스와 더불어 런던의 유명한 세 커피하우스 가운데 하나로 소개됐다. "개러웨이 커피하우스는 업무차 시내에 들른 상류층 인사와 저명인사들이 애용하는 곳으로 유명했고, 로빈슨은 연회에 초대받은 외국 손님과 때로는 외국인 각료가 즐겨 찾는 곳으로 유명했다. 마지막으로, 조 커피하우스는 주식 거래인들의 모임 장소로 유명했다."

1673년에는 '양초로 결정하는' 와인 경매가 진행됐다. 1인치짜리 양초가 모두 연소될 때까지 진행되는 경매였다. 《태틀러》 147호를 보면, "어젯밤에 귀가했더니 상당히 근사한 프랑스산 와인 선물이 도착해 있었다. 원래 216호그즈헤드(약 51,408리터)짜리 통에 담긴 와인인데 시음용으로 보낸 것이었다. 와인을 들고 거래소 거리의 개러웨이 커피하우스에 가서 한 통에 20파운드에 내놓을까 한다"는 대목이 나온다. 그런데 이 '양초' 경매는 저녁에 양초를 켜놓고 진행하는 행사가 아니라 낮에만 진행되는 행사였다. 경매가 시작되면 경매자가 나와 물건을 설명하고, 양초 한 조각, 대개 1인치짜리 양초가 모두 연소할 동안 경매가 진행됐다. 촛불이 꺼지기 전 마지막으로 입찰한 사람이 낙찰 받는 방식이었다.

조너선 스위프트가 1721년에 발표한 『남해회사 포말 사건에 관한 시Ballad on the South sea Scheme』에서는 개러웨이 커피하우스가 이렇게 그려졌다.

여기, 수천 명을 집어삼킨 한 심연이 있다.
한때, 용맹한 모험가들이 집결했던 곳.
좁은 해협, 그러나 지옥처럼 깊은 거래소 거리는
이제 이름만으로도 두렵다네.

수천 명의 주식 투자자들이 이 바다 위를 떠다니며
서로를 밀치고 있네.
노를 젓는 이들도 보인다. 하지만 그러면 뭐하나, 물이 새는 보트인데.
모두가 황금을 낚으려다 익사하고 있네.

저 아래 심연으로 차츰 가라앉는구나.
그러더니 다시 저 하늘로 승천한다.
릴을 감아올리며 휘청휘청하는 그 모습,
곤경에 빠진 그 모습이 꼭 술주정뱅이 같구나.

갤웨이 벼랑에 매달려 목숨을 부지하는 가운데,
한때 그들이 먹여 살렸던, 이제는 난파선이 되어버린 배 하나로
촉발된 실성한 경쟁은

이제 잠잠해진 채 드러누워 소형범선이 지나가길 기다리네.

죽은 자들을 뜯어먹으며.

의사 존 래드클리프 역시 남해회사에 경솔하게 투자한 사람 중 하나였다. 그는 증권거래소가 가장 북적일 무렵 개러웨이 커피하우스에 와서 시장 상황을 주시했다.

그러던 어느 날이었다. 강력한 라이벌인 에드워드 하네스 의사의 하인이 급히 가게로 들어와 하네스 의사를 찾았다. 몇몇 약제사, 외과의사와 함께 있던 래드클리프는 "하네스 선생은 여기 없네만"이라고 답하고는 "그런데 누가 그를 찾느냐?"고 물었다. "이런저런 귀족 나으리께서 찾으십니다." 하인이 답했다. 그러자 래드클리프는 냉랭한 목소리로 이렇게 나무랐다. "이보게, 자네. 말실수한 것 아닌가? 사실은 하네스 의사가 이런저런 귀족 나으리를 찾는 거겠지."

한편 래드클리프는 남해회사 사업에 총 5천 기니를 투자했는데, 돈을 모두 잃게 됐다는 소식을 전해 듣고 "어째서 망했단 말인가? 적어도 5천 점은 오를 참이었는데"라고 외쳤다. 이에 "그 말, 참 명언일세"라고 톰 브라운이 답했다.

(중략)

앤 여왕 시절, 폴몰Fall Mall 가(런던 웨스터민스터 부근의 거리)에 있던 스미르나Smyrna 커피하우스는 '현인들의 모임 장소'로 유명했다. 매일 저녁이면 벽난로 좌측에서부터 출입구까지 현인들로 가득했다. 《태틀러》 78호에 실린 아래 공고는 오늘날 봐도 놀랍다. "런던과 웨스터민스터 지구, 또는 그 부근에 거주하는 재능 있는 신사 여러분께 알립니다. 음악, 시, 정치 토론에 관심 있으신 분들은 폴몰 가의 스미르나 커피하우스로 오십시오. 저녁 8시에서 10시까지, 무료로 강연을 제공합니다. 해당 분야의 상세한 '구술' 평론도 들으실 수 있습니다."

(중략)

세인트제임스 커피하우스는 앤 여왕 재임 시기부터 조지 3세 재임 후반기까지 휘그당 커피하우스로 유명한 곳이었다. 이곳은 세인트제임스 가 남서쪽 모퉁이를 지킨 마지막 커피하우스이자 유일한 커피하우스였다. 《태틀러》 1호에서는 이 가게를 다음과 같이 소개했다.

"국내외 뉴스를 듣고 싶으면 세인트제임스로 가면 된다."《스펙테이터》에서도 이와 비슷하게 소개된 바 있다. 조너선 스위프트는 세인트제임스의 단골손님으로, 그 앞으로 편지를 보낼 사람은 이곳으로 보내도록 했다. 스텔라에게 쓴 일기를 보면 편지에 얽힌 일화가 한 가지 나온다.

"할리 씨를 만났는데 이렇게 묻더구나. 대체 얼마나 오랫동안 스스로에게 편지를 보내고 있는 거냐고. 커피하우스에서 유리상자 너머로 네가 보낸 편지를 본 적이 있는데 분명히 내 필체였다고 하더구나."

세인트제임스 커피하우스에서는 또한 커피하우스 이용 수칙을 공지하고 있었다. 《태틀러》 25호에 첨부된 다음의 공고문에서 그 내용을 확인할 수 있다. "행여나 실수를 하시는 분이 있을까 하여,

세인트제임스를 일주일에 한 번 꼴로 찾아 주시는 도시 반대편에 거주하는 신사 여러분께 알립니다. 커피 시종에게 욕을 해서도 안 되고, 각자의 동네에서도 민폐가 될 만한 행동을 시종 앞에서 삼가시길 바랍니다. 한 가지 더 알려드립니다. 외곽 지역 손님들의 외상 장부를 관리하며, 돈을 내지 않고 도망가는 손님을 감시해 왔던 키드니가 이제 일을 그만두고 존 소튼이 이 일을 담당하게 됐습니다. 소튼이 맡아왔던 메모 접수나 커피 분쇄 일은 이제 윌리엄 버드가 맡게 됐습니다. 버드의 구두닦이 일은 새뮤얼 버독이란 친구가 맡게 됐습니다."

한편 세인트제임스는 골드스미스의 저 유명한 시 「보복」에 등장하면서부터 한층 유명해졌다. 골드스미스는 재능 있는 사람들끼리 합심해 만든 임시 사교 모임의 일원이었는데, 일원 중 몇 명과 함께 세인트제임스 커피하우스에서 정찬을 즐기곤 했다.

(중략)

버튼 커피하우스의 원조이자 그보다 훨씬 더 명성을 떨쳤던 윌 커피하우스는 윌리엄 어윈이 주인장으로 있던 커피하우스였다. 윌 커피하우스는 처음에는 '붉은황소'라는 간판을 달고 시작했다. 한동안은 '장미'란 상호를 내걸기도 했다. 《태틀러》 2호를 보면 "나를 제외한 동료들이 장미 커피하우스에서 정찬을 즐겼다"는 내용이 나오는데 이곳은 윌 커피하우스를 일컫는 것으로 보인다.

한때 이곳을 평정했던 천재 문인 드라이든과의 일화를 로키어 주임 사제는 이렇게 생생하게 묘사하고 있다.

"내가 런던에 상경했던 때가 아마 열일곱 살 때쯤이었다. 당시의 나는 시골에서 처음 상경한 이들이 대개 그렇듯 헝클어진 짧은 머리의 촌스러운 소년이었다. 하지만 당시의 가장 명민했던 이들을 보기 위해서 그들의 휴식공간인 윌 커피하우스를 종종 찾았다. 이곳을 두 번째로 찾은 날이었다. 마침 존 드라이든 씨가 여느 때처럼 이런저런 근황을 얘기하고 있었다. 그날은 특히 최근 출간한 작품 얘기를 하고 있었는데, '내 작품 중에서 가장 맘에 드는 것을 꼽으라면 「맥플렉노Mac-Flecno」를 꼽겠소. 영웅시 중에서 이 시처럼 풍자성을 갖춘 작품은 없었기 때문에 그만한 가치가 있다고 생각하오'라고 드라이든 씨는 말했다. 이 말을 듣고 나는 힘껏 엄청난 용기를 내어 드라이든 씨에게 이렇게 말했다. '선생님, 「맥플렉노」는 대단히 훌륭한 작품이라고 생각합니다. 하지만 풍자적인 영웅시의 시초라고는 생각하지 않습니다.' 그는 이 말에 놀란 듯 나를 흘끗 쳐다봤다. 그러고는 '얼마나 오랫동안 시를 사고파는 일을 해왔소?'라고 물었고, 또 '그렇다면 풍자적인 영웅시로 어떤 작품을 들 수 있겠소?'라고 미소를 띠며 물었다. 나는 부알로(프랑스 시인이자 평론가)의 「성가대Lutrin」와 타소니(이탈리아 문인)의 「훔친 물통Secchia Rapita」이라고 답했다. 이전에 두 작품을 읽은 적이 있는데, 드라이든 씨가 여기에서 몇 대목을 빌려왔다고 생각했다. '맞는 말이오. 내가 잠깐 두 작품을 잊고 있었소'라고 드라이든 씨는 말했다. 그러고는 얼마 후 커피하우스를 나서려다 내게로 와서 내일 자신을 찾아오라고 했다. 그의 초대에 나는 뛸 듯이 기뻤고 약속대로 그를 찾아갔다. 그 후로 그가 세상을 떠날 때까지 우리는 좋은 친구로 지냈다."

월 커피하우스의 단골 중에는 줄리언이라는 별 특색 없는 취객도 있었다. 월터 스콧 경은 줄리언이 커피하우스에서 맡았던 일종의 사명을 이렇게 전했다.

"취객 줄리언은 자칭 '시인들의 사무관' 임무를 담당했는데, 이는 풍자시 집필 과정 때문에 생겨난 임무였다. 즉, 풍자시 작가들이 정체를 계속 숨기면서도 작품을 널리 유포할 수 있는 방안을 모색하던 중에 이를 생각해 낸 것이다. 줄리언은 기지 넘치는 사람들의 커피하우스로 통했던 월 커피하우스에 출입해 그 유쾌한 휴식처를 찾은 단골들에게 풍자시 작가들이 남몰래 그에게만 들려준 풍자시를 퍼뜨리고 다녔다. 멀론에 따르면 '그는 대단한 주정뱅이였고, 한 번은 비방문을 썼다는 죄목으로 감금당한 적도 있다'고 한다."

한편 소싯적의 포프 역시 당시 세간의 존경을 한몸에 받던 드라이든을 몹시 존경했다. 친구들에게 월 커피하우스로 데려가 달라고 부탁했고, 거기서 드라이든을 보는 영광을 누렸다고 말할 정도였다. 찰스 워건 경도 포프를 윈저 숲(포프가 유년기를 보낸 곳)에서 데리고 나와 당시 유행하던 옷으로 갈아입히고 월 커피하우스의 손님들에게 인사를 시켰다. 포프는 드라이든을 '살집이 있고 표정이 어두우며 좀처럼 웃지 않는 사람'으로 묘사했다. 시버(영국 배우, 극작가 겸 극장 운영자)는 드라이든에 대해 "월 커피하우스에서 중대한 논쟁이 있을 때마다 조정자 역할을 했던 점잖은 노인으로 그를 기억한다"고 말했다. 그러나 또 한편으로는 드라이든의 작품에 대한 가장 날선 비평, 그리고 드라이든이 여러 서문에서도 언급한 바 있는 신랄한 비평이 흘러나온 곳 역시 드라이든의 안식처였던 윌 커피하우스에서였다.

반면에 조너선 스위프트는 윌 커피하우스를 거의 찾지 않았다. 명민한 사람들(그들의 기준에서)이 모인다는 윌에서 인생 최악의 대화를 들었다고 했다. 극작가인지 또는 최소한 서막이라도 집필해 본 적 있는 아마추어 작가인지, 아니면 그저 관심사가 유사한 무리인지는 몰라도 대여섯 명이 저쪽에 모여 우스꽝스러울 정도로 점잖은 척하며 농담을 주고받았다고 한다. 그러면서도 이들은 마치 자기가 세상에서 가장 고매한 사람이란 듯이, 혹은 이 나라의 운명이 제 손에 달려 있다는 듯이 상당히 진중한 분위기를 연출했다고 스위프트는 말했다.

앞서도 언급했듯이, 《태틀러》 창간호에서는 앞으로 지면에 수록될 시 작품의 출처는 윌의 커피하우스라고 소개한 바 있다. 그러나 이곳도 드라이든 사망 이후에 점차 변해 갔다. "이전에는 윌 커피하우스의 손님 모두가 노래, 경구, 풍자시를 즐겼지만 이제는 카드 패를 쥐고 있을 뿐이다. 표현 방식이나 문체의 우아함을 둘러싼 논쟁은 사라지고, 지금은 배운 사람들도 게임 규칙만을 따질 뿐이다. (…) 또한 이전에는 희곡을 써서 무대에 올렸지만 지금은 이와는 다른 방식의 즐거움을 쫓고 있다."

(중략)

드라이든 생전에 윌 커피하우스가 현자들의 모임 장소였다면, 드라이든 사망 이후에는 버튼 커피하우스가 그 명성을 이어갔다. 포프의 설명에 따르면 이 두 커피하우스는 코벤트 가든 내 러셀 가에서 서로 마주보고 있었다고 한다. 애디슨은 1712년경 이 새로운 커피하우스를 워릭 지방 백작 부인(애디슨은 미망인이었던 백작 부인과 결혼한다)의 하인이었던 다니엘 버튼에게 맡겼다. 〈카토〉(애디슨의 비극, 1713년도 작품) 상연 이후에는 애디슨의 명성에 힘입어 버튼 커피하우스는 휘그당 지지자들의 단골 가게가 된다.

애디슨은 버튼의 주요 후원자였지만 부인과의 사이가 좋지 않을 때는 이곳을 찾지 않았다. 백작 부인과 결혼하기 전에는 주로 스틸, 버젤(문인이자 정치가), 필립스, 캐리(극작가이자 작곡가), 데이브넌트(시인), 콜로넬 브레트와 어울렸다. 이들과 세인트제임스에서 아침을 먹고, 선술집에서 정찬을 들고, 버튼으로 자리를 옮겼다. 그 다음 한 선술집에 가서 저녁을 먹었다고 한다. 이것이 애디슨의 일과였다고 포프는 『스펜서의 일화』에서 밝히고 있다.

포프는 덧붙여 "애디슨은 대개 오전 시간 내내 독서에 열중했다. 그러고는 오후에 세인트제임스에서 동료들과 만나 정찬을 들며 대여섯 시간을 보냈다. 밤늦게까지 그곳에 머무는 경우도 있었다. 나도 일 년가량은 이들과 어울렸지만 내게는 무리한 일과였고, 결국 건강이 나빠져 중도에 포기했다. 애디슨과는 냉랭한 관계를 유지한 때도 있었고, 어딜 가든 그다지 어울리지는 않았지만 버튼에서는 그런대로 사이가 좋았다. 그곳에 가면 거의 매일 그를 볼 수 있었다"고 했다.

버튼에서는 또한 《가디언》의 투고문을 받기도 했다. 이를 위해 베니스의 사자상을 본떠 만든 사자머리 투고함을 커피하우스에 설치했다. 다음은 이 투고함을 홍보하는 재기 넘치는 글이다.

"공지 사항 : 아이언사이드(올리버 크롬웰이 거느렸던 철기병) 씨는 지난 5주간 사자 세 마리를 잡아 입에 재갈을 물렸고, 다섯 마리를 포식했으며, 한 마리를 죽였다. 죽은 사자의 가죽은 사람들에게 겁을 줄 요량으로 다음주 월요일에 버튼 커피하우스에 매달아 놓겠다고 한다."

다음은 《가디언》 발행자의 글이다.

"나는 이 사자의 포효를 매주 지면에 담을 생각이며, 대영 제국 곳곳에 이 포효가 울려 퍼지길 바란다. 지금까지는 관례대로 《가디언》의 거의 모든 지면을 내 목소리로 채웠다. 어떻게 그것이 가능했는지 모르겠지만. 그래서 이제부터는 남는 지면을 내 이야기뿐만 아니라 투고자들의 글로 채우려 한다. 이 소식을 이달 20일에 모두에게 공지할 생각이다. 또한 이를 위해서 베니스에서 직접 스케치해 온 사자상을 본떠 만든 사자머리 상을 설치할 계획이다. 이 사자머리를 통해 영국인 모두에게 발언의 기회를 주려고 한다. 이 사자머리는 입을 쩍 벌리고 있고 만족이란 것을 전혀 모른다. 사자가 꿀꺽 삼킨 투고자들의 편지와 원고는 내 앞으로 배달될 것이다. 각종 투고문을 받기 위해 내가 고안한 방법이다. 사자머리 아래에는 상자를 부착해 투고문이 그 안으로 떨어지도록 설계했다. 상자의 열쇠는 물론 내가 갖고 있다. 사자가 집어삼킨 글이 무엇이든 간에 대중에게 유용한 정보가 될 수 있도록 내 능력껏 소화해 보려 한다. 사자머리가 완성되는 데는 시간이 좀 더 걸릴 것 같다. 사자의 탐욕스러움을 표현하기 위해서는 조각가들이 여러 차례 더 손을 봐야 할 것이다. 조각품이 완성되면 코벤트 가든에 자리한 버튼 커피하우스에 설치할 예정이다. 버튼 가게 주인에게는 손님들에게 사자머리 상이 어디에 있는지 알려주고, 또 투고문이 얼마나 안전하고 은밀하게 내 앞으로 전달되는지를 설명해 주도록 요청했다."

이 사자머리를 조각한 이는 호가스Hogarth이고, 아일랜드의 작품집에서 선명한 조각화를 볼 수 있다. 속설에 따르면 체스터필드 경(영국의 정치가)이 이 조각을 구입하기 위해 50기니를 지불했다고도 한다. 사자머리 상은 이후 톰킨즈가 운영하던 셰익스피어헤드라는 선술집으로 옮겨졌다. 1751년에는 그 옆가게인 베드퍼드 커피하우스로 한시적으로 옮겨져 존 힐 박사의 《인스펙터》 투고함으로 이용됐다.

1796년에는 톰킨즈의 웨이터였던 캠벨이 셰익스피어헤드와 함께 사자머리 상을 물려받았다. 캠벨은 이를 계속 소장하고 있다가 1804년 8월에 리처드슨 호텔의 주인장 찰스 리처드슨에게 17파운드 10실링을 받고 증명서 원본과 함께 양도했다. 리처드슨은 1827년에 아들에게 이 조각품을 유산으로 물려주었고, 아들은 다시 베드퍼드의 한 공작에게 이를 양도했다. 그 후에는 워번 거리에 전시되어 여전히 그 자리를 지키고 있다.

한편 포프는 버튼 커피하우스에서 불쾌함과 멸시의 대상이 되곤 했다. 새뮤얼 가스Samuel Garth 경(영국의 시인이자 의학자)이 게이Gay(시인이자 극작가)에게 쓴 편지를 보면, 모두가 포프의 비평을 좋아하지만 "버튼의 몇몇 손님들만은 예외다"라는 대목이 나온다. 게이 역시 포프에게 "버튼에서 자네의 도덕성 등을 두고 별별 말이 다 나오고 있네"라고 말한 바 있다.

이와 관련해 시버는 포프에게 다음과 같은 편지를 보냈다.

"버튼에서의 자네의 도발적인 풍자는 대단했지. 현자라고 자부하는 신사들 중에 자네의 그 신랄한 풍자에 당하지 않은 사람은 없을 걸세. 그런데 이번에는 자네가 보통내기가 아닌 목가 시인에게 걸린 듯하네. 자네가 신랄하게 풍자한 만큼 되돌려 받을 성 싶네. 그 목가 시인은 버튼 가게에 자작나무 지팡이를 걸어두고 자네가 오기만을 벼르고 있다네. 지금 같은 상황에서 자네가 계속 풍자문을 쓴다면 결국에는 커피하우스에서 쫓겨나 자네 자신을 풍자해야 할 상황일세. 존슨 말로는 그 '사나운 목가 시인' 앰브로스 필립스가 커피하우스에 지팡이를 걸어두고는 포프를 반드시 응징하고 말 거라고 벼르고 있다더군."

이에 대해 포프는 크랙스에게 보낸 편지에서 사건의 전모를 이렇게 설명했다.

"(들리는 얘기처럼) 어느 날 저녁 버튼 커피하우스에서 필립스가 몹시 분개해서는, 내가 스위프트 주임 사제(겸 작가)와 함께 한 도당에 가입해 휘그당을 비난하는 글을 쓴다고, 특히 필립스 자신과 동료인 애디슨과 스틸의 명예를 흠집 내는 글을 쓴다고 비난했다더군. 그러나 정작 내 앞에서는 아무 말이 없었다네. 이날도 그랬고 다른 날도 그랬지. 저녁 내내 같은 방에 있었는데도 전혀 무례하지 않았네. 필립스가 우유부단한 모습을 보이자, 정작 애디슨이 그 이튿날 저녁에 내게 와서는 최근 떠돌고 있는 말을 자신은 믿지 않고, 또

한 우리의 우정은 지속돼야 한다고 분명하게 얘기하더군. 그러고
는 더 이상은 그 사안에 대해 내가 입을 열지 않길 바란다고 했네.
친애하는 핼리팩스 경은 그릇된 비방은 해소하고 넘어가야 한다고
말씀하셨지. 그 얘기 때문에 내가 영광스럽게도 이 문제를 거론하
게 된 걸세. 특정 정당에 대해 내가 적지 않은 편견을 갖게 된 것
도 어쩌면 그릇된 비방 때문인지도 몰라. 그러나 필립스는 어떤가?
휘그당 클럽인 하노버클럽 동료들과 함께, 틈만 나면 뒷자리에서
그 얘기를 떠벌리고 다니고, 뿐만 아니라 클럽 서기관인 그에게 내
게 지급하도록 위임한 돈을 아직까지 안 내놓고 있다네. 그 때문에
클럽 대표단이 그를 불러 호통을 친 모양이야. 하지만 그러한 인간
을 상대하는 나만의 철칙이 있기에 나는 그 돈을 요구하지 않을 걸
세. 대신 그와 동료인 한 연극배우에게 돈을 받아오라고 위임했네.
이것이 사건의 전말이야. 그러나 내가 왜 원한을 사게 됐는지, 그
은밀한 사정은 만나서 풀어놓도록 하지."

　그러나 포프의 설명과는 달리 버튼 가게에 걸려 있는 지팡이를
보고 그가 한동안 칩거했다는 설도 있었다. 물론 포프에게 칩거란
'일상적인 일'이었지만. 필립스는 용맹스럽고 칼솜씨가 뛰어난 인
물로 유명했다. 훗날 치안판사가 된 필립스는 권력층과 이야기를
나눌 때마다 포프가 영국 정부의 적임을 강조했다.

　한편 1731년에 버튼이 사망하자 《데일리애드버타이저》 10월 5일
자에는 다음과 같은 글이 실렸다.

　"코벤트 가든, 러셀 가에 자리한 버튼 커피하우스의 주인장 버튼
씨가 일요일 오전, 3일 간의 병고 끝에 세상을 하직했습니다. 그가

버튼 커피하우스를 찾은 알렉산더 포프. 1730년. 호가스의 작품
으로, 착석한 사람을 마주보고 있는 이가 포프로 추정된다.

운영했던 버튼 커피하우스는 지식인층의 커피하우스로 유명했을 뿐더러 작고한 애디슨 국무대신과 리처드 스틸 기사가 집필을 담당한, 저 유명한 《태틀러》와 《스펙테이터》가 탄생한 곳으로도 유명합니다. 후대 사람들은 이 잡지들을 보며 애디슨과 스틸의 이름을 오랫동안 기억할 것입니다."

(중략)

베드퍼드Bedford 커피하우스의 경우는 1751년에 《베드퍼드 커피하우스 회고록》 초판이 출간되고, 1763년에 회고록 2판이 출간되면서 세간의 관심을 끌었다. '코벤트 가든 내 피아치 가게 아래'에 자리했고 문을 닫은 지는 꽤 오래됐다.

1754년도 《권위자Connoisseur》1호에서는 이 커피하우스를 다음과 같이 소개했다.

"베드퍼드 커피하우스는 매일 밤 유능한 인사들로 붐볐다. 손님들 대부분이 점잖은 학자이거나 기지가 넘치는 사람들이었다. 커피하우스 안은 농담과 경구가 흘러넘쳤다. 문학작품 전반에 대한 날카로운 비평이 오갔고, 각종 간행물과 공연의 가치가 이곳에서 결정됐다."

《베드퍼드 커피하우스 회고록》에서는 "이곳은 위트와 비평의 중심지이자 또한 스타일의 기준을 확립하는 곳으로 수년간 자리매김했다. 푸트Foote(극작가이자 배우), 필딩Mr. Fielding, 우드워드, 레온, 아서 머피(찰스 레인저란 필명으로 알려진 아일랜드 작가), 토마스 아른 박사(작곡가로, 영국의 비공식 국가 '브리타니아여, 통치하라Rule, Britannia'로 유명)가 주요 단골 손님이었다. 아른 박사는 삼복더위에도 벨벳 정장을 고집하기로 유명했다"고 전했다.

베드퍼드 커피하우스의 대표적 수다꾼이자 신랄한 평론가였던 배로비 박사Dr. Barrowby는 극작가 푸트를 아래와 같이 상당히 상세하게 묘사했다.

"어느 날 밤이었다. 화려하게 차려 입은 청년 하나가 방으로 들어왔다. 녹색과 은색 레이스가 달린 프록코트를 입고, 머리에는 주머니 가발(18세기 영국에서 유행한 가발로 뒷머리를 싸는 주머니가 달림)을 쓰고 있었다. 또 칼을 차고 있었고, 꽃과 프릴 장식도 보였다. 청년은 방 위쪽 구석에 있던 비평 모임에 즉시 합류했다. 그가 누군지 아무도 몰랐지만, 여유만만한 태도와 뛰어난 유머감각과 비평으로 좌중을 단번에 압도했다. 누구도 갑작스러운 그의 합석을 불쾌해하지 않았다. 커피하우스 여기저기서 '저 청년은 누구인가'라고 웅성대기 시작했다. 그러나 들려오는 대답은 없었다. 그러던 중 커피하우스 앞에 근사한 마차가 도착했고, 그 청년은 얘기를 끝내더니 방을 나갔다. 그의 하인이 말하길, 청년은 부유한 명문가 자제로, 현재 이너 템플에서 공부하는 법학도라고 했다. 지금은 상류층 아가씨들과의 모임을 위해 가는 길이라고 했다."

배로비 박사는 또, 일전에 푸트를 조롱했던 일화를 전했다. 푸트가 금시계를 과시하며 "왜 내 시계는 가지 않는 걸까"라고 하기에

"조만간 갈 걸세"라고 응수해 주었다고 한다.

(중략)

　무대에서 은퇴한 맥클린은 1754년에 코벤트 가든에서 훗날 타비스톡 호텔이 된 광장하우스의 일부를 개점했다. 맥클린은 커피를 마시는 대형 홀과 연설장 등의 공간을 구분해 배치했다. 식사비는 3실링이었다. 여기에 1실링을 추가하면 '연설과 비평 수업'에 참여할 수 있었다. 맥클린은 만찬을 열어 손님들에게 음식을 대접했고, 식사가 끝나면 '연설 선생님'이 되었다. 필딩은 '리스본으로 떠나는 여행'에서 맥클린을 유쾌하게 그리고 있다.

　"런던의 낚시꾼들에게는 안됐지만, 달고기(달고기과의 바닷물고기로 고급 어종에 속함)는 데본셔 해안에서만 잡혔다. 이런 이유로 낚시꾼들이 저 화려한 광장 '신전'에서 날마다 만찬을 주관하는 대제사장 맥클린에게 달고기를 파는 날이면 두둑한 돈을 받아 챙길 수 있었다."

　연설 수업에서 맥클린은 대중 앞에서 말하는 법을 전수하며 참가자 모두가 연설가가 될 수 있다고 보장했다. 그는 조언을 제공하고 토론거리를 제시했다. 당시로서는 획기적인 수업 방식이었기 때문에 세간의 호기심을 자극하기에 충분했다.

(중략)

　톰킹 커피하우스는 코벤트 가든 시장에서 일찍이 자리 잡은 야간 주점 중 하나로, 세인트폴 교회 건물의 주랑 현관 아래에 있는 허름한 창고를 가게로 이용했다. '거처가 일정하지 않은 사람들에게 유명한' 가게였다. 필딩은 한 서두에서 톰킹을 이렇게 소개했다. "킹의 커피하우스를 모르는 난봉꾼도 있단 말인가?"

킹 커피하우스는 호가스의 판화 〈아침〉의 배경으로도 등장한다. 교회로 걸어가던 한 새침한 처녀가 곤드레만드레 취한 두 남자가 정숙지 못한 두 여성을 껴안고 킹의 가게에서 나오는 장면을 보고 눈살을 찌푸리는 모습을 표현한 판화였다. 또 가게 문 앞에서는 칼과 곤봉을 찬 한 무리의 취객도 볼 수 있다.[5]

한편 할우드Harwood의 이튼스쿨 졸업생 명부 239쪽을 보면 이튼스쿨 졸업 후 킹스칼리지 입학생으로 선발된 한 소년의 이야기가 나오는데, "윌트셔 주 웨스트애슈턴 출신의 토마스 킹은 학회에서 거부당할지도 모른다는 두려움에 1713년 학업을 포기하고 자신의 이름을 딴 커피하우스를 코벤트 가든에서 개점했다"고 전하고 있다.

톰 킹 사후에는 미망인 몰 킹이 가게를 운영했다. 그녀가 재치 넘치는 여성이었기 때문인지는 몰라도 다른 가게에 비해 딱히 훌륭한 점이 없었음에도 불구하고 단골손님들이 꽤 많았다. "귀족과 당시의 최고 멋쟁이들은 왕실에서의 일정이 끝나면 칼과 주머니 가발을 착용하고, 또 정장과 그 위에 무늬를 짜 넣은 화려한 비단 코트를 입고 이곳으로 와 각계각층의 사람들과 어울렸다. 굴뚝 청소부, 정원사, 시장 상인, 상류층 인사가 모두 이곳 손님이었다. 단골손님 중에는 어프리스라는 키가 크고 날씬한, 귀티가 나는 남자도 있었다. 가게에서는 캐드월러더로 통하는 남자였다"고 스테이시는 전한다. 그런데 이러한 몰의 카페가 풍기문란을 조장한다는 이유로 자주 벌금을 물었다는 사실이 그다지 놀랍지만은 않다.

(중략)

'터번 장식'이란 커피하우스는 1745년의 자코바이트의 반란(명예혁명으로 왕위에서 쫓겨난 제임스 2세와 그의 직계비속의 왕위 부활을 도모한 반란. 1745년에는 제임스 2세의 손자 보니 프린스 찰리가 반란을 주도하여 현 체제를 전복하고 스튜어트 왕조 복고를 실현하는 듯했으나 결국 실패하여 프랑스로 망명한다) 당시 충신연합Loyal Association의 본부처럼 이용된 곳이다. 이후에는 '문학가 클럽'과 입회 조건이 까다로운 예술보호진흥단체가 여기서 탄생했다.

이들 단체 외에 당시에 또 하나의 예술가 단체가 있었는데, 이 단체 회원들은 세인트마틴 골목에 자리한 피터의코트에서 만났다 (1739~1769). 예술가들 사이에서 지리멸렬한 다툼이 수년간 계속되다 유명 예술가들이 터번장식에서 모임을 갖기 시작하면서 하나둘 이곳으로 몰려들었다.

한데 모인 예술가들은 조지 3세에게 왕립예술학회의 후견인이 되어 줄 것을 요청하는 청원서를 보냈고, 국왕의 수락 하에 시장 골목 맞은편의 폴몰 가에 이 새로운 학회의 둥지를 마련할 수 있었다. 1771년까지 이곳에 머물다 그 후 국왕이 양도한 옛 서머싯하우스로 자리를 옮겼다.

이상과 같은 커피와 커피하우스에 얽힌 이야기와 자료들을 모으고 정리하는 작업을 해 온 목적은 관련 자료의 특성과 범위를 제시하고, 기록으로 남기고자 하는 데 있다. 하지만 여기서 미처 다루지 못한 시와 에세이를 비롯한 문학작품을 비롯하여 커피의 역사, 화학적 특성이나 심리적 효과 등을 다룬 기사와 간행물들이 많이 있다.

커피에 관한 자료들을 연구하다 보면 무엇보다 프랑스인들이 커피의 세계화에 이바지했음을 알 수 있다. 그 뒤를 영국인과 이탈리아인이 잇고 있다. 그러다 신문매체가 등장하면서 커피 관련 문헌의 입지는 위축되기 시작했다.

현대인의 삶이 나날이 복잡해지면서 커피 한 잔의 여유를 즐기며 커피의 미학과 새로운 형식의 커피 문학을 감상한다는 것은 먼 옛날에도 그랬듯이 일부의 고상한 취미로 한정되는 듯하다. 어떤 이는 이제 우리 삶의 진정한 즐거움, 다시 말해 우리에게 소중한 가치가 신속성과 최고의 효율성으로 바뀌었다고 말한다. 그러나 누가 단언할 수 있겠는가? 또한 요즘 사람들은 일 외의 것에는 전혀 머리를 쓰지 않고 즐기지 못할 정도로 일의 신성함만을 찬양하고 있지는 않은가?

그렇다면 인간이라는 기계에 기분 좋은 윤활유 역할을 하는 커피는 이제 우리의 생활에서 일종의 충격 흡수제로서 더욱 중요한 역할을 맡게 될 것이다. 하지만 커피는 충격 흡수제 그 이상이다. 삶이 우중충하게 느껴질 때 마시는 커피는 그 어둑한 기운을 몰아낸다. 슬픔에 잠겨 있을 때 마시는 커피는 우리에게 위안이 되어준다. 또한 일상이 무료하게 느껴질 때 마시는 커피는 새로운 활기를 제공하고, 녹초가 됐을 때 마시는 커피 한 잔은 위로와 응원을 전하고, 우리의 감각을 명민하게 만드는 매력이 있다.

★ 주석

1) New York American, 1935년 4월 16일.

2) Chatfield-Taylor, H. C. Goldoni, New York, 1913(p. 607).

3) Copyright, 1893, by Harper Bros., & 1921, by John Kendrick Bangs.

4) Beverage Past and Present, New York. copyright 1908.

5) 10장 참조.

커피 연대기

1911	미국 커피 로스팅업자들이 전미커피로스팅업자협회를 조직하였다.
1911	볼티모어의 로버트 H. 톨버트가 전동 커피 로스터로 미국 특허 취득 후 수탁자인 워싱턴의 J. E. 베인스에게 특허권을 위탁하였다.
1911	뉴욕의 에드워드 어본이 '메이크 라이트' 커피 여과기를 출시하였다. 이후 미국 특허를 취득하였다.
1912	과테말라 안티과의 로버트 오크라사가 커피 세척기, 건조기, 분리기, 껍질제거기 및 정제기로 4건의 미국 특허를 취득하였다.
1912	세인트루이스의 C. F. 블랭크 티앤커피 사가 '매직 컵' 커피를 출시하였다. 이후 '파우스트 분말' 커피로 상품명을 변경하였다.
1912	미국 정부가 공정가격 설정 합의에 따라 미국 내 커피 주식 거래 시행을 주장하는 소송을 제기하였다.
1912	디트로이트의 존 E. 킹이 여과지를 부착한 개량 커피 삼출기로 미국 특허를 취득하였다.
1912	뉴욕 커피·설탕거래소가 계약에 의한 로부스타 커피 출하를 금하였다.
1913	캘리포니아 로스엔젤레스의 F. E. 웨어가 구멍 뚫린 금속 침쇠를 이용해 영국식 질그릇 하단에 여과지를 부착한 개량 추출기를 선보였다.
1913	과테말라시티의 F. 레노프 와일드와 E. T. 카바러스가 벨기에 브뤼셀에서 '벨나 인스턴트 커피협회'를 조직해 '벨나' 표 정제 인스턴트커피를 유럽에 출시하였다.
1913	허버트 L. 존스턴이 커피 정제기를 발명해 미국 특허 취득. 오하이오 트로이의 호바트일렉트릭매뉴팩처링 사에 권리를 양도하였다.
1914	프랑스 커피무역상의 이권 보호를 위한 조직인 프랑스커피무역협회가 르아브르의 질페리 5구역에 설립되었다.
1914	자본금 100만 달러의 카피하그 사가 뉴욕에 설립돼 미국 시장에서 독일 상표를 고수한 채 독일제 디카페인 커피 마케팅을 이어갔다.

1914	뉴욕의 로버트 번스가 커피 과립분쇄기coffee-granulating mill로 미국 특허를 취득, 특허권은 자베즈 번스앤선즈에 양도하였다.
1914	디트로이트의 필랙스커피메이커 사가 프렌치 드립 원리를 한 단계 발전시켜 응용한 '필랙스' 커피 추출기를 출시하였다. 참고로 필랙스커피메이커 사는 1922년에 펜실베이니아 필랙스 사로 계승되었다.
1914	전미커피로스팅업자협회에서 전국커피주간을 처음으로 홍보하였다.
1914~15	시카고의 허버트 갈트가 갈트커피추출기로 3건의 미국 특허를 취득하였다. 알루미늄 100%로 만든 이 추출기는 추출기 본체와 탈부착이 가능한, 프렌치 드립 원리를 응용해 만든 실린더(원통)로 구성되었다.
1915	내열 가스 로스터의 일종인 번스의 '환희'(Jubilee) 로스터가 미국 특허 취득 후 시장에 출시되었다.
1915	전미커피로스팅업자협회에서 개발한 홈 커피 분쇄기가 시장에 출시되었다. 톱니-톱니바퀴 원리에 따라 작동하는 고정나사를 활용한 분쇄기이다.
1915	전미커피로스팅업자협회의 찬조로 두 번째 전국커피주간이 미국에서 개최되었다.
1916	페더럴 철강 사에서 자동 포장 기계용 양철 커피통을 생산하였다.
1916	시카고의 I. D. 리히하이머가 자신이 개발한 '트리콜레이터'를 개량해 미국 특허를 취득하였다.
1916	커피 브로커, 무역상 및 도매상 연합체인 커피무역협회가 런던에서 조직되었다.
1916	뉴욕 시 커피거래소에서 설탕 거래가 시작되면서 거래소 명칭이 뉴욕커피설탕거래소로 변경되었다.
1916	솔 블릭만이 커피 추출·자판기로 미국 특허를 취득하였다. 특허권은 뉴욕의 S. 블릭만 사에 양도되었다.
1916	뉴올리언스의 오르빌 W. 체임벌린이 자동 드립 추출기로 미국 특허를 취득하였다.
1916	미국 인디애나 달링턴의 질 르 파그가 원두를 분쇄하지 않고 절단하는 커팅롤cutting-rolls를 개발해 2건의 미국 특허를 취득하였다. 이후 시카고의 B. F. 검프 사가 '아이디얼' 스틸컷 분쇄기로 이를 시장에 출시하였다.
1916~17	종이 100%로 제조한 커피 밀봉팩이 처음으로 시장에 출시되었다. 1919년 밀워키의 내셔널 종이팩 사가 이에 대한 특허를 취득하였다.
1917	베이커수입사 미니애폴리스 및 뉴욕지점에서 '배링턴홀' 인스턴트커피를 미국에 출시하였다.
1917	뉴욕의 리처드 A. 그린과 윌리엄 G. 번스가 지지대가 구부러지는 번스원두냉각기를 개발해 미국 특허를 취득하였다. 지지대의 유연성을 활용해, 냉각상자가 궤도를 따라 움직이는 동안 팬형 흡입관fan-suction이 함께 움직이도록 설계한 기구이다. 이에 대한 특허권은 자베즈번스앤선즈에 양도되었다.
1918	미시건 디트로이트의 존 E. 킹이 불균일irregular 커피 분쇄기로 미국 특허를 취득하였다. 원두의 10%는 굵게, 나머지 90%는 미세하게 분쇄하는 기구이다.
1918	필라델피아 찰스 G. 하이어즈 사에서 하이어즈 인스턴트커피 판매를 개시하였다.
1918	카토의 원조 인스턴트커피와 해당 특허권의 후원자인 I. D. 리히하이머가 미국인스턴트커피회사를 설립해 해외에 주둔 중인 미 부대에 인스턴트커피를 공급하였다. 전후戰後에는 이에 관심 있는 상인에 한해 인스턴트커피에 관한 허가증을 발급하거나 각자의 이름을 건, 새로운 인스턴트커피 개발을 지원하였다.

1918	미국 정부가 전시 상황에서의 커피 수입 및 가격 관리를 위해 전시 허가제를 도입해 커피 수입자 및 브로커, 중매업자, 로스팅업자, 도매상을 관리하였다.
1918	브라질 상파울로에 사상 초유의 엄청난 서리가 내려 커피 수확에 큰 타격을 입었다.
1918~19	미국 정부의 커피 관리 정책으로 브라질 항구에 9백만여 자루의 브라질 커피가 산적하였다. 그러나 이런 가운데 브라질 투기꾼들이 브라질 커피 등급을 75%에서 100%로 상향 조정하도록 압력을 행사함으로써 결과적으로 미국 무역상이 수백만 달러를 지급해야 하는 상황이 발생하였다.
1919	[독일계] 카피하그 사의 지분 중 5천 달러가 외국인 재산 관리자에 의해 매각되고 나머지 5천 달러가 오하이오 클리블랜드의 조지 건더에게 매각돼 미국기업이 되었다.
1919	디트로이트의 플로이드 W. 로빈슨이 미생물을 이용해 생두의 풍미와 추출 가치를 향상시키는 생두 숙성 공정으로 미국 특허를 취득 후 '숙성커피' 란 이름으로 출시하였다.
1919	필라델피아의 윌리엄 풀러드가 커피 로스터용 '고온 청정 공기 시스템' 을 개발해 미국 특허를 취득하였다.
1919	브라질커피생산자조합이 커피업계공동홍보위원회와 협력해 100만 달러를 투입한 대규모 커피 선전 활동을 미국에서 개시하였다.
1920	제3회 전국커피주간이 미국에서 개최되었다. 커피업계공동홍보위원회의 찬조로 진행되었다.
1920	뉴욕의 에드워드 어본이 프렌치 드립 원리를 응용한 개량 커피 추출기인 '트루브루' 추출기로 미국 특허를 취득하였다.
1920	뉴욕의 알프레도 M. 살라자르가 커피 추출기로 미국 특허를 취득하였다. 주둥이에 부착된 여과망에 원두 가루를 넣고 증기 압력을 이용해 끓는 물을 침투시키는 기구로, 음용 직전에 추출이 가능하다.
1920	커피업계공동홍보위원회가 미국 내 아이스커피 홍보 활동에 착수하였다.
1920	커피업계공동홍보위원회의 지원 하에 매사추세츠공과대학의 S. C. 프레스콧 교수가 커피의 특성을 규명하는 연구를 개시하였다.
1920	전미커피도소매상인연합체인 커피클럽이 설립되었다. 뉴욕에 본부를 둔 이 조직은 커피업계공동홍보위원회의 활동을 지원하기 위해 설립되었다.
1920	윌리엄 H. 피사니가 원두 진공포장 공정으로 미국 특허를 취득하였다. 샌프란시스코의 M. J. 브랜던스타인앤코에 특허권이 양도되었다.
1920	리우데자네이루 커피거래소가 문을 열었다.
1921	프랑스에서 커피 소비 촉진을 위해 프랑스커피위원회를 창립하였다.
1921	미 농무부 화학국에서 자바산 '아리비카 커피' 에 한해서만 '자바' 커피로 출시할 수 있다는 규정을 제정하였다.
1921	SS. '찬란한 자유' 호가 브라질 커피 2만 3천 자루를 싣고 처음으로 보스턴으로 직항하였다. 양국 간의 커피 교역 역사상 최초의 직항 선적이었다.
1922	상파울로 주의회가 커피보호주의경영자단체Sociedade Promotura de Defeza do Café의 간원을 수용해 산투스산 커피에 대한 수출세를 자루 당 200레이스(브라질의 옛 화폐단위)로 인상하는 법안을 가결하였다. 향후 3년간 미국에서의 커피 홍보 활동에 필요한 재원 마련을 위한 것이 이러한 인상의 목적이었다.
1922	월터 존스, 윌리스 몰리, 로버트 마이어, 펠릭스 코스테가 전미커피로스팅업자협회의 대표 사절단 자격으로 브라질을 방문하였다.

1922	매사추세츠의 윌리엄 H. 우커스가 30년간 집필한 최초의 영문 커피 교양서 『커피에 관한 모든 것All About Coffee』이 10월에 출간되었다.
1922	뉴욕 오시닝의 루이스 S. 베이커가 이분형two-piece 진공 자동 커피 추출기로 미국 특허를 취득하였다.
1922	네덜란드 암스테르담의 헨리 로셀리위스가 카페인 제거 공정으로 미국 특허를 취득하였다. 같은 해 샌프란시스코의 루이스 앵겔 로메로가 커피 추출물 제조공정으로 미국 특허를 취득하였다.
1923	매사추세츠공과대학의 S. C. 프레스콧 교수가 커피업계공동홍보위원회의 지원 하에 발간한 커피에 관한 최종보고서에서 대다수 사람들에게 커피는 건강에 이롭고, 만족감을 선사하는 음료라고 결론 내렸다.
1923	윌리엄 H. 우커스가 『커피에 관한 모든 것』으로 브라질 세기박람회Centennial Exposition 금메달을 수상하였다.
1923	이탈리아 정부가 에리트레아(에티오피아 북부와 홍해에 면한 국가로 19세기 이탈리아의 식민지)에 커피 재배를 도입하였다.
1923	뉴욕의 에드워드 어본이 여과식 커피 추출기로 미국 특허를 취득하였다. 뉴욕의 I. D. 리히하이머가 한 잔분(individual-cup) 커피 우리기 기구로 미국 특허를 취득하였다.
1924	미국 내 생두 상인과 커피 로스팅 업자들을 하나의 중앙단체로 결속시킬 목적으로 전미커피무역위원회가 조직되었다.
1924	세인트루이스의 C. F. 블랭크가 커피 추출기로 미국 특허를 취득하였다. 뉴욕의 커피프로덕트 사가 디카페인 원두 조제 공정으로 미국 특허를 취득하였다. 오하이오 트로이의 호바트매뉴팩처링 사가 커피 분쇄기로 미국 특허를 취득하였다. 미시건 마셜의 앨버트 P. 그로헨이 커피 로스터 2종을 개발해 미국 특허를 취득하였다.

10

커피와 예술 작품

커피는 수많은 시인, 음악가, 화가 들에게 창조적 영감을 불어넣었다. 17세기와 18세기에 자신의 재능을 예술에 바친 이들은 커피의 주문에 빠져 커피와 관련된 영원불멸의 작품을 헤아릴 수 없을 만큼 많이 탄생시켰다. 특히 당시의 화가, 판화가, 풍자 만화가 들의 작품을 통해서 초기의 커피 풍속을 거의 알 수 있다는 점에서 그들에게 빚지고 있다고 할 수 있다.

1 커피와 영원불멸의 미술 작품

17세기 네덜란드 풍속 화가이자 에칭 화가인 아드리안 판 오스타더Adriaen van Ostade는 네덜란드 커피하우스에서 서유럽에 커피하우스가 등장하기 시작한 무렵의, 선술집의 모습이 어느 정도 남아 있던 커피하우스의 풍경을 잘 묘사하고 있다. 그림 앞쪽에 있는 손님들이 커피를 마시고 있는 모습을 볼 수 있다(483쪽 그림 참조). 이 그림은 커피하우스를 묘사한 현존 최고의 그림으로 알려져 있고, 훗날 프랑스 조각가 J. 보발레가 이를 동판에 옮긴 후 에칭판화로 재탄생시켰다. 보발레의 판화는 뮌헨 시각예술품 컬렉션에서 볼 수 있다.

영국의 18세기 풍자 화가이자 조각가인 윌리엄 호가스William Hogarth(1697~1764)는 당시의 커피하우스를 사회풍자화의 소재로 삼곤 했다. 그의 연작물 〈하루 네 번Four times a day〉은 1738년의 런던 거리 일상을 선명하게 담아내고 있다. 그림 속 세인트폴 교회 시계를 보건대 아침 7시 55분의 코벤트 가든 풍경을 묘사한 듯하다. 그중 한 장면에서는, 새침한 한 여인이 아침 일찍 볼일을 보고는 몸을 떠는 급사와 함께 귀가하는 모습이 나온다. 그런데 그림 우측의 풍기

코벤트 가든의 톰 킹 커피하우스, 1738.
윌리엄 호가스의 연작 〈Four times of the day〉중 하나.

1650년경의 네덜란드 커피하우스
서유럽 커피하우스를 묘사한 현존 최고의 그림으로 알려진 아드리안 판 오스타더(1610—1685)의 그림을 프랑스 조각가 J. 보발레가 동판에 옮겨 그린 후 에칭기법으로 만든 판화.

문란으로 악명 높은 톰 킹Tom King 커피하우스를 나서는 술 취한 젊은이들이 마침 이 장면을 목격했고, 한동안 이 여인은 아침에 귀가하는 여인이란 추문에 시달려야 했다. 참고로 이 여성은 노년기 호가스에 관한 이야기에도 등장하는데, 그러나 그녀의 유언장에서는 호가스에 대한 언급이 일절 없었다고 한다. 그림의 앞쪽에서는 아름다운 장사꾼 여인들에게 시선을 고정시키고 있는 멋쟁이를 볼 수 있다. 한편 가게 주인장 톰 킹은 이 비천한 가게를 업으로 삼기 전에는 이튼스쿨을 다니는 학생이었다. 톰 킹 사후에는 미망인 몰 킹이 가게를 이어받아 운영했는데, 이 작품은 그때 그려진 것으로 보인다.

호가스의 다른 연작물인 〈난봉꾼의 행각Rake's Progress〉의 6번째 그림은 화이트 초콜릿(커피)하우스의 클럽실을 배경으로 삼고 있다. 스위프트는 이 커피하우스를 '악명 높은 사기꾼과 귀족 나부랭이들의 집결지'로 묘사한 바 있다. 그림 속의 난봉꾼은 최근에 번 재산을 모두 잃고서 가발을 벗어 던지고 바닥에 주저앉아 분노와 저주로 몸을 떨고 있다. 1733년에 발생한 화이트 커피하우스의 화재를 묘사한 듯이 보이는 장면에서는, 불길이 한쪽 벽에서 타오르고 있고 경비가 "불이야!"라고 소리를 지를 때조차 게임에 정신이 팔려 불길 따위는 안중에도 없는 도박꾼들의 모습이 보인다. 그들 왼편으로는 코트 안자락에 대형 권총과 검은 복면을 숨긴 강도가 앉아 있다. 강도는 생각에 깊이 빠진 나머지, 시종 소년이 바로 옆에서 술잔을 쟁반에 담아 내놓는 것도 모르는 눈치다. 요컨대 호가스의 이 작품은 화이트 커피하우스가 어느 정도로 쇠퇴했는지를 여실히 보여준다. 또한 얼핏 조지 파쿼(아일랜드 극작가)의 〈멋쟁이들의 계략〉 3막 2장을 떠오르게 하는데, 여기서 아임웰은 노상강도에게 "아이구, 선생님. 월 커피하우스에서도 뵌 적이 있지 않나요?"라고

화이트 커피하우스의 클럽실, 1733,
윌리엄 호가스의 연작물 〈난봉꾼의 행각〉 중에서.

말을 건넨다. 이에 강도는 이렇게 답했다. "아, 맞습니다. 화이트 커피하우스에서도 뵈었죠."

화재 발생 후 화이트 커피하우스 겸 클럽은 건트 커피하우스로 이전했다. 5월 3일자 《데일리포스트》는 이 소식을 다음과 같이 알렸다.

귀족과 신사분들에게 알립니다. 불행히도 화재 때문에 화이트 커피하우스를 잃은 아서 씨가 건트 커피하우스에서 재기하려 합니다. 위치는 세인트제임스 커피하우스 옆입니다. 손님 여러분의 변함없는 이용을 부탁드린다는 아서 씨의 말을 전합니다.

베니스의 호가스로 통한, 이탈리아의 화가이자 조각가 알레산드로 롱기(1733~1813)는 쇠퇴기 무렵의 베니스의 일상과 풍습을 그림에 담곤 했다. 그중 극작가 골도니가 카페 손님으로 등장하는 작품이 눈에 띈다. 골도니 옆에는 구걸하는 걸인 여성도 보인다.

파리 루브르박물관에는 루이 15세의 궁정화가로 유명한 프랑

뷔슈의 〈아침 식사Petit Dejeuner〉.
1744년 당시의 가정용 커피 기구를 볼
수 있다.

수아 뷔슈(1703~1770)가 그린 〈아침식사Petit Dejuner〉가 전시돼 있다. 1744년 당시 프랑스의 아침식사 풍경을 담아낸 작품으로, 커피가 프랑스 가정에도 보급됐음을 보여준다는 점에서 주목할 만하다. 뿐만 아니라 당시의 커피 기구도 엿볼 수 있다.

방 로Van Loo가 그린 퐁파두르Pompadour 부인 초상화를 통해서는 18세기 후반의 커피 기구를 볼 수 있다. 누비아(아프리카 북동부 지역) 출신 하인이 외국의 한 후작 부인에게 데미타스demi-tasse를 대접하는 모습을 담은 작품으로, 당시 대유행을 일으킨 오리엔털 주전자를 들고 있는 하인을 볼 수 있다. 참고로 퐁파두르 부인은 루이 15세의 정부이자 정치적 조언자로 유명한 여인이다.

커피와 뒤 바리Du Barry 부인 역시 명화의 소재가 됐다. 뒤 바리 부인은 퐁파두르 부인의 뒤를 이어 루이 15세의 '진심어린 사랑'을 독차지한 여인으로 유명하다. '베르사유의 뒤 바리 부인'이란 표제가 붙은 그림으로, 베르사유 궁의 작품 목록에 따르면 드루에의 손을 거친 후 데크뢰즈에 의해 완성된 작품이라 한다. 데크뢰즈Decreuse는 장 그로Antoine Jean Gros의 제자로, 당시 베르사유를 거쳐 간 수많은 역사적 인물의 초상화를 그렸다.

퐁파두르 부인이 집에서 이용한 커피
기구. 방 로의 작품

이 그림은 1771년에 다고티Dagoty(18세기 후

뒤 바리 부인과 흑인 시종 소년 자모르를 그린 데크뢰즈의 작품.

반의 프랑스 조각가이자 판화가)의 판화로도 재탄생된다. 다고티의 작품을 두고 말코룽 C. 살라망은 『18세기의 프랑스 색채 판화』에서 "원본은 프랑수아 위베르 드루에가 그린 것으로 알려져 있다. 그러나 어쩌면 조각가 다고티가 원본의 진짜 작가인지도 모르겠다. 왜냐하면 드루에의 작품이라고 보기에는 작품의 질이 상당히 떨어지기 때문이다"고 평했다. 아래는 살라망의 작품 해설이다.

루이 15세의 마지막 정부인 뒤 바리 부인이 마를리 숲 부근의 루베시엔느에 자리한 아름다운 별장 침실에 앉아 흑인 시종 소년 자모르에게서 커피 잔을 건네받는 모습을 담아낸 작품이다. 자모르는 금색이 언뜻언뜻 보이는 붉은색 옷을 입고 있다. 자모르란 이름은 (루이 15세의 장조카) 콩티 왕자가 지어 준 이름이었다. 부인은 분명 루이 15세의 아침 방문을 기다리고 있었을 거다. 더 이상 젊고 잘생긴 멋쟁이가 아닌, 눈은 처치고 볼살은 불룩해진 늙은이로 전락한 국왕을 말이다. 또 아마도 이날 아침에 부인은 말도 안 되는 농담으로 왕을 꾀어 자모르를 루베시엔느 저택과 별장 지배인으로 임명해 괜찮은 봉급을 쥐어 주게 할 속셈이었던 듯하다. (중략) 그런데 이 둘, 귀부인과 그녀가 가장 총애하는 흑인 소년을 보고 있노라면, 훗날 다른 작품에서 왕의 '진심 어린 사랑'을 독차지했던 한 정부와의 향락과 방탕함에 취해 있던 시종이 비참한 모습으로 등장하고 있다는 사실이 썩 와 닿지 않는다. 그러니까 이로부터 20여 년 후, 이 거만하고 양심 없는 미인이자 한때 국왕의 왼손으로 통했던 여인은 공포정치 시기의 법정에 서게 된다. 그때 자모르, 은혜를 모르는 배신자 녀석은 루베시엔느에서 쫓겨난 후 공안위원회로 들어가 충성을 바치고 있었다. 뒤 바리 부인이 단두대의 이슬로 사라진 데에는 자모르의 냉혹한 고발이 일조했다.

비엔나아카데미 출신의 풍속화가 프란츠 샴스는 1684년 작품 〈비엔나 첫 커피하우스〉에서 유럽에 등장한 커피하우스를 아름답게 묘사하고 있다. 이 그림은 오스트리아예술가협회에서 소장하고 있다. 이 작품은 이후 석판화로 재탄생하는데, 샴스가 직접 그림을 석판에 옮긴 후 요세프 스타우프스에게 인쇄 작업을 맡겼다. 미국에서도 샴스의 다양한 석판화 견본을 볼 수 있다. 샴스의 작품 가운데 하나는 '푸른병Blue bottle'이란 커피하우스의 내부 풍경을 그린 것이다. 이곳은 콜쉬츠키가 개점한 비엔나 최초의 커피하우스였다. 그림 전면에서는 비엔나를 구한 영웅 콜쉬츠키가 오리엔탈풍 커피 주전자로 커피를 따르는 모습을 볼 수 있다. 불가 위에 걸려 있는 가게 간판에서도 똑같은 주전자를 볼 수 있다. 구석의 화덕에서는 커피를 빻고 있는 한 여인이 보인다. 또 당시의 유행 복장을 한 남녀 손님에게 커피를 따라주는 시종 처녀의 모습도 볼 수 있다.

그 외에 마릴라, 데캉, 투르느밍도 카페 풍경을 그림으로 옮겼다. 마릴라는 〈시리아로 가는 길목의 카페Café sur une route de Syrie〉를 그려 1844년에 한 살롱에서 공개했다. 데캉이 그린 〈투르크 카페Café Turc〉는 1855년의 파리 만국박람회에 전시됐다. 투르느밍의 작품 〈소아시아의 카페Café en Asia Mineure〉는 1859년 한 살롱에서 공개돼 찬사를 받았고 역시 1867년의 파리 만국박람회에 전시돼 호평을 받았다.

독일 화가들 역시 커피 풍속도를 많이 남겼고, 유럽 각지의 유명한 전시관에서 이들 작품을 볼 수 있다. 대표적인 작가와 작품을 나열하면 다음과 같다. C. 슈미트의 베를린의 〈요스티 당과점Sweet Shop of Josty in Berlin〉(1845), 밀드의 〈커피 테이블에 둘러앉은 라우텐베르크 사제 가족Pastor Rautenberg and His Family at the Coffee Table〉(1883), 역시 밀드의 〈어느 오후, 커피 테이블에 둘러앉은 클라센 지배인 가족Manager Classen and His family at the afternoon coffee table〉(1840), 아돌프 멘첼의 〈파리 가로수길 카페Parisian Boulevard Café〉(1870), 휴고 마이트의 〈토요일 오후의 커피 테이블Saturday afternoon at the coffee table〉, 존 필리프의 〈커피 잔을 든 늙은 여인Old woman with coffee cup〉, 프리드니히 발레의〈뮌헨 대저택 정원에서 마시는 오후의 커피 한 잔Afternoon coffee in the court gardens at Munich〉, 파울 마이어하임의 〈오리엔탈풍 커피하우스Oriental Coffee House〉.

1881년의 프랑스 예술박람회에서는 P. A. 뤼플로의 그림 〈커피, 뮤즈를 구원하기

뤼플로의 커피 〈뮤즈를 구원하기 위해 왕림하다〉

〈카이로의 커피하우스〉. 제롬의 작품으로, 뉴욕 메트로폴리탄 미술관에 전시.

위해 왕림하다Le café vient au secours de la muse〉가 전시됐는데, 우아하기 그지없는 오리엔탈풍 물 주전자를 볼 수 있다.

장 레옹 제롬(1824~1904)의 〈카이로의 커피하우스〉는 뉴욕 메트로폴리탄 미술관에 전시돼 많은 이들의 찬사를 받고 있다. 아랍의 전형적인 커피하우스 내부를 그린 작품이다. 왼편의 두 남자는 화덕에서 커피를 만들고 있고, 버들가지로 만든 바구니 위에 앉은 남자는 물담배를 피울 참이다. 중간의 이슬람교 금욕파 수도사는 춤을 추고 있고, 또 그림 뒤편의 몇몇 손님은 벽을 등지고 앉아 있다.

뉴욕역사협회는 1907년 마가렛 A. 잉그램이라는 여성에게서 '톤틴 커피하우스'란 표제가 붙은 유화 한 점을 입수한다. 프랜시스 가이가 필라델피아에서 완성한 작품으로, 존 애덤스 대통령의 찬사를 받은 바 있고 그 후 추첨식 판매제를 통해 팔렸다. 이 그림은 톤틴 커피하우스가 자리한 월 가와 워터 가 북서쪽 교차로를 포함해 1796~1800년 당시의 항구 쪽 월 가를 묘사하고 있다. 톤틴의 전신이자, 훨씬 더 이름을 날렸던 머천트 커피하우스가 맞은편 구역으로 이전하면서 톤틴이 그 자리를 지키게 됐다.

찰스 P. 그루프(1860년 생)의 작품을 통해서는 1789년 4월 23일, 그러니까 미국 초대 대통령 취임식을 정확히 일주일 앞두고 '머천트 커피하우스에서 진행된 조지 워싱턴 장군을 위한 뉴욕 시 공식 환영식' 장면을 볼 수 있다. '시 관계자와 주 정부 관리들이 주최한 행사'였다. 그루프의 이 화려한 유화는 당시의 분위기를 생생하게 전달하고 있고, 또 역사적으로도 중요한 사료라는 점에서 세간의 큰 찬사를 받아 왔다. 작품의 저작권은 작가에게 있다.

영국의 수채화가 T. H. 셰퍼드는 1857년에 코벤트 가든 내 그레이트러셀 가에 자리한 버튼 커피하우스(이후 칼레도니언 커피하우스가 된다)를 수채화폭에 담았다. 또한 그 부근, 그레이트 러셀 17번가에 있던 톰 커피하우스와 애디슨이 버튼하우스에 설치한 사자머리 상을 역시 같은 해 그림으로 옮겼다. 사자머리 상은 현재 워번의 베드퍼드 공작이 소장하고 있다. 1841년에는 〈세인트마틴 골목의 슬로터(도살자) 커피하우스〉를 그린 바 있다.

영국 조각가인 샘 아일랜드의 작품집에서는 1730년 당시의 버튼의 단골손님을 모델로 그린 호가스의 데생 작품 원본을 감상할 수 있다.

영국의 위대한 풍자 만화가이자 삽화가인 토머스 롤런드슨(1756~1827) 역시 영국의 커피하우스 풍속을 엿볼 수 있는 훌륭한 작품을 몇 점 남겼다. 예컨대 〈커피하우스에 나타난 광견〉을 통해서는 당시의 커피하우스 내부를 생생하게 볼 수 있다. 수채화 〈프랑스풍 커피하우스〉는 런던에 등장한 프랑스풍 커피하우스를 담아낸 걸작으로 평가받고 있는데, 아마도 18세기 후반에 그려진 것으로 보인다.

한편 1814년 프랑스 본토에서 나폴레옹 전쟁이 벌어졌을 때, 나폴레옹은 어느 날 갑자기 시골 사제를 방문한다. 사제는 원두 볶는

〈커피하우스에 나타난 광견〉. 롤런드슨의 작품.

〈나폴레옹과 사제〉. 샤를의 석판화

기구를 조용히 돌리던 중이었다.

"무엇을 하고 계십니까?"

황제가 물었다.

"예, 폐하와 마찬가지로 식민지에서 갖고 온 원두를 볶고 있었습
니다"라고 사제는 답했다.

샤를(1792~1845)은 이 일화를 작품의 소재로 삼아 석판화로 탄생
시켰다.

이 작품들 외에도 세계 각지의 박물관과 미술관에는 커피를 통
해 창조적 영감을 얻은 작가들의 손에서 탄생한 아름다운 수채화,
조각물, 판화, 데생 작품과 석판화들이 전시되어 있다.

2 커피를 노래한 음악가들

프랑스의 시인 겸 음악가들은 다양한 커피 찬미가를 탄생시켰
다. 프랑스 브르타뉴 지방에는 지역 고유의 커피 찬미가가 전해 내

려온다. 다른 지방에서도 시가, 랩소디, 칸타타를 비롯하여 지역색이 묻어나는 찬미가를 들을 수 있다. 뿐만 아니라 데페가 음악을 담당하고 메일라가 제작한 〈루아 까페Le Café du Roi〉라는 희극 오페라도 구전되고 있다. 1861년에 리릭크 극장에서 상연됐던 작품이다.

퓌즐리에는 직접 쓴 커피 찬미시를 베르니에가 만든 곡에 붙여 칸타타를 탄생시켰다. 아래는 그 후렴구의 일부다.

오, 커피, 미지의 영토
저 선명한 불길은 당신이 증기를 내뿜고 있어도 모른 척할 뿐
당신은, 술의 신 바쿠스가 내버린 영토를
당신의 그 거대한 왕국의 일부로 품어 주었다.
사랑스러운 음료, 당신은 내 영혼을 온통 환희로 적시네.
(중략)
오, 내가 귀하게 여기는 음료
의기양양한 새까만 시냇물이여.
천상의 신을 위한 음료란 걸 알지만
신들의 식탁에서 이 넥타를 가져오자.

카페가 파리에서 유행하기 시작할 무렵, 음악학교에서 화성학을 가르치던 M. H. 콜렛의 피아노 반주곡에 가사를 붙인 〈커피〉라는 노래(샹송Chanson)가 등장했다. 당시 몇몇 카페에서는 드 부아예 다르겡송 경찰서장의 허가와 서명 하에 이 노래를 벽보에 담아 게시했다. 유명 시인의 작품은 아닌 듯하고, 주제가 무엇이든 닥치는 대로

〈커피〉. 1711, 작곡가는 M. H. 콜렛.

시를 쓰던 삼류 보헤미안 시인의 작품으로 추정된다. 커피의 특성과 최고의 커피 제조법을 노래한, 전개부에 해당하는 부분이다. 이와 관련해 한 가지 흥미로운 사실은 일찍이 1711년부터 파리 사람들은 광고를 활용했고 광고의 효용성을 잘 알고 있었다는 점이다. 이 노래에도 빌렝이라는, 당시에 상당히 유명했던 롬바르드 가의 상인과 그의 가게 주소가 나온다. 노래의 몇 구절을 소개하면 다음과 같다.

커피

당신 마음이 평온하다면
나날이 번영하겠죠.
일주일 내내 하루도 빠짐없이
커피를 잔에 담아 드셔 보세요.
각종 질병을 막을 수 있답니다.
효력이 온몸으로 퍼져 나가요.
편두통과 무시무시한 코감기 따위야, 하하!

감기로 인한 나른함, 무기력증도 안녕.

그런데 '커피 음악' 하면 뭐니뭐니 해도, 독일의 오르간 연주자
이자 18세기 초중반 최고의 근대 작곡가로 평가받는 요한 세바스
티안 바흐(1685~1750)의 〈커피 칸타타〉를 최고로 꼽을 수 있다. 바흐
의 작품은 기본적으로 독일 개신교의 종교적 감성에 뿌리내리고
있다. 그는 커피 칸타타를 통해 커피 반대론자들의 음해에 맞선 여
성들의 저항을 노래하고 있는데, 당시 독일에서는 커피가 불임을
유발한다는 이유로 여성들의 음용을 금해야 한다는 움직임이 강하
게 일었다. 결국 정부에서는 커피의 제조, 판매 및 음용을 막기 위
해 역겹기 그지없는 온갖 제재를 가했다.

〈커피 칸타타〉는 바흐의 세속 칸타타 제211번으로, 1732년에 라
이프치히에서 발표됐다. 독일에서는 '조용히 하세요, 입을 다물고
(Schweight stille, plaudert nicht)'라는 제목으로 알려졌다. 소프라노, 테너, 베
이스 솔로, 오케스트라 부분으로 구성돼 있고, 가사는 시인 피칸더
가 썼다. 일종의 단막극 형식의 희가극으로, 독일에서 커피가 한창
유행할 무렵에 딸의 커피 중독을 막으려는 엄격한 아버지의 고군
분투를 다루고 있다. 바흐를 유머가로 생각하는 사람은 얼마 없겠
지만, 영웅풍을 모방한 전반적인 분위기라든지, 서창敍唱과 아리아
가 무척 유쾌한 작품이다. 근대 음악의 아버지가 희가극을 만들면
이러하다는 것을 슬쩍 보여준다.

줄거리는 다음과 같다. 아버지 슐렌드리안 혹은 슬로포크는 딸
이 새로운 악의 구렁텅이에 빠지는 것을 막고자 온갖 으름짱을 놓

"오, 커피 이 얼마나 달콤한가, 수천 번의 키스보다 매혹적이며, 백포도주보다 더 달콤하다". 바흐의 〈커피 칸타타〉 중 베티의 아리아 도입부.

는다. 결국 시집 갈 생각을 하지 말라는 협박으로 커피를 끊게 하지만 그러나 이도 잠시, 그의 어머니와 부인마저 커피에 빠져들게 된다. 이에 「딸을 누가 나무라겠어!」라는 3중창과 함께 막이 내린다.

딸 리아셴 혹은 베티는 극중에서 "오, 커피, 이 얼마나 달콤한가, 수천 번의 키스보다 매혹적이며, 백포도주보다 더 달콤하다"란 가사로 시작하는 유쾌한 아리아를 부른다.

바흐가 이 작품에서 커피를 독일어(kaffee)가 아닌 영어(coffee)로 표기했다는 점 역시 흥미롭다. 1921년 12월 18일 뉴욕의 한 음악회에서 보단츠키의 지휘 하에 '음악사랑동호회'가 이 작품을 선보였다.

이어서 1925년 영국 리즈에서는 이를 단막극 형식의 오페라로 각색한 〈커피와 큐피드〉란 작품이 영국 국립오페라단에 의해 선보인다. 번역과 각색은 테리 교수가 맡았다. 편곡을 담당한 퍼시 피트는 〈커피 칸타타〉의 익숙한 원곡과 바흐의 다른 세속 칸타타를 절묘하게 조화시켜 들려주었다. 원작에서는 베티가 결혼을 위해 커피를 포기하지만, 샌퍼드 테리는 편곡자가 추가한 악장을 음미하며 그 후의 이야기를 추가했다. 베티는 아버지의 소원대로 결혼 서약서에 서명을 한다. 어리석은 슬로포크는 자신의 승리에 도취돼 흡족함을 감추지 못했다. 그러나 베티는 일찍이 예비 신랑인 큐피드에게 결혼식에 참석한 하객과 아버지 앞에서 앞으로도 계속 커피를 마신다는 것을 확실히 보여주겠다고 일러둔 참이었다. 결혼식 하객들에게 커피를 돌리는 순간 슬로포크는 그야말로 공황상태에 빠졌다. 분노에 찬 슬로포크는 커피 잔이 놓인 쟁반에 가발을 집어던지고 쟁반을 세차게 내동댕이쳤다. 그토록 질색하던 커피에 둘러싸여 몸부림치는 고압적인 한 아버지, 또한 무기력한 대머리 남자, 이것이 이 극의 마지막 장면이었다.

과테말라의 알칸타라Alcántara는 〈커피 꽃La Flor del Café〉이란 왈츠를 작곡했다.

커피는 또한 미국 팝음악 관계자들의 집결지인 뉴욕의 '틴 팬 앨리Tin Pan Alley'에도 상당한 영향을 미쳤다. 또 〈커피 한 잔, 샌드위치, 그리고 당신〉이란 노래가 처음으로 등장해 여러 편의 뮤지컬 코미디에 삽입됐다. 〈당신은 내 커피 속 크림〉은 〈다들 움직이지 마Hold Everything〉라는 뮤지컬의 주제가로 쓰였고, 어빙 베를린의 〈커피 한 잔 더 어때요Let's Have Another Cup of Coffee〉는 미 전역을 휩쓸며 크게 유행했다. 또한 〈커피는 아침에, 키스는 밤에Coffee in the Morning and Kisses in the Night〉라는 영화음악 역시 대성공을 거뒀다. 〈어디서나 커피 한 잔All over a Cup of Coffee〉은 이 국민 음료인 커피 한 잔 때문에 울고 웃는 우리의 인생사를 노래하고 있다.

3 커피가 만든 공예

비엔나에는 오스트리아를 구한 영웅이자 비엔나 커피하우스의 수호성인인 콜쉬츠키의 동상이 있다. 비엔나 파포리텐 골목에 자리한 건물 2층 귀퉁이에서 볼 수 있고, 비엔나 커피 제조업자kaffee-sieder 길드에서 그의 공적을 기려 건립한 동상이다. 형제애 넘치는 이 위대한 영웅이 오리엔탈풍 커피주전자를 들고 접시 위에 놓인 잔에 커피를 따르는 모습을 형상화했다.

19세기 초중반 이탈리아 파도바의 중심축이었다고 할 수 있는 유명한 페드로키 카페는 가장 아름다운 이탈리아 건축물 중 하나로 손꼽힌다. 1816년에 공사에 착수해 1831년 6월 9일에 카페를 개업했고, 1842년에 완공했다. 그 전까지 그저 그런 파도바 커피하우스의 주인이었던 안토니오 페드로키(1776~1852)는 실은 명예욕이 대단한 사람이었다. 그는 세상에서 가장 아름다운 커피하우스를

콜쉬츠키 동상, 비엔나

세상에서 가장 아름다운 커피하우스, 이탈리아 파도바의 페드로키 카페. 가난한 레모네이드·커피상 안토니오 페드로키가 건립.

만들기로 마음먹었고, 그 꿈
을 실현시켰다.

커피가 발견된 이래 예술
가와 장인들은 다양한 형태의
커피 제조 기구를 만드는 데
창조적 재능을 쏟아 왔다. 놋

오스만투르크식 커피 도구 세트, 워싱턴 미국국립박물관의 피
터 컬렉션 중에서.

쇠, 금, 은으로 만든 커피 볶는 기구와 분쇄기, 청동 절구, 구리와
백랍, 사기, 은으로 만든 커피 주전자 등이 이들의 작품이다.

미국국립박물관의 피터 컬렉션 전시관에서는 구리로 만든 바그
다드 커피 주전자의 훌륭한 표본을 감상할 수 있다. 커피 제조 및
접대에 쓰인 주전자다. 수려한 오스만투르크식 커피 도구 세트도
볼 수 있다. 뉴욕 메트로폴리탄 미술관에서는 페르시아와 이집트
풍의 수려한 채색 도자기 물병을 볼 수 있는데, 아마 접대용 물병
으로 쓰인 듯하다. 이외에도 미국과 유럽 각지의 박물관에서는 원
두를 빻는 데 이용한 17세기의 독일, 네덜란드, 영국의 청동 절구
와 절굿공이 견본이 다양하게 전시하고 있다.

메트로폴리탄 미술관에서는 또한 아름답기 그지없는 오리엔탈
풍 커피 분쇄기를 감상할 수 있다. 상아와 황동을 박아 넣은 티크
재와 순수 황동을 이용해 만든 분쇄기로 표면에는 붉고 푸른 유리
보석이 박혀 있다. 19세기 인도-페르시아의 예술 작품이다. 이곳에
는 이뿐만 아니라 17세기와 18세기에 인도, 독일, 네덜란드, 벨기
에, 프랑스, 러시아 및 영국에서 유행한 백랍 주전자의 다양한 견본
이 전시되어 있다.

보석을 박아 넣은 커피 분쇄기, 뉴욕 메트로
폴리탄 미술관

한편 1754년 3월 20일에서 이듬해 4월 16일까지, 일 년 남짓한 이 기간 동안 루이 15세는 라자르 뒤보에게서 금 주전자를 세 점이나 구입한다. 이를 통해 18세기 프랑스에서 사용한 커피 주전자가 얼마나 화려한지 추측할 수 있는데, 주전자마다 나뭇가지를 형상화한 문양이 아로새겨져 있었고, 광을 낸 철로 만든 풍로 달린 냄비와 와인 증류용 램프가 부속품으로 딸려 있었다고 한다. 주전자 하나 당 가격은 자그마치 1,950프랑, 1,536프랑, 2,400프랑이었다. '마리 조제프 드 삭스 황태자의 재산 목록'에 따르면 또한 '커피 두 잔 용량의 금 주전자와 와인 증류용 풍로 달린 냄비가 가죽 상자에 보관'돼 있었다고 한다. 퐁파두르 부인의 재산 목록에는 '착색된 금 표면에 커피나무 가지가 아로새겨진 황금 분쇄기'가 포함돼 있었다. 이 분쇄기는 부인 사망 이후에 다른 이의 손에 넘어갔는데, 예상대로 퐁파두르 부인의 애장품이었다는 이유로 훨씬 높은 가격에 거래됐다.

세상에 존재하는 모든 물건을 아름답게 만들고자 하는 금세공사들은 가정용 기구라고 해서 대충 만드는 법이 없다. 파리 클뤼니 박물관에는 우아한 자태를 뽐내는 커피 분쇄기가 다양하게 전시돼 있는데, 그중에서도 표면에 사계절이 아로새겨진 18세기의 철제 커피 분쇄기가 특히 눈에 띈다.

17세기 이탈리아에서 제작된, 연철로 만든 원두 볶기 기구는 예술 작품으로 평가받을 정도로 수려한 작품이 많다.

찰스 제임스 잭슨은 삽화로 보는 영국 식기류의 역사에서 "영국에 찻주전자와 커피 주전자, 초콜릿 주전자가 처음 등장했을 때는 그 형태가 상당히 유사했다. 세 주전자 모두 바닥은 원형이었고 위로 올라갈수록 몸통이 좁아졌다. 손잡이는 주둥이의 직각 방향에 달려 있었다." 그의 설명을 좀 더 들어보자.

초창기에는 아랍의 주전자를 본떠 만들었다. 당시 영국의 식기 제조업자들은 아랍의 물건을 견본삼아 여러 가지 은제품을 만들었다. 이 무렵에는 찻주전자와 커피 주전자의 형태가 유사했다. 그러다 이 나라 영국에서 차와 커피 음용이 몇 년 정도 자리 잡은 후에 둘의 형태가 달라졌는데, 커피 주전자에 비해 찻주전자가 좀 더 넓적하고 낮았다. 더 균형감이 있어 보였다. 아마도 찻주전자의 경우, 중국 사기 주전자의 형태를 본떠 만들었던 것으로 보인다. 그 후 두 주전자의 형태는 대략 이런 틀을 유지해 왔다. 오늘날에도 찻주전자와 커피 주전자를 구분하는 주된 방법은 그 높이를 확인하는 것이다.

1681년도 커피 주전자는 이전까지 동인도회사의 소유물이었으나 현재는 런던의 빅토리아앤드앨버트 박물관에 보관돼 있다. 이 주전자는 같은 박물관에 보관된 1670년도 찻주전자(사진 참조)와

연철로 만든 원두 볶는 기구, 이탈리아. 출처는 에디슨 먼슬리Edison Monthly

왼쪽부터 찻주전자(1670) , 커피 주전자(1681), 커피 주전자(1689)

그 형태가 상당히 흡사하다. 단, 몇 가지 차이점을 제외한다면 말이다. 우선 일자로 뻗은 주둥이와 가죽을 씌운 손잡이가 찻주전자에 비해 좀 더 아래쪽에 붙어 있다는 점이 다르다. 또한 손잡이가 주둥이의 정반대편에 붙어 있고, 손잡이 상단 끝과 하단 끝이 주전자 몸체에 접합돼 있으며, 길게 휘어져 있다는 점이 다르다. 커피 주전자 뚜껑은 손잡이 상단 접합 부분에 경첩으로 부착돼 있다. 찻주전자 뚜껑과 높이는 비슷하지만, 찻주전자 뚜껑이 곧게 올라가는 데 비해 커피 주전자의 경우에는 살짝 곡선을 그리며 올라가고, 또 다소 납작한 단추 모양의 손잡이가 달려 있는 점이 다르다. 커피 주전자의 몸통에는 끈으로 한데 묶은 깃털에 둘러싸인 방패가 새겨져 있다. 엇갈린 붓꽃 세 송이와 그 사이에 놓인 갈매기표 수장이 그려진 방패이다. 이 문양 아래에는 '리처드 스턴이 드리는 선물, 영광스러운 동인도회사' 란 글귀가 새겨져 있다.

이 주전자의 높이는 9.7인치고 바닥의 직경은 4.8인치이다. 이 주전자에는 또 1689~1690년도 런던의 순분 인증 각인과 함께 'G. G.' 라고 적힌 방패 모양의 표식이 찍혀 있다. 제작자가 남긴 표식으로, 아마도 금세공사 조지 거손George Garthorn의 이름의 머릿글자일 거라고 잭슨은 설명한다.

랜턴 모양 커피 주전자 1692

그 옆의 1689년도 커피 주전자는 조지 5세의 소장품이다. 이 주전자에도 당시 런던의 순분 인증 각인이 찍혀 있고, 프랜시스 거손의 표식이 새겨져 있다. 길쭉하고 둥그스름한 주전자의 몸체는 위로 올라갈수록 좁아지고 바닥은 형판을 이용해 만들었다. 흑단으로 만든 초승달 모양의 손잡이는 주둥이 직각 방향에 달려 있으며 상단과 하단 끝을 몸체에 접합시켰다. 뚜껑은 꽤 긴 원뿔 모양으로, 작은 꽃병 모양의 손잡이가 달려 있고 손잡이 상단 부분에 경첩으로 연결돼 있다. 이 주전자의 경우 몸체 반대편에 윌리엄 3세와 메리 여왕의 왕실 표식이 새겨져 있는 것을 제외하면 다른 문양은 없다. 바닥에서부터 뚜껑 손잡이까지 높이가 9인치에 이르는 이 주전자는 앞서 설명한 동인도회사의 주전자와 상당히 흡사하다. 1689년 이전에는 키가 작은 찻주전자가 유행했다는 점으로 미루어보아 이 주전자는 원래부터 커피 주전자로 이용됐다고 봐야 할 것이다.

H. D. 엘리스의 소장품인 1692년도 랜턴 모양 커피 주전자는 주둥이 끝 부분이 위로 꺾어져 있고 주전자 뚜껑은 작은 경첩으로 몸체에 부착돼 있으며 뚜껑 가장자리에는 소용돌이 모양으로 생긴, 엄지손가락을 대는 장치가 부착돼 있다. 초기의 랜턴형 주전자는 몸체와 뚜껑의 형태가 매우 단순했으나 이후에 아마도 1740년경부터 로코코풍의 기하학적 문양을 음각 혹은 양각하여 장식했다. 잭

슨은 이 주전자의 나무 손잡이가 초기 랜턴형 주전자의 C자형 손잡이와는 다르다고 설명한다. 이 주전자에도 역시 런던에서 받은 1692년도 순분 인증 각인과 'G. G.'라는 머릿글자가 새겨진 방패 표식이 새겨져 있었다. 이 표식이 새겨진 구리 바닥이 조지 거손의 회사 제품인 것으로 보아 조지 거손이 남긴 표식일 거라고 크립스는 설명한다. 랜턴형 커피 주전자의 특징을 정리하면 다음과 같다.

1. 곧게 뻗은 직선형 주전자로, 바닥에서 위로 올라갈수록 몸통이 급격히 좁아진다. 따라서 주전자 높이가 6인치밖에 되지 않음에도 바닥의 직경이 4.3인치인데 비해 뚜껑 쪽 직경은 2.5인치에 불과하다.

2. 주둥이는 직선형으로 뻗어 있고, 끝에 뚜껑이 달려 있다.

3. 주전자의 뚜껑은 완벽한 원뿔 모양이다.

4. 뚜껑 가장자리를 엄지손가락으로 누를 수 있는 장치가 부착돼 있다. 이 장치는 당시의 탱커드(뚜껑 달린 큰 맥주잔)에서도 볼 수 있다.

5. 손잡이는 주둥이의 직각 방향에 달려 있다.

엘리스는 가장 초기의 커피 주전자 양식에 대해 이렇게 설명한다.

이 나라 영국에 커피를 전래한 이들이 오스만투르크 교역상들이라면, 커피 열매를 들여오면서 커피 기구 역시 함께 들여왔다고 봐야 할 것이다. 아마도 오스만투르크식 물병을 들여왔을 듯한데,

200년 전에 들어온 그 물병과 오늘날 우리가 보는 물병은 별 차이가 없을 것이다. 왜냐하면 아랍은 변화의 속도가 더딘 세계이기 때문이다.

찰스 2세 통치기 동안에는, 부인들의 커피 음용 반대로 가정에서의 커피 소비가 주춤했고, 마찬가지로 찰스 2세의 강력한 제재로 커피하우스에서의 커피 소비 역시 주춤했기 때문에 오스만투르크에서 커피 도구를 수입해 오는 것만으로도 그 수요를 충분히 감당했던 것으로 보인다. 길드홀 미술관에 전시돼 있는 보포이의 커피하우스 토큰 수집품을 보면, 1660~1675년 무렵의 커피 상인들은 가게의 표식으로 커피 주전자를 따르고 있는 손 형상을 주로 이용했던 듯하다. 물론 이 주전자는 오스만투르크식 주전자였다. 그런데 정작 오스만투르크인들이 커피를 마실 때 주전자를 사용했는지는 전혀 알 수 없다. 그러나 당시의 커피하우스 주인들이 일상에서는 쓰지도 않는 물품을 가게 표식으로, 즉 일종의 시각적 광고물로 썼을 리는 없다. 또한 대중들의 눈에 커피와 아무 관련도 없어 보이는 물품을 상징물로 썼다고 보기는 어렵다.

이후 영국에서 커피 수요가 증가하면서 가정에서의 커피 수요 역시 증가했고, 이에 커피 기구 발전의 역사가 영국에서 새로이 시작된다.

삽입 폴킹엄 주전자(1715~1716)

워스텔 주전자(1720~1721)

17세기 후반의 중국산 자기 주전자

아랍에서 유행한 곡선형 주전자, 마치 페르시아 칼처럼 완만하게 구부러진, 혹은 그들의 유려한 필적처럼 우아하게 흘러내리는 주전자는 유럽인들의 취향에는 맞지 않았다. 당시의 유럽인들은 좀 더 수수한 아름다움을 추구했다. 그 무렵의 사발, 컵, 특히 납작한 뚜껑이 달린 탱커드를 통해 알 수 있듯이 단순한 아름다움이 느껴지는 은세공품을 선호했다. 일직선의 매력이 느껴지는 곧게 뻗은 커피 기구들이 선풍을 일으켰다. 1692년에 등장한 직선형 커피 주전자는 한 표본이라 하겠다. 이같은 직선형 열풍은 18세기 중반까지 계속되다가 S자 주둥이가 달린 곡선형 주전자가 다시 등장하면서 한 풀 꺾였다.[1]

랜턴 모양 커피 주전자는 영국에서 빠른 속도로 형태가 바뀌어 갔다.

17세기 후반 중국산 자기 주전자는 랜턴형이 등장하고 몇 년 후에 등장한 영국식 주전자를 모방해 중국에서 제작한 것으로 보인다. 엘리스는 그 형태가 어떻게 달라졌는지 이렇게 설명한다. "주둥이가 곧게 뻗어 있지 않고, 입구 쪽으로 갈수록 몸체가 좁아지고 있기는 하나 예전만큼은 아니다. 또한 뚜껑은 초기에는 가파른 원뿔 형태였으나 현재는 완만한 반구 형태를 띠고 있다." 엘리스는 다음과 같이 덧붙였다.

주전자 형태가 빠르게 변화되었기에 18세기
가 시작될 무렵에는 주전자 몸체의 직경이
완만하게 줄어들었고 뚜껑은 완벽한 반구에
가까워졌다. 앤 여왕 통치 말기에는 뚜껑 끝
에 달려 있던 엄지손가락으로 누르는 장치
가 사라졌고, 손잡이 위치도 주둥이 직각 방
향에서 벗어나 좀 더 다양해졌다. 조지 1세
시절에는 큰 변화가 없었다. 단 몸체 직경이

〈커피점 웨이터의 접시 (Dish of Coffee
Boy)〉, 델프트도기 위에 그림(1692)

더욱 완만하게 줄어들었다는 점 외에는. 그러다 조지 2세 시절에는
위로 갈수록 몸체가 좁아지는 경향이 거의 사라져 양 측면이 평행
을 이루는 일자형에 가까워졌고 뚜껑 역시 반구 형태를 유지하기
는 했지만 그 높이가 낮아져 납작한 형태를 띠었다. 1725~1750년
사이에는 배(과일) 모양의 커피 주전자가 큰 유행이었다. 조지 3세
집권기에는 새로운 형태의 수려한 은세공품들이 많이 제작되어 결
국 이때를 기점으로 커피 주전자 양식이 획기적으로 변했다. 새로
이 등장한 곡선형 주전자는 근래 100년간 관심 밖으로 밀려나 있
던 오스만투르크식 주전자의
부활을 예고하는 듯했다.

뉴욕 메트로폴리탄 미술
관에서는 세계 각지의 도예
가들이 빚은 우아한 커피 도
구를 감상할 수 있다. 예컨대

은 커피 주전자, 18세기 후반. 왼쪽(1776~1777),
오른쪽(1773~1774)

스코필드 주전자(1779~1780)

아일랜드 커피 주전자, 1760. 더블린에
서 순분 인증 각인받음. 무어 브라바
즌 대령의 소장품

울슬리 자작 부인의 커피 주전자

엘러스의 커피 주전자. 석재, 1700년 경
왼쪽: 염유약 처리를 한 주전자, 애스트버리 작품
오른쪽: 염유약 처리를 한 주전자, 1725년경

커피 주전자(1736)

18세기 초반의 은 커피 주전자. 출처는 잭슨의 〈삽화로 보는 영국 식기류의 역
사Illustrated History of English Plate〉
좌: 순분 인증 각인이 찍힌 빈센트 주전자, 런던(1738) / 우: 스웨이들링 경의
주전자(1731)

508

18~20세기 영국 리즈와 스태퍼드셔에서
제작된 자기, 18~19세기의 로스토프트 자
기(인삼엽 연질 자기), 18세기 이탈리아의 카포디
몬테 자기, 18~19세기의 독일 자기, 18세기
의 비엔나 커피 주전자, 1774~1793년도의
프랑스 라센 커피 주전자, 역시 프랑스산
1792~1804년도 세브르 주전자와 동박 광
택copper luster 처리한 18세기 스페인 커피 주
전자를 감상할 수 있다.

커피 주전자(1830) 뉴욕 메트로폴리탄
미술관 소장

이 밖에도 18~19세기에 제작된 영국 해
트필드 지방의 커피 주전자와 셰필드 동판
세공품이 전시되어 있다. 또 미국 은세공사
들이 만든 차 도구 및 커피 도구 세트가 다
양하게 전시되어 있다.

스페인 커피 주전자, 18세기 경 (뉴욕
메트로폴리탄 미술관 소장)

미국의 경우 18세기 중반까지는 은 주전
자가 거의 사용되지 않았다. 초창기 커피
주전자는 위쪽으로 갈수록 몸체가 좁아지
는 단순한 원통 형태였다. 그 이후 찻주전
자와 유사하게 불룩한 원형 용기가 되었고,
장식 달린 뚜껑과 손잡이를 갖추게 되었다.

1909년 메트로폴리탄 미술관에서는 허드
슨-풀튼 기념 전시회(허드슨 강을 발견한 헨리 허드
슨과 상업적 증기선을 최초로 건조한 로버트 풀튼을 기리는 기

18세기의 셰필드동판세공품, 뉴욕 메
트로폴리탄 미술관 소장

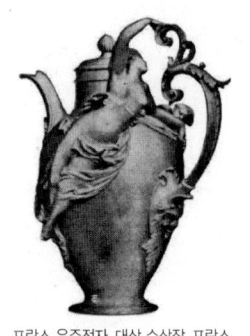

념 행사)가 열렸는데, 전시품 목록 도입부에는
플로렌스 N. 레비가 소장하고 있던 R. T. 하
인즈 할지와 존 H.벅의 기록물의 일부가 실
렸다.

미국 뉴잉글랜드 최초의 은제품은 아마
도 영국인 이민자나 스코틀랜드 이민자처럼
다른 나라에서 건너온 사람이 만들었을 것
이다. 그 후 이곳 토박이나 존 훌처럼 어릴
적에 이곳으로 건너온 사람들이 하나둘 이주 세공사들에게 기술을
배우기 시작했다.

영국에서는 금세공 장인 모두가 매 작품에 대해 왕실의 순분 인
증 평가를 받아야 했고, 그 다음에는 자신의 고유한 마크를 새겨야
했다.

18세기 미국의 은세공사들은 방패나 원 모양의 테두리를 만들고
그 안에 이름의 머릿글자를 남겼다. 그 외에 다른 무늬를 넣는 경
우도 있었지만 생산지나 생산일자는 새기지 않았다. 1725년 이후
에는 머릿글자를 적어 넣는 것은 선택사항이 됐고, 대개 성을 새겨
넣었다. 종종 이름을 모두 새기는 경우도 있었다. 미국 건국 이후
에는 마을의 이름이라든지, 원 모양의 테두리를 만들고 그 안에 알
파벳 D와 C를 추가로 새기는 경우가 많았다. D와 C는 아마도 달러
Dollar와 코인Coin을 의미하는 것 같다. 이러한 표식을 통해 각 생산품
이 어떤 규격을 따르고 있는 지 등에 대한 정보를 제공했다.

당시 뉴욕에서는 다른 식민지 주에서는 찾아보기 힘든 독특한

형태의 은 찻주전자가 발달했다. 할지Halsey
의 설명에 따르면 이 주전자들은 차·커피
겸용 주전자로 이용됐다고 한다. 그 형태는
1717~1718년경 영국에서 유행한 땅딸막한
배(과일) 모양의 찻주전자와 흡사했지만 높
이와 용량이 그보다 훨씬 컸다.

에프라임 브래셔가 만든 은주전자, 뉴
욕 메트로폴리탄의 클리어워터 컬렉
션

식민지 시절의 미국 은세공사들은 우아
하기 그지없는 커피, 차, 초콜릿 주전자를 상당히 많이 만들어 냈
다. 메트로폴리탄 미술관의 할지 컬렉션과 클리어워터 컬렉션 전
시관에서 이들 작품의 견본을 감상할 수 있다. 이 박물관에서는 또
피건 애덤스Pygan Adams(1712~1776)가 만든 커피 주전자를 전시하고 있
고, 최근에는 에프라임 브래셔가 만든 은주전자를 추가로 전시했
다. 브래셔Abraham Brasher는 1786년에서 1805년까지 뉴욕시 인명부에
꾸준히 등재된 인물로, 미국 금·은세공사협회 소속이었다. 그의 이
름을 딴 스페인 옛 금화 형판을 제작한 것으로 유명한데, 이 형판
의 견본은 필라델피아에서 무려 4천 달러에 거래됐다.

식민지 시대의 은세공품은 클리어워터 컬렉션의 정수라 할 만하

20세기 미국의 커피 도구 세트. 미국 포츠머스 지역에서 유행한
양식. 골행社

보스턴 그린드래곤 커피하우스 겸 주점의 커피 주전자

다. 그 가운데 한 커피 주전자의 아름다움은 이루 말할 수 없다. 높이가 13.5인치에, 무게가 44온스 나가는 완만한 곡선형의 주전자다. 단, 이 무게는 흑단 손잡이의 무게를 제외했을 경우다. 주전자 바닥은 바깥쪽으로 퍼져나가는 형태를 하고 있고, 가장자리는 둥근 주름으로 처리했다. 주전자 뚜껑에도 동일한 처리가 돼 있다. 곡선형의 주둥이는 우아한 자태를 뽐내고 있고, 뚜껑에는 단지 모양의 손잡이가 달려 있고, 또 진정한 인연의 끈을 상징하는 리본이 휘감긴 원형 화환이 아로새겨져 있다.

한편 보스턴협회 소장품 가운데는 재미있게 생긴 주전자가 한 점 있는데, 셰필드동판세공 기법으로 만든 주전자다. 원래는 그린드래곤 선술집 겸 커피하우스, 앞서도 언급했듯이 1697년에서 1832년까지 유니언 가를 지키고 있던, 독립전쟁 당시 애국주의자들의 집결지로 유명한 가게에 있던 물품이다. 사진에서 볼 수 있듯이 완벽한 구형의 주전자 몸체가 받침대에 얹혀 있다. 주전자 안쪽에는 뜨겁게 달궈진 원통형의 쇠막대기를 넣어둬 가게 손님들이 언제라도 뜨거운 커피를 마실 수 있도록 했다. 이 쇠막대기에는 아연이나 양철로 만든 외피를 씌웠는데, 막대기를 달굴 때 달라붙은 난롯가 그을음이 커피에 닿는 것을 방지하기 위해서였다. 커피는 스튜 주전자에서 한번 끓인 다음 이 주전자에 옮겨 담았을 것이다. 참고로 그린드래곤이 있던 자리는 현재 사업지구로 변모했고, 그 부지는 프리메이슨 보스턴 세인트앤드류 지부에서 소유하고 있다.

그린드래곤의 물건이 매각될 당시 이 주전자는 엘리자베즈 해링턴 부인에게 팔렸다. 해링턴 부인은 당시 펄 가에 위치한 퀸시 가 소유의 건물에서 꽤 유명한 하숙집을 운영하고 있었다. 이 건물은 1847년에 철거됐고 이 자리는 퀸시 구역으로 바뀐다. 해링턴 부인은 하이 가로 자리를 옮겼고, 이곳에서 다시 숀시 구역으로 이전한다. 부인은 죽기 전에 주전자를 딸 존 R. 브래드퍼드에게 물려줬고, 후에 해링턴 부인의 손녀 피비 C. 브래드퍼드가 이를 보스턴협회에 기증했다.

미국 포틀랜드의 메인 주 역사학회 박물관과 매사추세츠 세일럼의 에식스학회 박물관에서도 이 주전자와 형태가 다소 흡사한 백랍 주전자를 소장하고 있다.

한편 에이브러햄 링컨의 손때가 묻은 소중한 유물 중에는 오래된 브리태니아 커피 주전자가 있다. 그가 일리노이 뉴세일럼에 자리한 러틀리지 여관에서 하숙할 무렵, 주인 가족들은 이 주전자에 커피를 담아 대접하곤 했다. 상당히 귀한 가정용 커피 기구로, 속설에 따르면 링컨은 이 주전자를 굉장히 좋아했다고 한다. 현재는 일리노이 피터즈버그의 올드세일럼 링컨리그(공화당 조직)에서 소장하고 있다. 캘리포니아 시스콕의 손더스 부인, 그러니까 제임스와 매리 앤 러틀리지 부부의 자녀 중 유일하게 살아남은 부인이 다른 물품과 함께 이 주전자를 링컨리그에 기증했다. 러틀리지 부인은 뉴세일럼 시절의 주전자와 다른 물품을 정성스럽게 보관해 오다 1878년 죽기 직전에 딸 손더스에게 물려줬다. 그러면서 뉴세일럼으로 돌아가 이 물건들을 오랫동안 맡아 줄 고마운 사람들을 찾기 전까지 안전하게 보관해 줄 것을 당부했다. 뉴세일럼 시절의 물품에는 불사조 링컨의 추억과 함께 러틀리지 가 딸 앤과 그의 가슴 아픈 사랑이 아련하게 서려 있다.

★ 주석

1) Proceedings : Second Series, 1899 (vol. svii : no 2 ; p.390)

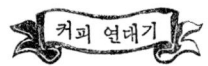

커피 연대기

1924	브라질 정부가 중앙정부 산하의 커피보호부를 상파울로 주정부로 이전하였다.
1925	뉴욕커피설탕거래소가 습식 가공한washed 로부스타 커피 거래를 허용하였다.
1925	윌리엄 G. 번스와 해리 러셀 맥슨이 커피 로스터에 원두 배출 장치를 부착해 미국 특허를 취득하였다. 이에 대한 특허권은 뉴욕의 자베즈번스앤선즈에 양도되었다. 같은 해 리처드 A. 그린은 원두 배출 장치가 각각 부착된 원통 로스터를 여러 대 결합한 기구로 미국 특허를 취득하였다. 특허권은 자베즈번스앤선즈에 양도되었다.
1925	윌리엄 A. 램이 커피 추출·가열기로 미국 특허를 취득하였다. 특허권은 매사추세츠 몰던의 실렉스사에 양도되었다. 런던의 어니스트 H. 스틸이 가압식 우려내기 기구로 미국 특허를 취득하였다. 뉴저지 러더퍼드의 조지 H. 필이 실과 마구리쇠tag가 부착된 다공성 우려내기 기구로 특허를 취득하였다.
1925	베렌트 프리엘레, F. J. 아치, 펠릭스 코스테가 미국 커피상인 대표단 자격으로 브라질을 방문해 미국 내 커피 홍보 재개를 위한 계획을 논의하였다.
1925	상파울로 주 정부가 런던에서 1천만 파운드를 대출받았다.
1926	《차·커피무역 저널》의 25주년 기념 특별호가 발간되었다.(9월)
1927	미국·브라질협회가 조직돼 양국의 상업적 협력관계 강화를 도모하였다.
1927	브라질에서 커피 재배 200주년 기념행사를 개최하였다.
1927	J. L. 코프가 커피 과립화 기법으로 특허 취득 후 자베즈번스앤선즈에 특허권을 양도하였다.

1927	프로비던스의 골햄매뉴팩처링 사가 전동 삼출기를 개발해 미국 특허를 취득하였다.
	스위스의 프리츠 퀸드리크가 디카페인 커피 제조공정으로 미국 특허를 취득하였다.
	뉴욕의 슬로스퍼펙트커피메이커 사에서 다용도 주전자를 개발해 미국 특허를 취득하였다.
	델라웨어의 컴팩트커피 사에서 커피 정제를 개발해 미국 특허를 취득하였다
1928	뉴욕의 I. D. 리히하이머가 물방울이 맺히지 않는non-drizzle 커피 주전자 주둥이를 개발해 미국 특허를 취득하였다.
	로스앤젤레스의 찰스 E. 페이지가 드립 추출기를 개발해 미국 특허를 취득하였다.
	뉴욕의 앨버트 W. 마이어가 한 잔분 커피 브루어coffee brewer(커피 추출기의 일종)를 개발해 미국 특허를 취득하였다.
1929	브라질 커피의 미국 내 판매 촉진을 위해 브라질·미국커피홍보위원회를 뉴욕에 설립. 프랑크 C.러셀이 위원장을, 세바스티앙 삼파이우 박사가 부위원장을 맡고 베렌트 프리엘레, R. W. 맥크리리, 존 M. 행콕, 펠릭스 코스테가 위원으로 참여하였다.
1929	뉴욕 브록턴의 헌틀리매뉴팩처링 사에서 기능을 개선한 삼본롤three-roll 커피 분쇄기로 미국 특허를 취득하였다.
1929	프랑스령 서아프리카에서 커피 재배를 시작하였다.
1929	윌리엄 A. 랭킨이 개량 삼출기로 미국 특허 취득 후 뉴욕 로체스터의 로버슨로체스터 사에 특허권을 양도하였다.
	프레데릭 J. 크로스가 전동 삼출기로 특허 취득 후 역시 로버슨로체스터 사에 특허권을 양도하였다.
	윌리엄 M. 윌리엄스가 커피 분쇄기로 특허 취득 후 시카고의 B. F. 검프 사에 특허권을 양도하였다.
	시애틀의 존 N. 쇼가 개량 커피 주전자로 미국 특허를 취득하였다.
1930	뉴욕의 에드워드 어본이 드립 추출기로 미국 특허를 취득하였다.
	오하이오 매실런의 리처드 F. 크라우제가 드립 커피 추출기로 미국 특허를 취득하였다.
	이탈리아의 안젤로 토리아니가 '익스프레스' 여과기의 성능을 개선해 미국 특허를 취득하였다.
	뉴욕의 I. D. 리히하이머가 자신이 개발한 '트리콜레이터' 전용 개량 커피 홀더로 미국 특허를 취득하였다.
1931	오하이오 스프링필드의 바우어브라더스 사가 커피 분쇄기를 개발해 미국 특허를 취득하였다.
	뉴욕의 I. D. 리히하이머가 개량 삼출기를 개발해 미국 특허를 취득하였다.
	리처드 S. 이글하트가 커피 분쇄기를 개발해 미국 특허를 취득하였다. 이에 대한 권리는 바우어브라더스 사에 양도하였다.
	뉴욕의 앨버트 W. 마이어가 커피 주전자용 삼출 용기로 미국 특허를 취득하였다.
1931	브라질 상파울로에서 국제커피회의가 개최돼 커피 수확량 관리, 홍보, 국제커피국 개설을 위한 협력 방안이 논의됐으나 구체적인 실행 방안 마련에는 실패했다.
1931	미국 물가안정의회(농업위원회)에서 밀 2,500만 부쉘(약 8억 7,500만 리터)과 브라질 커피 105만 자루를 맞교환하였다. 이에 미국 정부가 민간기업과 경쟁관계를 형성하려 한다는 반대 여론이 들끓었다.
1931	전미커피로스팅업자협회 회의에서 미국 커피업계 주체들의 이익을 대변하는 '좀 더 포괄적이고 개선된' 조직 결성에 대한 계획을 입안하였다.
1932	전미커피로스팅업자협회와 전미커피무역위원회가 미국커피산업협회로 통합, 계승. 생두 상인, 커피 체인점, 커피 운송업자, 커피 로스팅업자들이 이 협회를 중심으로 결속하였다.

1932	브라질커피위원회가 향후 3년간 미국 내 자국 커피 홍보를 위해 매년 100만 달러를 투입한다는 내용의 계약을 승인한 후 즉시 공고하였다.
1932	뉴욕 브록턴의 헌틀리매뉴팩처링 사에서 개량 커피 분쇄기를 개발해 미국 특허를 취득하였다.
1932	윌리엄 G. 번스와 R. A. 그린이 교반stirring 커피 냉각기를 개발해 미국 특허 취득 후 자베즈번스앤선즈에 특허권을 양도하였다. 같은 해 조지 C. 헤르츠가 원두에서 돌멩이 등을 골라내는 개량 기압식pneumatic 분리기로 미국 특허 취득 후 자베즈번스앤선즈에 특허권을 양도하였다.
1932	조셉 F. 램이 자체 발열 삼출기로 미국 특허를 취득하였다. 특허권은 랜더스프레리앤클라크 사에 양도되었다. 오하이오 매실런의 리처드 F. 크라우제가 드립 커피 추출기로 미국 특허를 취득하였다. 유진 G. 베리와 호러스 G. 우드헤드가 절단식 커피 분쇄기로 미국 특허를 취득하였다. 특허권은 시카고의 B. F. 검프 사에 양도하였다.
1933	브라질커피위원회가 폐지되고 브라질커피부가 신설되면서 미국 내 브라질 커피 홍보를 위한 기존 계획이 모두 중단되었다.
1933	케냐커피위원회가 나이로비에 본부를 두고 설립되었다.
1933	브라질이 해외 커피 구매자를 대상으로 구매량의 10%를 추가로 제공하다가 업계의 반발로 곧 중단하였다.
1933	주앙 알베르투 선장과 프레데리쿠 쿠스, 알프레두 리나레스가 브라질 사절단 자격으로 미국을 방문해 시카고만국박람회에서의 브라질 커피 전시 계획을 논의하였다. 더불어 미국 내에서의 브라질 커피 홍보 활동의 재개 가능성을 타진하였다.
1933	우간다 커피 생산자들이 시장에서의 협력관계 구축을 위해 우간다커피판매 사를 설립하였다. 본부는 캄팔라에 위치한다.
1933	해리 C. 베이츠가 100% 유리로 만든 커피 삼출기로 미국 특허를 취득하였다. 특허권은 뉴욕 코닝의 코닝글라스워크 사에 양도하였다. 조셉 F. 퀸이 커피 로스팅 공정으로 미국 특허를 취득하였다. 샌프란시스코의 조지 W. 카스웰앤코에 권리를 양도하였다. 커크 E. 포터가 드립식 커피 추출기로 미국 특허를 취득하였다. 오하이오 우스터의 버크아이알루미늄 사에 권리를 양도하였다. 조셉 F. 램이 전동 삼출기로 미국 특허를 취득하였다. 코네티컷 뉴브리튼의 랜더스프레리앤클라크 사에 권리를 양도하였다. 레이몬드 W. 켈과 찰스 D. 바스가 진공 커피 추출기로 미국 특허를 취득하였다. 펜실베이니아 샤루아의 맥베스에반스글라스 사에 권리를 양도하였다. 아서 D. 내시가 유리 커피 추출기로 미국 특허를 취득하였다. 오하이오 톨레도의 리비글라스매뉴팩처링 사에 권리를 양도하였다.
1934	미국 국가부흥법National Recovery Act 하에 커피산업부문 공정경쟁 규약이 승인되었다.
1934	브라질커피부의 초청으로 허버트 델러필드, 윌리엄 F. 윌리엄스, 베렌트 프리엘레, 트래버 스미스, 데이비드 E. 프롬, 에드워드 G. 욘커, 제임스 M. 오코너, D. B. 포스터, G. M. 스킹커, 유진 C. 조안스, 조지 C. 시어바크, 조지 G. 웨스트펠트, 윌리엄 H. 히커슨 Jr., 로저 P. 홀만, R. V. 맥케이, 제임스 S. 카슨, 윌리엄 H. 우커스가 미국 커피업계 대표 자격으로 3주간 브라질을 방문하고 커피 재배지와 주요 교역 도시를 탐방하였다.

516

1934	에드워드 J. 덴트가 로스팅 기법으로 미국 특허 취득 후 브룩클린의 아메리칸커피 사에 특허권을 양도하였다.
	얼 M. 에블리스가 커피 주전자로 미국 특허를 취득하였다. 시카고 바스티안블레싱 사에 권리를 양도하였다.
	앨버트 C. 윌콕스가 전동식 자동 드립 추출기로 특허를 취득했다. 오하이오 매실런의 엔터프라이즈알루미늄 사에 권리를 양도했다.
	뉴욕의 I. D. 리히하이머가 커피 보관용기retainer 겸용 물 분무기로 미국 특허를 취득하였다.
	프랭크 E. 윌콧이 진공 커피 추출기로 미국 특허를 취득하였다. 하트포드의 실렉스 사에 권리를 양도하였다.
	호러스 G. 우드헤드가 커피 과립화기로 미국 특허를 취득하였다. 시카고의 B. F. 검프 사에 권리를 양도하였다.
	조지 D. 맥베스가 진공 커피 추출기로 미국 특허를 취득하였다. 맥베스에반스글라스 사에 권리를 양도하였다.
	해럴드 K. 와일더가 디카페인 원두 제조공정으로 미국 특허를 취득하였다. 배틀크리크의 켈로그사에 권리를 양도하였다.
1935	J. L. 코프와 레슬리 베커가 새로운 커피 로스팅 기법으로 미국 특허를 취득하였다. 특허권은 뉴욕의 자베즈 번스앤선즈에 양도되었다.
1935	국가부흥법이 와해됨에 따라, 미국커피산업협회가 시카고에서 개최된 연례회의에서 공정관행 규약을 새로이 채택하였다.

커피 용어 사전

(스) 스페인어, (포) 포르투갈어, (프) 프랑스어

A

about 약. 커피 거래 계약시에 거래량과 관련하여 통용되는 '약' 이란 표현은 실제 거래량에서 오차가 5% 정도 있을 수 있음을 뜻한다. 단, 여기서의 오차란 전혀 의도하지 않은 실수로, 이를 통해 이득을 보려 해서는 안된다.

Abyssinian 아비시니안 공식 명칭은 에티오피안. 일반적으로 아비시니아의 짐마Djimmah, 시다모Sidamo, 구마Guma 지역의 야생 커피나무에서 수확하는 커피를 말한다. 이 가운데 상당량이 미국으로 수출된다.

acidy 신 맛을 띤, 단 맛이 나는. 커피 추출액의 탁월한 맛을 표현하는 용어 중 하나다.

Aden 아덴 . 아라비아(예멘)의 주요 항구로, 아라비아 모카 커피와 아비시니안 커피가 출하되는 대표적인 항구다.

Addis ababa 에티오피아의 수도이자 에티오피아 최대의 커피 거래 시장이다.

afloats 해상 커피. 선박에 실려 지정된 도착항으로 운송 중인 커피를 일컫는 용어다.

Ahuachapan 엘살바도르의 커피 생산지.

Alajuela 코스타리카의 도시로, 이 지역에서 생산된 커피는 탁월한 풍미와 풍부한 양질감, 청량감을 주는 산미가 특징이다.

alqueire(포) 액량 및 건량을 나타내던 옛 단위로, 13.8킬로그램에 해당한다. 커피 열매 1 alqueire는 50킬로그램에 해당한다. 또한 땅 면적의 측정 단위로도 활용됐는데, 땅 1 alqueire는 2만 4천 제곱미터, 6에이커에 해당한다.

Alta vera paz 과테말라 북부에 위치한 산악지역으로, 향이 감미로운 회청색 커피 생산지로 유명하다. 이 지역의 주도 이름을 딴 '코반' 커피로 통용된다.

Amatitian 태평양 연안에 위치한 과테말라의 도시이자 아마티티안 지역의 중심지로, 커피 재배 농장이 밀집돼 있다.

Angra dos Reis 앙그라 두스 레이스. 브라질 리우데자네이루에서 남쪽으로 75마일 떨어진 곳에 위치한 커피 항구다.

Ankola 인도네시아 수마트라, 앙콜라에서 생산되는 커피이다. 최상의 커피 중 하나로 손꼽히며 커피나무가 다 자라면 무겁고 섬세하며 풍부한 맛을 낸다.

Antigua 과테말라 북서쪽 도시로, 중간 크기의 단단한 커피콩이 나온다. 맛이 훌륭하며 신맛이 강하다.

Antioquia 콜롬비아의 한 지역으로, '메델린' 커피가 생산되는 곳이다

Arábigo(스) 파치먼트된 커피. 콜롬비아에서 사용되는 용어이다. 공식적으로 1등급과 2등급으로 나누어져 있다.

Arbitrage 운영자가 시간의 차이나 두 시장에서의 의사소통 수단의 차이를 이용해 이득을 얻는 거래를 뜻한다. 하나의 물건을 사서 거의 동시에 다른 곳에 팔 때 발생한다.

Armenia 콜롬비아 칼다스Caldas에 위치한 시장과 마을의 이름이다.

arratel(포) 459그램에 해당하는 옛 무게 측정 단위.

arroba 중앙아메리카, 남아메리카 일대에서 사용된 무게 단위로서 일반적으로 단위 하나가 현재의 12.5킬로그램 또는 27.5파운드에 해당한다.

as is 품질이 좋지 않은 커피를 팔 때 사용하는 단어로 구매자가 자신이 사는 물품에 대해 알고 '그 정도'의 품질에 동의하는 것을 의미한다.

B

bag 각 생산 국가에서 운송되는 커피의 순수 물량을 표기할 때 쓰이는 단위. 브라질 132.27파운드; 콜롬비아 132.27, 132.78, 143.3, 154.32파운드; 아라비아 168, 176파운드; 쿠바 200 파운드; 엘살바도르 150파운드; 옛 프랑스령 아프리카 110.23, 132.27, 143.30, 176.36, 198.41, 220.46파운드; 과테말라 102파운드; 아이티 176.36파운드; 자바, 수마트라 136파운드; 케냐 183 파운드; 멕시코 154.32파운드; 니카라과 150파운드; 산토도밍고 90, 100, 154, 200, 300파운드.

Bahia 브라질의 항구로 바히아 주의 주도이기도 하다. 브라질 커피 중 등급이 낮은 것들이 주로 이곳에서 운송되었다.

bale 모카Mocha나 하라르Harar 커피 포장에 사용되는 용어로, 1 bale은 half로 알려져 있다. 1 half는 80킬로그램 또는 176파운드에 해당한다.

Barahona 산토도밍고의 남부 해변에 위치한 항구. 이 지역에서 나는 커피는 최상의 커피로 여겨졌고, 크고 잘 여문 커피 콩으로 알려져 있다.

Barranquilla 콜롬비아의 항구도시로 막달레나 강 입구 근처에 있다. 이는 또한 푸에르토 콜롬비아의 항구와 철로로 연결되어 있는데 이는 콜롬비아 커피의 주요 수출지로 오랫동안 이용되었다.

Batavia 자바 섬의 인도네시아 수도인 자카르타의 옛 이름. 대부분의 커피 시장은 자바에서 생산된다.

baneficio(스) 멕시코의 커피 무역에서 이 용어는 세척, 건조, 분류 공정, 햇볕 건조까지를 모두 포함하는 커피 세척 과정을 일컫는다.

black beans 수확하기 전에 나무에서 떨어진 생명을 다한 커피 콩.

black jack coffee 이 용어는 저장 상태인 커피가 중간에 검게 변해버릴 때 가리키는 말로 운송 중 담았던 용기나 병충해에 의해서도 발생한다.

Blue Mountain 자메이카 제도의 지역 이름으로 섬에서 가장 훌륭한 품질의 커피가 생산되는 곳이다. 시각

적으로 로스팅이 뛰어날 뿐 아니라 그 향도 아주 좋다.

Boconó 베네수엘라 서부의 한 마을로 그 지역에서 나는 커피의 이름이 붙여진 곳이다. 보코노 커피는 마라카이보Maracaibo커피 등급으로 분류된다. 이 커피의 색은 밝고 중간 정도의 풍미를 가지는데 이 때문에 주로 블렌딩용으로 다른 종류의 커피와 섞어 사용된다.

Boengie 인도네시아의 섬. 같은 이름의 커피가 소량으로 생산되는 곳이기도 하다. 이 커피는 역사가 오래되고 품질이 좋아 인도네시아 지역의 커피 생산을 이끄는 상위 지역이다.

Bogota 콜롬비아 공화국의 수도이다. 보고타라는 이름의 커피가 이 지역에서 재배되고 공정을 거친다. 이 커피는 신맛과 무게감, 풍미로 잘 알려져 있다.

Bogota Plantacion 콜롬비아 보고타에서 자라고 재배되는 커피

Bourbon Santos 브라질에서 재배되는 커피에 붙여진 이름. 원래는 모카Mocha 씨앗에서 유래된 이름이다. 버번 커피는 100년이 넘도록 원산지에서 단 한 그루의 나무나 씨앗이 전해지지 않았을 만큼 독자적인 브라질의 커피이다. 브라질 '버번'은 'Café Branco'종과 'Café Murtha'종을 이식하여 만들어진 것인데 Café Murtha종은 브라질에서 자라는 대부분의 커피 나무에 비하면 크기가 훨씬 작고 열매는 아라비안 모카와 닮았다. 버번 산토스는 작고 구부러진 콩으로 이것으로 만든 커피는 맛있고 부드럽다. 최상의 커피는 브라질에서 생산된다.

Boyacá 콜롬비아에서 소규모의 상업 목적으로 커피를 재배하는 지역.

Braça 길이의 측정단위. 1braça는 2미터 2센티미터이다.

Brazil 남아메리카에서 영토가 가장 큰 국가로 전 세계에서 가장 큰 커피 생산지이다. 브라질의 커피는 대략 전체 공급의 70%를 차지한다. 브라질산 커피는 '브라질'로 분류되어 거래되는데 이는 '마일드' 종과 구별하기 위함이며 상인들에게는 항구의 이름으로도 잘 알려져 있다. 브라질 커피들은 종류에 따라 특징과 가치가 아주 다르기 때문에 브라질 커피를 구별하는 데에는 원산지의 이름으로 설명하는 편이 낫다.

brisures(프) 스크리닝으로 분류된다. 아이티의 특별한 커피 등급.

brokens 큐어링curing(내과피를 제거하면서 흠이 있는 생두 및 먼지 이물질 등을 털어내고 생두를 크기에 따라 등급을 분류하는 작업)과 손질 과정에서 손상된 커피 생두를 일컫는다.

brokers 커피 무역에서 브로커는 몇 종류로 나누어진다. 운임 포함 브로커Cost and freight broker는 일반적으로 생산 국가의 운송자를 대표하는데 주로 퍼센티지 단위로 직접 주문을 받는다. 그 다음 직거래 브로커 First-hand broker는 수출업자나 수입업자에게 주문을 대량으로 받고 이를 운임 포함 가격 또는 양륙 가격(도착지 기준)에 물품을 대량으로 주문하는 도매업자들에게 파는 사람들이다. 이 브로커들은 3쿼터당 1퍼센트의 수수료를 받지만 물품의 가치가 낮아지면 비율이 조금 더 올라간다. 스팟 브로커Spot broker는 기본적으로 지역 기반의 상품들을 가지고 현물 거래를 하는 사람들이다. 물론 이들은 자신이 속하지 않은 마을에서도 활동하며 다른 지역 브로커들과도 연계되어 있다. 수수료는 서비스의 품질에 따라 다른데 보통 리오 한 자루에 15센트, 산토스 20센트, 마일드는 25센트이다. 플로어 브로커Floor broker의 경우 커피 교환에서 원금 자산의 고정 수수료를 받으면서 선물거래하는 이들을 일컫는다.

Bucaramanga 콜롬비아 산탄데르 지역의 마을과 시장의 이름이다. 부까라망가는 블렌딩용으로 아주 좋은 커피가 모이는 곳이며 동인도 회사의 성장에 위협이 되기도 했다.

Buenaventura 콜롬비아의 태평양 일대 또는 서부의 주요 커피 항구.

bullhead 일반 커피 콩보다 두 배 이상 큰 사이즈의 기형적인 커피콩. 이는 두 개의 콩이 함께 맞물려 자라면서 발생한다. 하지만 로스팅되는 중간에 대부분 따로 분리된다.

bundles bale을 참고.

buni Mbuni를 참고.

C

c & f Cost and Freight의 준말. 운임 포함 가격을 의미한다. 이 용어는 모든 커피에 사용될 수 있지만 주로 브라질로부터 들어온 커피에 신용장이 찍혀 있을 경우 많이 쓰인다.

c.i. Cost, insurance, and freight의 준말. 보험료 및 운임 포함 가격을 의미한다. 판매자가 보험 프리미엄을 갖는다는 부분을 제외하고는 c&f와 동일하다.

café beneficiado(포) 겉껍질을 벗긴 커피.

café bonifieur(프) 프랑스령 서인도제도에서 쓰이는 용어. 완전히 깨끗하게 세척된 커피를 일컫는다. 과들루프에서 커피 세척 기구가 'bonifieur'라고 불렸던 것에서 이름이 유래했다.

café coque(프) 완전히 건조된 커피를 의미하며 아이티에서 사용된 용어.

café de panno(포) 면보에서 주워 담은 커피. 커피나무 밑에 면 시트가 깔려있어서 떨어진 커피가 땅바닥에 닿지 않은 것임을 확인할 수 있다.

café despolpado(포) 세척되거나 껍질이 제거된 커피. 제조 과정에서 사용된 단어.

café em casca(포) 파치먼트 커피. 외피와 과육은 제거되고 파치먼트(내과피)는 붙은 채 건조된 미정제 커피.

café em cereja(포) 붉은 열매 상태의 커피.

café em côco(포) 건조기에 들어간 커피.

café en parche(프) 파치먼트 커피를 일컫는 과들루프 용어.

café habitant(프) 아직 세척되지 않은 상태의 커피를 부르는 과들루프 용어.

café rebenficiado(포) 재분리되거나 개량된 커피.

café terreiro(포) coco 에서 씻기고 건조된 커피.

cafelate(스) 니카라과의 지역 방언으로, 우유와 함께 나오는 커피를 일컫는다.

cafeta l(스) 커피 재배 농장.

caffeine $C_8H_{10}N_4O_2$. 커피콩, 커피 잎사귀, 차 잎, 예르바 마떼, 카카오 콩 등에서 발견되는 알칼리성 물질로 길고 흰, 광택나는 바늘 모양의 순수한 형질을 가지고 있다. 녹색 커피콩에 함유된 카페인은 평균적으로 1.5퍼센트 정도이다.

caffeine content : 커피 한 잔당 1.5 그레인(grain-형량의 최저 단위,0.0648그램), 차 한 잔당 1 그레인 이하.

caffeol 커피 로스팅 과정에서 생성되는 방향족 복합체.

caffetannic acid 잘못 사용되는 커피 용어 중 하나로 커피의 산성을 표현하는 데 쓰임. 하지만 녹색 콩, 로스팅된 콩 어디에도 그렇게 정의된 합성물은 존재하지 않는다.

Caldas 아르메니아Armenia, 마니살레스Manizales, 칼다스Caldas 커피가 생산되는 콜롬비아의 지역명.

Cal 콜롬비아의 발 델 카우카 Valle del Cauca의 시장 이름

Capitania(스) 브라질 빅토리아 항구의 시장. 일정 수준 이상의 좋은 품질의 커피가 도착하는 곳이다.

Caracas 남아메리카 베네수엘라의 수도로 인구 약 15만의 활발한 상업 중심지이다. 이 주변지역에서 자라나

는 카라카스 커피는 이 카라카스 도시를 경유해 운송된다.

Caracol(스) 피 베리Pea Berry(일반적으로 커피는 한 열매에 두 개의 씨앗이 들어 있는데 한 개의 씨만 들어 있는 경우 피 베리 또는 펄 베리로 부른다-옮긴이)와 다른 열매를 두 차례에 걸쳐 분리해내는 과정.

Caracolillo(스) 피 베리 커피에 붙여진 이름.

Carangola 미나스 제라이스Minas Geraes(브라질 동부의 주)의 한 지역 이름으로 자연 잡종 커피나무가 재배되는 곳이다.

cargo bags 운송인의 증기선에서 수취인의 증기선으로 옮겨지는 커피 자루를 의미하는데 이는 운송 과정 중에 손상되어 증기선의 주인에 의해 새로 대체된 커피 자루와는 구별되는 개념이다.

cargo slacks 운송 도중 구멍이 뚫려 안에 담긴 커피가 새어나가 버린 커피 자루.

Cartagena 콜롬비아의 대서양 해변가 북쪽에 위치한 주요 커피 항구다.

Cartago 코스타리카의 도시. 산호세(코스타리카의 수도)에서 동쪽으로 12마일 떨어져 있으며 상등급의 커피가 생산되는 곳이다.

Cauca 콜롬비아의 지역이자 강의 이름. '카우카' 와 '파피안' 커피의 생산지이기도 하다.

Ceará 브라질 북쪽에 위치한 주 이름으로 소량의 훌륭한 품질의 커피가 생산된다. 생산량은 적지만 지역 내 가정 중심의 커피 수요는 충분히 감당할 수 있다.

Champerico 과테말라의 태평양 연안의 작은 항구로 많은 양의 커피가 운반되던 곳이다.

Chapada 브라질 마토 그로소Matto Grosso의 산이다. 일반적으로 산지가 많은 나라의 고원지대를 표현할 때 쓰이는데, 어떤 경우 바히아에서 운반되는 일부 커피를 통틀어 '차파다' 라고 부르기도 한다.

cherry 커피나무의 잘 익은 열매를 칭함. 모든 껍질로부터 씨앗이 나오면 그때 '녹색 커피' 로 불린다.

Chiapas. 멕시코의 커피 생산지로 과테말라 국경과 근접해 있다. 커피는 과테말라의 것과 유사하다.

chicory 학명 cichorium intybus. 3피트 정도의 높이로 자라나는 다년생 식물이다. 식물의 뿌리를 얇게 저미며 가마에서 건조시킨 후 커피와 같은 방식으로 로스팅하여 커피에 첨가물로 사용한다. 원산지는 북유럽이다.

chop 커피 생산국가에서 다른 지역으로 운반되기 전, 각각의 커피 송장은 '참스' 라 불리는 여러 개의 구역으로 나누어진다. 커피 자루에는 각 구역과 개별 참 번호가 함께 표시된다.

Chuva 과테말라 케살테낭고Quezaltenango(과테말라 서남부의 도시. 1902년 지진으로 대부분 파괴되었다-옮긴이) 지역의 서부에 위치한 산악지대의 커피 생산지.

city roast 완전한 다크 로스팅보다는 연하지만 중간 정도 진하기로 로스팅된 커피를 가리키는, 뉴욕에서 사용되는 용어.

Coatepee 멕시코의 베라크루즈Vera Cruz 지역의 베라크루즈 도시에서 60마일 정도 떨어진 지역의 커피 생산지. 일부 전문가들은 이 지역의 커피를 전 세계에서 생산되는 것들 중 가장 훌륭한 품질의 커피로 인정한다. 서부 멕시코 지역의 커피보다는 신맛이 더 강하고 아주 독특하고 강한 풍미를 가진다.

Coatepeque 과테말라의 마을. 커피 중심지로 유명하다.

Cobán 과테말라 중부의 알타 베라 파즈Alta Vera Paz의 수도. 이 이름으로 알려진 커피가 자라는 지역이며 산악지대이다. 윤기가 도는 푸른 빛의 콩이 외양이 아름답고 균형 잡힌 형태로 로스팅이 되며 커피로 내리면 향이 아주 훌륭하다. 혼합하여 쓰기에 아주 좋다.

coffee 미국 농무부의 정의에 따르면 "커피는 Coffea arabica, C.liberica, C.robustad 들이 다양하게 경작되는 식물의 씨앗이다. 녹색 커피, 가공되지 않은 상태의 커피, 로스팅되지 않은 커피들은 종피의 작은 부분을 제외하고 모두 이에 해당되지 않는다. 그리고 그 이름이 나타내는 생산지에 따라 커피의 종류는 다양하다. 로스팅된 커피는 잘 세척된 녹색 콩으로 뜨거운 열(로스팅)이 가해진 것을 나타내는데, 그렇게 되면 녹색이 갈색으로 변하고 특유의 향기를 발산하게 된다.

coffee fruit 바깥 부분은 거미줄 같은 얇은 껍질로 덮여 있으며 안쪽에는 아주 달콤하고 부드럽지만 진득한 과육이 들어 있다. 이 과육이 나중에 안쪽의 껍질을 둘러싸는데 이를 파치먼트라고 부른다(거친 질감 때문에 그렇게 부른다). 이 파치먼트는 각각의 씨앗을 덮어 주는데 그 위에는 섬세한 은 빛 실크 조직, 또는 가장 얇은 티슈 조직이 덮여 있고 이는 커피 콩을 둘러싸는 가장 마지막 단계이다.

coffee grader 커피 익스체인지의 공식적인 면허를 취득한 사람들로 이들의 의무는 커피 거래가 성사될 수 있도록 커피의 등급을 매기는 것이다.

coffee gradings 뉴욕 커피 · 설탕 거래소New York Coffee & Sugar Exchange 주관으로 북부, 중부, 남부 아메리카 일대, Washed Robusta(품종 이름)만을 포함한 동 · 서부 인도와 아직 알려지지 않은 지역에서 자라는 모든 커피의 등급을 매긴다. 등급과 종류는 그 커피가 가지고 있는 결점의 개수로 결정하는데 이 결점의 종류에는 검은 빛의 콩, 부서진 콩이나 껍질, 덜 익은 콩(퀘이커Quaker라 불리는), 돌이나 꼬투리가 포함되었는지의 여부 등이 있다. 이것들을 단일화된 기준으로 세기 위한 방편으로, 모든 결점의 종류를 검은콩을 기본 단위로 정도를 환산한다. 일반적으로 사용되는 방식은 아래와 같다.

검은콩 단위

3 개의 껍질 ···································	1 검은콩
5개의 덜 익은 콩(퀘이커) ················	1 검은콩
5개의 부서진 콩 ····························	1 검은콩
1개의 작은 꼬투리 ·························	1 검은콩
1개의 큰 꼬투리 ····························	2 검은콩
1개의 중간 크기 돌멩이 ···················	1 검은콩
2개의 작은 크기 돌멩이 ···················	1 검은콩
1개의 큰 돌멩이 ····························	2 또는 3 검은콩

이 등급표에 따라서 어떠한 결점도 발견되지 않은 커피가 최상 등급으로 분류된다. 시험은 1파운드의 샘플을 추려서 이루어지는데 샘플의 결과에서 6개의 검은콩 또는 이와 상응하는 결점이 발견되면 그것은 2등급이다. 13개의 검은콩은 3등급, 29개는 4등급, 60개는 5등급, 110개는 6등급에 해당되고 110개보다 많을 경우 7이나 8등급으로 분류된다. 8등급 아래의 등급을 얻은 커피들은 국가에 반입될 수 없다.

coffee insurance 자신의 건물에서 곧 로스팅될 모든 커피에 보험을 등록시키는 것은 당시 로스터들에게 흔한 일이었다. 로스팅의 가격에는 운송, 저장, 보험 등이 포함되었다.

Colombia 일부 최상의 커피가 생산되는 남아메리카의 북서부에 위치한 공화국이다. 메데인Medelins,마니잘레스Manizales, 보고타Bogotas, 부카라망가Bucaramangas, 톨리마스Tolimas, 쿠쿠타스Cucutas, 지라르도트Girardots 온다스Hondas 등이 잘 알려져 있다.

commissario 브라질에서 사용되는 용어로 커피 농장주로부터 커피를 구입하여 항구에서 거래하거나, 역으로 그들에게 커피를 팔거나, 창고에 저장하거나 수출업자에게 판매하는 중간 상인들을 지칭한다. 하지만 나중에 이들의 역할은 커피 시장에서 사라지게 되었다.

commission merchant 커피 소비 국가에서 팔릴 커피를 위임하여 전달받는 사람이나 회사.

conto 1,000밀레이즈(milreis-포르투갈, 브라질의 옛 통화 단위-옮긴이)에 해당하는 브라질의 통화.(1 conto=1,000밀레이즈=1,000,000레이즈)

Coorg 저지대에서 자라는 낮은 등급의 커피가 생산되는 인도의 지역. 커피가 묽고 깊은 맛이 없다.

Cordilleras 콜롬비아 안데스 지역을 가리키는 스페인어로 콜롬비아의 최고의 커피가 자라나는 경사지이다.

Córdoba 멕시코 베라크루즈 주에 위치한 도시로 베라크루즈에서 60마일 떨어져 있다. 이 지역에서 나는 커피의 이름도 코르도바이다. 사실 이 품종은 블렌딩용으로 쓰이기에는 그 맛이 너무 중성적이지만 다른 등급의 커피에 향을 더해 균형을 잡는 데 쓰인다.

Corinto 태평양 연안의 니카라과 지역의 주요 항구.

Coro 베네수엘라 팔콘 주의 작은 수도로서 출항지인 라 벨라 도 코로La Vela do Coro와는 불과 7마일 떨어져 있다. 이 지역 커피의 등급은 낮다.

Costa Cuca 과테말라 케살테낭고의 남서부 구릉지대에 위치한 커피 생산지.

Costa de Cucho 과테말라 산 마르코스의 산맥지대에 위치한 커피 생산지.

Costa Grande 과테말라 레타룰레우 주Retalhuleu와 수치페떼케즈Suchitepequez의 구릉지대로 커피 생산지이다.

Costa Rica 세계에서 가장 훌륭한 품질의 커피가 생산되는 중앙아메리카 최남단의 공화국. 코스타리카 커피는 무게감이 있고 신맛이 강하며 블렌딩에 매우 좋다. 하지만 최상 품질의 커피, 특히 알맹이가 큰 커피는 이 나라에 들어오는 것이 아니라 유럽으로 들어간다.

country damage 운송이 진행된 이후 영토에서 젖은 땅이나 물에 닿아 발생하는 커피의 손상과 관련된 보험 용어이다.

Creoule 일반적인 브라질 커피를 가리킨다.

Cúcuta 콜롬비아 노르테 데 산탄데르Norte de Santander 지역의 시장과 마을의 이름이다. 이 지역 커피의 대부분은 베네수엘라 마라카이보Maracaibo를 통해 운반되어 마라카이보 종류로 분류된다. 이 커피는 메리다스, 높은 등급의 보코노스와 동급으로 간주된다. 바로 수확한 커피는 종종 신맛이 아주 강한데 시간이 지날수록 줄어들고 무게감은 커진다.

Cundinamarca 보고타Bogota, 지라도트Girardot의 일부, 온다스Hondas의 일부 종류가 생산되는 콜롬비아의 지역 이름.

cup testing 커피콩 샘플을 로스팅하고 추출하여 그 품질을 평가하는 과정. 커피가 무게감이 있는지, 부드러운지, 맛이 풍부한지, 신맛이 강한지 연한지, 와인향이 나는지, 중성적인지, 거친지, 곰팡이 향이 나는지, 흙과 나무와 풀 향이 나는지, 맛이 지나치게 강한지, 애매한지, 쓴맛이 강한지 등을 감별한다. 커피 한 모금을 살짝 들이킨 후 완전히 그 맛의 전체를 감상할 만큼만 머금고 있다가 다시 뱉어낸다.

cups of coffee to the pound 평균적으로 40컵에 해당한다.

D

date of invoice 계약서에 명시되어 있지 않다면 모든 물품의 송장은 운송 시점이 아니라 구매 시점을 기준으로 작성된 것이다.

delivered. 판매자는 계약서에 명시된 대로 커피를 안전하게 운반할 것을 보장하는 책임이 있으며 도착지에서 다시 무게를 재야 한다.

discounts. 현금으로 구매할 경우 100자루 이상의 구매를 송장일자로부터 10일 이내에서 2퍼센트 할인을, 100 자루 이하는 10일 이내에 1.5% 할인을 받을 수 있다. 브라질의 선물 거래에서는 90일 기준으로 1년에 8퍼센트, 마일드 품종의 경우 4개월에 6퍼센트 정도의 할인을 기대할 수 있다.

Dire—Daoua. 에티오피아의 철도 물류 거래 센터. 하라르와 아비시니아 커피가 거래된다.

Dominica. 서인도제도의 영국령 섬 아주 소량의 커피가 생산된다.

dry fermenting. 물기와의 접촉 없이 세척된 커피에 발효작용이 일어날 때.

dry roast. 로스팅 과정에서 로스팅을 확인할 때 물을 사용하지 않고 하는 방식으로 이때 작업은 작업자가 사용하는 냉각 기구에 의해 좌우된다.

E

en oro(스) 과테말라와 멕시코에서 사용되는 용어로 내과피와 실버 스킨(커피 원두의 은색 껍질)이 제거된 상태를 뜻한다. "깨끗한 커피"라고도 불린다.

en parche(스) 파치먼트 커피(외피와 과육은 제거되고 내과피가 붙은 상태의 커피를 뜻하는, 과들루프에서 사용된 용어.

Ensacador(포) '커피를 자루에 담는 사람'을 뜻하는 브라질어.

Esquintla 과테말라의 같은 이름의 주도이다. 커피 생산의 중심지.

Espirito Santo 브라질의 주 이름으로 주도는 빅토리아(Victoria)이다.

Ethiopian 아비시니안(Abyssinian)을 참고할 것.

Excelso 콜롬비아 커피의 등급으로 수프리모와 엑스트라가 섞인 종류의 품질에 해당한다. 같은 등급의 피베리(Peaberry(한 개의 원두만 들어 있는 열매)가 섞여 있을 수 있다.

ex dock 이 계약은 구매자가 부두에서 운송을 책임지는 것을 조건으로 한다. 무게를 재책정하거나 현금 할인이 적용되는 사항이 계약서에 명시되어야 하며 커피의 손상 가능성을 숙지해야 한다. 커피가 운송을 앞둔 시점이 송장일자이다.

ex ship 구매자가 부두에서 물품을 즉시 가져갈 것이라는 이해 아래, 도착 전에 미리 팔린 커피. 구매자가 저장 요금을 지불한다.

Extra 콜롬비아 커피 중 두 번째로 높은 등급.

ex warehouse 판매자가 커피를 구매자에게 양도하는 것에 완전히 동의함으로써 무게를 책정하는 것 이외의 모든 비용이 구매자에게 청구된다.

F

fanegada(스) 1.75 에이커의 땅과 동일한 면적 측정 단위이다. 베네수엘라 용어.

f.a.q. 평균중등품을 뜻하며 Fair Average Quality 의 줄임말. 생산물의 상품 거래에서 동종 상품의 평균적인 중등품을 품질 인도 조건으로 하는 경우를 말하며, 표준품에 의한 매매의 일반적 예다.

fazenda(포) 브라질에서 농장을 뜻하는 단어. 따라서 coffee fazenda는 커피 농장을 의미한다.

Fazendeiro(포) 농장주

Fermenting 잘 익은 커피를 준비하기 위한 과정으로 껍질을 제거한 커피를 탱크에 넣고(이때 물을 첨가하는 것은 선택사항이다). 해발 높이와 온도에 따라 몇 시간에서부터 며칠 정도를 기다린다.

finca(스) 농장. 커피 농장을 지칭할 때 주로 쓰임.

finquero(스) 중앙아메리카에서 많이 쓰이는 커피 농장의 주인을 일컫는 말.

flat-bean santos 버번 산토스 중에서도 크기가 크고 구부러짐이 없는 커피이다. 신맛이 거의 없고 맛이 단조롭다.

f.o.b. Free on board의 준말. 판매자가 구매자에게 배송될 커피를 배에 인도하는 일(본선 인도). 뉴욕녹색커피조합Green Coffee Association에 따르면 f.o.b. New York은 조합이 인정한 세 개의 커피 터미널에서만 가능함을 의미한다. 다시 말해 뉴욕의 판매자는 승인 된 터미널이 아닌 곳에서는 f.o.b. 배송을 해야 할 의무가 없다.

forwarder 내부 고객에게 커피 운송 비용을 책정하고 항구나 창고에서 직접 운송을 담당하는 중개인.

French roast 이 용어는 커피 콩의 표면에 자연 기름이 충분히 나올 만큼 로스팅 된 커피를 지칭한다.

full city roast 뉴욕에서 로스팅된 커피로 일반적인 '시티 로스트'보다 더 무겁게 로스팅이 된 것을 의미한다.

full difference Brazil Grading 을 참고할 것

futures 미래에 발생할 커피 운송을 한 시점 앞당겨 매매하는 커피 계약. 이는 주식이나 채권, 토지 거래와 비슷하며 가격이나 마진의 차이를 지불하는 것으로 매매가 성사된다.

G

general average 자발적인 투자 손실 또는 예기치 못한 상황으로 발생하는 비용에 대해서 위협적인 상황을 피하기 위한 목적으로 만들어진 보험이다. 일반 평균 손실은 위험만큼의 이자율에 영향을 미치고 공동 해손 행위(General Average Act - 본선의 선장에 의하여 용인된 고의적인 행동, 현존하는 위험으로부터 항해를 보호하기 위하여 의도적으로 행하여진 행동을 말함)의 혜택을 받는다.

Girardot 콜롬비아의 쿤디나마르카Cundinamarca 지역의 시장이자 막달레나 강의 항구이다.

glazing 코팅과 동일한 의미로 쓰인다. 로스팅된 커피는 윤기가 돌며 반짝거릴 때가 많은데 이는 자연 맛과 향기를 보존한다. 특히 남쪽 지역에서는 이에 대한 수요가 많다.

grade 고정적인 특징에 의거하여 만들어진 커피 품질의 기준

groundy 손상된 커피에서 자주 발견되는 흙 냄새로 곰팡이 냄새와는 구별된다.

Guadeloupe 프랑스령 서인도제도. Point-a-Pitre가 주요 항구이고 Basse-Terre가 수도이다. 생산되는 커피의 거의 대부분이 프랑스로 운송되며 품질이 훌륭하다.

Guatemela. 중앙아메리카 북서쪽 끝에 위치한 나라. 순하고 부드러우며 깨끗한 커피가 생산된다. 산지에서 재배된 커피는 로스팅이 잘 되고 무게감 있는 맛이다. 조금 더 낮은 지대에서 생산된 커피는 맛은 더 가볍지만 이 또한 훌륭하다.

H

hacienda(스) 농장. 베네수엘라에서는 주로 커피 농장을 의미한다.

Haiti 아이티 제도의 서부 지역의 나라. 아주 소량의 커피만이 생산되나 그조차도 모두 유럽으로 보내진다.

half differences Brazil grading 참고할 것

Hamakua 하와이의 커피 생산지역. 품질이 좋다.

Harar 에티오피아의 도시. 하라르의 커피는 롱베리 모카나 아비시안 롱베리로 알려졌으나 지금은 모두 하라르로 불린다. 지부티Jibuti나 아덴Aden을 통해 수출된다.

harsh 특정한 맛의 커피를 묘사하는데 쓰이는 용어. 리오Rio나 이와 유사한 맛의 커피를 표현할 때 쓴다.

Hemi Haimi-Harazi의 잘못된 명칭. 아라비아 예멘의 지역 이름이다. 훌륭한 모카 커피의 생산지.

Heredia 산 호세로부터 서쪽으로 6마일 떨어진 코스타리카의 도시. 상급의 커피가 재배된다.

hidy coffee 자연 건조된 커피를 만들기 위해 콩을 건조하는 과정에서 지나치게 가열된 커피를 가리킨다. 드문 경우이지만 세척한 커피에서도 발생한다.

Honda 콜롬비아의 톨리마Tolima지역. 막달레나 강의 운송항이자 시장의 이름이다.

Hodeida 아라비아의 홍해에 위치한 터키식 요새 항구. 아라비아 모카 커피 운송의 주요 거점지.

Honduras 중앙 아메리카 캐리비안 해안에 위치한 나라. 소량의 좋은 품질의 녹청색 커피가 생산된다.

Huatusco 멕시코 베라크루즈 주의 마을. 이 지역의 커피는 외양이 예쁘고, 코아테펙Coatepec다음으로 신맛이 강하며 블렌딩에 아주 좋다.

Huila 네이바Neiva와 지라르도트 커피의 일부가 생산되는 콜롬비아의 지역.

hulling 녹색 커피가 거치는 준비 과정의 마지막 단계로 기계에 의해 처리되며 파치먼트와 실버스킨이 모두 제거된다.

husking 체리 상태에서 건조된 커피를 깨끗이하는 과정. 물 처리 없이 건조되었을 때의 커피를 표현할 때도 쓴다.

I

Ibagué 콜롬비아 톨리마 지역의 마을.

Imperfections 커피는 커피 샘플에서 발견된 결함의 갯수로 그 등급이 결정된다. 검게 변한 콩. 부서진 콩. 껍질. 덜 자란 콩(퀘이커), 돌이나 나뭇가지 등이 기준이 된다.

Importer 생산 국가로부터 운송하려는 물품을 사서 운송이 되면 되파는 사람이나 회사. 전부 또는 나누어 팔 수 있지만 특정 등급을 고를 수는 없다.

In store 인 스토어 계약에서는 판매자에게 커피를 세척하고 배송 준비가 될 수 있도록 보관해야 할 의무가 있다. 구매자는 무게 책정의 특권과 화재 보험. 무료 저장의 이득을 얻을 수 있다. 송장 날짜는 커피의 90퍼센트가 배송 준비 상태인 시점으로 한다. 훌륭한 품질의 커피만이 배송될 수 있다. 뉴욕의 녹색커피조합에 따르면 '인 스토어' 는 커피 터미널로 승인된 세 개 중 한 곳에서 보관된 것을 의미한다.

Invisible supply 로스터와 소매업자의 정보 등을 알 수 없는 미등록 상태의 커피 재고품.

Invoice. 한 개 이상의 등급의 여러 커피가 한 번에 하나의 묶음으로 청구되는 것.

Italian roast. 프렌치 로스트보다 더 진하게 로스팅된 커피를 가리키는 말. 이탈리아에서 주로 사용되지만 다른 많은 커피 생산국가에서도 사용된다.

J

Jalapa 코아테펙과 인접한 멕시코의 지역 이름. 할라파Jalapa로 알려진 커피가 재배되는 곳이다. 중성적이기보다는 개성 강한 로스팅으로 유명하다.

Jamaica 영국령 서인도제도의 가장 큰 영토로 킹스톤Kingston이 수도이자 항구이다. 두 종류의 커피가 생산되는데 각각 고지대와 저지대에서 자란다. 고지대에서는 블루 마운틴Blue Mountain 커피가, 저지대에서는 블렌딩 충전용 또는 프렌치 로스팅에 주로 쓰이는 낮은 등급의 커피가 재배된다.

Java 인도네시아의 섬으로 주요 수출항구로는 바타비아Batavia, 세마랑Semarang, 그리고 사우라바야Sourabaya 가 있다. 이 섬에서 자란 커피 아라비카 종만이 미국에서 '자바' 커피 라벨을 붙여 판매될 수 있다. 자바 커피는 원래 커피 아라비카 품종이었으나 현재 이 섬에서는 리베리안Liberian과 로부스타Robusta 종도 함께 자라고 있다.

Jibuti 아프리카 북동부의 나라. 아비시니안 커피가 유럽과 아메리카 대륙으로 들어가는 통로로서 철자를 Djibouti로 쓸 때도 있다.

Jinotega 니카라과 북서부의 도시. 이 지역에서는 아주 적은 양의 커피가 생산되지만 대부분이 유럽으로 수출된다.

K

kafa 와일드 아비시니안 커피

Kenya 케냐 커피로 알려져 있는 훌륭한 품질의 아라비카 커피가 생산된다.

kilogram 2.2046파운드에 해당.

kilometro(포) 1,000미터 또는 0.62마일.

Kona 하와이 제도의 서부 지역으로 최상의 하와이안 커피가 생산되는 곳이다. 하와이안 커피는 크기가 크고 푸른 빛의 단단한 콩으로 부드럽게 신맛과 개성 있는 맛이 특징이다.

L

La Guaira 베네수엘라 카라카스Caracas 연방 지역의 항구. 모든 카라카스 커피가 이 마을로부터 출고된다.

La Libertad 엘살바도르의 항구이자 지역. 커피 생산지.

last bag notice 90%의 커피 화물이 짐칸에서 내려지고 저장되면 창고측에서는 'last bag notice' 라고 불리는 것을 발행한다. 대부분의 경우 커피가 도착지에 도착하기 전에 팔리는데 이를 증명하기 위한 영수증에 해당하는 것으로 수입업자는 커피의 소유권을 변경하여 이자 부담을 줄일 수 있다.

La Union 엘살바도르의 도시. 커피 생산지.

leather 커피 체리의 외피 입자. 붉은 가죽 같은 모양을 지닌다.

Libano. 콜롬비아 톨리마에 위치한 지역 이름.

Liberian. 커피 리베리카로 불리우며 아프리카의 리베리아에서 유래된 품종이다. 원래는 버본 산토스와 섞어서 사용했고 로스팅이 충분히 되지만 일반적으로 낮은 등급으로 여겨진다.

Longberry Harar. 에티오피아(아비시니아)에서 생산된 커피의 등급. 하라르 커피는 1. 큰 사이즈 콩, 2. 작은 사이즈의 쇼트베리, 3. 1과 2 사이에 해당하는 롱베리, 이 세 개의 등급으로 다시 나누어진다.

M

Mecassar 인도네시아 셀레베스 섬에 위치한 커피 항구.

mechine épierré(프) 돌로 만들어진 가는 기계. 아이티에서 사용하는 용어.

made sound 손상이 되었으나 깨끗이 세척한 후 시장에 내놓을 수 있는 커피

Madras 인도 남부의 항구(마드라스 행정 지구-Madras)로 말라바 커피Malabar가 재배되는 곳이다.

Mandheling 수마트라 서부 해안의 만델링에서 생산되는 커피이다. 세계적으로 최상의 품질이며 높은 가격으로 책정되어 있다.

Mangalore 인도 남부 서부 해안의 항구도시로 인도 커피의 대부분이 수출되는 곳이다.

Manizales 콜롬비아 칼다스 지역의 시장/마을의 이름이다. 마니살레스 커피는 만델린과 품질에 있어서 비슷하지만 무거운 바디감이나 풍미는 덜 한 편이다.

Manzana(스) 1.72 에이커에 해당하는 토지의 한 구획.

Maracaibo 베네수엘라 마라카이보 강에 위치한 메리다Merida, 타치라Tachira, 토바르Tovar, 트루히로Trujilo, 쿠쿠타Cúcuta로 통하는 주요한 항구다.

Maragogipe 아라비카 커피 품종. 브라질 바히아의 마라고지페라는 마을에서 처음으로 발견되었다. 브라질에서는 커피 인디제나Coffee Indigena라고도 불린다. 매우 한정된 종류가 있으며 옅은 녹색에 가장자리는 색이 짙은 잎사귀를 가진다. 커피 열매는 크고 너비가 넓으며 종종 중간 부분이 좁혀지는 모양새이다.

mat 모든 자바 커피는 섬유재질 가방이나 1.5 피컬(약 67파운드)의 무게가 나가는 '매트'에 담겨졌는데 두 개의 매트가 보통 하나의 가방으로 포장된다.

Matagalpa 마타갈파 니카라과의 커피 산지. 커피의 외양이 아름답고, 푸른 빛이며 잘 세척되어 아주 풍부한 신맛과 고급스러운 로스팅이 일품이다.

Mattari 마타리 아라비아의 커피 재배지로 모카 커피 중 가장 훌륭한 등급의 커피가 생산된다.

mazagran(프) 차가운 커피와 탄산수를 섞어 만든 음료를 뜻하는 프랑스어.

Mbuni 동아프리카 커피 열매로 과육과 껍질이 그대로 붙어 있다.

Medellin 메데인 콜롬비아 안티오키아 지역의 수도이다. 이 수도의 이름은 최상품의 콜롬비아 커피 중 하나인 메델린으로부터 유래한다. 메델린은 산지대에서 나는 고급 커피로 밝은 녹색부터 어두운 녹색 까지 분포하고 균형이 잘 잡힌 로스팅과 훌륭한 맛과 바디감을 자랑한다.

Menado 인도네시아 셀레베스 제도에 위치한 항구도시이다. 이 지역 커피는 등급이 아주 높으며 유럽에서 높은 가격으로 거래된다.

Mérida 베네수엘라의 지역 이름으로 마라카이보 커피 중 최상의 물품으로 꼽힌다. 메리다 커피는 아주 쓰지도, 신 맛이 강하지 않은 그 특유의 섬세한 맛으로 잘 알려져 있다.

Metro(포) 39.37인치와 동일하다.

Mexico 미국과 중앙아메리카의 중간에 위치한 공화국으로 가장 우수한 블렌딩 커피가 생산되는 지역이다. 잘 알려진 것으로는 와하카Oaxaca, 코르도바Córdoba, 코아테펙Coatepec, 할라파Jalapa, 플루마 와하카Pluma Oaxaca, 타파출라Tapachulas 등이 있다. 일반적인 멕시코 커피는 녹색 또는 노란 빛(나이가 들면)이고 열매가 크다. 세척한 커피의 로스팅이 매우 훌륭하며 중앙에 뚜렷한 줄무늬가 그려진다. 커피가 만들어지면 풍성한 바디감과 좋은 신맛, 아름다운 향기가 난다.

mild coffee 브라질이 아닌 지역에서 나는 커피를 가리키는 말. 이 용어는 리우 커피의 거친 맛을 갖고 있지 않은 커피를 일컬을 때 사용한다.

Milreis 브라질의 화폐 단위. 주조 원료에 따라 금 밀레이즈는 54.6센트, 종이 밀레이즈는 11.96센트.

Minas Geraes 브라질의 주 이름. 특별한 향과 맛으로 유명한 리우 커피가 나는 곳이다.

Mocha 아라비아 홍해에 인접한 과거의 주요 커피 항구이며, 100년 이상 사주에 의해 뒤덮여 있었던 곳이다. 아라비아에서 나는 커피만이 모카라는 이름으로 거래될 수 있었으며 이것들은 현재 호데이다Hodeida나 아덴Aden을 통해 수출된다. 작고 불규칙한 크기의 올리브색 커피콩은 시간이 지날수록 흐린 노란 빛으로 변한다. 로스팅은 그리 좋지 않고 고르지 않다. 커피의 맛은 신맛이 매우 독특하고 바디감이 무거우며 맛은 부드럽게 넘어가는 편이다.

Murtha (coffea myrtifolia) 산토스 커피. 가장 훌륭하고 부드러운 커피가 나오는 품종으로 알려져 있다.

musty 곰팡이 냄새가 나는 커피 맛을 표현하는 단어로 지나치게 열을 가했거나 시간이 많이 지난 커피에서 종종 발견된다. 과열로 인한 곰팡이 냄새는 좋지 않은 것이지만 시간이 지나서 생기는 것은 좋게 평가된다.

Mysore 마이소르 인도 남부의 주州. 산지에서 커피를 재배. 대부분 영국으로 수출된다.

N

Narião 콜롬비아의 커피 생산지.

native cherry 인도에서 사용되는 말로 체리 안에서 건조된 커피 열매를 의미한다. 그 다음에 손으로 껍질을 벗겨낸다.

Nicaragua 중앙아메리카의 공화국. 소규모로 커피가 생산된다. 일반적으로 세척된 커피는 좋은 품질로 평가 받지만 껍질들이 붙어 있는 상태의 자연산은 평범한 것, 또는 리아도Riado(또는 Rioy : 요오드 향이 나는 커피를 일컫는 말-옮긴이)로 분류된다.

no arrival, no sale. 이 표현은 판매자가 운송을 실행하였음에도 도중에 분실되었을 경우에 발생하는 판매자의 계약상의 의무를 덜어 주기 위한 문구다.

Norte de Santander 콜롬비아의 지역 이름으로 쿠쿠타Cúcuta와 오카냐Ocaña 커피의 생산지.

notice 직전의 선물 계약에 대한 배송이 완료되었을 때의 공지문으로 뉴욕 커피 거래소에서 사용되었던 용어다.

O

Oaxaca 멕시코 와하카 주의 수도, 와하카 커피는 그 신맛과 훌륭한 풍미로 인정받고 있다. 시에라 와하카 Sierra Oaxaca(세척되지 않은 상태)의 커피는 크지 않고 외양의 개성이 뚜렷하지도 않다. 하지만 잘 세척된 플루마 와하카Pluma Oaxaca 커피는 맛이 고급스러우며 블렌딩용으로 아주 좋다.

Ocaña 콜롬비아 노르테 데 산탄데르Norte de Santander 지역의 시장과 마을 이름이다.

Ocos 과테말라 태평양 연안의 작은 커피 항구로, 멕시코 국경과 인접해 있다.

Old Government Java 인도네시아의 네덜란드령 식민지 시절 네덜란드 정부의 관리 아래 보관된 커피 중에서 자바와 수마트라 토착 지역에서 생산된 커피에 붙여진 옛 이름이다.

Orizaba 멕시코 베라크루즈 주의 수도로 그 주변 지역에서 나는 커피 품종의 이름과 같다. 이 지역 커피는 품질이 좋으며 후아투스코Huatusco 다음으로 순위가 높다.

P

Padang 수마트라 서부 해안 지대의 주요 항구도시로, 앙콜라Ankola와 만델링Mandheling 커피만이 이 항구를 통과할 수 있었다.

Palembang 수마트라 동남부 지대의 항구 도시. 로부스타Robusta 커피만을 운송했다.

Palmo(포) 손 또는 한 뼘. 대략적 8.64인치의 크기.

Parchment 커피 열매의 내과피. 이것은 과피와 실버스킨의 사이에 위치한 것으로 껍질을 벗기는 과정에서 함께 제거된다. 외과피와 껍질을 물 세척으로 벗겨낸 후에 건조시킨 커피가 '파치먼트된' 커피라고 말한다.

particular average 단독해손. 보험 용어로 피보험자가 단독으로 부담하는 해상 화물의 부분적인 손해. 항해 도중의 위험으로 완전히 자연적인 사고로 인해 선박, 짐, 화물을 비롯한 어떤 물품에도 발생할 수 있는 일부 손실이나 피해를 의미한다. 단독해손에서는 발생한 손실이 다른 이자가 아닌 그 손실이 해당되는 이자에만 부과가 된다.

Pasillav(스) 낮은 등급의 커피로 손으로 직접 딴다.

patio(스) 햇볕에 바싹 말린 녹색 커피를 놓는 시멘트로 덮인 안마당.

Pea berry 일반적으로 두 개의 납작한 한 쌍의 씨앗이 들어 있어야 하는 열매 안에 때때로 한 개의 씨앗만이 들어 있는 콩을 의미한다. 이는 둘 중 하나의 난자가 다 자라지 못한 것이 주원인인데 아라비카 커피에서는 흔히 발생한다. 한때 둥근 콩들은 가라제garagé 커피로 알려졌으나 요즘에는 피 베리Pea berry 또는 메일 베리 Male berry로 더 잘 알려져 있다. 납작한 한 쌍의 콩과 비교할 때 커피의 맛과 품질에는 차이가 없지만 가격은 조금 더 높게 책정된다.

Pergamino(스) 파치먼트, 페르가미노 커피는 껍질을 제거, 발효, 세척 후에 건조시킨 커피이다.

Pilé(프) 건조 과정에서 껍질이 벗겨진 커피. 아이티에서 사용된 용어.

plantation coffee 페르가미노 또는 파치먼트 커피를 부르는 인도 용어.

points 등급의 다름을 표시하는 단위로서 커피 거래 상인들은 가격의 변동 폭을 나타내기 위해서 1센트를 100포인트로 계산하여 사용하기도 했다.

Popayan 콜롬비아 카우카Cauca의 시장과 마을 이름.

Preanger 자바 섬의 지역. 자바 커피 중에서도 최상의 품질이 나오는 곳이다.

primary market 커피가 생산되는 국가의 커피 시장.

Private estate 수년 동안 네덜란드 정부는 인도네시아의 커피 생산지 중 5분의 4 정도의 영토를 강력히 통제했다. 나머지 적은 영토는 사적인 소유로 개인 회사의 관리 아래에 있었으며 네덜란드 정부가 1905년 자바, 1908년 수마트라, 1918년에는 네덜란드령 인도의 모든 커피 산업을 중단할 때까지 이 사적 소유지는 계속해서 확장되었다.

Puerto Barrios 과테말라의 가장 큰 항구이며 가장 중요한 커피 수출 지역이다. 캐리비안 해변에 위치해 있다.

Puerto Berrio 콜롬비아 막달레나 강에 위치한 마을로 거의 대부분의 메데인 커피가 이곳을 통해 수출된다.

Puerto Cabello 베네수엘라의 항구도시. 이 이름을 가진 커피는 저지대에서 자라며 카라카스 커피보다는 맛이 덜 좋다.

Puerto Colombia 콜롬비아 북쪽 해안의 항구도시.

Puerto Cortés 온두라스의 캐리비안 해변에 위치한 커피 항구.

Puerto Limón 대서양 연안의 코스타리카 공화국 입구의 역할을 하는 항구로 코스타리카 커피의 수출을 담당하고 있다.

Puerto Rico 서인도제도의 섬. 최상품의 푸에르토리칸 커피는 무역에서 가장 좋은 종으로 손꼽힌다. 크기가 크고 외양이 예쁜, 잘 세척된 커피콩은 덜 익은 것 없이 아주 훌륭한 로스팅을 만들어낸다. 커피는 세척한 카라카스 커피와 비슷한 맛이지만 덜 부드럽다.

pulping 커피 준비 과정에서 수확 바로 이후의 첫 번째 단계로 기계를 사용해 외피를 제거하는 작업을 거친다. 기계는 콩을 부숴뜨리지 않고 마찰을 이용해 껍질을 벗겨낸다.

Puntarenas 태평양 연안의 코스타리카 입구 역할을 하는 커피 항구.

Q

Quakers 시들거나 덜 익은 커피콩에 붙여지는 이름으로, 퀘이커는 커피의 품질과 맛에 해로운 영향을 끼친다. 세척된 커피에서는 퀘이커가 덜 발견된다.

quintal 220.46파운드 avoirdupois(상형 중량 : 보석, 귀금속, 약품 이외의 상품에 사용하는 영/미 중량의 단위)

R

rat-eaten 창고나 배에 보관되어 있던 커피 자루가 쥐로 인해 손상되었을 경우 사용하는 용어. 무역 관례에 따르면 증기선 책임자나 창고 관리인이 이를 책임지며 새것으로 배상해야 한다.

reis 브라질 화폐 단위인 레이rei의 복수. 1000레이즈=1밀레이즈.

Ribeirão Preto 브라질 상파울로의 커피 지역으로 진품 프랑카 버본Franca Bourbons이 생산된다.

Rio de Janeiro 브라질의 수도이자 가장 중요한 도시이다. 이 항구를 통해 운송된 커피를 '리우' 커피라고 부른다. 일반적으로 미국에서는 리우 커피에 대한 선호가 높지 않다. 아주 개성이 뚜렷한 풍미와 자극적이고 거친 신맛 때문에 무역상들은 일반 스트레이트 커피와 블렌딩 중 하나로 귀속시키지 않았다. 그렇지만 낮은 가격의 리우 커피는 포장된 커피 중에서 가장 싼 브랜드의 제품으로 들어갔다. 콩의 색은 옅은 녹색부터 어두운 녹색까지 나타나는데 이것이 일정 시간이 지나면 커피가 황금 노란 빛으로 변해 '골든 리오' 라고 불린다.

Rio flavor 브라질 리우에서 자라나는 거칠고 무거운 맛의 커피를 가리키는 말.

Robusta 로렌티 커피Caffea luarentii 또는 로부스타Robusta 커피. 1898년 에밀 로랑이 콩고의 거친 들판에서 이 커피가 자라는 것을 발견했다. 브뤼셀의 원예 회사는 이것을 로부스타라는 상품으로 다시 디자인했다. 이 식물은 아라비카나 리베리카Liberica보다 훨씬 크지만 나무 품종이 다양하지 못해서 인도네시아 지역을 거점으로 그 지역에서만 활발하게 재배되었다. 미 화학청은(현재의 미국 식품 의약국) 1921년 2월 로부스타를 자바 커피, 또는 직간접적으로 자바 커피일 것 같은 인상을 주는 어떤 종류의 상표를 붙여 판매하는 것을 금지했다. 이는 미국 농무부가 내린 커피에 대한 일차적인 정의와도 부합되는 것이었다. "커피는 커피 아라비카 또는 커피 리베리카의 씨앗으로 자바 커피는 커피 아라비카 중 자바에서 온 것으로 정의한다." 로부스타 커피는 원래 뉴욕 커피 무역에 유입이 금지되었으나 습식 가공된 원두는 현재 받아들여지고 있다.

rubberry coffee 로부스타의 맛을 나타낼 때 사용하는 말.

Rubiaceæ 커피가 속하는 쌍떡잎식물 꼭두서니과.

S

Salvador(El) 중앙아메리카의 공화국으로 크기가 크고 로스팅이 훌륭한 커피가 생산되는 곳이다. 수확된 커피는 모두 세척되며 이 커피는 낮은 저지대에서 자란 것은 매우 얇으나 고지대에서 자란 것은 크고 품질이 좋다. 생산된 커피의 대부분이 유럽으로 간다.

Sanani 아라비아의 사나Sana 지역에서 생산되는 모카 커피. 아주 좋은 등급의 모카 커피이다.

San José 과테말라의 태평양 연안의 주요 항구로 대량의 커피가 운송된다.

San Marcos 멕시코 국경에 인접한 과테말라 공화국의 북서부 지역으로 커피 농장이 많다.

San Pedro 온두라스의 중요한 커피 시장이다.

Santa Ana 엘살바도르의 지역 이름으로 국가 전체 커피의 6분의 1을 생산한다. 수도와 도시의 이름이 같다.

Santa Marta 콜롬비아 막달레나 지역의 시장이자 대서양으로 향하는 항구이다.

Santander 콜롬비아의 지역 이름으로 부카라망가 커피가 나오는 곳이다.

Santo Domingo 서인도제도 아이티 섬의 산토도밍고 공화국의 수도. 이 지역의 커피는 손질이 제대로 되지 않은 경우가 있다. 커피콩은 녹청색으로 로스팅이 훌륭하다. 가공과정을 제대로 거치면 커피의 신맛, 풍미 등을 포함한 전반적인 등급은 매우 훌륭하다.

Santos 브라질의 주요한 커피 항로로 리우 데 자네이루에서 남서부로 200마일, 상파울로로부터 49마일 떨어져 있다. 도시는 이 지역을 거치는 커피의 이름을 따서 만들어졌는데 산토스 커피는 브라질 전체에서 가장 독보적인 커피이다. 대용량 커피를 다루는 데는 '건조 기법'이 가장 적합하다고 여겨져서 산토스 커피도 껍질째 강한 햇볕에 말린다. 하지만 1900년대 중반 이후 브라질에서도 껍질이 제거되고 세척된 커피의 수요가 증가하고 있다.

São Paulo 브라질의 주와 수도의 이름이다. 세계적으로 풍부한 대규모의 커피 산지이며 전체 국가의 생산 물품의 50퍼센트를 커피가 차지한다.

Segunda 피 베리가 섞인, 소량이지만 훌륭한 품질의 콜롬비아 커피의 등급을 가리킨다.

Semarang 자바 섬의 북쪽 해안 항구 마을. 이 이름으로 알려진 커피는 작고 노란빛이 도는 녹색 콩으로 가볍고 묽은 맛이 특징이다.

Sevilla 콜롬비아 발 델 카우카Valle del Cauca 지역의 시장. 마을의 이름.

ship fillings 커피가 배나 부두에서 내려진 것. 무역 관습에 따르면 증기선 주인은 배송 전에 커피들을 깨끗이 관리해야 한다.

ship samples 짐이 운송되고 있음을 알리기 위해 운송 항구에서 출발하는 커피의 샘플로 대부분 실제 커피 운송선보다 앞서서 도착한다.

ship sweepings 운송 중 화물을 잘 다루지 못하거나 실수로 선상에 엎질러진 커피를 청소하여 부족한 분량은 제대로 된 커피들로 다시 채워 보내는 것으로 대개 1000자루 중 1개가 해당한다. 이 스위핑 가방 안에는 부서진 커피나 큰 돌, 석탄, 카카오 빈, 옥수수 등의 다른 상품들이 들어 있다. 또한 일반적인 커피와 섞이는 것을 구별하기 위해 물품을 제대로 적어 주어야 한다.

Shortberry Harar 롱베리 하라르보다 더 짧은 커피콩.

Sibolga 수마트라 서부 해안에서 운송되는 커피. 주로 앙콜라ankola 커피가 해당된다.

Sierra 멕시칸 커피 이름으로 한동안 중저급 커피로 알려져 왔다.

silver skin 아주 얇은 종이막 재질로 커피씨를 덮고 있으며 내과피의 안쪽에 있다.

sizing 커피콩의 크기에 따라 등급을 나누는 것. 사이즈와 형태에 따라 자동으로 분류해 주는 기계를 사용하여 이루어진다. 분류 체계는 트리아지(결점두), 3번째 납작콩, 2번째 납작콩, 1번째 납작콩, 1번째 피 베리, 2번째 피 베리 등이 있다.

skimmings 습기와 접촉하여 운송중에 손상된 커피가 일부 포함된 자루를 의미한다. 손상된 부분을 모두 걷어낸 다음에 손상된 정도에 따라서 '좋음(Good Skimming)' '중간(Middle Skimming)' '좋지 않음(Poor skimming)'으로 표시한다.

slacks and bad order bags 운송 도중에 자루가 찢기고 내용물 중 일부가 새어나간 커피 자루.

Sobras 수출할 수 없는 등급의 콜롬비아 커피로 커피 찌꺼기나 폐기물이 포함되어 있다.

Soconusco 과테말라 국경에 근접한 멕시코의 치아파스Chiapas에 위치한 규모가 큰 커피 생산지대.

sound coffee 상품 가치가 있는 상태의 커피.

source 커피의 원산지, 또는 커피가 출항된 국가의 항구를 의미하기도 한다. 콜롬비아 커피의 경우 그 커피가 생산된 콜롬비아 내 지역이 본고장으로 인식된다.

spot 규모가 큰 수입장에서 녹색 커피 콩 구매자들이 활동하는 영역은 크게 두 개의 시장으로 나뉜다. 하나는

'스팟 마켓'으로 불리는데 이는 수입업자, 브로커, 로스터, 도매상인들이 커피가 소비되는 국가에서 실제로 커피를 거래하는 것이다. 또 다른 시장은 '선물 거래' 또는 '운송 거래'인데 이 거래는 생산 국가에서 아직 수확이 되지 않았을 커피를 대상으로 구매 계약을 미리 맺는 것이다. '선물' 또는 '옵션'이라고도 종종 불리는 이것은 커피 무역에서만 가능했다.

standard 녹색커피조합이나 커피 무역과 같은 특정 명성이 있는 집단으로부터 임의적으로 정해진 커피 품질의 기준.

steamer sweat 보험 용어로 커피가 담겨 있는 용기에 가해진 열로 인해 커피에 물기가 서릴 경우 발생하는 손상에 대한 것이다.

steel cut 분쇄 과정에서 커피의 껍질을 제거한 후에 체에 골라 크기와 형태가 균일한 알갱이를 골라내는 과정. 철제 톱날이 부착된 분쇄기를 이르는 말이 아니라는 데 유의해야 한다.

style 무역 용어로 커피 생두나 볶은 원두의 외양을 설명하는 단어.

Sucre 쿠마나Cumana 포트가 있는 베네수엘라 북서부의 주 이름이다. 푸에르토 수크레Puerto Sucre는 카리아코Cariaco의 항구이다.

Sumatra 인도네시아의 섬. 수마트라의 커피 중 일부는 전 세계에서 가장 좋은 커피로 꼽힌다.

Summer roast 여름의 햇빛으로 커피가 습기가 차게 되는 현상 때문에 로스터들은 이를 방지하기 위해 여름에는 의도적으로 겨울에 하는 것보다 로스팅을 약하게 한다.

Supremo 콜롬비아 커피 중 최상의 등급이다.

Surinam 더치 기아나Dutch Guiana의 또 다른 이름. 오직 작은 수량의 커피가 이곳에서 자라고 무역 또한 작은 규모로 행해진다.

sweated coffee 더 짙은 갈색의 외양을 얻기 위해서 녹색 콩을 증기에 한 번 더 노출시키는 과정이다. '인공적인' 증기는 불법으로 규정되기도 하며, 이럴 경우 불순물 포함 또는 잘못된 제품으로 간주된다.

sweet 어떤 종류의 손상도 없고 리오 커피와 같은 거친 맛이 나지 않는 커피를 가리킬 때 쓰는 무역 용어.

T

Tabasco 멕시코 걸프 해안의 주 이름으로 작은 규모의 커피 생산지가 있다.

Tachira 서부 베네수엘라의 커피 생산지. 최근까지도 타치라 커피는 항상 쿠쿠타Cúcuta(마라카이보로 운송되는 커피가 나오는 콜롬비아의 지역 이름)라는 이름으로 거래되었다. 지금은 타치라-베네수엘라 라는 이름으로 판매되고, 쿠쿠타 커피는 쿠쿠타-콜롬비아로 불리고 있다.

Tampico 낮은 품질의 커피가 나오는 멕시코 동부 해안의 항구.

Tannin 타닌산과 동일. 고체이며 투명하지 않고 노란빛이 도는 하얀색에 떫은 맛을 지녔다. 타닌은 녹색 커피에 8퍼센트가량 함유되어 있는데 로스팅을 하면 이 분량이 절반으로 줄어든다. (화학식 $C_{14}H_{10}O_2$)

tare 커피가 포장된 가방의 무게. 산토스 커피의 경우 1파운드 2온스, 리우 커피는 1파운드가 해당된다. 마일드 커피는 그 무게와 동일하다.

Tegal 자바의 북쪽 해안에 위치한 항구. 같은 이름의 훌륭한 품질의 커피가 운송되는 곳이다.

Tellicherry 인도 남부의 서부 해안에 위치한 항구로 커피 항구로서는 망갈로르Mangalore 다음으로 좋게 평가받는다. 이 지역의 커피는 등급이 높다.

Telok-Betong 수마트라 동남부의 커피 항구 도시이다. 람퐁Lampong 지역의 로부스타 커피가 이 항구를 통해 운송된다.

Tercera 주름이 지거나 하얀색, 또는 뭉개진 콜롬비아 커피콩의 등급. 단 검게 변한 콩은 해당되지 않는다.

terreiro(포) 건조대.

Timor 오스트레일리아 북쪽과 순다Sunda 열도의 동쪽에 위치한 티모르 섬의 주요 지역. 비교적 적은 양이지만, 티모르 커피로 알려진 좋은 등급의 커피가 생산된다.

tipping 아주 강한 열을 순식간에 가함으로써 로스팅의 마지막 과정에서 세균을 제거하는 작업.

to arrive 생산지에서 수출 예정인 커피나 운송 중인 커피를 구매했을 시, 그렇게 구매한 커피를 이르는 용어.

Tolima 콜롬비아의 지역으로 '톨리마Tolima' '이바구에Ibague' '리바노Libano' 그리고 '지라도트Girardot' '온다Honda' 커피의 일부가 생산된다.

Tovar 베네수엘라의 마을. 이 이름의 커피는 바디감이 풍부하고 신맛이 없다. 쿠쿠타스보다는 로스팅이 흐리게 된다. 보통 버번 산토스에 블렌딩하여 사용한다.

traviesa(스) 콜롬비아에서 사용되는 용어로 2차 수확물을 일컫는 말이다.

Tres Rios 코스타리카의 최상의 커피가 생산되는 중요한 지역이다. 산호세에서 6마일 정도 떨어져 있다.

triage(프) 등급을 나타내는 말. 남부 인도의 커피 무역에서 이 용어가 사용되면 부서진 콩을 의미하는 것이다. 이 단어는 후에 대부분의 커피 생산국에서 커피 분류의 등급을 나타내는 여섯 종류 중 하나로 자주 사용되었다.

trié(프) 완벽하게 세척된 깨끗한 커피. 아이티에서 사용하는 용어.

Trujillo 같은 이름의 베네수엘라 주의 수도. 트루히로Trujillo 커피는 신맛이 부족하고 바로 수확했을 때에는 로스팅이 흐리다. 주로 버번 산토스와 섞어 사용하고 가격이 싸다.

Tumbador 산 마르코스San Marcos의 커피 생산 지역으로 과테말라의 산지이다. 좋은 등급의 커피가 생산된다.

Turkish-style coffee 밀가루처럼 곱게 갈린 커피를 칭하는 무역 용어.

U

Uganda 동아프리카의 국가로 우간다 커피로 잘 알려져 있다. 식민지 시대 커피는 거의 모두 본국이었던 영국으로 들어갔다.

unwashed coffee. 건조 과정을 거쳐 생산된 녹색 커피. 모든 열매를 건조한 다음에 과육과 파치먼트, 실버스킨을 모두 제거한다.

Uruapan. 멕시코 미초아칸Michoacan 주의 도시. 상품이 될 만한 규모는 아니지만 좋은 품질의 커피가 생산되는 지역.

usual good quality. 그 시기의 일반적으로 좋게 여겨지는 품질을 의미하며 그 결정은 중재인에 의해 내려진다.

V

Valle del Cauca 콜롬비아의 지역이며 '발Valle' '칼리Cali' '세빌라Sevilla' 커피가 생산되는 곳.

Valorizatioin 포르투갈어 'valorizacao'로부터 나온 것으로 가치를 매기는 것을 의미한다. 브라질에서는 1908년부터 커피의 가격 책정이 상용화되었는데 고정 가격은 1922년부터 시행되었다. 1931년 연방 정부는 잉여분의 커피를 구매하고 커피 농업에 세금을 부과하기 시작했으며 낮은 등급 커피에 부과되던 세금을 철폐했다.

Victoria 브라질 에스피리토 산토Espirito Santo의 커피 항구. 빅토리아는 브라질 커피 중 세 번째로 등급이 높다. 크고 윤기가 없는 녹색 또는 갈색 커피콩은 퀘이커 없는 로스팅이 되며 만들어진 커피는 진흙색이다.

visible supply 공공 창고나 항구에 있는 커피 재고품.

W

washed coffee 습식 가공 커피. 껍질 제거, 발효, 세척, 건조 과정을 거친 커피를 일컫는 말이다. 잘 익은 열매는 '펄퍼pulper'라고 불리는 겉껍질을 제거하는 과정으로 들어간다. 발효와 세척은 커피의 점액성 이물질을 제거한다. 건조, 훌링, 분류를 거친 커피가 상품으로 만들어진다.

woody coffee 손상되어 상품 가치를 잃어버린 녹색 커피.

Y

Yemen. 아라비아 홍해에 위치한 나라. 최상급 모카커피가 생산되는 곳이다.

A COFFEE THESAURUS

**Encomiums and descriptive phrases applied to the plant,
the berry, and the beverage**

The Plant

The precious plant

This friendly plant

Mocha's happy tree

The gift of Heaven

The plant with the jessamine-like flowers

The most exquisite perfume of Araby the blest

Given to the human race by the gift of the Gods

The Berry

The magic bean

The divine fruitFragrant berries

Rich, royal berryVoluptuous berry

The precious berry

The healthful bean

The Heavenly berry

The marvelous berry

This all-healing berry

Yemen's fragrant berry

The little aromatic berry

Little brown Arabian berry

Thought-inspiring bean of Arabia

The smoking, ardent beans Aleppo sends

That wild fruit which gives so beloved a drink

The Beverage

Nepenthe

Festive cup

Juice divine

Nectar divine

Ruddy mocha

A man's drink

Lovable liquor

Delicious mocha

The magic drink

This rich cordial

Its stream divine

The family drink

The festive drink

Coffee is our gold

Nectar of all men

The golden mocha

This sweet nectar

Celestial ambrosia

The friendly drink

The cheerful drink

The essential drink

The sweet draught

The divine draught

The grateful liquor

The universal drink

The American drink

The amber beverage

The convivial drink

The universal thrill

King of all perfumes

The cup of happiness

The soothing draught

Ambrosia of the Gods

The intellectual drink

The aromatic draught

The salutary beverage

The good-fellow drink

The drink of democracy

The drink ever glorious

Wakeful and civil drink

The beverage of sobriety

A psychological necessity

The fighting man's drink

Loved and favored drink

The symbol of hospitality

This rare Arabian cordial

Inspirer of men of letters

The revolutionary beverage

Triumphant stream of sable

Grave and wholesome liquor

The drink of the intellectuals

A restorative of sparkling wit

Its color is the seal of its purity

The sober and wholesome drink

Lovelier than a thousand kisses

This honest and cheering beverage

A wine which no sorrow can resist

The symbol of human brotherhood

At once a pleasure and a medicine

The beverage of the friends of God

The fire which consumes our griefs

Gentle panacea of domestic troubles

The autocrat of the breakfast table

The beverage of the children of God

King of the American breakfast table

Soothes you softly out of dull sobriety

The cup that cheers but not inebriates

Coffee, which makes the politician wise

Its aroma is the pleasantest in all nature

The sovereign drink of pleasure and health

The indispensable beverage of strong nations

The stream in which we wash away our sorrows

The enchanting perfume that a zephyr has brought

Favored liquid which fills all my soul with delight

The delicious libation we pour on the altar of friendship

This invigorating drink which drives sad care from the heart

ALL ABOUT COFFEE

© 1935 by William H. Ukers
THE TEA AND COFFEE TRADE JOURNAL COMPANY
New York

올 어바웃 커피

개정판 1쇄 인쇄 2025년 9월 15일
개정판 1쇄 발행 2025년 9월 22일

지은이 윌리엄 H. 우커스
옮긴이 박보경
책임편집 이아라

펴낸이 전상삼
펴낸곳 세상의 아침
출판 등록 2002년 6월 26일 제2002-126호
주소 서울시 마포구 월드컵로29길 45-11
전화 02-323-6114
팩스 02-334-9108
이메일 zzamzzamzzam@naver.com
ISBN 978-89-92713-18-4 03800